Série História das Nações

História Concisa do mundo

Série História das Nações

A Edipro traz para o Brasil uma seleção de títulos da Série *História Concisa*, originalmente produzida pela Editora Cambridge, na Inglaterra, e publicada entre os renomados títulos acadêmicos e profissionais que compõem o seu vasto catálogo.

"Esta série de 'breves histórias' ilustradas, cada qual dedicada a um país selecionado, foi pensada para servir de livro-texto para estudantes universitários e do ensino médio, bem como uma introdução histórica para leitores em geral, viajantes e membros da comunidade executiva."

Cada exemplar da série – aqui intitulada *História das Nações* – constitui-se num compêndio da evolução histórica de um povo. De leitura fácil e rápida, mas que, apesar de não conter mais que o essencial, apresenta uma imagem global do percurso histórico a que se propõe a aclarar.

Os Editores

O livro é a porta que se abre para a realização do homem.

Jair Lot Vieira

MERRY E. WIESNER-HANKS

Série História das Nações

História Concisa do Mundo

tradução de Daniel Moreira Miranda
Formado em Letras pela USP
e em Direito pela Universidade Mackenzie

© Merry E. Wiesner-Hanks 2015
Syndicate of the Press of the University of Cambridge, England
A Concise History of the World

First published by Cambridge University Press 2015

This publication is in copyright. Subject to statutory exception and to the provisions of relevant collective licensing agreements, no reproduction of any part may take place without the written permission of Cambridge University Press.

Copyright da tradução e desta edição © 2018 by Edipro Edições Profissionais Ltda.

Todos os direitos reservados. Nenhuma parte deste livro poderá ser reproduzida ou transmitida de qualquer forma ou por quaisquer meios, eletrônicos ou mecânicos, incluindo fotocópia, gravação ou qualquer sistema de armazenamento e recuperação de informações, sem permissão por escrito do editor.

Grafia conforme o novo Acordo Ortográfico da Língua Portuguesa.

1ª edição 2018

Editores: Jair Lot Vieira e Maíra Lot Vieira Micales
Coordenação editorial: Fernanda Godoy Tarcinalli
Tradução: Daniel Moreira Miranda
Revisão: Fernanda Godoy Tarcinalli
Diagramação: Karina Tenório
Arte: Ana Laura Padovan e Karine Moreto de Almeida
Imagem de capa: iStockphoto

Dados Internacionais de Catalogação na Publicação (CIP)
(Câmara Brasileira do Livro, SP, Brasil)

Wiesner-Hanks, Merry E.
    História concisa do mundo / Merry E. Wiesner-Hanks; tradução Daniel Moreira Miranda. – 1. ed. – São Paulo : Edipro, 2018. – (Série história das nações)

    Título original: A concise history of the world
    Bibliografia
    ISBN 978-85-521-0026-3

    1. História concisa do mundo. I. Título. II. Série.

18-13748   CDD-909

Índice para catálogo sistemático:
1. História do mundo : 909

São Paulo: (11) 3107-4788 • Bauru: (14) 3234-4121
www.edipro.com.br • edipro@edipro.com.br
@editoraedipro   @editoraedipro

Sumário

Lista de imagens, mapas e tabela   9

Introdução   13

História social e cultural do mundo   14

O plano   18

Capítulo 1 • Famílias coletoras e agricultoras, até 3000 a.C.   23

Sociedade e cultura entre outros hominídeos   26

Seres humanos racionais   37

Modos de vida dos forrageadores   43

Família, parentesco e etnicidade   47

Rituais   52

Sedentarismo e domesticação   56

A agricultura do arado e o processamento
de alimentos   67

Hierarquias social e de gênero   70

Monumentos e mentalidades   78

Padrões pré-históricos   80

Capítulo 2 • Cidades e sociedades clássicas, 3000 a.C.-500 d.C.   81

Caminhos da urbanização   83

A escrita e outras tecnologias da informação   91

Estados e linhagens 99

Casamentos e famílias nas cidades e nos estados 107

Padrões familiares em sociedades
com base no parentesco 113

Hierarquias sociais e castas 118

Escravidão e sociedades escravistas 122

Religiões baseadas em texto e interações culturais 129

O fim de um mundo clássico? 142

Capítulo 3 • Expansão das redes de interação, 500 d.C.-1500 d.C. 147

O desenvolvimento do islamismo 148

Conflitos, diversidade e mistura no mundo muçulmano 153

Soldados, escravos e mobilidade social 158

As cortes e a cultura cortesã 160

Códigos de conduta e história de romance 167

Expansão agrícola e a sociedade das vilas 172

Pastorialismo nômade 185

Vida na cidade 189

Zonas de intercâmbio cultural e religioso 202

Mudança e prolongamento das rotas de comércio 210

O milênio médio 216

Capítulo 4 • Um novo mundo de conexões, 1500 d.C.-1800 d.C. 219

Propagação de doenças 221

Colonização, impérios e comércio 227

Guerra 237

Transferência das colheitas 241

O comércio de animais, vivos e mortos 247

Drogas e a comercialização do lazer 252

Açúcar e o tráfico de escravos 259

Transformações religiosas e suas consequências 262

A expansão e a crioulização do cristianismo 273

SUMÁRIO | 7

Famílias e raça no mundo colonial 277

Revoluções, revoltas e protestos sociais 284

Os primeiros modernos e o verdadeiramente moderno 290

**Capítulo 5 • Industrialização, imperialismo
e desigualdade, 1800 d.C.-2015 d.C. 293**

Algodão, escravos e carvão 295

A expansão e a transformação da indústria 303

Classe, gênero, raça e trabalho nas sociedades industriais 310

Movimentos pela mudança social 317

Migração e crescimento populacional 325

O novo imperialismo 332

Guerra total e cultura moderna 338

Descolonização e a guerra fria 347

Liberação e liberalização 358

Fundamentalismo religioso e diversidade 365

Pós-industrialização e pobreza 369

Em direção ao terceiro milênio 374

Ensaio bibliográfico 381

Índice remissivo 397

Lista de imagens, mapas e tabela

Imagens

1. Impressão de mãos da *Cueva de las Manos* [Caverna das Mãos], Argentina. (© Hubert Stadler/Corbis) — 25

2. Modelo esculpido de uma Neandertal, com base na anatomia dos fósseis e evidências de DNA. (© Mark Thiessen/National Geographic Creative/Corbis) — 36

3. A Vênus de Brassempouy. (© Walter Geiersperger/Corbis) — 48

4. A arte rupestre paleolítica da Tanzânia mostra xamãs saltando sobre animais. (Werner Forman Archive/Bridgeman Images) — 55

5. Um predador vê um javali em um dos enormes pilares de pedra calcária, Göbekli Tepe. (© Vincent J. Musi/National Geographic Creative/Corbis) — 65

6. Modelo de argila e madeira do Reino Médio do Egito. (© Gianni Dagli Orti/Corbis) — 74

7. Tabuleta de argila suméria com caracteres cuneiformes da antiga cidade de Girsu. (© Gianni Dagli Orti/Corbis) — 92

8. Página do livro maia conhecido como *Códice de Madri*. (Werner Forman Archive/Bridgeman Images) — 96

9. Cesta laqueada da dinastia Han. (Werner Forman Archive/Bridgeman Images) — 103

10. "Cratera" do século V a.C. utilizada para misturar água e vinho, Atenas. (De Agostini Picture Library/G. Dagli Orti/Bridgeman Images) — 111

11. Vaso com efígie de cerâmica de uma mãe e uma criança, cultura moche. (© Burstein Collection/Corbis) — 117

12. Afresco de parede romano, século I d.C. (© Corbis) — 127

10 | HISTÓRIA CONCISA DO MUNDO

13. Escultura em relevo mostrando Buda rodeado por devotos, de Ma- 134
thura. (© Burstein Collection/Corbis)

14. Manuscrito astrológico abássida com iluminuras, século XIII d.C. 155
(Pictures from History/Bridgeman Images)

15. Cópia posterior de uma pintura sobre seda do pintor da corte chinesa, 165
Zhang Xuan (712-756). (Pictures from History/Bridgeman Images).

16. Homens e mulheres incas colhendo batatas, ilustração de *Primer* 173
nueva corónica y buen gobierno. (© Corbis)

17. Filho caçula de Gengis Khan, Tolui Khan, e sua esposa Sorghaghtani 186
Beki com cortesãos e cortesãs. (Pictures from History/Bridgeman
Images)

18. Os clientes encomendam sapatos, inspecionam os tecidos e com- 193
pram utensílios de mesa nesta cena de mercado de um manuscrito
francês do século XV. (© Leemage/Corbis)

19. Castigos e tarefas de crianças mexicas de diferentes idades, confor- 198
me retratados no *Código de Mendoza*. (Bodleian Library, Oxford/
Bridgeman Images)

20. Avalokiteśvara em madeira, o bodhisattva da compaixão, que ajuda 205
a todos os seres senscientes, Tibete, séculos XI-XII. (Coleção parti-
cular/Paul Freeman/Bridgeman Images)

21. Astecas morrendo de varíola, em uma ilustração de *Historia gene-* 223
ral de las cosas de nueva España. (Coleção particular/Peter Newark
American Pictures/Bridgeman imagens)

22. Detalhe de uma taça de porcelana chinesa, mostrando uma vi- 235
são um pouco romântica do processo de fabricação da porcelana.
(Coleção particular/Paul Freeman/Bridgeman imagens)

23. Xilogravura de Albrecht Dürer, Os quatro cavaleiros do Apocalipse. 240
(© Burstein Collection/Corbis)

24. Pintura do artista japonês Ike no Taiga (1723-1776) mostrando 245
um homem robusto comendo batata-doce assada. (Museu de
Arte da Filadélfia, Pensilvânia, PA/Comprada com fundos con-
tribuídos por Mrs. John C. Atwood, Jr., 1969/Bridgeman Images)

25. Miniatura de uma cafeteria otomana, século XVI. (Pictures from 253
History/Bridgeman Images)

26. Escravos realizando várias etapas do processamento do açúcar. 263
(© Corbis)

27. Estudiosos de muitas fés, incluindo padres jesuítas, vestidos de preto, reúnem-se na Corte de Akbar. (Coleção particular/De Agostini Picture Library/Bridgeman Images) — 272

28. O artista mexicano Luis de Mena combina uma natureza morta, pintura de casta e imagem devocional da Virgem de Guadalupe em uma única tela, pintada aproximadamente em 1750. (Museu da América, Madri, Espanha/Index/Bridgeman Images) — 277

29. Mulheres bobinam a seda usando grandes máquinas em uma fábrica de seda japonesa, 1921. (© Keystone View Company/National Geographic Creative/Corbis) — 307

30. *Breaker boys* na mina de carvão Kohinore, em Shenandoah, Pensilvânia, 1891. (© Corbis) — 313

31. Uma mulher domina seu marido minúsculo (e bêbado) neste cartão-postal antissufragista da Inglaterra no início do século XX. (Coleção particular / ©Look and learn/Elgar Collection/Bridgeman Images) — 320

32. Concurso *Better Baby*, patrocinado pela loja maçônica Kallpolis Grotto, Washington, DC, 1931. (© Underwood & Underwood/Corbis) — 325

33. Indianos chegam em Port of Spain, Trinidad, em 1891, para realizar trabalhos forçados nas lavouras. (Royal Commonwealth Society, Londres/Bridgeman Images) — 331

34. Cartaz da empresa francesa de bicicletas Dion-Bouton, 1921. (© Swim Ink 2, LLC/Corbis) — 343

35. Encenando para o fotógrafo, jovens leem *Citações do Presidente Mao Tsé-Tung* enquanto aguardam por transporte durante a Revolução Cultural, 1968. (Pictures from History/Bridgeman Images) — 353

36. Mães da *Plaza de Mayo* protestam contra a "lei do ponto final" de 1986. (*Punto Final*). (© Eduardo Longoni/Corbis) — 360

37. Um pequeno grupo de ugandeses participa da 3ª Parada Anual do Orgulho LGBT (Lésbicas, Gays, Bissexuais e Transgêneros) em Entebe, Uganda, em agosto de 2014. (© Rebecca Vassie/AP/Corbis) — 367

Mapas

1. As migrações do *Homo ergaster/Homo erectus*. — 33

2. Provas genéticas (DNA) da migração global do *Homo sapiens*. — 42

3. Domesticação de plantas e animais. — 61

4. Cidades Antigas mencionadas no capítulo. — 88

5. O mundo por volta de 400 d.C.	143
6. A propagação do islamismo.	151
7. As Américas antes de 1492.	177
8. Assentamentos do Pacífico.	180
9. Rotas comerciais, grandes cidades e religiões no hemisfério oriental, 500-1500.	191
10. Mapa-múndi, 1500.	229
11. Mapa-múndi, 1783.	232
12. O desenvolvimento industrial na Inglaterra e no país de Gales.	301
13. Os maiores impérios ultramarinos, 1914.	336
14. Distribuição mundial da riqueza, 2010.	376

TABELA

1. Índice DHL de Conectividade Global de 2012, 20 melhores países e 20 piores.	375

Introdução

Existem muitas maneiras de contar a história do mundo. As histórias orais que mais tarde foram passadas para a forma escrita – incluindo o livro do *Gênesis*, o *Rig Veda* e o *Popol Vuh* – estavam centradas especialmente nas ações dos deuses e nas interações humano/divino. Heródoto, o antigo historiador grego, utilizou essas tradições orais e testemunhas oculares como fonte para oferecer sua história da guerra entre persas e gregos, utilizando-as dentro do contexto do mundo conhecido por ele. O historiador chinês Sima Qian [145-90 ou 85 a.C.] escreveu história por meio de uma apresentação enciclopédica de eventos, atividades e biografias de imperadores, oficiais e outras pessoas importantes, começando com os primeiros semimíticos governantes sábios da China. O historiador muçulmano do século X Abu Ja'far al-Tabari começou sua história antes da criação de Adão e Eva e utilizou fontes bíblicas, gregas, romanas, persas e bizantinas para apresentar a história como um longo e contínuo processo de transmissão cultural. Os cronistas dinásticos da Europa medieval e da Índia mogol costumavam começar suas histórias com a criação do mundo para conceber "histórias universais" e, em seguida, moviam-se rapidamente pelos milênios, aproximando-se do presente com foco na evolução política de suas próprias localidades. As histórias com maior alcance estavam entre a vasta inundação de livros produzidos após o desenvolvimento da tecnologia da imprensa no século XV, normalmente escritos por acadêmicos altamente instruídos, mas também por poetas, freiras, médicos, funcionários obscuros, ex-escravos e outros. Com a expansão da alfabetização nos séculos XVIII e XIX, os autores passaram a escrever histórias do mundo cheias de lições de moral, algumas delas concebidas especificamente para as crianças ou para leitoras mulheres.

Durante grande parte do século XX, a história acadêmica esteve centrada nas nações, mas a história do mundo não desapareceu. Por exemplo, logo após a devastação da Primeira Guerra Mundial e, em parte, como uma resposta ao massacre, H. G. Wells escreveu *The Outline of History**, que contava a história do mundo como uma história dos esforços humanos para "criar um propósito comum no qual todos os homens poderiam viver felizes para sempre". Os leitores, e milhões fizeram isso, podiam agora comprar o livro em volumes baratos, que saíam a cada duas semanas, da mesma maneira que o romance anterior de Wells, *A Guerra dos Mundos,* havia sido comercializado. No último quarto do século XX, a crescente integração das regiões do mundo em um único sistema por meio da globalização levou ao ressurgimento de uma história acadêmica conceitualizada em escala global; e a intensificação dos fluxos e interações entre pessoas, mercadorias e ideias além das fronteiras nacionais inspirou histórias com foco nos próprios fluxos e interações. Dessa forma, hoje existem histórias imperiais, transnacionais e fronteiriças, histórias pós-coloniais, histórias de migrações e diásporas e histórias globais de bens individuais, tais como sal, prata ou porcelana.

HISTÓRIA SOCIAL E CULTURAL DO MUNDO

Este livro, portanto, faz uso de tradições antigas e desenvolvimentos recentes. Como todas as histórias do mundo, o livro destaca certas coisas e deixa muitas outras de lado, pois não há como contar toda a história nas páginas de um livro que possa ser lido (e escrito) em apenas uma vida. Ele conta a história dos seres humanos como produtores e reprodutores, compreendendo esses termos em um sentido social, cultural e material. Minha ideia de seres humanos como "produtores" não incorpora apenas os coletores, agricultores e operários de fábricas, mas também xamãs, escribas e secretários. As discussões sobre família, estruturas familiares, sexualidade, demografia e outras questões que muitas vezes são vistas pelo termo "reprodução" examinam as maneiras como esses temas são socialmente determinados e modificados pelas interações entre culturas. O livro também salienta as constantes conexões entre produção e reprodução ao longo da história humana, à medida que as alterações nos modos ou significados de uma levou a mudanças na outra. Não ignoramos os desenvolvimentos políticos e militares, mas examinamos o modo como eles moldaram e foram moldados por fatores sociais e culturais. Assim, obtemos uma imagem

---

*   Há uma tradução desta obra elaborada por Anísio Teixeira, realizada em 1939 e publicada pela Companhia Editora Nacional, intitulada *História Universal.* (N.T.)

mais completa e mais precisa sobre a política e as guerras do que se analisásse-
mos esses tópicos mais tradicionais como algo separado da sociedade.

Esse foco social e cultural traz uma nova perspectiva para uma história
breve do mundo. Durante o último meio século, a história mundial e a história
social e cultural (bem como outros campos relacionados que se desenvolveram a partir delas) têm sido as novas abordagens mais importantes da história.
Por meio delas, o foco da história ampliou-se: além da política e dos grandes
homens, concentra-se também em um enorme leque de tópicos – trabalho,
famílias, mulheres e gênero, sexualidade, infância, cultura material, corpo,
identidade, raça e etnia, consumo e muitos outros. As ações e ideias de uma
ampla variedade de povos (e não apenas dos membros da elite) tornaram-se
parte da história que conhecemos. A história do mundo estava se desenvolvendo como uma área específica durante o mesmo tempo, mas ela costumava enfatizar a economia política e estava centrada nos processos políticos e
econômicos em larga-escala realizados por governos e líderes comerciais. A
abordagem tinha uma poderosa tradição materialista, em parte porque comparar e conectar objetos materiais de todas as regiões do mundo parece não
ser algo muito problemático. Por outro lado, as categorias e formas sociais e
culturais são mais específicas para grupos sociais individuais e têm um significado muito diferente em lugares diferentes. Assim, sua comparação ou generalização parece exigir a omissão das diferenças e a redução das complexidades, exatamente o oposto do que os historiadores sociais e culturais em geral
procuram fazer. Além disso, nas histórias do mundo escritas no século XIX
e no início do século XX, fazer comparações entre as formas sociais e culturais
costumava ser parte do trabalho de classificá-las – ou os grupos eram "primitivos" ou "avançados", ou as culturas eram "civilizações" ou não eram; os
historiadores atuais tentam evitar tais classificações.

No entanto, comparar não precisa significar classificar; além disso, a
análise histórica sempre envolve comparações, nem que seja apenas a comparação entre algo em um momento e em um momento posterior, ou entre o
passado e o presente. Não é possível responder as questões sobre mudanças,
continuidades, nexos de causalidade ou conexões sem que façamos comparações. A história também costuma envolver a generalização e a seleção de
evidências. Até mesmo as histórias em que se observam atentamente apenas
um evento ou um indivíduo deixam de fora coisas que os historiadores jul-
gam ser menos importantes e sugerem paralelos com desenvolvimentos em
diferentes lugares ou momentos. A busca por padrões é o que permite que
os historiadores criem categorias para que possam organizar e entender o

passado. (Quem quer que conte uma história sobre acontecimentos passados faz a mesma coisa – incluindo nós, quando contamos aos nossos amigos a respeito de nossas próprias experiências ocorridas no dia anterior.) Há categorias que tomam a cronologia como base, incluindo categorias amplas, tais como antigo, medieval e moderno; outras menores, como por exemplo, dinastia Song ou a década de 1950. Há categorias com base na geografia – Austrália, bacia amazônica; na política – Brasil, Berlim; na ocupação – médico, processador de dados; na religião – muçulmano, mórmon; no grupo social – nobre, freira; e em muitas outras coisas. A maioria dessas categorias são, obviamente, construções humanas, embora, às vezes, isso seja esquecido e elas passam a ser vistas como evidentes por si mesmas, divinamente criadas, ou naturais. Suas fronteiras são frequentemente contestadas, sendo que, as linhas borradas de suas divisões são mais comuns que as linhas claras. E todas essas categorias mudam ao longo do tempo – mesmo as geográficas, como podemos notar atualmente com o aumento dos níveis dos oceanos e rios secos. Ao analisar a evolução social e cultural em escala global, este livro fará comparações e generalizações – assim como as histórias anteriores do mundo fizeram em relação ao comércio, fluxo de bens e impérios – mas também observará as diversidades e os contraexemplos. Você pode pensar nisso em termos musicais, como se houvesse um tema e suas variações.

As questões sociais e culturais estão no centro das grandes questões da história do mundo atual, desde o Paleolítico (será que o *Homo sapiens* começou a criar instituições sociais, artes e línguas complexas desde cedo como resultado de uma revolução cognitiva repentina, ou isso foi um processo gradual?) até o presente. (A tecnologia e a globalização estão destruindo as culturas locais com a maior homogeneização ou estão proporcionando mais oportunidades para democratização e diversificação?) Os temas sociais e culturais também fazem parte das questões da história do mundo que parecem ser sobre economia política, por exemplo: o domínio europeu de quase todo o mundo no século XIX foi o resultado de acidentes (como o fácil acesso ao carvão) ou de um comportamento aprendido (como a ética de trabalho protestante ou a competição).

Este livro difere de outras histórias do mundo por seu enfoque social e cultural, mas compartilha certos aspectos básicos da história do mundo como um campo de estudos. De forma mais óbvia, os historiadores do mundo usam uma lente espacial mais larga, embora nem sempre usem o mundo inteiro como unidade de análise. Eles tendem a tirar a ênfase das nações individuais ou civilizações e, em vez disso, focar em regiões definidas de outra forma, incluindo zonas de interação, ou as formas por meio das quais pessoas, bens ou ideias mudaram em todas as regiões. Os oceanos são tão importantes quanto os continentes, ou talvez ainda mais importantes, especialmente na época anterior ao transporte mecanizado, quando viajar pelos mares era muito mais fácil e barato do que viajar por terra. Ilhas são interessantes, assim como as praias dessas ilhas muitas vezes eram o primeiro lugar onde as interações ocorriam.

Tal como acontece com qualquer história, uma história do mundo tem um quadro temporal muito estreito, examinando uma década ou apenas um ano da evolução do mundo inteiro: 1688, por exemplo, testemunhou acontecimentos dramáticos em muitos lugares, mas o mesmo pode ser dito da década de 1960. Outras histórias do mundo utilizam um quadro temporal mais amplo e estendem-se de volta ao passado. Assim como eles retiram a ênfase das nações como unidade geográfica mais significativa, os historiadores mais globais também retiram a ênfase da invenção da escrita como clara linha divisória da história da humanidade que separa tudo o que é "pré-histórico" daquilo que é "histórico". Com isso desaparece a fronteira entre a arqueologia e a história, e o Paleolítico e o Neolítico tornam-se parte da história. Alguns expandem seu enquadramento temporal ainda mais e começam a história com o Big Bang, assim, incorporam os desenvolvimentos que geralmente têm sido estudados pela astrofísica, pela química, pela geologia e pela biologia no que eles chamam de "Grande História". Os outros não estão dispostos a ir tão longe, mas a maioria dos historiadores concordam que a história deve ser estudada em uma variedade de escalas cronológicas e espaciais, incluindo, mas não se limitando, aos enquadramentos mais amplos.

Os historiadores do mundo também concordam que devemos sempre estar conscientes e sermos cuidadosos ao dividirmos a história em períodos e determinarmos quais eventos e desenvolvimentos são os principais pontos de inflexão entre uma época e outra, embora costumem discordar sobre a definição dos períodos e dos pontos de inflexão. Alguns argumentam, por exemplo, que o mundo moderno começou com o estabelecimento do Império Mongol no século XIII, enquanto outros dirão que aconteceu em 1492, com as viagens de Colombo, e ainda outros em 1789, com a Revolução Francesa. Outros historiadores do mundo diriam que a busca por um único ponto é equivocada, porque isso implica na existência de um único caminho para se chegar à modernidade, ou que a noção de "moderno" é tão carregada de valores que deveríamos parar de usar o termo.

Além de discordarem sobre o ponto inicial da história e como ela deve ser periodizada, os historiadores que estudam o mundo inteiro também discordam sobre a definição de sua área de estudo. Alguns estabelecem uma distinção entre a história mundial e a história global, e protegem as fronteiras de uma ou da outra, ou as fronteiras das outras abordagens relacionadas, por exemplo: história da diáspora ou transnacional. Eu não acredito que proteger fronteiras seja muito interessante ou renda bons frutos. Eu uso os termos "mundial (mundo)" e "global" como sinônimos, escolhendo um ou outro às vezes simplesmente por causa da estrutura de uma frase. A palavra "World" (Mundo) em inglês pode ser usada tanto como um adjetivo (*world literature, world music* [isto é, literatura mundial e música mundial, em português]) quanto como um substantivo (*a history of the World* [uma história do mundo]), enquanto "global" é sempre um adjetivo. Para a maioria das pessoas "uma história do globo" seria uma história dos mapas esféricos.

Você deve estar se perguntando por que tudo isso é importante, por que você precisa saber sobre a minha abordagem neste livro. Porque escrever história (ou produzi-la de outras maneiras, tais como filmes, programas de televisão, sites ou exibições de museus) é um processo seletivo de inclusão e exclusão, é importante que você, o leitor ou espectador, pense sobre as premissas conscientes ou inconscientes e sobre a perspectiva de quem produziu o material. As premissas em si foram moldadas por processos históricos, pois as questões que nós (como historiadores ou apenas como seres humanos) imaginamos ser interessantes e importantes sobre o passado mudam, bem como as maneiras por meio das quais tentamos respondê-las. Não é nenhuma surpresa que a história social e do trabalho desenvolveu-se quando as universidades e os programas de pós-graduação passaram a ser frequentados por um maior número de estudantes da classe trabalhadora, ou que o mesmo tenha ocorrido com a história das mulheres e a história do gênero quando as mulheres passaram a frequentá-las. Não é nenhuma surpresa que a história mundial, global, transnacional, pós-colonial e a diáspora tornaram-se abordagens cada vez mais comuns no mundo interconectado do século XX. Seria estranho se isso não tivesse ocorrido.

O PLANO

O livro está organizado cronologicamente em cinco capítulos, cada um cobre um período de tempo mais curto do que seu antecessor. Cada capítulo inclui uma discussão sobre como as pessoas pensaram o período abrangido pelo capítulo e as formas importantes de evidências que utilizaram para entendê-lo. Assim, além de entender o que estava acontecendo, você também saberá como as pessoas descobriram o que aconteceu e como elas deram-lhe significado. Em cada capítulo, exceto o primeiro, incluirei textos de pessoas vivas naquele momento que falam sobre sua própria sociedade e período. Tendo em vista que a história do mundo pode ser estudada por meio de várias escalas diferentes, cada capítulo contém algumas micro-histórias, exemplos específicos com foco mais estreito.

Certos temas aparecem na maioria dos capítulos – famílias e linhagens, produção e preparação de alimentos, hierarquias social e de gênero, escravidão, cidades, violência organizada, práticas religiosas, migração – porque estas eram estruturas criadas por homens e mulheres, ou atividades em que se engajavam e que se espalharam pelo tempo e pelo espaço, causando impacto significativo em todos os lugares. No entanto, nenhuma dessas estruturas era estática, e cada capítulo observa como elas mudaram, algumas vezes por meio de desenvolvimentos internos, às vezes pelo encontro com as outras e mais frequentemente pela combinação delas. Cada capítulo também está centrado em um ou dois desenvolvimentos particulares que marcam a era coberta pelo capítulo, tais como o crescimento das cidades ou a criação de uma rede mundial de comércio. Esses desenvolvimentos costumam ser vistos como temas centrais pelos historiadores do mundo, mas seus aspectos sociais e culturais foram, às vezes, ignorados.

Refletindo a visão dos historiadores do mundo de que a escrita não constituiu o início da história, o CAPÍTULO 1, "Famílias coletoras e agricultoras, até 3000 a.C.", discute o Paleolítico e Neolítico, cobrindo assim a maior parte da história humana. Esse capítulo examina as estruturas sociais mais complexas e as formas culturais possibilitadas pela domesticação de plantas e animais, enquanto os simples machados de pedra do Paleolítico foram substituídos por ferramentas mais especializadas, pequenos grupos de parentes deram lugar a aldeias cada vez maiores, os coletores igualitários tornaram-se estratificados por distinções de gênero e divisões de riqueza e poder, e os espíritos foram transformados em hierarquias de divindades que eram adoradas em estruturas permanentes construídas por humanos. O padrão social básico definido pelas primeiras sociedades agrícolas – uma pequena elite vivendo do trabalho de uma maioria que cultivava a terra – foi notavelmente resiliente e, na maior parte do mundo, durou até o século XX.

Aldeias tornaram-se cidades e cidades-Estados que, em alguns lugares, cresceram até se tornarem Estados e impérios. Esse processo é visto no CAPÍTULO 2, "Cidades e sociedades clássicas, 3000 a.C.-500 d.C.", com foco sobre as instituições sociais e normas culturais que facilitaram esses desenvolvimentos, incluindo as dinastias hereditárias, famílias hierárquicas e noções de etnicidade. A escrita e outros meios de registro das informações foram inventados para servirem às necessidades das pessoas que viviam próximas umas das outras em cidades e estados. Rituais verbais de adoração, de cura e de celebração em que todos participavam tornaram-se religiões, filosofias e ramos do conhecimento presididos por especialistas, incluindo o judaísmo e o confucionismo. As diferenças sociais formalizaram-se em sistemas que faziam a divisão entre escravos e pessoas livres, ou que agrupam pessoas em castas ou ordens, distinções que eram mantidas por meio do casamento e de ideologias culturais. O hinduísmo, o budismo e o cristianismo foram criados e depois expandiram-se nos mundos cosmopolitas dos impérios clássicos, moldando a vida familiar e as práticas sociais.

A maioria dos impérios clássicos entrou em colapso na metade do primeiro milênio, mas apesar desse colapso várias regiões do mundo tornaram-se cultural, comercial e politicamente mais integradas no milênio que se seguiu, conforme será visto no CAPÍTULO 3, "Expansão das redes de interação, 500 d.C.-1500 d.C.". As redes mercantis e religiosas, incluindo o islã, ligaram as cidades em crescimento e as deslumbrantes cortes, onde governantes hereditários e seus séquitos das elites desenvolveram instituições e cerimônias que fortaleceram a autoridade real e criaram as culturas cortesãs com distintos códigos de conduta. A riqueza de todos dependia da propagação e intensificação da agricultura, a qual, entrelaçada por variações sociais e estruturas de gênero, ocorreu nos hemisférios oriental e ocidental. Cidades como Constantinopla, Tenochtitlán e Hangzhou cresceram e tornaram-se grandes metrópoles; a religião, o comércio e a diplomacia motivavam as pessoas a viajar, criando áreas regionais e transregionais de troca de bens e ideias.

As viagens de Colombo e seus sucessores conectaram os dois hemisférios, e o CAPÍTULO 4, "Um novo mundo de conexões, 1500 d.C.-1800 d.C.", examina as consequências biológicas, culturais e sociais (positivas e negativos) desse "intercâmbio colombiano". Dentre eles, a propagação de doenças e a transferência de plantas, animais e bens de consumo, juntamente com as mudanças econômicas que levaram a protestos sociais, revoltas, guerra e migrações forçadas em um mundo cada vez mais interdependente. Transformações religiosas, incluindo as Reformas protestante e católica e a criação do siquismo (ou sikhismo), estavam entrelaçadas com todos esses desenvolvimentos, pois as religiões também migraram e se transformaram. As novas configurações sociais urbanas e instituições culturais, tais como as casas de chá e café, os teatros e salões, ofereciam aos homens – e, às vezes, às mulheres – oportunidades de entretenimento, sociabilidade, consumo e troca de ideias, mas os crescentes contatos entre os povos também resultaram em noções mais rígidas das diferenças humanas.

As transformações da era moderna levaram às grandes divisões sociais atuais entre riqueza e pobreza, mas também criaram uma comunidade humana que está interconectada em escala global; esses processos são examinados no CAPÍTULO 5, "Industrialização, imperialismo e desigualdade, 1800 d.C.-2015 d.C.". As grandes mudanças econômicas e políticas, tais como a industrialização e a desindustrialização, o imperialismo e o anti-imperialismo, a ascensão e o colapso do comunismo e a expansão do nacionalismo, têm interseções com as mudanças sociais e culturais dentro de um quadro de rápido crescimento populacional e impacto humano sobre o meio ambiente. Os movimentos internacionais por justiça social pediam por mais igualdade e compreensão, ao mesmo tempo, as divisões étnicas, religiosas e sociais levaram a guerras, genocídios e brutalidade. Os desenvolvimentos tecnológicos na agricultura, na medicina e em armamentos estenderam a vida humana e, ao mesmo tempo, a destruíram em níveis inimagináveis nos períodos anteriores, desafiando e, simultaneamente, reforçando as antigas hierarquias sociais e os padrões culturais.

Uma dessas guerras em massa levou H. G. Wells a escrever *The Outline of History* há um século. Ele tentou encontrar na história exemplos da busca pela felicidade e um propósito comum para combater a miséria e a carnificina que ela acabava de testemunhar. Meu objetivo com o presente livro não é tão grandioso, mas, como todos os historiadores do mundo, espero ampliar (e prolongar) sua visão do passado humano e, como todos os historiadores sociais e culturais, espero torná-la uma história mais complicada (e mais interessante).

capítulo 1

Famílias coletoras e agricultoras, até 3000 a.C.

Cerca de dez mil anos atrás, um grupo de jovens entrou em uma caverna no vale do rio Pinturas, no que é hoje o sul da Argentina. Eles levaram suas mãos até uma das paredes da caverna e, usando tubos feitos de osso, sopraram tinta feita com diferentes cores de pigmentos minerais em torno de suas mãos para criar silhuetas. Eles, ou outras pessoas que viviam aproximadamente na mesma época, também pintaram cenas de caça com seres humanos, animais, pássaros e bolas de pedra colocadas nas extremidades de cordas, com as quais os humanos capturavam pássaros e animais. Alguém também pintou padrões geométricos e em ziguezague e, a julgar pelos pontos de tinta no teto da caverna, jogou bolas mergulhadas na tinta para cima. Sabemos que eram pessoas jovens, porque as mãos são ligeiramente menores do que as mãos de adultos, e sabemos que era um grupo, porque as mãos são todas diferentes. Em sua maioria, mãos esquerdas, indicando que a maioria desses indivíduos eram destros, pois eles precisavam segurar o tubo para soprar com a mão que normalmente utilizavam para outras tarefas. A motivação para o projeto desse grupo na *Cueva de las Manos* (Caverna das Mãos) – nome como ficou conhecido o local – é desconhecida. Talvez fosse uma cerimônia de passagem para a maioridade, liderada com solenidade por adultos, ou um ritual de maioridade menos formal, conduzido por adolescentes, semelhante às pichações modernas. Talvez tenha sido apenas uma brincadeira. Independentemente do motivo pelo qual foi pintada, a caverna oferece uma forte evidência de muitos aspectos das primeiras sociedades humanas: inventividade tecnológica, pensamento simbólico e coesão social. Essa e outras impressões de mãos similares encontradas em todo o mundo, sugerem que a vontade de dizer "eu estive aqui" e "nós estávamos aqui" é muito antiga. Mais tarde, as pessoas iriam transmitir tal mensagem por escrito, colocando a si e a seu grupo dentro de maiores escalas de tempo e espaço, mas os jovens que deixaram a mão esquerda impressa na *Cueva de las Manos* sabiam que elas seriam vistas por aqueles que entrassem na caverna mais tarde. Eles estavam intencionalmente criando um registro de eventos passados para as pessoas do futuro, o que chamaríamos de uma história.

Junto com suas impressões digitais, as pessoas que pintaram a *Cueva de las Manos* também deixaram ferramentas feitas de osso e pedra. As ferramentas feitas de materiais duros são os tipos mais comuns de evidências que sobreviveram dos primórdios do passado humano. Elas moldam a maneira de falarmos (e pensarmos) sobre o passado. No século XIX, o acadêmico dinamarquês C. J. Thomsen, estudando coleções dessas ferramentas em Copenhague, criou um sistema para dividir a história humana em Idades. Então, o período humano mais antigo tornou-se, assim, a Idade da Pedra; o período seguinte, a Idade do Bronze; e o seguinte, a Idade do Ferro. A progressão pedra/bronze/ferro não funciona muito bem para todas as partes do mundo, particularmente quando usada como uma medida geral do avanço tecnológico: em alguns lugares o ferro foi o primeiro metal a ter um grande impacto e, em muitos lugares, houve o desenvolvimento de tecnologias bastante complexas sem a utilização de metais. A divisão também ignora as ferramentas feitas de materiais mais macios (tais como fibras de planta, nervos e couro) ou de materiais orgânicos, que geralmente deterioravam (tais como a madeira), que foram partes importantes da caixa de ferramentas dos humanos. Além disso, centra-se nas ferramentas e não em outros objetos materiais ou fatores não materiais. Apesar de suas limitações, no entanto, o sistema de três Idades de Thomsen sobreviveu. Mais tarde, um estudioso dividiu a Idade da Pedra em Antiga Idade da Pedra, ou Período Paleolítico, durante o qual o alimento era adquirido em grande parte por meio da coleta, seguido pela Nova Idade da Pedra, ou Período Neolítico, que testemunhou o início da domesticação de plantas e animais. Mais recentemente, os arqueólogos dividiram ainda mais o Paleolítico em Paleolítico Inferior-Médio-Superior (quando trabalham na Europa e Ásia), ou Inicial-Médio-Tardio (se eles trabalham na África), novamente com base principalmente nas ferramentas que sobreviveram, com ainda mais subdivisões e variações geográficas.

Juntamente com ferramentas e pinturas, outras evidências físicas também sobreviveram em alguns lugares, a saber, ossos fossilizados, dentes e outras partes do corpo; provas da preparação dos alimentos, tais como ossos de animais

CAPÍTULO 1 – FAMÍLIAS COLETORAS E AGRICULTORAS, ATÉ 3000 A.C. | 25

IMAGEM 1. Mãos impressas na *Cueva de las Manos*, Argentina, feitas em torno de 8000 a.C., com pigmentos minerais soprados através de tubos feitos de osso para criar silhuetas.

fossilizados com marcas de corte ou de carbonização; ou buracos onde as estacas das casas estavam situadas. Acidentes afortunados têm preservado materiais em alguns lugares, sendo que a maioria deles já não existe: eles estão nas profundezas da terra em cavernas, ou ocorridos por deslizamentos que impediram que o vento e a água os desgastassem, ou, ainda, mantiveram-se graças à natureza química dos pântanos. A todas essas evidências, os estudiosos aplicam testes químicos e físicos juntamente com observação *in loco*. Entre outros tipos de testes, podemos citar a análise dos padrões de desgaste em ferramentas de pedra (análise de microdesgaste), análise química dos ossos ou de fezes fossilizadas para determinar as fontes de alimentos e outras coisas (análise de isótopos estáveis), testes genéticos para examinar o DNA e vários métodos de datação, tais como a datação de sedimentos por termoluminescência, espectroscopia por ressonância paramagnética eletrônica para a datação de dentes, e datação de materiais orgânicos por carbono-14. A isso, acrescentam-se as provas da linguística comparativa, da primatologia, da etnografia, da neurologia e de outros campos.

Agregando essas informações, os arqueólogos, paleontólogos e outros estudiosos desenvolveram uma visão da história inicial da humanidade, cuja estrutura básica é amplamente aceita, embora novas descobertas, assim como na física ou na astronomia, levem ao reexame do material. Este capítulo traça essa história, começando com a evolução dos hominídeos e das várias espécies do gênero *Homo*, examinando seus modos de vida, estruturas de parentesco, a arte e os rituais dos primeiros coletores e avaliando como a domesticação de plantas e animais possibilitou a criação de estruturas sociais hierárquicas de maior dimensão e formas culturais mais elaboradas.

A interpretação de restos parciais e dispersos do passado humano envolve a especulação, e isso é especialmente verdadeiro em relação às questões sociais e culturais. Por si só, ferramentas e outros objetos não costumam revelar quem os fez ou os utilizou (embora às vezes isso possa ser determinado a partir do local em que foram encontrados), nem indicam o que significavam para os seus criadores ou usuários. Quanto mais avançamos no passado, mais raras e acidentalmente preservadas são as evidências, então as controvérsias sobre o quanto podemos tirar delas tornam-se mais acentuadas entre aqueles que estudam a história humana mais antiga.

Sociedade e cultura entre outros hominídeos

As controvérsias incluem uma pergunta muito básica que parece ser sobre periodização, mas que, na verdade, é filosófica: em que ponto começa a história da sociedade e da cultura? Os cientistas europeus do século XVIII que inventaram o sistema atualmente utilizado para classificar seres vivos classificaram os seres humanos no reino animal, na ordem dos primatas, na família *Hominidae* e no gênero *Homo*. Os outros membros sobreviventes da família dos hominídeos são os grandes símios – chimpanzés, bonobos, gorilas e orangotangos –, e alguns primatologistas que os estudam falam de forma bastante confortável sobre a sociedade, ou até mesmo sobre a cultura, por exemplo, dos chimpanzés. Todos os símios – bem como certos outros animais e aves – usam ferramentas e vivem em hierarquias sociais complexas; um bonobo, Kanzi, que agora vive com um pequeno grupo de parentes no Santuário de Aprendizagem Primata de Iowa (*Iowa Primate Learning Sanctuary*) em Des Moines, pode construir ferramentas de pedra afiadas, coletar madeira, acender uma fogueira e cozinhar sua comida depois de ver os humanos que cuidam dele fazer isso. Ele foi ensinado a reconhecer, responder e escolher em uma tela símbolos que representam objetos ou ideias, mas ainda é motivo de debates acalorados se ele pode recombinar símbolos para produzir novas ideias ou reconhecer que ele e os seres humanos à sua volta estão fazendo isso.

Essas duas características – combinar símbolos de novas maneiras e entender que o próprio indivíduo e outros têm vidas internas e consciência – são atualmente o núcleo do que a maioria dos cientistas veem como a divisão entre os seres humanos e outras espécies (sabemos que outras características propostas, tais como a construção de ferramentas, a consciência da morte, o sofrimento, o altruísmo e a contagem, são compartilhadas com outros animais). O pensamento simbólico envolve a criação de uma linguagem simbólica ou sintática, ou seja, uma forma de comunicação que segue certas regras e que pode fazer referências a coisas ou estados do ser que não estão necessariamente presentes. Essa comunicação pode ser verbal, gestual, escrita ou uma combinação dessas formas, mas, para ser considerada uma linguagem, deve ser compartilhada com pelo menos um outro indivíduo. A comunicação simbólica permite o melhor entendimento, permite a manipulação do mundo e pode ser transmitida de uma geração para outra, sucitando, assim, explicações coletivas e multigeracionais sobre o mundo. A consciência da consciência – que os filósofos chamam de "teoria da mente" – é, também, cognitiva e social, isto é, ela não envolve apenas uma resposta ao que os outros estão fazendo (algo que os animais claramente fazem), mas também o raciocínio sobre o que os outros pensam ou sentem, o recinhecimento de que eles têm objetivos e a formação de abstrações sobre por que os outros estão fazendo alguma coisa.

Os primatologistas que trabalham com Kanzi afirmam que ele é capaz dessas duas ações, mas outros que o observam acreditam que isso é uma antropomorfização. Os estudiosos dos primeiros *hominins* – subfamília da família dos hominídeos, que inclui os humanos (mas exclui os grandes símios) – estão igualmente divididos. Alguns pensam que a discussão sobre cultura entre *hominins* do passado que não usavam linguagem simbólica também é um tipo de antropomorfismo, projetando nossos modos de pensar sobre seres que não eram como nós, ou pelo menos não o suficiente como nós para possuírem algo como "cultura". Clive Gamble e outros afirmam que essa é uma visão muito limitada, e vê o pensamento simbólico expressado por meio de objetos e do próprio corpo humano há milhões de anos antes de ser verbalmente expresso, conectando *hominins* em redes sociais de compreensão comum.

Mas todos os lados do debate sobre *quando* tudo começou concordam sobre *onde* tudo começou: os humanos evoluíram na África, onde entre 7 milhões e 6 milhões de anos atrás, alguns hominídeos começaram, em parte do tempo, a andar de forma ereta. Inicialmente, esses hominídeos utilizavam de forma combinada os movimentos com dois membros por terra e com quatro membros nas árvores, mas por muitos milênios, as estruturas ósseas e musculares de alguns deles evoluíram para que o andar ereto ficasse mais fácil. Entre eles estavam grupos que viviam na África Austral e Oriental há 4 milhões de anos, a quem os paleontólogos classificaram no gênero *Australopithecus*, pequenos hominídeos com corpos suficientemente leves para conseguirem mover-se facilmente nas árvores, mas com pernas que permitiam movimentos bípedes eficientes. Cerca de 3,4 milhões de anos atrás, alguns australopitecos começaram a usar objetos naturais como ferramentas para retirar a pele de animais, conforme evidenciado por cortes e arranhões encontrados em ossos fossilizados de animais. Isso lhes deu maior flexibilidade para escolher quando e onde se alimentar, pois eram capazes de cortar a carne em porções que podiam carregar. Em algum momento, certos grupos da África Oriental começaram a fazer ferramentas, bem como a usá-las; as primeiras atualmente identificadas têm 2,6 milhões de anos, mas os arqueólogos suspeitam que outras mais antigas serão encontradas. Os hominídeos batiam uma pedra contra a outra para quebrá-las em pedaços pontiagudos que, segundo os arqueólogos contemporâneos, eram capazes de talhar (embora não matar) um elefante; onde quer que fossem, eles carregavam consigo as pedras para construir essas ferramentas.

Para fazer essas ferramentas, assim como para fazer qualquer coisa, requeria intenção, habilidade e capacidade física, esta última dependia de uma mão capaz de segurar o "martelo" de pedra de forma precisa, com um polegar opositor e músculos delicados que pudessem manipular objetos. O motivo para o australopiteco ter desenvolvido essa mão, que era muito diferente das mãos menos flexíveis (mas muito mais fortes) de outros primatas não está claro, mas o que *está* claro é que eles já as tinham quando começaram a fazer ferramentas. A mão humana não evoluiu para usar ou fazer ferramentas, mas usava ferramentas porque já tinha evoluído. É algo que os paleontólogos chamam de "exaptação": algo que evoluiu de forma aleatória ou por uma razão que ainda não entendemos, mas que, então, passou a ser utilizado para uma finalidade específica. Há outras estruturas do corpo que se tornaram essenciais em desenvolvimentos posteriores – como a laringe, sobre a qual falaremos mais adiante – e que também são exaptações. (Muitas estruturas sociais e formas culturais são exaptações também – elas se desenvolveram por razões desconhecidas, ou talvez simplesmente como experimentos, mas então passaram a ser tradições; e, mais tarde, foram inventadas explicações sobre sua origem que, provavelmente, tinham pouco a ver com seu real desenvolvimento.)

Os australopitecos parecem ter comido qualquer coisa que estivesse disponível; evidências como os ossos de animais fossilizados, dentes fossilizados e outros tipos indicam que sua alimentação incluía a carne. Os paleontólogos acreditam que, muito provavelmente, essa carne era coletada (e não caçada); os australopitecos podem ter roubado as carcaças escondidas nas árvores por leopardos, ou talvez tenham praticado uma forma de "coleta pela força" – jogando pedras com suas mãos flexíveis para afastar os outros predadores. Isso sugere que eles viviam em grupos maiores do que apenas alguns indivíduos com relações próximas. Viver em grupos maiores também permitiria que eles evitassem os predadores de forma mais eficaz – pois os *hominins*, além de presas, também eram predadores – e pode ter dado início a uma comunicação mais complexa.

As novas ferramentas e os comportamentos que surgiram com elas emergiram entre os australopitecos, que também se ramificaram em diversas espécies em várias partes da África. Em torno de 2 milhões de anos atrás, um desses ramos desenvolveu-se em um tipo diferente de *hominin*, o qual, mais tarde, foi considerado pelos paleontólogos como os primeiros do gênero *Homo*. Quais restos fósseis encontrados na África Oriental devem ser classificados como sendo os primeiros restos do gênero *Homo* é algo disputado, porque isso depende exatamente de quais características anatômicas ou padrões comportamentais indicados nos ossos dispersos e nas pedras do registro fóssil são considerados como algo que faz que um *hominin* seja do gênero *Homo* (e, portanto, o ancestral de todos nós). Entre os competidores temos o *Homo habilis* ("humano hábil") e o *Homo ergaster* ("humano trabalhador"), termos que, para os arqueólogos que inventaram esses nomes nas décadas de 1960 e 1970, indicavam que a essência do ser humano seria sua capacidade de fazer coisas. Nisso o gênero *Homo* era bom: primeiro fez ferramentas de pedras afiadas para múltiplos propósitos, chamadas geralmente de bifaces e, depois, construiu versões ligeiramente especializadas delas. Isso sugere uma inteligência aumentada; e os restos mortais oferecem apoio a essa hipótese, pois o cérebro desses primeiros membros do gênero *Homo* era maior que o dos australopitecos. Eles também tinham quadris estreitos, pernas mais longas e pés que indicam serem completamente bípedes, mas aqui há uma ironia: a pelve vertical e delgada dificultou o parto de crianças que tinham cérebros maiores. Cérebros maiores também precisavam de mais energia para funcionar do que outras partes do corpo, dessa forma, os animais com cérebro maior precisam consumir mais calorias que aqueles com cérebro menor.

Essa disparidade entre cérebro e pelve gerou diversas consequências, inclusive sociais, que podem ter começado com o *Homo ergaster*. A pelve limita o tamanho que o cérebro pode atingir antes do nascimento; isso significa que dentre os seres humanos modernos grande parte do aumento encefálico ocorre após o nascimento; ao nascer, o tamanho do cérebro dos seres humanos possui apenas um quarto do tamanho que terão na idade adulta. Desse modo, os seres humanos dependem completamente de seus pais ou de outras pessoas ao seu redor por muito mais tempo que outros animais. Esses pais também precisam devotar um longo período durante o qual eles devem cuidar da criança para que ela não morra. A julgar pelo tamanho do cérebro, esse período era menor para o *Homo ergaster* do que para o *Homo sapiens* moderno, mas talvez fosse suficientemente longo para que os grupos desenvolvessem estruturas sociais entre várias gerações para cuidar dos bebês e das crianças. Talvez as mães *Homo ergaster* até mesmo ajudassem umas às outras no parto, da mesma forma que ajudavam (os homens também) a coletar, caçar e preparar alimentos: atividades que estão muito evidentes nos registros fósseis.

Juntamente com o cérebro maior e a pelve mais estreita do que os australopitecos, *o Homo ergaster* também tinha outras características fisiológicas com implicações sociais. Seus órgãos internos, incluindo os da digestão, eram pequenos. Assim, a fim de obter uma quantidade suficiente de energia para sobreviver, eles precisavam de uma dieta rica em gordura e proteína, as quais podiam ser obtidas mais facilmente por meio de animais e produtos de origem animal – insetos, répteis, peixes, ovos, aves e mamíferos. A captura de alguns desses animais implicava em caminhadas ou corridas por longas distâncias sob o calor do sol, algo difícil para a maioria dos mamíferos, que somente perdem calor pela respiração ofegante. É provável que o *Homo ergaster* conseguia resfriar-se por meio do suor, a falta de pelos tornava esse processo relativamente mais fácil. Essa ideia recebe o apoio de estudos sobre os piolhos do corpo humano, pois enquanto há um tipo de piolho encontrado apenas em nossos cabelos, outro tipo é encontrado na região púbica e, este último, compartilhamos com outros animais. O primeiro tipo é descendente do piolho que nos acompanha desde que nossos ancestrais tinham cabelo por todo o corpo e o segundo nos foi transmitido pelos contatos posteriores com outras espécies.

A perda dos pelos do corpo facilitava o resfriamento (e, portanto, a caça), mas também significava que as crianças não conseguiam mais se agarrar em suas mães com a mesma facilidade que os filhotes das outras espécies de primatas. O registro fóssil não nos esclarece como o *Homo ergaster* resolveu esse problema. Eles, talvez, não saíssem para caçar quando estavam com filhos pequenos ou, então, deixavam seus filhos sozinhos por um breve período quando saíam para caçar; os sítios arqueológicos indicam que, às vezes, os grupos possuíam uma base para a qual podiam voltar. Talvez tenham criado algum tipo de faixa feita de material vegetal ou animal para ajudar a carregar seus filhos, mas, como qualquer ferramenta feita de materiais macios, não deixaram nenhum vestígio.

O problema do trato digestivo curto foi solucionado fora do corpo, transferindo parte da digestão para o cozimento dos alimentos. A carne crua e muitos outros produtos vegetais crus são difíceis de serem mastigados e digeridos, assim, os outros primatas passam muitas horas de seu dia mastigando alimentos. O cozimento permite que uma fonte externa de energia – fogo – faça grande parte desse trabalho, quebrando os carboidratos e proteínas complexas para aumentar o rendimento calórico dos alimentos; além disso, o cozimento retira a característica tóxica de muitas coisas que seriam perigosas para comer. Existem algumas poucas evidências de fogo em alguns dos primeiros sítios arqueológicos do *Homo ergaster*, e alguns estudiosos, incluindo Richard Wrangham, afirmam que, mesmo sem evidência fóssil real a respeito do cozimento, o cérebro maior, os dentes menores e o trato digestivo mais curto, surgidos há cerca de 2 milhões de anos, só seriam possíveis com o cozimento dos alimentos. Outros estudiosos acreditam que cozinhar é uma invenção da espécie *hominin*, que surgiu mais recentemente em um sítio arqueológico em Israel, talvez por volta de 780.000 a.C.: a data da primeira evidência aceita por todos em relação ao uso controlado do fogo. Ou talvez a utilização regular do fogo tenha ocorrido mais tarde, há 400.000 anos, quando as lareiras tornaram-se evidências arqueológicas comuns em muitas áreas.

Sempre que surgia, no local que fosse, o cozimento dos alimentos produzia enormes consequências sociais e culturais. O cozimento causa reações físicas e químicas que produzem milhares de novos compostos e tornam os sabores dos alimentos mais aromáticos e mais complexos que os dos alimentos crus. Tal como as descrições de café torrado ou chocolate, podemos dizer que desenvolvem "insinuações" ou "nuances de sabores" de coisas completamente diferentes. Tendo em vista que os membros do gênero *Homo* eram onívoros, é possível que estivessem geneticamente predispostos a preferir sabores complexos; assim, os alimentos cozidos tinham sabores (e odores, o que é essencial para o sabor) mais agradáveis. Dessa forma, o cozimento dos alimentos levou à reunião dos membros dos grupos para que, em horários e locais específicos, comessem juntos, e isso, por sua vez, aumentou a sociabilidade. Cozinhar, porque amplia a variedade de alimentos possíveis, encorajou a experimentação em outros aspectos da preparação dos alimentos. Por exemplo, o sítio em Israel que contém as primeiras lareiras também fornece evidências de ferramentas usadas para quebrar nozes e sementes, algo que ampliou as maneiras como podiam ser consumidas. Cozinhar pode também ter encorajado o pensamento simbólico, pois os alimentos cozidos costumam fazer-nos pensar sobre algo que não existe e, além disso, tanto cozinhar quanto comer podem se tornar atividades altamente ritualizadas. Mais que isso, cozinhar envolvia o fogo, que por si só possui um profundo significado nas culturas humanas mais recentes.

As evidências de que o *Homo ergaster* cozinhava são muito fracas, mas as evidências de sua migração são inequívocas. Aos poucos, pequenos grupos migraram da África Oriental para as planícies da África Central e de lá para o norte da África. Entre 1 milhão e 2 milhões de anos atrás, o clima da Terra estava em aquecimento e a distribuição do *Homo ergaster* avançou muito mais, chegando à Ásia Ocidental por volta de 1,8 milhões de anos atrás. Lá, alguns se transformaram em uma espécie chamada por muitos paleontólogos de *Homo erectus* ("humano em posição vertical"); mas outros veem o *ergaster* e o *erectus* como dois nomes de uma mesma espécie. (*Homo ergaster* e *Homo erectus* são atualmente categorias de espécies amplas e variáveis que abrangem muitos subgrupos.) Eles continuaram a migrar: ossos e outros materiais da China e da ilha de Java, na Indonésia, indicam que o *Homo erectus* chegou lá há cerca de 1,5 milhões de anos, migrando, desse modo,

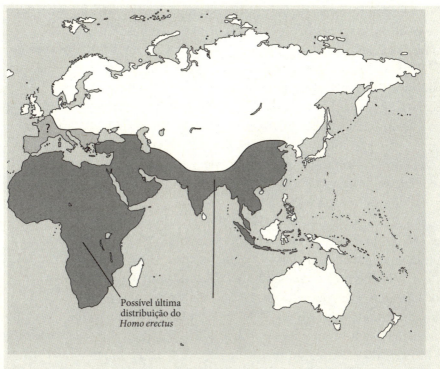

MAPA 1. As migrações do *Homo ergaster/Homo erectus*.

ao longo de grandes extensões de terra, bem como ao longo da costa (o nível do mar era inferior ao de hoje e era possível caminhar até a ilha de Java). O *Homo erectus* também caminhou para o oeste, chegando ao que hoje é a Espanha há pelo menos 800.000 anos e, então, seguiu para o norte da Europa. Em cada um desses locais, o *Homo erectus* adaptou suas técnicas de caça e coleta para o ambiente local, aprendeu sobre as novas fontes de alimentos vegetais e como melhor capturar os animais locais.

Um sítio arqueológico de *Homo erectus* na atual Geórgia, com cerca de 1,8 milhões de anos, oferece a primeira evidência de compaixão ou preocupação social no registro fóssil. Um dos crânios recuperados é de um idoso; com apenas um dente na boca, ele ainda se manteve vivo por muitos anos após tê-los perdido. Isso só seria possível se seus companheiros de vida o tivessem ajudado.

O registro fóssil não possui provas claras de pensamento simbólico no *Homo ergaster/erectus* – não há decorações, nem obras de arte, nem sinais de adornos para o corpo. No entanto, os estudiosos que aceitam um ponto de vista cultural mais amplo afirmam que os bifaces encontrados em uma área enorme e por um longo período de tempo eram simétricos e uniformes, algo que pode ter simplesmente ocorrido por uma questão de praticidade e utilidade, mas também pode ter representado uma valoração de algo considerado "bom". Eram feitos em grandes quantidades e em um único local, que, mais uma vez, pode ter simplesmente ocorrido por uma questão prática dos locais que possuíam uma pedra especialmente boa, mas isso sugere um certo grau de especialização do trabalho ou funções sociais. Alguns desses sítios ainda possuem milhares de bifaces, mas alguns eram grandes demais para terem sido simples ferramentas; no entanto, será que esses últimos podem ter sido objetos cerimoniais, rituais ou uma forma do criador dessas ferramentas exibir seus talentos incomuns?

Sugestões sobre diferenciação social ou cultura dentre os *Homo erectus* são muito controversas, mas aquelas sobre espécies de hominídeos ligeiramente mais tardias são um pouco menos. Uma dessas espécies foi o *Homo heidelbergensis*, encontrado em grande parte da Afro-Eurásia entre 600.000 anos e 250.000 anos atrás; seu volume encefálico era próximo dos humanos modernos. Alguns deles construíram abrigos simples e, como mencionado anteriormente, depois de 400.000 a.C. muitos sítios mostram evidências do controle do fogo. Um deles é o Terra Amata, atual sul da França, onde também havia pedaços de argila vermelha e amarela trazidas de algum lugar distante; provavelmente foram usadas como pigmento, sugerindo novamente alguma noção sobre o que era atraente ou importante. Um pântano da Alemanha produziu evidências de lareiras para cozinhar e as mais antigas ferramentas preservadas de madeira (longas lanças muito afiadas e algo que se parece com empunhaduras de madeira para as lâminas de pedra), de aproximadamente 400.000 anos, a mais antiga indicação de ferramentas compostas por mais de uma parte. Uma cova no fundo de um poço profundo em uma das cavernas na região espanhola de Atapuerca contém restos de pelo menos 28 indivíduos com não menos de 350.000 anos e talvez com 600.000 anos. Esses indivíduos devem ter sido colocados intencionalmente ali depois de morrerem, o que torna a *Sima de los Huesos* (poço dos ossos) a mais antiga sepultura conhecida, uma prática com enormes implicações culturais. Em um sítio no Quênia, os arqueólogos encontraram discos feitos com a casca de ovo de avestruz; com cerca de 280.000 anos, os discos possuem furos para que pudessem ser usados em um cordão, e em Israel os arqueólogos descobriram algo que alguns afirmam ser a primeira evidência de produção artística – uma pequena pedra com a forma de um torso feminino, com aproximadamente 230.000 anos.

Os indivíduos do grupo de *Sima de los Huesos* parecem ter sido os ancestrais da espécie de hominídeos mais famosa de não *Homo sapiens*, os neandertais (o nome provém do local em que os fósseis foram descobertos pela primeira vez, o vale de Neander, na Alemanha). Os neandertais viveram por toda a Europa e a Ásia ocidental a partir de 170.000 anos atrás e, então, inicialmente, junto com o *Homo heidelbergensis*. Eles tinham cérebros tão grandes quanto os de humanos modernos, mas as evidências dentais sugerem que eles amadureciam mais cedo e, dessa forma, tinham um período de dependência – e, portanto, talvez de aprendizagem – mais curto que o nosso. Eles usavam ferramentas complexas, incluindo lanças e raspadores para peles de animais, as quais lhes permitiam sobreviver nos diversos ambientes e climas em que seus ossos foram encontrados, desde as margens do mar Mediterrâneo até a Sibéria. A julgar pelo desgaste dos fósseis dos esqueletos, homens e mulheres exerciam o mesmo tipo de trabalho físico pesado e morriam em idades semelhantes. Eles construíram casas autônomas e mantinham o fogo controlado em lareiras, onde eles cozinhavam animais, incluindo mamíferos de grande porte (conforme evidenciado pela análise de isótopos estáveis) e muitos tipos de plantas (como evidenciado pelas placas bacterianas de seus dentes). Ao longo do tempo, suas ferramentas parecem ter sofrido pequenas mudanças e mostram sinais de terem sido construídas em várias etapas e não imediatamente no local conforme a necessidade. Assim, os neandertais exibiam inventividade tecnológica e planejamento de longo alcance, características que estudiosos como Francesco d'Errico descreveu como parte da "modernidade comportamental", mesmo que, anatomicamente, não fossem *Homo sapiens*.

As evidências de um sítio arqueológico espanhol de 50.000 anos gerou sugestões intrigantes sobre a sociedade dos neandertais. No sítio, doze indivíduos de várias idades parecem ter sido mortos e comidos por um outro grupo durante um período – a julgar pelo esmalte dos dentes das vítimas – de escassez de alimentos. As evidências de DNA mostram que esses doze indivíduos possuíam relação de parentesco e que os homens adultos eram parentes mais próximos que as mulheres. Assim, parece que os homens ficavam com sua família de nascimento, enquanto as mulheres vinham de outras famílias, um padrão que, mais tarde, seria replicado por *Homo sapiens* de épocas e lugares diferentes. Duas crianças eram filhos da mesma mulher e tinham cerca de três anos de diferença; esse intervalo entre o nascimento dos filhos, talvez o resultado do tempo de amamentação, também é algo que seria replicado mais tarde por muitos coletores. Esse

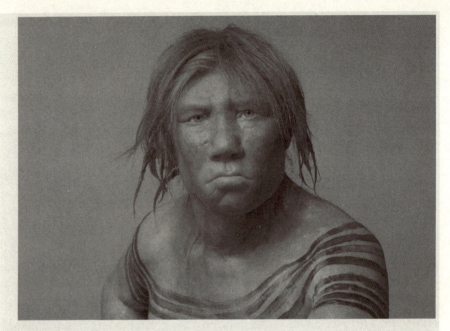

IMAGEM 2. Modelo esculpido de uma mulher neandertal, com base na anatomia dos fósseis e nas evidências de DNA, revela que alguns neandertais possuíam os genes para cabelos ruivos e olhos azuis. Os artistas escolheram uma expressão facial que refletisse as difíceis condições de vida e acrescentaram pinturas corporais, pois grumos de pigmento foram frequentemente encontrados nos sítios de neandertais.

sítio oferece uma oportunidade incomum para vislumbrarmos as relações sociais dos neandertais, tanto as hostis quanto as solidárias.

Materiais descobertos em muitos locais também indicam que os neandertais, às vezes, enterravam seus mortos de forma criteriosa e ocasionalmente decoravam os objetos e a si próprios com ocre-vermelho, um tipo de argila colorida. O enterro e os enfeites para o corpo parecem ser tão característicos dos humanos que os neandertais foram primeiramente classificados como um ramo dos *Homo sapiens*, mas as evidências de DNA retiradas dos ossos de neandertais agora indicam que eles eram uma espécie distinta, desenvolvida a partir de uma linhagem de *Homo erectus* diferente da nossa.

Nos últimos anos, as evidências de DNA também têm sido usadas para oferecer mais detalhes sobre os hominídeos não *Homo sapiens*. Sugerem, por exemplo, que neandertais e *Homo sapiens* ocasionalmente tinham relações sexuais, pois entre 1 % e 4 % do DNA dos seres humanos modernos que vivem fora da África originam-se provavelmente dos neandertais. Ossos e dentes de cerca de 40.000 anos, encontrados na caverna Denisova na Sibéria em 2010 resultaram em um DNA diferente tanto de neandertais quanto de *Homo sapiens*, apesar dos denisovanos também compartilharem algum material genético com ambos os grupos, sugerindo que ocorreram cruzamentos entre os grupos. Os restos do sítio nada revelam sobre sua organização social ou suas ideias.

A última prova dos neandertais como uma espécie distinta vem de cerca de 30.000 anos atrás; devemos frisar que até muito recentemente acreditava-se que os neandertais haviam sido os últimos hominíneos vivos que não eram *Homo sapiens*. Em 2003, no entanto, na ilha indonésia de Flores, os arqueólogos descobriram ossos e ferramentas de hominíneos de três pés de altura [aproximadamente 0,9 m] de cerca de apenas 18.000 anos atrás, os quais foram apelidados de "os hobbits". (Os advogados que cuidam dos bens de Tolkien estão tentando impedir o uso desse apelido para descrever esses pequenos indivíduos, argumentando a propriedade intelectual do nome.) Eles parecem ter sido uma espécie distinta, provavelmente descendentes do *Homo erectus* (assim como os neandertais) e terem vivido na ilha por mais de 800.000 anos. Semelhante às evidências de DNA da Sibéria, as provas físicas da Ilha de Flores começaram a ser interpretadas há pouco tempo e têm causado muitas controvérsias, mas poucos contestam que essas e outras descobertas recentes demonstram que o caminho evolutivo humano é mais complexo e multirramificado do que costumávamos reconhecer; é mais um arbusto que um pinheiro.

Seres humanos racionais

Os neandertais, os denisovanos, o *Homo floresienses* e outras espécies e subespécies de hominíneos não discutidos anteriormente ou que ainda serão descobertos, classificados e nomeados viveram em várias partes da Afro-Eurásia. Alguns cientistas acreditam que o *Homo sapiens* ("seres humanos racionais") evoluiu de vários desses ramos, mas a maioria acredita que isso tenha ocorrido apenas na África, de modo semelhante à evolução dos hominídeos a partir de primatas anteriores. A evidência é em parte arqueológica, mas é também genética. Há um tipo de DNA chamado DNA mitocondrial que é herdado pela linha materna e pode ser rastreado até um passado distante. O DNA mitocondrial indica que os humanos modernos são tão parecidos geneticamente, que eles não evoluíram durante o último milhão ou 2 milhões de anos, mas apenas por aproximadamente 250.000 anos ou talvez apenas por 200.000 anos. Porque hoje há maior variedade genética humana na África do que em outras partes do mundo, a evidência sugere também que o *Homo sapiens* viveu ali por mais tempo, sendo que a África é o lugar de sua primeira aparição e que todos os seres humanos modernos são descendentes de um grupo relativamente pequeno da África Oriental. (Retomando a história bíblica sobre os primeiros humanos, alguns cientistas deram o nome de Eva mitocondrial à ancestral matrilinear comum mais recente de quem todos os seres humanos vivos são descendentes.)

Os arqueólogos distinguem o *Homo sapiens* de outros hominíneos por um número de características anatômicas, mais notavelmente uma forma relativamente longilínea, uma cabeça com um grande crânio (e prosencéfalo) com o rosto escondido por baixo dele, pequenos dentes e mandíbulas e uma laringe situada em posição mais baixa na garganta. Os mais antigos restos fossilizados em que essas caraterísticas podem ser vistas vêm de dois locais na Etiópia e foram recentemente datados entre 195.000 anos e 160.000 anos. Desses dois achados, o mais recente inclui caveiras que haviam sido deliberadamente polidas, uma prática funerária que vários estudiosos têm interpretado como evidência de ritualização ou decoração, e assim talvez de pensamento simbólico. As ferramentas encontradas com esses crânios não são muito diferentes daquelas encontradas ao lado de outros hominíneos, no entanto, também não o são as ferramentas encontradas em outros sítios arqueológicos mais antigos de *Homo sapiens*.

Essa disjunção entre anatomia e ferramentas tem levado a disputas intensas entre os paleontólogos e arqueólogos sobre o processo de evolução humana desse momento chave. Um grupo, que inclui Richard Klein e Chris Stringer, afirma que, apesar de os primeiros *Homo sapiens* serem *anatomicamente* modernos, eles não eram *comportamentalmente* modernos. A modernidade comportamental desenvolveu-se há apenas 50.000 anos, momento conhecido como Paleolítico Superior ou Idade da Pedra Tardia, e, segundo essa corrente, inclui o planejamento de longo alcance, o rápido desenvolvimento de novas tecnologias – como o arco e flecha –, os comportamentos para lidar com a mudança de ambiente, o amplo uso de símbolos em enterros e enfeites pessoais e, por fim, as amplas redes de intercâmbio econômico e social. Nesse ponto, houve uma "revolução cognitiva" – às vezes chamada de "revolução humana" por aqueles que aceitam essa posição –, um florescimento repentino das atividades criativas dentro de um pequeno grupo que levou ao pensamento simbólico e, depois, para todos os outros aspectos que fazem parte da modernidade comportamental. Isso pode ter sido o resultado de uma mutação genética aleatória, seletivamente vantajosa, que aumentou a capacidade mental em relação à linguagem sintática, permitindo que esse grupo tirasse o máximo proveito das mudanças ocorridas no trato vocal, por meio do qual a produção do discurso se tornaria possível. Os linguistas históricos, por exemplo Christopher Ehret, não veem a linguagem oral como um dos resultados dessa mudança tão dramática, mas como sua causa principal, observando que as mudanças da configuração do trato vocal e da musculatura facial ocorridas por volta de 70.000 anos atrás permitiram a manipulação intrincada dos sons consonantais e vogais que constitui a fala humana. (Essas e algumas outras pequenas alterações anatômicas são os pontos que levaram os paleontólogos a classificar esse grupo como uma subespécie: *Homo sapiens sapiens*.) A evidência linguística sugere que as línguas humanas descendem da interação de um pequeno aglomerado de línguas que surgiram anteriormente na África. Por essa hipótese, a linguagem desenvolveu-se em conjunto com as novas tecnologias, e isso foi o que realmente permitiu o desenvolvimento do comportamento humano moderno.

Em oposição àqueles que defendem uma súbita e bastante recente "revolução" cognitiva ou da linguagem estão os defensores de hipóteses mais gradualistas. Dentre esses estudiosos, Gamble afirma que o pensamento simbólico evidencia-se em objetos materiais, gestos corporais e relações sociais que precederam em muito a fala; já d'Errico e outros sugerem que alguns comportamentos "modernos" podem ser encontrados nos neandertais. As arqueólogas Sally McBrearty e Alison Brooks – dentre outros – veem o assunto de forma um pouco menos expansiva, mas ainda assim afirmam que a prova de tudo que contenha o rótulo "comportamentalmente moderno" surge gradualmente em diferentes partes da África durante a Idade da Pedra Média, no período entre aproximadamente 250.000 anos atrás e 50.000 anos atrás. Por exemplo, pedaços de obsidiana (uma rocha vulcânica preferida por sua capacidade de possibilitar e manter uma lâmina afiada) encontrados em Sanzako, no norte da Tanzânia em um sítio de 100.000-130.000 anos atrás teve origem a mais de 300 km; isso sugere que o grupo em Sanzako, em vez de viajar essa longa distância para coletar a pedra, a obteve por meio do escambo. Os vermelhos-ocre e as pedras tingidas de ocre sobre as quais eram triturados para fazer pigmento foram encontrados em sítios arqueológicos com mais de 100.000 anos (e talvez muito mais antigos) em Israel, no Marrocos e na África do Sul. Em cavernas perto da costa da África Austral, os arqueólogos encontraram conchas com furos (sugerindo que tenham sido usadas como contas de colar), ferramentas de pedra endurecidas através de um processo ígneo de vários estágios para manter uma boa lâmina e pedaços de ocre com padrões de linhas cruzadas, os quais datam de aproximadamente 75.000 anos atrás. Assim, há indícios separados de comércio, planejamento de longo prazo e criação de símbolos em diferentes partes da África que foram se reunindo gradualmente, culminando na caixa de ferramentas material e cognitiva do humano moderno.

Dessa forma, tanto os revolucionários quanto os gradualistas veem os assuntos sociais e culturais como importantes *marcadores* da modernidade comportamental, mas os gradualistas (e em certo grau os linguistas históricos) tendem a considerar os fatores sociais e culturais como possíveis *causas* do aumento da complexidade cerebral e do pensamento simbólico ou, pelo menos, da maior sobrevivência dos hominíneos que exibiam tais características. Assim, eles consideram o desenvolvimento da cognição como um processo que é ao mesmo tempo cultural e neurológico. Alguns fatores operavam no nível individual: os indivíduos com melhores habilidades sociais estavam mais propensos a ter relações sexuais do que aqueles que não as possuíam – esse fenômeno foi observado em chimpanzés e, claro, em seres humanos de períodos mais recentes – e, portanto, para passar seu material genético para a próxima geração, criando o que os biólogos chamam de pressão seletiva, que favorecia os indivíduos mais socialmente competentes. Para os seres humanos, ser socialmente competente significa ser capaz de entender as motivações dos outros – ou seja, reconhecer que os outros possuem vida interna que orientam suas ações. Essas habilidades sociais foram particularmente importantes para as mulheres: uma vez que o período de dependência dos bebês humanos é muito longo, os bebês de mães com boas redes sociais para lhes ajudar tinham mais chances de sobreviver. A criação cooperativa das crianças requeria habilidades sociais e capacidade de adaptação, e pode ter sido por si mesma um incentivo para o aumento da complexidade do cérebro. A pressão seletiva pode também ter operado no âmbito da linguagem. Conforme sabemos, a partir das pesquisas contemporâneas sobre o cérebro, o aprendizado de línguas promove o desenvolvimento de áreas específicas do cérebro. As pesquisas neurológicas, então, dão apoio ao argumento dos paleolinguistas, isto é, que o aumento gradual da complexidade da língua levou a processos de pensamento mais complexos e vice e versa.

Alguns fatores sociais e culturais operavam no âmbito do grupo: conforme se desenvolviam, a fala e outras formas de comunicação possibilitaram redes de cooperação mais fortes entre os grupos aparentados, bem como a formação de grandes agrupamentos sociais. Os grupos familiares (bandos) mais socialmente competentes tinham mais contatos com outros grupos, e desenvolveram padrões de troca por distâncias mais longas, os quais – assim

CAPÍTULO 1 – FAMÍLIAS COLETORAS E AGRICULTORAS, ATÉ 3000 A.C. | 41

como com o comércio em períodos posteriores – ofereceu-lhes acesso a uma ampla gama de produtos e formas de usá-los e, assim, uma maior flexibilidade para atender a quaisquer desafios à sobrevivência, incluindo mudanças climáticas drásticas. Esse também foi o caso em relação a produtos menos utilitários, como pigmentos e contas de colar, que podem ter estimulado e refletido melhores formas de comunicação e níveis mais elevados de criatividade. Segundo Marcia-Anne Dobres e outros, as novas tecnologias e formas de usá-las não eram (e não são) inventadas simplesmente para resolver problemas ou lidar com necessidades materiais, mas também para promover as atividades sociais, transmitir visões de mundo, ganhar prestígio e expressar as ideias e o sentimento de identidade de seus autores.

No momento, o registro arqueológico – especialmente o de restos humanos – da Afro-Eurásia em relação ao período chave entre 100.000 anos e 50.000 anos atrás é esparso. Novas pesquisas em muitas áreas – incluindo a neurologia, a linguística comparada e a genética, bem como a arqueologia – irão, sem dúvida, oferecer provas mais firmes a favor da hipótese revolucionária ou gradualista, ou talvez permitir que ambas sejam combinadas.

As descrições anteriores podem nos levar a crer que a evolução humana é a história de um progresso constante e inevitável, mas as evidências genéticas já demonstraram que esse não é o caso. Em aproximadamente 70.000 a.C., isto é, aproximadamente quando a linguagem simbólica oral parece ter começado a se desenvolver, a população total dos antepassados de todas as pessoas que vivem hoje diminuiu para cerca de 10.000 pessoas, e talvez para apenas alguns milhares. Uma possível explicação para esse gargalo genético foi uma megaexplosão vulcânica que ocorreu na Indonésia, perto do atual lago Toba, e, segundo alguns estudiosos, causou um inverno vulcânico plurianual que reduziu drasticamente a fontes de alimento e, assim, a população de hominíneos (e de animais). Há uma outra explicação que é mais cultural e social: talvez os *Homo sapiens* que estavam começando a usar linguagem simbólica passaram a ser cada vez mais exigentes com a escolha de companheiros, escolhendo-os apenas entre outros usuários da mesma língua, em vez de entre todos os *Homo sapiens*, sendo esse um dos primeiros exemplos de endogamia, algo que se tornaria uma característica comum dos grupos de humanos posteriores. Ou, então, as duas explicações teriam ocorrido ao mesmo tempo e a mudança climática e a endogamia intencional teriam juntas causado a diminuição da reserva genética.

Independentemente de como ou quando os seres humanos comportamentalmente modernos tenham surgido, no exato momento da explosão de

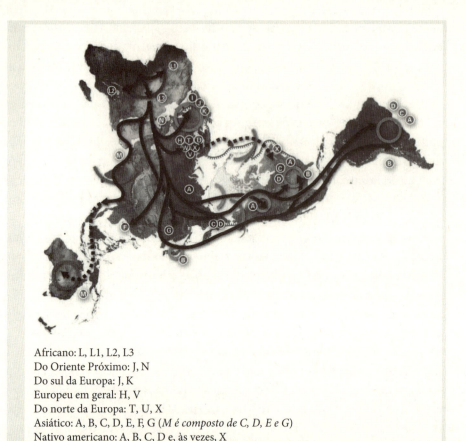

Africano: L, L1, L2, L3
Do Oriente Próximo: J, N
Do sul da Europa: J, K
Europeu em geral: H, V
Do norte da Europa: T, U, X
Asiático: A, B, C, D, E, F, G (*M é composto de C, D, E e G*)
Nativo americano: A, B, C, D e, às vezes, X

MAPA 2. Provas genéticas (DNA) da migração global do *Homo sapiens*.

Toba, o *Homo sapiens* estava fazendo o que o *Homo ergaster* havia feito anteriormente e o que sempre fariam: movimentar-se. Primeiro atravessaram a África e depois, a Eurásia; de início o movimento era esporádico e em seguida tornou-se mais regular. Eles usaram jangadas ou barcos para chegar até a atual Austrália há, pelo menos, 50.000 anos e talvez antes; para tanto, precisaram atravessar quase 60 km de oceano, mesmo em seu nível mais baixo durante a última era glacial. Por volta de 20.000 anos atrás, havia seres humanos vivendo no norte da Sibéria, acima do Círculo Polar Ártico, e por volta de pelo menos 15.000 anos atrás eles já haviam atravessado as pontes de terra que ligavam a Sibéria e a América do Norte no Estreito de Bering e atravessaram as Américas. Uma vez que os seres humanos já estavam na América do Sul por volta de 14.000 anos atrás, situada a 16.000 km das pontes de terra, então muitos estudiosos acreditam atualmente que eles vieram para as Américas muito antes, talvez há 20.000 anos ou mesmo 30.000 anos atrás, usando jangadas ou barcos ao longo da costa americana, quando a água os impedia de caminhar.

O *Homo sapiens* migrou para áreas onde já existiam outros tipos de hominíneos. Isso incluiu os neandertais, que parecem ter vivido lado a lado com os imigrantes na Europa e na Ásia Ocidental por milênios, ter caçado os mesmos tipos de animais e coletado os mesmos tipos de plantas. Por fim, é possível que todos os neandertais tenham sido mortos, ou então eles podem apenas ter perdido a competição por alimentos conforme o clima caminhava para um período de glaciação crescente que começou em torno de 40.000 anos atrás. Até agora nenhuma evidência (exceto DNA) de interações entre o *Homo sapiens* e qualquer outro grupo de hominíneo foi descoberta, mas nós conhecemos o resultado: o *Homo sapiens* sobreviveu, os outros não. O restante deste livro, portanto, é a história desses humanos racionais.

MODOS DE VIDA DOS FORRAGEADORES

O recuo final das geleiras deu-se entre 15.000 anos e 10.000 anos atrás e, com o derretimento das geleiras, sobreveio a elevação do nível do mar. As áreas que estavam ligadas por pontes terrestres – incluindo a América do Norte e a Ásia, assim como muitas regiões do sudeste asiático – foram separadas pelas águas. Esse fato interrompeu os caminhos migratórios, mas também estimulou a inovação. Os seres humanos passaram a projetar e construir barcos cada vez mais sofisticados, também aprenderam a navegar por meio do estudo dos ventos, das correntes marinhas, pelo voo dos pássaros e pela posição das estrelas. Passaram a navegar para ilhas cada vez mais remotas, incluindo as ilhas do Pacífico – a última parte do globo a ser povoada. As ilhas do Pacífico ocidental foram habitadas por volta de 2000 a.C., mas os outros grupos de ilhas, apenas muito tempo depois; a datação tradicional coloca os primeiros assentamentos do Havaí, Rapa Nui (ilha de Páscoa) e Nova Zelândia na segunda metade do primeiro milênio d.C., mas os estudos mais recentes sugerem que podem ter ocorrido somente no século XIII d.C. Em áreas com muitos recursos alimentares, tal como nas regiões litorâneas, as pessoas construíram estruturas e viveram de forma relativamente permanente em um só lugar.

Em algum momento, as culturas humanas se tornariam bastante diversificadas, mas no Período Paleolítico, as pessoas em todo o mundo viviam de forma bastante semelhante, em pequenos grupos de indivíduos aparentados – o que os antropólogos frequentemente chamam de "bandos" – que se movimentavam pelo território em busca de alimento. Costumamos chamar os povos do Paleolítico de caçadores-coletores, mas as pesquisas arqueológicas e antropológicas recentes indicam que os caçadores-coletores (antigos e contemporâneos) dependem muito mais dos alimentos coletados que da carne caçada. Assim, seria mais preciso chamá-los de "coletores-caçadores" e, atualmente, a maioria dos estudiosos agora os chamam de forrageadores, um termo que destaca a flexibilidade e a adaptabilidade desses povos em sua busca por alimentos. Grande parte do que os forrageadores consumiam era de origem vegetal, e grande parte da proteína animal em sua dieta não vinha da caça direta de animais, mas de alimentos coletados ou encontrados: insetos, moluscos, pequenos animais capturados em armadilhas, peixes e outras criaturas marinhas capturadas em barragens e redes e, por fim, os animais mortos por outros predadores. A coleta e a caça provavelmente variaram em importância de forma sazonal ou de ano para ano, dependendo dos fatores ambientais e das decisões do grupo.

Os povos do Paleolítico caçavam animais grandes. Os grupos trabalhavam em conjunto, encurralavam os animais em penhascos, atiravam lanças e, desde aproximadamente 17.000 a.C., usavam arcos e lançadores (também conhecido como atlatl ou estólica) – varas de lançamento feitas de osso, madeira ou chifre, com um encaixe para lançar flechas e farpas feitas com pontas de pedra amarradas em lanças de madeira, dessa forma não precisavam se aproximar muito de suas presas quando estavam caçando. O aquecimento climático que acompanhou o recuo final das geleiras foi menos vantajoso para os mamíferos muito grandes que haviam vagado pelos espaços abertos de várias partes do mundo. Nessa extinção da megafauna, morreram na Eurásia os mamutes-lanosos (*Mammuthus primigenius*), os mastodontes e os rinocerontes-lanosos (*Coelodonta antiquitatis*); nas Américas, camelos, cavalos e preguiças; e na Austrália, cangurus gigantes e vombates. Em muitos lugares essas extinções ocorreram justamente quando o homem moderno surgiu; assim, um número crescente de cientistas acredita que, em parte, elas foram causadas pela caça humana.

A maioria das sociedades forrageadoras que ainda existem ou que existiram até recentemente possui algum tipo de divisão de trabalho por sexo e também por idade; assim, crianças e pessoas idosas são responsáveis por tarefas diferentes daquelas realizadas por mulheres e homens adultos. Com maior frequência, os homens são responsáveis pela carne e pela caça, por meio da qual eles ganham prestígio; e as mulheres, pela coleta de produtos vegetais e animais. Esses fatos levaram à suposição de que os homens da sociedade paleolítica também eram responsáveis pela caça e as mulheres, pela coleta. Os restos humanos oferecem alguma evidência disso, pois dentes e esqueletos indicam os tipos de tarefas que eram realizadas pelas pessoas quando estavam vivas. Em Chinchorro, na costa norte do Chile, por exemplo, os homens do período entre 7000 a.C. e 2000 a.C. mergulhavam nas águas frias da costa em busca de focas e moluscos, como resultado, seus esqueletos costumam apresentar um aumento ósseo nos ouvidos (hoje em dia essa lesão é chamada de "ouvido de surfista"); já os esqueletos das mulheres apresentam alterações nos ossos do tornozelo, resultantes de cócoras prolongadas, talvez para processar os produtos marinhos ou recolher e processar os alimentos terrestres. Mas essa divisão do trabalho não é universal: em alguns grupos de forrageadores do mundo, como os agta das Filipinas, as mulheres caçam os animais grandes e, em muitos outros grupos, as mulheres estão envolvidas com certas atividades de caça, por exemplo, a condução de rebanhos de animais em direção a um penhasco ou até um recinto, bem como pelo lançamento de redes sobre eles. Quando as mulheres são caçadoras, elas carregam seus filhos em *slings* ou os deixam com outros membros da família, sugerindo que as normas culturais, e não a necessidade biológica da lactação, sejam o fundamento da caça ser realizada por homens. Em muitos sítios paleolíticos, os esqueletos de homens e mulheres apresentam pouca evidência de trabalho definido pelo gênero; as ferramentas de pedra e osso do Período Paleolítico não oferecem nenhuma evidência clara quanto quem as usava. Provavelmente, a divisão do trabalho era mais flexível – particularmente durante os períodos de escassez – e também mudava ao longo do tempo.

Tanto os alimentos caçados quanto os coletados eram cozidos, geralmente assados diretamente acima ou perto de uma fogueira ou, ainda, em um forno cavado na terra junto com pedras aquecidas ou madeira ardente. Para fazer pães achatados, os grãos e as nozes eram moídos, misturados com água e assados sobre pedras, a evidência direta mais antiga vem de cerca de 30.000 anos atrás; mais tarde, a moagem tornou-se uma tarefa das mulheres em quase todas as sociedades do mundo, mas há menos evidências disso no Paleolítico. As pedras de cocção, que foram encontradas em alguns locais do Paleolítico e continuaram a ser usadas até tempos recentes por alguns grupos, podem também ter sido colocadas, juntamente com líquidos e outros ingredientes, em sacos feitos de peles de animais, dando início assim a um novo método de cocção – a fervura. Esse novo método tornou-se mais fácil de ser usado com a invenção das panelas de barro, que eram "assadas" em temperatura suficientemente alta para torná-las impermeáveis. O exemplo mais antigo de um objeto de barro assado que sobreviveu até os dias de hoje é a estatueta de uma mulher, encontrada na atual República Checa e cuja datação marca cerca de 29.000 a.C. (falaremos mais sobre a estatueta a seguir), mas foram encontrados no Japão potes de barro assado de cerca de 15.000 a.C. e, um pouco mais tarde, também na China e na Rússia oriental. Essas peças eram feitas em uma fogueira aberta ou, mais provavelmente, em um buraco na terra, o qual era preenchido com materiais combustíveis e, deixando semicerrado, nele ateava-se fogo. Cozinhar em sacos com pedras aquecidas (e mais tarde com bolas assadas de barro, que tinham a mesma função) ou em potes ampliou o repertório dos alimentos possíveis àqueles que eram muito difíceis de processar ou comer caso não fossem cozidos, incluindo as leguminosas e certos tipos de grãos e moluscos. Além disso, permitiu que as pessoas sem dentes bons (ou sem nenhum dente), tais como crianças e idosos, pudessem receber alimentos mais macios.

É difícil especular sobre roupas e outros bens materiais macios, pois os materiais orgânicos do Paleolítico raramente sobreviveram ao tempo; no entanto as agulhas de osso para costurar e as ferramentas para perfurar buracos no couro podem nos dar algumas indicações. O vestuário e artigos de chapelaria eram muitas vezes decorados com contas feitas de conchas, dentes, marfim e outros materiais duros, e pela disposição desses materiais em sepulturas inalteradas, os arqueólogos notaram que, muitas vezes, as roupas de homens e mulheres eram diferentes e, em alguns lugares, as pessoas também utilizavam roupas diferentes em diferentes fases da vida. Assim, sexo e idade possuíam um significado social.

A evidência de tecelagem mais antiga e direta vem da mesma área da República Checa em que a primeira cerâmica cozida foi encontrada; e a evidência está na própria cerâmica: fragmentos com cerca de 30.000 anos, contendo impressões de cordames atados e cestaria em tecido ou tecidos feitos de fibras vegetais. (Alguns estudiosos sugerem que os padrões diagonais de 75.000 anos, mencionados anteriormente, que foram encontrados em pedaços de ocre na África do Sul, também representam malhas, embora essa não seja a impressão feita por uma malha real.) Além de roupas e bolsas, a tecelagem, a cestaria e a cordoaria (torção de fibras vegetais para a confecção de cordas e fios) podem ter sido usadas para fazer redes e laços mais delicados do que aqueles que poderiam ser feitos com couro ou nervos, bem como para fazer *slings* para transportar crianças. Conforme demonstrado pelos objetos feitos de materiais que sobreviveram ao tempo, a tecelagem, a cestaria e a cordoaria foram desenvolvidas de forma independente em muitas partes do mundo: objetos de marfim mostram motivos têxteis; estatuetas de argila vestem roupas e acessórios para a cabeça; a disposição de miçangas e ornamentos encontrados nas sepulturas mostra que elas eram originalmente utilizadas em colares ou costuradas nas roupas.

A obtenção e a transformação dos alimentos eram preocupações contínuas, mas não um trabalho contínuo. Os estudos sobre forrageiros modernos indicam que, exceto em tempos de desastres ambientais como secas prolongadas, as pessoas precisam apenas cerca de dez a vinte horas por semana para recolher alimentos e realizar outras tarefas necessárias à sobrevivência, tais como a transformação dos alimentos, a busca por água e a construção de abrigos. A dieta dos forrageiros é variada – especialmente se a compararmos à dieta atual, que contém alimentos altamente processados e cheios de gordura, açúcar e sal – e nutritiva: baixo teor de gordura e sal, rica em fibras, vitaminas e minerais. A vida em ritmo lento e a dieta saudável do Paleolítico não se traduziam, no entanto, em uma expectativa de vida próxima à do mundo moderno. As pessoas esquivavam-se de alguns assassinos contemporâneos como a diabetes e as doenças cardíacas, mas as pesquisas realizadas em ossadas indicam que as pessoas, em geral, morriam ainda jovens por ferimentos, infecções, ataques de animais e pela violência interpessoal. Mães e bebês morriam no parto, e muitas crianças morriam antes da idade adulta.

A população humana total, portanto, aumentou lentamente durante o Paleolítico, chegando, há 30.000 anos, talvez a meio milhão de pessoas. Há aproximadamente 10.000 anos, esse número aumentou para 5 milhões – dez vezes mais pessoas. Um aumento significativo, mas que precisou de 20.000 anos (em comparação, atualmente a Terra contém mais de 7 bilhões de pessoas; éramos pouco menos de 1 bilhão há apenas 300 anos). Por causa da baixa densidade populacional, o impacto humano sobre o meio ambiente era relativamente pequeno, mas, mesmo assim, já era significativo.

Família, parentesco e etnicidade

Pequenos bandos de seres humanos – vinte ou trinta pessoas era um tamanho padrão para forrageiros em ambientes rigorosos – estavam espalhados por grandes áreas, mas isso não quer dizer que os grupos viviam de forma isolada. As viagens de um grupo em busca de comida os levava a

IMAGEM 3. A Vênus de Brassempouy, uma pequena cabeça esculpida em marfim de mamute. Esculpida por volta de 25.000 anos atrás onde hoje é o sul da França. A decoração da cabeça é geralmente interpretada como um gorro estampado, ou talvez seja a representação de um tecido ou malha.

travar contato com outros grupos, não somente para conversar, celebrar e festejar, mas também para proporcionar oportunidades a novos parceiros sexuais, algo essencial para a sobrevivência do grupo. Hoje sabemos que as relações sexuais entre parentes próximos não são vantajosas, pois criam maior risco de doenças genéticas. As primeiras sociedades nada sabiam sobre genética, mas a maioria delas desenvolveu regras contra as relações sexuais entre os membros imediatos da família e, por vezes, regras muito complexas sobre parceiros permitidos dentre os parentes mais distantes. Alguns cientistas naturais argumentam que os tabus do incesto têm uma base biológica ou instintiva, enquanto a maioria dos antropólogos os veem como algo cultural, decorrentes do desejo de diminuir as rivalidades entre os grupos ou de aumentar as oportunidades de alianças com outras linhagens. Seja qual for o motivo, as pessoas procuravam companheiros fora de seu próprio bando e, assim, os bandos passavam a ficar ligados por laços de parentesco; laços que em alguns lugares foram identificados pelo estudo dos componentes químicos dos ossos. Os arranjos matrimoniais variavam em relação a sua estabilidade, mas muitos grupos parecem ter desenvolvido um arranjo um tanto estável por meio do qual uma pessoa – mais vezes uma mulher que um homem – deixava seu grupo original e filiava-se ao grupo do companheiro, o que mais tarde seria chamado casamento. A julgar pelos paralelos etnográficos posteriores, as definições de parentesco dos grupos eram extremamente variadas, mas, por milênios, continuaram a ser estruturas importantes de poder, e em algumas áreas continuam influenciando os principais aspectos da vida dos indivíduos, por exemplo, seu emprego ou parceiro conjugal.

As representações estereotipadas dos povos paleolíticos frequentemente retratam um homem poderoso, vestindo peles de animais, com um tacape em uma das mãos e na outra os cabelos de uma mulher (geralmente atrativa) também vestida com peles de animais, que é arrastada por ele; ou, então, homens saindo para caçar enquanto mulheres e crianças agacham-se em torno de uma fogueira e esperam os grandes pedaços de carne que serão trazidos pelos homens. Os estudos sobre a importância relativa da coleta para a caça, da participação das mulheres na caça e das relações de gênero entre os povos forrageadores contemporâneos levaram alguns analistas a tratar esses estereótipos de modo completamente diferente. Eles veem os bandos do Paleolítico como grupos igualitários, nos quais as contribuições dos homens e das mulheres para a sobrevivência do grupo eram reconhecidas e valorizadas, e nos quais homens e mulheres tinham igual acesso à quantidade limitada de recursos mantidos pelo grupo. Mas essa hipótese talvez seja também um estereótipo que romantiza a sociedade paleolítica de modo excessivo como uma espécie de comuna vegetariana. As relações sociais entre os forrageadores não eram tão hierarquizadas quanto em outros tipos de sociedades, mas muitos grupos de forrageadores de períodos mais recentes tinham uma pessoa que detinha mais poder do que os outros – essa pessoa era quase sempre um homem.

Na verdade, os antropólogos que estudam esses grupos os chamam de sociedades do "Grande Homem". Esse debate sobre as relações de gênero costuma fazer parte de discussões maiores a respeito da sociedade paleolítica – e por implicação da "natureza humana" – ser principalmente pacífica e educadora ou violenta e brutal, e se essas qualidades estão relacionadas ao gênero. Semelhante a muitos outros temas sobre o Paleolítico, as fontes sobre gênero e violência são fragmentárias e difíceis de serem interpretadas; talvez tenha existido apenas uma diversidade de padrões, assim como há entre os grupos forrageadores mais modernos.

Fosse pacífica e igualitária, violenta e hierárquica ou uma mistura desses dois tipos, as relações heterossexuais geravam filhos que eram alimentados por suas mães ou por outra mulher que tinha dado à luz recentemente. Para as crianças, o leite materno era o único alimento disponível e facilmente digerível, então as mães amamentavam seus filhos por vários anos. Além de oferecer alimento para os lactentes, a amamentação estendida gera uma vantagem colateral: ela suspende a ovulação e, portanto, age como um contraceptivo. Os grupos forrageadores precisavam de filhos para sobreviver, mas o excesso de filhos poderia causar restrições aos escassos recursos alimentares. É possível que muitos grupos tenham praticado o infanticídio ou o abandono seletivo. Os grupos também podem ter trocado crianças de diferentes idades com outros grupos, aprofundando, assim, ainda mais as ligações de parentesco entre os grupos. Exceto pela alimentação, as crianças eram provavelmente cuidadas por outros membros masculinos e femininos do grupo, bem como por suas mães, assim como acontece entre as culturas forrageadoras modernas.

Dentro de cada bando e dentro do grupo maior de parentes, os indivíduos cumpriam diversos papéis; eles eram simultaneamente, pais, filhos, irmãos e maridos, ou mães, filhas, esposas e irmãs. Todos os papéis eram relacionais (pai-filho, irmão-irmão, cônjuge-cônjuge) e alguns deles, especialmente entre pai e filho, conferia a uma pessoa poder sobre outra. Além da idade, do sexo e da posição na família, as pessoas também eram, sem dúvida, diferenciadas por qualidades pessoais, como inteligência, coragem e carisma. Os túmulos oferecem evidência da diferenciação social e das conexões sociais. As pessoas que enterraram uma jovem adulta, perto de Bordeaux, no sul da França há aproximadamente 19.000 anos, por exemplo, vestiram-na, a cobriram com um pigmento ocre e colocaram-na em um recipiente feito de fatias de pedra, juntamente com algumas conchas perfuradas, uma pérola, algumas ferramentas feitas de osso e pedra, ossos de antílope e rena e 71 dentes caninos de veado-vermelho com orifícios para que pudessem ser amarrados e reunidos em um colar. O veado-vermelho não vivia perto de Bordeaux neste momento de agravamento do clima, então os dentes foram provavelmente levados para lá durante muitos anos por redes de intercâmbio, e talvez tenham sido dados como presentes em casamentos ou tenham sido recebidos como pagamento por outras mercadorias. As pessoas que enterraram essa jovem decidiram incluir tantos bens fúnebres valiosos por algum aspecto especial dessa jovem ou de sua morte; por isso seu túmulo faz referência tanto a sua identidade individual (e talvez a uma alta posição social) quanto às suas ligações a uma rede social que estava distribuída através do tempo e do espaço.

Mesmo que os bandos de forrageadores tenham sido exogâmicos, conforme os seres humanos se espalhavam por grande parte do globo, os grupos aparentados e as redes maiores de pessoas inter-relacionadas acabavam se isolando umas das outras; e, por fim, as pessoas acabavam formando casais somente dentro deste grupo maior. Dessa forma, a exogamia local foi acompanhada pela endogamia em larga escala e, após muitas gerações, os seres humanos começaram a desenvolver diferenças em suas características físicas, incluindo a cor da pele e do cabelo, a forma dos olhos e do corpo e a quantidade de pelos no corpo; apesar dessas diferenças, há menos variedades genéticas entre os seres humanos que entre os chimpanzés. O idioma também se modificou ao longo das gerações e, dessa forma, milhares de línguas diferentes passaram a ser faladas em certo ponto; somente na Papua-Nova Guiné contemporânea, por exemplo, foram identificadas mais de 800 línguas. Os grupos criaram culturas extremamente diferentes e as passaram para seus filhos, aumentando ainda mais a diversidade entre os seres humanos.

Com o passar do tempo, grupos de diversos tamanhos começaram a entender que compartilhavam cultura e parentesco com certos grupos e que eram diferentes de outros. Foram criados conjuntos de palavras para descrever esses grupos; em português o conjunto inclui as palavras pessoas, grupo étnico, tribo, raça e nação. A cultura compartilhada incluía a língua, a religião, hábitos alimentares, rituais, estilos de roupas e muitos outros fatores, cuja importância para definir a associação a um grupo sempre mudava ao longo do tempo (o idioma, no entanto, foi quase sempre muito importante). Devido ao amplo número de casamentos dentro do mesmo grupo ao longo de muitas gerações, as diferenças entre os grupos estavam (e estão) com frequência evidentes no corpo e foram (e são) frequentemente idealizadas como "sangue", uma substância com um sentido profundo. No entanto, os laços de parentesco incluíam tanto as características percebidas quanto as imaginárias, assim a adoção e outros métodos para incluir alguém ao grupo foram criados, ou foram desenvolvidas tradições sobre a descendência a partir de um ancestral comum. No coração de todos esses grupos existia uma identidade comum consciente, que por sua vez reforçava a endogamia, pois as pessoas escolhiam (ou eram forçadas) a se casar dentro do grupo. Esses grupos surgiam, desapareciam, transformavam-se em outros grupos, dividiam-se, combinavam-se, perdiam e ganhavam importância e, de outras formas, modificavam-se; contudo, os grupos não são menos reais por causa dessa fluidez e do fato de serem construídos por meio da cultura e da genética. Eles vieram a ter enorme importância mais tarde na história do mundo, mas desenvolveram-se antes da invenção da escrita e parecem ter existido em todos os lugares. Sem dúvida, as pessoas que imprimiram suas mãos na *Cueva de las Manos* tinham uma palavra para descrever o seu próprio grupo e diferenciavam-se daqueles que não pertenciam ao grupo.

Rituais

Semelhante à pintura da *Cueva de las Manos*, além de o enterro da jovem no sul da França ter sido uma ocasião social, também era uma maneira de expressar ideias e crenças sobre o mundo material e talvez sobre um mundo invisível do além. Os rituais mortuários do Paleolítico criaram mensagens sociais e políticas e carregavam (e possivelmente distorciam) significados culturais. (Assim como todos os funerais desde então.) Eles indicavam que a pessoa pertencia ao grupo e que essa associação poderia continuar após a morte ter levado a pessoa embora do reino dos vivos. Havia uma grande variedade de disposição dos corpos, podiam ser enterrados em posição vertical, inclinada ou flexionada, sozinhos ou com outros e com um grande número de bens fúnebres; podiam ser colocados em jarros, sob o piso das casas, ou em locais longínquos; esfolados, decapitados ou com os ossos desarticulados, com algumas partes (especialmente o crânio) colocadas alhures em um segundo ritual; pintados, engessados, cobertos de cinzas ou ocre. É difícil determinar o significado de todas essas formas de sepultamento, mas devem ter significado *algo*, pois era necessário tempo e esforço para lidar com o falecido da forma considerada adequada. Os arqueólogos costumam marcar o limite espacial ou cronológico entre um grupo e outro pelas diferentes formas de sepultamento.

As pinturas, os objetos de decoração e os sepultamentos sugerem que as pessoas percebiam seu mundo como algo que ia além daquilo que podiam ver. Pessoas, animais, plantas, ocorrências naturais e outras coisas ao redor deles continham espíritos; uma compreensão animista que contempla a natureza espiritual e a interdependência de todas as coisas. O mundo invisível intervinha rotineiramente no mundo visível, para o bem e para o mal e, além disso, as ações dos antepassados mortos e dos espíritos podiam ser determinadas por pessoas vivas.

A arte rupestre de todo o mundo e uma grande variedade de evidências etnográficas sugerem que as pessoas comuns, conforme imaginava-se, aprendiam sobre o mundo invisível por meio de sonhos e presságios, enquanto os xamãs – homens e mulheres espiritualmente capacitados que se comunicavam com o mundo invisível ou para lá viajavam – recebiam as mensagens e revelações de forma mais regular. Os xamãs criaram rituais complexos, por meio dos quais buscavam garantir a saúde e a prosperidade de um indivíduo, família ou grupo. Dentre os rituais haviam aqueles que incluíam o imaginário sexual e de gênero; os xamãs, assim, podem ter construído um papel transgênero em alguns lugares, por meio do qual canalizavam o poder que atravessava os limites de gênero no momento exato em que esses poderes cruzavam a fronteira entre o mundo visível e o invisível. Muitas pinturas rupestres mostram grupos de animais de rapina ou predadores, e algumas delas incluem um humano mascarado que parece ser um xamã em um gesto ou postura de algum tipo presumível de ritual. Às vezes o xamã é mostrado com o que parece ser um pênis, e essas figuras costumavam ser invariavelmente descritas como homens. Mais recentemente sugeriu-se que essas figuras podiam representar o *gênero* masculino, mas que poderiam ser mulheres fantasiadas, uma vez que as inversões de gênero são parte frequente de muitos tipos de rituais e práticas. Ou a figura – e o xamã real que ela talvez representasse – poderia ser entendida como um terceiro gênero, nem homem nem mulher, ou ambos ao mesmo tempo. Em muitas culturas, os xamãs usavam máscaras que lhes davam maior poder, e acreditava-se que eles assumiam as qualidades do animal, criatura ou espírito representado pela máscara; transcender limites era, portanto, o papel do xamã. Eles também funcionavam como curandeiros; os funerais de pessoas consideradas xamãs costumavam incluir maços com produtos vegetais, animais e minerais, que eram comidos, cheirados ou esfregados na pele, provavelmente seguidos de cânticos, músicas e movimentos específicos. A julgar pelas práticas de períodos posteriores, os rituais e medicamentos usados pelos xamãs e curandeiros costumavam ser segredos bem guardados, mas eles eram passados oralmente de um indivíduo espiritualmente competente a outro. Gradualmente, eles construíram um conjunto de conhecimentos sobre o mundo natural, bem como sobre a melhor forma de se comunicar com as forças sobrenaturais.

A interpretação do que certos objetos que parecem ter fins rituais podem ter significado para quem os fazia ou possuía é tão controversa como os outros aspectos do início da história humana. Por exemplo, em muitas partes da Europa foram encontradas estatuetas do Paleolítico Superior (aproximadamente 33.000-9.000 a.C.) feitas de pedrinhas, marfim, osso ou argila que representavam mulheres, muitas vezes com seios, nádegas e/ou estômago grandes. Essas estatuetas foram chamadas de "Vênus" pelos arqueólogos do século XIX, pois imaginavam que elas representavam os padrões paleolíticos de beleza feminina, assim como a deusa Vênus representa os padrões clássicos. Alguns estudiosos as interpretaram, juntamente com as estatuetas de mulheres do Neolítico Tardio, como deusas da fertilidade, uma evidência da crença em uma divindade feminina poderosa. Outros as veem como objetos auxiliares à fertilidade, que eram carregados por mulheres, na esperança de ter filhos – ou talvez na esperança de não ter mais. Talvez elas tenham sido feitas por mulheres de meia-idade que se espelhavam em seus próprios corpos, com as formas arredondadas da maioria das mulheres que deram à luz; representavam a esperança de boa saúde durante o envelhecimento. Ou elas eram imagens sexualizadas de mulheres, carregadas pelos homens, uma espécie de versão paleolítica da página central de uma revista masculina. Ou ainda, talvez, levando em conta a ênfase da historiografia cultural sobre significados e sempre em mutação, elas podem ter representado coisas diferentes para pessoas diferentes. Na Mesoamérica e na costa do Equador do segundo milênio a.C., as estatuetas de mulheres feitas em argila têm sido igualmente interpretadas de várias maneiras: como emblemas de fertilidade, objetos ritualísticos, modelos de sexualidade e auxiliares para a gravidez.

Tanto no velho quanto no novo mundo, as estatuetas de mulheres – e de homens ou pessoas sem sexo claramente indicado, bem como de animais e híbrido de animais/humanos – foram encontradas com maior frequência em fragmentos domésticos, sugerindo que os espaços domésticos e ritualísticos não estavam separados uns dos outros. Em vez disso, as ações ordinárias eram ritualizadas, ou seja, eram ações realizadas por meio de convenções e formalidades que lhes agregavam outros signifi-

CAPÍTULO 1 – FAMÍLIAS COLETORAS E AGRICULTORAS, ATÉ 3000 A.C. | 55

IMAGEM 4. A arte rupestre paleolítica da Tanzânia mostra xamãs saltando sobre animais. As linhas pontilhadas e tracejadas podem representar alucinações visuais, e os animais também podem ser visões de um transe e não os animais reais.

cados. Os rituais paleolíticos teriam envolvido locais e objetos especiais, mas eles também envolveram os materiais da vida cotidiana, tais como alimentos, ferramentas ou materiais com os quais as casas eram construídas, e ocorriam na casa ou em lugares inalterados da paisagem local.

Atribuir finalidades rituais a objetos comuns não significa que esses objetos também não refletiam outros aspectos da vida. Os objetos e locais pintados, esculpidos e decorados de outras formas do Paleolítico Superior também são produtos da imaginação, da razão, do orgulho, da maldade e de várias outras emoções (incluindo o tédio). O próprio corpo pode ser uma tela dos valores sociais e culturais, como mostram as diversas modificações físicas encontradas em esqueletos e cadáveres cuja pele e cabelos foram preservados: *piercings*, tatuagens, remoção de partes, amarração, escarificação, preenchimento dentário, alongamento, deformações do crânio e outras. O corpo de um homem congelado nos Alpes com cerca de 5.300 anos, por exemplo, tem tatuagens e furos em ambas as orelhas (as tatuagens podem ter sido feitas, em parte, por razões terapêuticas, pois as tatuagens estão em pontos da coluna, dos joelhos e dos tornozelos que são normalmente usados para a acupuntura). Os objetos modificados de uma forma particular ou por indivíduos talentosos – o que hoje em dia chamamos de "luxuosos" ou "arte" – veiculavam importância social e prestígio e, por esse motivo, os encontramos nas sepulturas e nas sobras de celebrações.

Funerais, festejos e outras ocasiões públicas eram eventos onde certos indivíduos podiam exibir toda a sua riqueza (e generosidade) para um grande público, mas também eram momentos em que os líderes da comunidade tinham chance de salientar o igualitarismo e a coesão social. Usando paralelos etnográficos, os estudiosos enfatizam que os sistemas sociais igualitários não são "mais simples" que os hierárquicos, nem são "naturais", mas exigem regras sociais complexas e o reforço constante para mantê-los

Sedentarismo e domesticação

O forrageamento continuou sendo a forma básica de vida na maior parte da história humana e, para os grupos que viviam em ambientes extremos – tundras ou desertos, por exemplo – essa era a única forma possível de sobrevivência. Em alguns lugares, no entanto, o ambiente natural oferecia uma quantidade suficiente de alimentos para que as pessoas se assentassem por mais tempo no mesmo local. As temperaturas moderadas e as chuvas abundantes possibilitavam o crescimento próspero de plantas;

ou então, os mares, rios e lagos disponibilizavam grandes quantidades de peixes e moluscos. Há aproximadamente 15.000 anos, conforme o clima da terra entrava em uma fase de aquecimento, mais partes do mundo conseguiam sustentar aos grupos sedentários ou semissedentários de forrageadores. Os sítios arqueológicos de muitos lugares começam a incluir poços de armazenamento, silos e outros tipos de recipientes, bem como pedras de amolar e esqueletos de ratos e camundongos, que também comiam os alimentos armazenados. Eles mostram evidências de que as pessoas estavam trabalhando mais para obter mais comida da área circundante, que estavam preparando uma ampla variedade de alimentos a partir de centenas de ingredientes diferentes, que estavam adquirindo mais objetos e construindo habitações mais permanentes.

O sedentarismo costumava ser visto como resultado da domesticação de plantas e animais, ponto que os estudiosos usam para separar o Neolítico do Paleolítico, mas em muitos lugares ele ocorreu milhares de anos antes do plantio intencional de grãos, portanto, a principal linha de causalidade corre ao contrário: as pessoas começaram a plantar porque eles estavam vivendo em comunidades permanentes. Assim, as pessoas foram "domesticadas" antes mesmo das plantas e dos animais. Elas desenvolveram estruturas socioeconômicas e sociopolíticas para a vida na aldeia; desenvolveram, assim, maneiras de lidar com conflitos ou tomar decisões sobre os recursos da comunidade que foram adaptadas quando suas estratégias de subsistência passaram a incluir a agricultura.

O sítio arqueológico de Hallan Çemi, na Turquia oriental, é um bom exemplo desses desenvolvimentos. Há aproximadamente 11.000 anos, as pessoas desse local eram forrageadoras: comiam ovelhas e cabras selvagens, bem como plantas selvagens, incluindo amêndoas, pistache e leguminosas. Esses alimentos eram suficientemente abundantes para sustentar uma pequena aldeia permanente; as pessoas construíram casas, mas em contraste com o modo de vida normal de outros grupos de forrageadores, as entradas das casas não estavam voltadas para o espaço comunitário central. Essa modificação daria às famílias que viviam nelas certo grau de privacidade. Os habitantes de Hallan Çemi também construíram várias estruturas maiores, com lareiras, bancos e pisos que foram rebocados diversas vezes. Esses edifícios continham fragmentos de cobre e obsidiana importados e, em um deles, havia um crânio de auroque pendurado na parede oposta à entrada. Esses edifícios poderiam comportar muitos membros da comunidade para eventos públicos ao longo de vários anos, e o crânio de auroque sugere que esses eventos incluíam rituais. Esses eventos certamente incluíam banquetes, pois, nesses edifícios, as bacias de pedra decorada, pilões esculpidos e ossos de animais queimados aparecem em grande número, sugerindo rituais de preparação e consumo de alimentos e bebidas. As festividades parecem ter sido tão grandes que, de fato, deviam incluir as pessoas de outras comunidades, talvez aquelas que tornavam possível o comércio de cobre e obsidiana, porém, pelas evidências, é impossível dizer se o objetivo dessas festas era promover a cooperação ou a competição com as outras comunidades (e talvez houvesse a promoção de ambos os objetivos). Além das tigelas e dos pilões, os residentes também faziam pequenos bastões de pedra com entalhes que parecem ser um inventário. Michael Rosenberg, que estudou minunciosamente esse sítio, sugere que os entalhes poderiam ser um inventário de coisas realizadas, dadas ou, talvez, possuídas. Independentemente do que representavam, o fato de que algo estava sendo formalmente contabilizado é um deslocamento das normas comuns mais igualitárias e recíprocas existentes dentre os forrageadores. Assim, nessa aldeia de forrageadores, há indicações claras de algum tipo de diferenciação social e de estruturas sociopolíticas que iam além do parentesco, bem como da existência de normas culturais que as sustentavam.

A Turquia oriental encontra-se na parte do mundo onde os aldeões sedentários deram início pela primeira vez ao plantio intencional – área chamada pelos arqueólogos de Crescente Fértil, que segue dos atuais territórios do Líbano, Israel e Jordânia até o norte na Turquia e, em seguida, para o sul até a fronteira entre o Irã e o Iraque. Por volta do mesmo momento em que os aldeões de Hallan Çemi estavam construindo suas casas e edifícios públicos, os moradores de outras aldeias começaram a usar os bastões de cavar, as enxadas e as outras ferramentas com as quais eles colhiam o trigo selvagem e a cevada para plantar as sementes dessas mesmas culturas, bem como as sementes de leguminosas (ervilhas e lentilhas, por exemplo) e de linho de fibras para a fiação de tecidos. Eles selecionavam as sementes que plantavam para que pudessem obter colheitas com características proveitosas, tais como maiores partes comestíveis ou miolos bem agrupados cujo amadurecimento ocorresse de uma só vez sem cair no chão, qualidades que tornavam os frutos mais eficientes. Por essa intervenção humana, determinadas culturas foram domesticadas, modificadas pela reprodução seletiva, a fim de servir às necessidades humanas. Para traçar o desenvolvimento e a propagação da semeadura, os arqueólogos buscam sementes e outras partes das plantas que mostram evidências de domesticação.

Em aproximadamente 9000 a.C., muitas aldeias da região do crescente fértil estavam plantando sementes domesticadas; um processo similar – primeiro o sedentarismo e depois a domesticação – também ocorreu em outros lugares. Em cerca de 8000 a.C., as pessoas estavam plantando sorgo e milhete em partes do vale do rio Nilo e, talvez, inhame na África Ocidental. Em cerca de 7000 a.C., plantava-se legumes, milhete e arroz domesticados na China, inhame e taro em Papua-Nova Guiné e talvez abóbora na Mesoamérica. Em cada um desses lugares, o ato de plantar surgiu de forma independente, e pode ter ocorrido em outras partes do mundo também. As evidências arqueológicas não sobrevivem bem em áreas tropicais, como o Sudeste Asiático e a bacia amazônica, que podem ter sido outros pontos de domesticação de plantas. Após vários séculos de plantio, as pessoas do crescente fértil, partes da China e do vale do Nilo viviam apenas de alimentos domesticados. Nas comunidades, a agricultura gerou aumento da divisão do trabalho; as famílias e os estabelecimentos domésticos foram se tornando cada vez mais interdependentes, trocando alimentos por outros produtos ou serviços.

As aldeias agrícolas estavam mais próximas umas das outras que as vilas de forrageadores e, em muitos lugares, a divisão do trabalho entre as comunidades também começou a aumentar ao mesmo tempo em que as redes do comércio local, regional e, às vezes, do comércio de longa distância começaram a lidar com uma grande variedade de produtos. Os produtos incluíam matérias-primas como a obsidiana e a jade, as quais podiam ser transformadas em itens utilitaristas, cerimoniais e decorativos, e metais, dentre eles o ouro, a prata, o cobre e o chumbo, que eram transformados em contas e outras joias. Em cerca de 5500 a.C. as pessoas nos Balcãs tinham aprendido que o cobre poderia ser extraído dos minérios aquecendo-os em um processo de fundição. O cobre fundido era vertido em moldes e transformado em pontas de lança, machados, formões e outras ferramentas, bem como em joias.

As pessoas adaptaram as culturas para seus ambientes locais, escolheram as sementes com qualidades propícias, tal como a resistência à seca. Eles também domesticaram novos tipos de culturas. Por 4000 a.C., no vale do Indo (sul da Ásia) as pessoas estavam plantando tâmaras, mangas, sementes de gergelim e algodão, bem como grãos e leguminosas. Nas Américas, por volta de 3000 a.C., o milho foi domesticado no sul do México e, na América do Sul na região dos Andes, as batatas e a quinoa; em aproximadamente 2500 a.C., plantava-se abóbora e feijão no leste da América do Norte. Essas culturas então se espalharam e, assim, em aproximadamente 1000 a.C., os povos de grande parte do que é hoje o oeste dos Estados Unidos estavam plantando milho, feijão e abóbora.

Aproximadamente na mesma época em que certas plantas foram domesticadas, as pessoas também estavam domesticando os animais. O primeiro animal a ser domesticado foi o cachorro, que se separou geneticamente como subespécie dos lobos há pelo menos 15.000 anos ou talvez muito antes. O mecanismo de domesticação do cachorro é motivo de acalorados debates: será que foi resultado somente da ação humana, realizada por forrageadores que escolhiam e cruzavam os animais que mais os ajudariam nas caçadas ao invés de atacá-los, ou foi causada também pela pressão seletiva resultante da ação do lobo, uma vez que os animais que tinham menos medo do contato humano passaram a viver em torno das vilas e a procriar com animais que possuíam a mesma característica? Independentemente de como tenha acontecido, esse relacionamento trouxe benefício para ambos: os seres humanos puderam se beneficiar do calor corporal, do bom olfato e da audição dos cães, e os cães ganharam um ambiente mais seguro e novas fontes de alimento. Como seria de se esperar, seres humanos e cães domésticos migraram juntos, mesmo por sobre as pontes de terra em direção às Américas e em barcos para as ilhas do Pacífico.

Os cães se encaixam facilmente ao estilo de vida dos forrageadores, mas os seres humanos também domesticaram animais que se encaixavam facilmente ao estilo de vida sedentário. Em cerca de 9000 a.C., ao mesmo tempo em que começaram a plantar, as pessoas do crescente fértil também domesticaram cabras e ovelhas selvagens, usando-as provavelmente primeiramente pelas peles e pela carne, depois, pelo leite e, finalmente, passaram a tosquiar as ovelhas pela lã. Eles aprenderam por meio da observação e da experimentação que as características são passadas de uma geração para outra e, então, começaram a criar cabras e ovelhas de forma seletiva, escolhendo suas qualidades desejadas, incluindo um tamanho maior, maior resistência, melhores pelos, maior produção de leite e temperamento mais ameno. Eles, às vezes, treinavam os cães para auxiliá-los no pastoreio e, então, cruzavam os cães de forma seletiva, buscando por qualidades vantajosas para essa tarefa. O livro bíblico do *Gênesis*, escrito no crescente fértil em algum momento do primeiro milênio a.C., nos oferece um exemplo da antiga reprodução seletiva. Jacó faz

CAPÍTULO 1 – FAMÍLIAS COLETORAS E AGRICULTORAS, ATÉ 3000 A.C. | 61

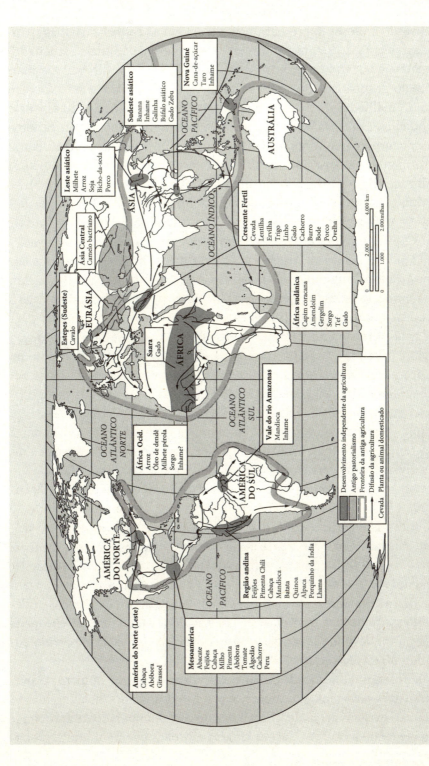

MAPA 3. Domesticação de plantas e animais.

um acordo com seu sogro para pegar somente as cabras e ovelhas manchadas, mas ele secretamente aumenta o número de animais manchados do grupo, colocando uma vara manchada "diante dos olhos... das mais fortes do grupo... sempre que elas estavam no cio" para que nascessem animais malhados mais fortes e em maior número (Gênesis 30,41). Esse método baseava-se na ideia – aceita durante muito tempo – de que tudo o que um animal ou mulher grávida visse durante a gravidez influenciaria no resultado; embora isso tenha sido fortemente rejeitado pela ciência moderna, a Bíblia observa que a experiência foi bem-sucedida e que Jacó "tornou-se extremamente rico, possuindo muitos rebanhos". As pessoas também domesticaram outros animais: porcos, porquinhos da Índia e vários tipos de galináceos, esses últimos por seus ovos e por sua carne.

As aldeias neolíticas inseriam cada vez mais espaços para os animais domesticados, bem como locais para o armazenamento da colheita. Em climas mais quentes, as pessoas construíam currais e em climas mais frios, elas construíram edifícios especiais ou levavam os animais para suas casas. Eles aprenderam que o estrume animal ampliava a produção e, então, passaram a coletar o estrume dos cercados, utilizando-o como fertilizante. A intensificação dos contatos com os animais e suas fezes também intensificou o contato humano com os vários tipos de patógenos causadores de doenças, incluindo as doenças menores – como o resfriado comum – e as assassinas mortais, tais como a influenza, a peste bubônica e a varíola. Esse foi particularmente o caso quando seres humanos e animais viviam muito próximos, pois as doenças se espalham mais rápido em ambientes aglomerados. Assim os agricultores desenvolveram doenças que não haviam assolado os forrageadores, e as doenças tornaram-se endêmicas, isto é, são encontradas em toda a extensão de uma região sem serem mortais. Em última análise, as pessoas que viviam com animais desenvolveram resistência a algumas dessas doenças, mas a falta de resistência dos forrageadores a muitas doenças significava que eles morreriam mais facilmente após entrarem em contato com as novas doenças endêmicas; esse foi o caso das Américas no século XVI, quando os europeus lá chegaram, levando a varíola e outras doenças (isso será discutido em detalhes no CAPÍTULO 4).

Os animais domesticados finalmente ultrapassaram o número de suas contrapartes selvagens. Por exemplo, nos Estados Unidos hoje (excluindo o Alasca), existem cerca de 77 milhões de cães, comparados a aproximadamente 6.000 lobos. As Nações Unidas estimam que no mundo o rebanho de bovinos ultrapassa 2 bilhões de cabeças, e que há mais de 20 bilhões de frangos, gerando consequências extremas para o meio ambiente. A domesticação de animais também deu forma à evolução humana; os grupos cuja parte importante da dieta incluíam o leite animal e os produtos lácteos, tendiam a desenvolver a capacidade de digerir o leite depois de adultos, enquanto os grupos que não dependiam do leite permaneceram intolerantes à lactose depois de adultos, que é a condição normal dentre os mamíferos.

Fatores demográficos, sociais e culturais parecem ter atuado em conjunto para que a coleta de plantas selvagens fosse abandonada em favor do plantio de plantas domesticadas e para que a caça e a captura de animais selvagens fosse substituída pela criação de animais domésticos. Em termos demográficos, embora o aquecimento do clima tenha permitido níveis de forrageamento suficientes para que as aldeias sedentárias pudessem se desenvolver, talvez as populações tenham lentamente aumentado além da quantidade de alimento prontamente disponível. O aumento da população foi o resultado da baixa mortalidade infantil e de uma maior expectativa de vida, bem como, talvez de maiores taxas de fertilidade. Os alimentos que cresciam espontaneamente costumavam incluir cereais ou outras culturas que podiam ser moídas e cozidas em um mingau suficientemente macio para que os bebês pudessem comer. Esse mingau – para o qual existem evidências arqueológicas abrangentes – permitiu que as mulheres escolhessem quando parar de amamentar seus filhos, talvez em uma idade mais jovem para que elas pudessem se ocupar de outras tarefas. Esqueletos encontrados na Califórnia, por exemplo, mostram que conforme os grupos que ali viviam em torno de 2500 a.C. passavam a contar cada vez mais com as bolotas para sua alimentação – esses frutos devem ser fervidos ou torrados e moídos antes de se tornarem comestíveis –, a carga de trabalho das mulheres aumentava e, por isso, seus filhos eram desmamados mais cedo. Ao fazer isso, as mulheres perderam os efeitos contraceptivos da amamentação e passaram a ter filhos com maior frequência. Mas, em vez de seguir para uma nova área – que era a solução tradicional dos forrageadores para o problema da escassez de alimentos –, as pessoas decidiram manter-se nas estruturas físicas e sociais das aldeias sedentárias que tinham construído (ou próximas delas). Dessa forma, desenvolveram uma maneira diferente de aumentar a oferta de alimentos para acompanhar o crescimento da população – a domesticação de plantas e animais – dando início a ciclos, que continuam existindo hoje em dia, de expansão da população e intensificação do uso da terra.

Os fatores culturais misturam-se a esses dados demográficos e sociais. Um exemplo disso pode ser visto em Göbekli Tepe, um sítio não muito distante de Hallan Çemi, na atual Turquia, onde em torno de 9000 a.C., centenas de pessoas se reuniram para construir anéis de maciços e pesadíssimos pilares de pedra calcária elaboradamente esculpidos e, depois, os cobriram com terra e construíram outros. As pessoas que criaram esse sítio moravam um pouco longe do local, onde os vestígios arqueológicos indicam que, no momento em que esculpiram os primeiros pilares, eles não comiam o alimento de culturas agrícolas – alimentavam-se na verdade, de animais selvagens e plantas. No entanto, uma vez que esses pilares foram esculpidos e colocados no lugar, sua importância simbólica, cultural ou talvez religiosa pode ter feito que as pessoas decidissem adotar uma estratégia de subsistência que lhes permitisse permanecer nas proximidades. As pesquisas realizadas em outros sítios da região mostram que certas populações *não* superavam a oferta de alimentos obtidos por forrageamento e, dessa forma, a nova economia havia sido principalmente o resultado de uma escolha cultural deliberada, não da escassez de alimentos.

Isoladamente, os vestígios arqueológicos não nos dizem quem dentro de qualquer grupo começou a cultivar culturas agrícolas pela primeira vez, mas o fato de que em muitos grupos de forrageadores as mulheres eram responsáveis pela coleta e pelo processamento dos produtos vegetais, sugere que elas também podem ter sido as primeiras a lançarem algumas sementes no solo. Em muitas partes do mundo, as sementes continuaram a ser plantadas com enxadas e bastões de cavar por vários milênios, e o plantio seguiu sendo principalmente um trabalho realizado por mulheres, enquanto os homens caçavam ou, mais tarde, criavam animais. Nesses lugares, que incluem grande parte da América do Norte e da África, parece que as mulheres controlavam as culturas agrícolas que plantavam, podendo compartilhar a colheita ou dá-la de presente.

Uma área plantada e capinada rende dez a cem vezes mais comida – em calorias – que a mesma área com plantas que crescem espontaneamente, uma vantagem que teria sido evidente para os primeiros agricultores. A agricultura necessitava, no entanto, de mão de obra adicional; isso foi suprido por um número maior de pessoas na comunidade e pelas horas adicionais de trabalho que essas mesmas pessoas passaram a realizar. Em contraste com as vinte horas semanais que os forrageadores

IMAGEM 5. Um predador vê um javali em um dos enormes pilares de pedra calcária de Göbekli Tepe; pilares que foram esculpidos, dispostos em anéis e depois enterrados em aproximadamente 9000 a.C. A maioria das esculturas mostram animais perigosos – tais como leões, cobras e escorpiões –, e não as presas. A construção da estrutura exigiu grande habilidade e esforço.

utilizavam para a obtenção de alimentos, os agricultores costumavam estar nos campos desde o amanhecer até o entardecer, particularmente durante a época de plantio e colheita, mas também durante o restante do ano, porque a retirada de ervas daninhas era uma tarefa contínua. Os agricultores neolíticos eram também menos saudáveis que os forrageadores; apesar de as culturas agrícolas oferecerem um suprimento de alimentos mais confiável, eles estavam mais suscetíveis a doenças e deficiências nutricionais (a anemia, por exemplo) por causa da menor variedade de alimentos que consumiam.

Os forrageadores que viviam na periferia das comunidades agrícolas talvez tenham reconhecido os aspectos negativos do plantio, pois, normalmente, eles somente adotavam esse novo modo de vida de forma muito lenta. Em alguns lugares a adoção da agricultura deveu-se à migração. Os estudos de análise química dos ossos têm revelado que, às vezes, os aldeões-agricultores mudavam-se para uma nova área, construíam uma nova aldeia, limpavam a terra e plantavam suas sementes ou, então, apenas os homens mudavam-se e se casavam com as mulheres de grupos de forrageadores. As migrações podiam ser acompanhadas de violência; a julgar pelos restos dos cemitérios, o número de pessoas que tiveram mortes violentas em algumas partes do mundo aumentou no período de forrageamento mais intenso e início da agricultura, e tanto armas quanto armaduras tornaram-se mais prevalentes. No entanto, uma vez que a velocidade de crescimento da população das comunidades agrícolas era muito maior que a da população de forrageadores, o equilíbrio foi deslocado. Por volta de 6500 a.C., a agricultura estendeu-se para a Grécia, ao norte do crescente fértil; e por volta de 4000 a.C., expandiu-se mais para o Norte, na Europa e até a Grã-Bretanha. A agricultura expandiu-se a partir de outras áreas em que também se desenvolveu pela primeira vez e, lentamente, áreas cada vez maiores da Ásia, da África e das Américas tornavam-se vilas agrícolas.

O padrão mais comum e global para o início da agricultura envolvia aldeias sedentárias, mas esse não foi o caso em todos os lugares. Em algumas partes do mundo, incluindo a Amazônia, Papua-Nova Guiné e muitas partes da América do Norte, a agricultura ocorria ao mesmo tempo em que a caça e a coleta. Especialmente em áreas profundamente arborizadas, as pessoas abriam pequenas clareiras, cortando e queimando a vegetação natural – um método chamado "Queimada" – e plantavam sementes em anos sucessivos, até a erosão e perda de fertilidade do solo. Os agricultores, então, mudavam-se para outra área e reiniciavam o processo e, talvez, voltavam para a primeira parcela de terra muitos anos mais tarde, após o solo ter-se revitalizado. Os grupos que utilizavam o método da queimada mantiveram-se relativamente pequenos e continuaram a depender da floresta ou da selva circundante para grande parte da sua alimentação; essas práticas continuaram a existir até o século XX.

A criação de animais também não era uma atividade sedentária em todos os lugares. Em áreas mais secas, rebanhos de ovinos e caprinos precisam viajar longas distâncias a cada estação do ano para obter uma quantidade suficiente de alimentos e, assim, foi criada uma nova forma de viver, com base no pastoreio e na criação de animais: a pecuária. Alguns pastores tornaram-se nômades, tendo seus animais como principal fonte de alimentos, mas também colhendo plantas selvagens. O pastoralismo adequava-se a áreas em que o terreno ou o clima não favorecia o plantio, tais como montanhas, desertos, prados secos e tundras. Em certo momento, outros animais de pasto – dentre eles, o gado, os iaques e as renas – também se tornaram a base das economias pastorais na Ásia central e ocidental, em várias regiões da África e no extremo norte da Europa.

A AGRICULTURA DO ARADO E O PROCESSAMENTO DE ALIMENTOS

A agricultura e a pecuária causaram alterações significativas para os modos de vida dos humanos, mas a domesticação de certos animais de grande porte teve um impacto ainda maior. Por volta de 7000 a.C., o gado e o búfalo asiático foram domesticados em algumas áreas da Ásia e do norte da África em que sua ocorrência era natural e, por volta de 4000 a.C., cavalos, burros e camelos. O gado e o búfalo asiático eram usados por sua carne e, talvez também, por seu sangue, o qual era aproveitado e bebido ou misturado aos alimentos cozidos. Mais importante, todos esses animais podiam ser treinados para carregar pessoas ou cargas em suas costas e para puxar quaisquer outras cargas que pudessem puxar, duas qualidades que são raras entre as espécies animais. Em muitas partes do mundo, dentre elas a América do Norte e grande parte da América do Sul e da África subsaariana, não havia animais grandes e naturais da região que pudessem ser domesticados. Nas regiões montanhosas da América do Sul, as lhamas e as alpacas foram domesticadas para carregar pacotes, mas puxar cargas era dificultado pelo terreno íngreme, e elas não eram suficientemente grandes para serem montadas. A domesticação de animais de grande porte aumenta de forma drástica a capacidade disponível para os seres humanos desempenharem as suas funções, causando um efeito imediato nessas sociedades e, também, um efeito a longo prazo, quando as sociedades que haviam domesticado animais encontraram, mais tarde, as sociedades cujo trabalho humano continuou sendo a única fonte de energia. O biólogo e cientista ambiental Jared Diamond propôs, de fato, que as diferenças de riqueza e poder do mundo moderno são o resultado das vantagens oferecidas às sociedades da Eurásia pelos grandes animais domesticados, um longo legado desses primeiros aprovisionamentos.

Em termos de produção de alimentos, a capacidade de tração foi a característica mais importante. Em algum momento do sétimo milênio a.C., as pessoas prenderam varas de madeira a armações que eram arrastados por animais no solo e, assim, sulcavam o solo, permitindo que as sementes pudessem germinar mais facilmente. Esses arados simples foram puxados primeiro por bois e búfalos asiáticos e, mais tarde, por cavalos e mulas (burros e camelos foram usados principalmente como animais de carga, mas ocasionalmente também para puxar o arado). Ao longo de milênios, os arados receberam tombadores de terra – peças anguladas que reviram o solo, trazendo terra fresca para o topo – que serviram para reduzir o tempo necessário para arar e permitiram que as pessoas trabalhassem uma maior extensão de terras.

A utilização do arado permitiu que as pessoas produzissem uma quantidade significativa de alimentos excedentes. Alguns produtos agrícolas chegariam a ser plantados ao longo de vastos territórios e, por isso, alguns cientistas descrevem o desenvolvimento da agricultura – assim como da domesticação dos cães – como um processo de domesticação codependente: os seres humanos domesticaram os produtos agrícolas, mas os produtos também "domesticaram" os seres humanos para que eles trabalhassem longas horas, espalhando determinadas culturas agrícolas por todo o mundo. Os produtos mais bem-sucedidos foram o trigo, o arroz e o milho. O Ministério da Agricultura dos EUA estima que, atualmente, enquanto o trigo é plantado em mais de 2.000.000 km^2 em todo o mundo, representando um quinto de toda caloria da dieta humana, o arroz é plantado em mais de 1.500.000 km^2. Hoje ainda há outros 1.500.000 km^2 plantados com milho, sendo que um quarto dos quase 50.000 itens existentes em um supermercado americano médio contêm milho, sem contar o milho comido por galinhas, porcos e gado, animais cuja carne também é encontrada no supermercado.

As tecnologias de armazenamento e cozimento foram desenvolvidas juntamente com as tecnologias de produção de alimentos, variando de acordo com as matérias-primas que estavam disponíveis. Em muitas partes do mundo, as pessoas desenvolveram técnicas para a tecelagem de cestos de junco e cana que eram encontrados ao longo da costa, de rios e de lagos. Os cestos eram usados para armazenamento (e também para a captura de peixes e outros animais aquáticos); os cestos tecidos de forma mais rígida também podiam ser usados para fazer sopas e ensopados, colocando neles pedras quentes de cozinhar. A invenção do forno – que aconteceu de forma independente em muitos lugares – permitiu que panelas esmaltadas de barro pudessem ser cozidas em temperaturas mais altas para que as panelas passassem a ser completamente impermeáveis aos líquidos, transformando-as em recipientes úteis para o armazenamento a longo prazo, bem como para cozinhar. Em certo momento do quinto milênio a.C., os fabricantes de potes da Mesopotâmia inventaram a roda de oleiro, uma tecnologia para a construção de potes de maior qualidade que, ao mesmo tempo, se espalhou e se desenvolveu de forma independente em outros lugares. Por estarem cozinhando em potes, as pessoas podiam agora misturar alimentos de novas maneiras, gerando hábitos alimentares mais distintos entre grupos diferentes e dentro de um mesmo grupo com base nas diferentes habilidades de cada família para obter mais ingredientes incomuns ou caros. Os alimentos servidos em celebrações e festividades tornaram-se mais elaborados, e o consumo de alimentos adquiridos ganhou novas cerimônias e regras.

Os potes de barro também foram utilizados para preparar, armazenar e transportar bebidas e alimentos fermentados. A fermentação é um processo natural que, como o cozimento, torna a comida mais nutritiva e mais fácil de ser digerida; a fermentação causa o apodrecimento, mas também preserva muitos alimentos da deterioração e mata os micróbios patogênicos da água. Os pastores descobriram um tipo particular de fermentação quando aprenderam que o revestimento do estômago de um animal bebê coalha o leite em um produto mais digerível, fácil de transportar e mais duradouro – o queijo – e começaram a controlar esse processo em sacos de couro e outros recipientes. Não sabemos claramente quando os seres humanos começaram a exercer controle sobre a fermentação. A partir de evidências genéticas (DNA), os biólogos evolucionistas determinaram que o organismo primário usado na fermentação que produz o álcool, o *Saccharamyces cerevisiae* – uma de muitas leveduras presentes naturalmente no ar – mostra sinais do início de seleção humana há mais de 10.000 anos, assim, talvez mesmo antes do trigo. A fabricação significativa de vinho e cerveja começou na mesma época que a própria agricultura, mas, antes disso, as pessoas produziam o hidromel a partir do mel e de pequenas quantidades de vinho e cerveja.

O álcool talvez devesse ser acrescentado à lista de razões para o desenvolvimento e disseminação da agricultura, pois os seres humanos buscavam chegar a um suprimento confiável de matéria-prima que pudessem transformar nessa substância de alta energia que também se tornaria seu principal analgésico. Há esqueletos na América do Sul que apoiam essa ideia, uma vez que as pessoas que viviam lá por volta de 6000 a.C. consumiam o milho que inicialmente haviam começado a fermentar – provavelmente como um tipo de chicha, uma cerveja feita de grãos mastigados e depois cuspidos em um pote para que o processo de fermentação tenha início – antes de voltarem a comê-lo. Assim como aconteceu com a domesticação de animais produtores de leite, a produção de bebidas fermentadas também deu forma à evolução humana, pois uma maior parcela da população desenvolveu a capacidade de metabolizar o álcool, que é, na verdade, um veneno. O álcool tornou-se parte dos eventos sociais, e seu consumo era frequentemente ritualizado; a cerveja e o vinho faziam parte das oferendas aos espíritos e deidades, ou eram consumidos pelos xamãs, sacerdotes e fiéis, como meio de acesso para o mundo além do visível ou para honrar os deuses.

Assim como os forrageadores melhoravam constantemente seus métodos e ferramentas, os pastores e agricultores também fizeram o mesmo. Eles adaptaram a roda, inventada para fazer potes de barro, para o uso em carroças e arados puxados por animais. Os veículos com rodas levaram à construção de estradas; juntas, rodas e estradas permitiram que bens e pessoas viajassem mais facilmente por longas distâncias, fosse para a criação de assentamentos, para a realização de trocas comerciais ou para a conquista.

Hierarquias social e de gênero
Em muitas partes do mundo, os forrageadores mostraram sinais de uma crescente diferenciação social em seus bens materiais, práticas mortuárias e, em certos locais, a concentração de poder por um "grande homem" fundiram-se em uma chefatura, na qual o poder estava ainda mais

formalizado. Esses processos ocorreram com maior frequência nas comunidades agrícolas.

Certas pessoas eram enterradas com grandes quantidades de joias, conchas, equipamentos domésticos, tecidos chiques, armas e outros objetos, enquanto outras eram enterradas com quase nada. Túmulos e outras evidências também mostram uma maior diferenciação com base no sexo; os homens começavam a ser associados mais ao mundo fora do agregado familiar e as mulheres, ao reino doméstico. A intensidade dessas hierarquias sociais e de gênero variavam, mudavam ao longo do tempo e se misturavam a práticas mais igualitárias, mas não existiu uma única sociedade agrícola sem elas. É muito difícil traçar as linhas de causalidade dessas mudanças; as fontes escritas não oferecem uma resposta clara, pois as hierarquias sociais e de gênero já estavam firmemente estabelecidas no momento em que a escrita foi inventada.

As causas foram, muito provavelmente, complexas, e estavam entrelaçadas, havendo muitos caminhos que levavam à proeminência e ao poder. Dentro dos grupos de forrageadores, alguns indivíduos já possuíam mais autoridade por suas ligações com o mundo dos deuses e espíritos, por estarem em posição de chefia de grupos aparentados ou tribos, ou por suas características pessoais. Esse poder tornou-se mais forte com o passar do tempo, pois passou a haver mais recursos passíveis de controle. Sacerdotes e xamãs desenvolveram rituais mais elaborados e tornaram-se especialistas religiosos em tempo integral, trocando seus serviços de intermediários dos deuses por todos os outros itens que eles precisavam para viver. Em muitas comunidades, os especialistas religiosos foram os primeiros a elaborar regras formais de conduta, que mais tarde tornar-se-iam códigos orais e escritos do Direito, em geral, explicando que esses códigos representavam a vontade dos deuses. Os códigos ameaçavam a imposição de castigos divinos para aqueles que transgredissem suas leis; além disso, costumavam exigir que as pessoas prestassem deferência aos sacerdotes como representantes dos deuses e, dessa forma, eles se tornaram uma elite com privilégios especiais.

Os chefes das grandes famílias ou de grupos aparentados, ou que possuíam talentos incomuns de liderança, detinham controle sobre o trabalho dos outros. Eles eram os "grandes homens" que tomavam as decisões sobre como utilizar os recursos do grupo, fontes que ganharam importância quando passaram a incluir bens materiais que podiam ser armazenados por longos períodos. Os bens materiais – arados, ovelhas, gado, galpões, potes, carrinhos – ofereciam a capacidade de acumular mais bens materiais; desse modo, aumentava o fosso entre aqueles que os possuíam e aqueles que nada tinham. O armazenamento também permitiu que os bens pudessem ser transmitidos de um membro da família para outro e, assim, ao longo das gerações, as pequenas diferenças em riqueza foram ficando cada vez maiores.

As forças humanas e animais podiam tanto ser usadas para destruição como para produção, e a guerra acentuava as hierarquias sociais e políticas. Ela permitiu que algumas comunidades conquistassem outras, além do que a ameaça da guerra convencia as pessoas de um grupo a aceitar a autoridade dos líderes, esperando impedir que sua própria comunidade fosse conquistada. Ao passo que os líderes defendiam estratégias de subsistência que aumentariam a população (e, portanto, ofereceriam mais soldados) e ao passo que as populações mais numerosas das comunidades agrícolas lhes permitiam conquistar as comunidades vizinhas de forrageadores, a ampliação da luta armada pode ter sido tanto uma causa como também o resultado da propagação da agricultura.

Dentre os sinais de maior riqueza e poder incluíam-se os bens de prestígio, isto é, joias de ouro e cobre, pedras preciosas, jade esculpido e penas, que assinalavam seus proprietários – na vida e na morte – como pessoas diferentes da maioria, criando e refletindo, assim, sua superioridade. Os bens de prestígio podiam ser dados ou trocados localmente e regionalmente, permitindo que seus proprietários angariassem partidários ou construíssem redes de obrigações mútuas. Esses laços podiam ser expressos em termos igualitários ou, até mesmo, familiares, assim as ideologias existentes de igualitarismo não eram ignoradas ou refutadas, mas em vez disso, deslocadas para novos usos.

A riqueza poderia comandar o trabalho diretamente, pois os indivíduos ou as famílias podiam comprar os serviços dos outros ou impor seus desejos por meio da força, contratando terceiros para fazer as ameaças ou concretizar a violência. Eventualmente alguns indivíduos começaram a comprar diretamente os outros. Assim como as hierarquias sociais em geral, a escravidão também antecede os registros escritos, mas ela se desenvolveu em quase todas as sociedades agrícolas. Assim como os animais, os escravos eram uma fonte de força física para seus donos, lhes oferecendo oportunidade para acumular ainda mais riquezas e influência. No grande período antes da invenção da tecnologia dos combustíveis fósseis, a mais importante marca que distinguia as elites do restante da população era a capacidade de explorar o trabalho humano e animal. Muitas vezes o que distinguia as elites dos outros era a posse da terra, mas a terra só era valiosa quando nela vivessem pessoas obrigadas a trabalhar para o proprietário.

Juntamente com as hierarquias fundamentadas em riquezas e poder, o desenvolvimento da agricultura também estava enredado com uma hierarquia fundamentada no gênero. Em todas as sociedades do mundo que deixaram registros escritos, os homens tinham mais poder e acesso aos recursos do que as mulheres, e alguns homens dominavam outros homens. Esse sistema de gênero patriarcal surgiu antes da escrita e, então, a busca de suas origens envolve a interpretação de muitos tipos diferentes de fontes. Alguns estudiosos veem as origens da desigualdade de gênero no passado dos hominídeos*, constatando que os chimpanzés machos formam alianças para ganhar *status* contra outros machos e se engajar em ataques cooperativos contra as fêmeas, episódios esses que podem ter acontecido também entre os primeiros hominídeos. Outros estudiosos veem as origens no Paleolítico, a partir do *status* mais elevado dos homens em grupos aparentados.

O desenvolvimento da agricultura do arado e o aumento resultante da capacidade de acumular alimentos e outros bens reforçaram o patriarcado. Embora a agricultura da enxada fosse muitas vezes realizada por mulheres, a agricultura do arado passou a ser uma tarefa masculina, talvez por causa da maior força física dos membros superiores do homem, ou porque era mais difícil combinar a agricultura do arado com os cuidados devidos aos bebês e às crianças pequenas do que havia sido combiná-los com o plantio realizado com enxada ou bastões de cavar. Os desenhos de arados encontrados em selos dos cilíndricos da Mesopotâmia mostram invariavelmente homens cuidando do gado e utilizando os arados. Ao mesmo tempo em que o gado começou a ser criado para puxar arados e carroças, e não como forma de alimento, as ovelhas começaram a ser criadas principalmente por sua lã e não pela sua carne ou pele. A fiação e a tecelagem eram vistas principalmente como uma atividade feminina; o mais antigo hieróglifo egípcio para tecelagem é, na verdade, uma mulher sentada com uma naveta**, além disso há um dito moral confucionista da China antiga afirmando que "homens aram e mulheres costuram". A fiação e tecelagem eram feitos geralmente em ambientes fechados e envolviam ferramentas menores e mais baratas do que arar; elas também podiam ser pegas e deixadas de lado facilmente, e assim

---

*   Família taxonômica formada por quatro gêneros, a saber, chimpanzés, gorilas, humanos e orangotangos. (N.T.)

**   Lançadeira de tear em forma de barco. (N.T.)

poderiam ser manipuladas ao mesmo tempo em que se realizava outras tarefas. Embora esse arranjo pareça em alguns aspectos complementar, uma vez que homens e mulheres fazem algum trabalho necessário, ocorre que as responsabilidades dos homens com o arado e outras tarefas agrícolas levavam-nos a sair do agregado familiar com maior frequência que as obrigações das mulheres, ampliando suas oportunidades de liderança.

Os primeiros registros escritos e as evidências etnográficas posteriores sugerem que as estruturas de poder da aldeia estiveram quase sempre relacionadas ao gênero e à idade, sendo que, na maior parte do mundo, o maior poder pertencia aos homens, chefes do agregado familiar ou chefes de famílias. Em alguns grupos, homens que estavam no topo (ou próximo do topo) da hierarquia social usavam sua grande riqueza para adquirir mais esposas, circunstância que aumentava a capacidade de produção da família e elevava seu *status* quando comparado com outros homens, pois as esposas eram um "bem de prestígio".

IMAGEM 6. Modelo de argila e madeira do Reino Médio do Egito (*c.* 2000 a.C.-1700 a.C.): um homem ara com um arado sulcador puxado por dois bois. As representações egípcias de aragem sempre mostram homens realizando essa tarefa, embora as mulheres às vezes sejam mostradas realizando a semeadura.

A guerra e outras formas de violência organizada também deram poder aos homens. Assim como a escravidão, os conflitos armados também antecedem os registros escritos, mas desde suas primeiras ocorrências, os conflitos estavam profundamente ligados ao gênero. As batalhas eram vistas como o derradeiro teste de masculinidade individual e coletiva; eram justificadas em parte por serem uma defesa daqueles que não podiam se defender, especialmente as mulheres e as crianças. Os vencedores eram retratados em imagens e tradições orais, e posteriormente por escrito, como masculinos e viris, e os perdedores como não viris, afeminados e fracos. As conquistas, às vezes, terminavam com o estupro real ou simbólico dos soldados derrotados, bem como das mulheres que estavam do lado perdedor. A guerra às vezes criava alterações nas estruturas de gênero, pois transgredia as normas tradicionais de conduta, transformando as mulheres em espólio, mas também criava situações de emergência, em que as mulheres passavam a realizar as tarefas costumeiramente feitas pelos homens. Isso ocorria porque a guerra era vista como uma situação extraordinária, que exigia grandes sacrifícios e bravura de todos, no entanto, tais acontecimentos não conduziam a uma mudança permanente dos papéis de gênero.

Assim como em outras hierarquias sociais, as hierarquias de gênero e as ideias sobre os papéis adequados de homens e mulheres podem ter moldado as estratégias de subsistência bem como terem sido moldadas por elas. A agricultura feita com a enxada é fisicamente tão exigente – ou talvez ainda mais – que a agricultura do arado, assim a associação dos homens com os animais de grande porte e a aragem talvez esteja mais fundamentada na cultura do que na fisiologia. As representações visuais e verbais de homens arando e mulheres tecendo podem inicialmente ter sido prescritivas, não descritivas, criadas para ensinar às pessoas quais tarefas deveriam fazer. A troca de mulheres, por causa de seu poder procriador e pelo prestígio que elas conferiam aos homens, sugere que elas (ou pelo menos algumas) eram vistas como propriedade, talvez precedendo outras formas de propriedade privada, tais como a posse da terra ou a escravidão.

A questão de as mulheres terem sido a primeira forma de propriedade privada é algo debatido desde o século XIX, mas não há qualquer dúvida de que os sistemas de hereditários, por meio dos quais os bens passavam de uma geração para outra, tendiam a favorecer os homens. Esse foi o caso particularmente em relação à terra e ao direito de cultivar a terra comunitária, que era mais frequentemente transmitida por meio da linhagem masculina. Em alguns lugares a hereditariedade acontecia por meio da linhagem feminina, mas nesses sistemas as próprias mulheres não herdavam necessariamente os bens ou as propriedades; na verdade, um homem herdava do tio materno ao invés do paterno. Nesse sentido, ao longo das gerações, o acesso independente das mulheres aos recursos diminuiu e, assim, sobreviver sem o apoio masculino foi se tornando cada vez mais difícil para as mulheres. Os estudos de esqueletos do sudoeste da Ásia indicam que, embora a agricultura tenha causado o declínio nutricional e das condições de saúde para todos, a saúde física das mulheres deteriorou-se mais, talvez porque elas tenham perdido o acesso aos recursos.

Tendo em vista que a riqueza herdada tornou-se mais importante, os homens queriam ter a certeza de que seus filhos eram realmente seus e, por isso, passaram a restringir os movimentos e as atividades de suas esposas. Isso ocorria especialmente nas famílias da elite. Dentre os forrageadores, as mulheres precisavam ter mobilidade para que o grupo sobrevivesse; seu trabalho ao ar livre era essencial. Entre os agricultores que podiam pagar, o trabalho dos animais, escravos e trabalhadores contratados poderia substituir o das mulheres. Há evidências de que as mulheres passavam cada vez mais tempo dentro do agregado familiar, fosse dentro de casa ou atrás de paredes e barreiras que separavam o reino doméstico do restante do mundo. Assim, embora as linhas de causalidade não estejam claras, em muitas partes do mundo, o desenvolvimento da agricultura foi acompanhado pela subordinação crescente das mulheres.

As hierarquias sociais e de gênero foram ampliadas ao longo das gerações, conforme riquezas e poder eram herdados de forma desigual; elas também foram ampliadas por regras e normas que deram forma às relações sexuais, particularmente às relações heterossexuais (as primeiras regras e leis sobre sexo não davam muita atenção às relações homossexuais, porque esses relacionamentos não produzem crianças, algo que poderia prejudicar os sistemas de heranças). Independentemente de como seu poder tenha se originado, as elites começaram a pensar em si como um grupo separado dos outros, com algo que os distinguia – por exemplo, conexões com uma divindade, poderio militar e superioridade natural. Cada vez mais acreditavam que essa qualidade distintiva era hereditária e, assim como a associação a um grupo étnico, transportada pelo sangue. Imaginava-se que o sangue das pessoas de alto *status* social costumava ter uma qualidade superior; em partes da atual Indonésia, por exemplo, os nobres eram chamados de "sangue branco" e casavam apenas com as pessoas que possuíam sangue semelhante, assim como aquelas que, no restante do mundo, tinham "sangue nobre". As tradições – mais tarde codificadas em leis escritas – estipularam quais relacionamentos heterossexuais transmitiriam essa qualidade para os filhos, juntamente com a transmissão da riqueza. Os relacionamentos entre homens e mulheres das famílias da elite eram formalizados como casamentos, e geralmente transmitiam tanto o *status* social quanto a riqueza. As relações entre homens da elite e mulheres que não pertenciam à elite geralmente não transmitiam, ou transmitiam as qualidades em menor grau; as mulheres eram definidas como concubinas ou amantes, ou simplesmente como vias para a satisfação sexual de homens poderosos. O Código de Hamurabi*, de 1780 a.C., por exemplo, um dos primeiros códigos de leis do mundo, estabelece as diferenças entre a herança dos filhos que um homem teve com sua esposa e a daqueles que teve com uma serva ou escrava, mas em nenhum ponto menciona a herança das filhas. Além disso, a julgar pelos códigos de leis posteriores, as relações entre uma mulher da elite e um homem que não pertencia à elite poderiam trazer vergonha e desonra para a família da mulher e, por vezes, a morte do homem.

Assim sendo, juntamente com as distinções *entre* os grupos vistos como tribos, povos, etnias ou nações que foram o resultado de migrações e endogamia, também foram desenvolvidas distinção *dentro* dos grupos, e essas foram reforçadas pela endogamia social, algo que poderíamos talvez chamar de reprodução seletiva de pessoas. Os homens da elite tendiam a se casar com as mulheres da elite, o que, em alguns casos, resultava em diferenças físicas reais ao longo de várias gerações, pois as elites tinham mais acesso à comida ou aos alimentos mais nutritivos, podendo, dessa forma, tornarem-se mais altos e mais fortes. No entanto, nenhuma elite consegue ser completamente fechada aos recém-chegados, pois os acidentes da vida e da morte, juntamente com os problemas genéticos causados por repetidos casamentos entre parentes próximos dificultam a sobrevivência por muitas gerações de quaisquer grupos pequenos. Assim, tal como foram criados mecanismos para reunir as pessoas em grupos étnicos, também foram desenvolvidos métodos em muitas culturas para a adoção de filhos em famílias da elite, para legitimar os filhos de concubinas e escravas, ou para permitir que as meninas da elite se casassem com homens que, na hierarquia social, estivessem abaixo delas. Todos os sistemas de herança também precisam de certa flexibilidade. Os padrões de hereditariedade de algumas culturas favoreciam exclusivamente os herdeiros homens, mas em outras, os parentes próximos eram sempre mais favorecidos que os mais distantes, mesmo que isso significasse permitir que os bens fossem herdados pelas filhas. O esforço para manter a riqueza e a propriedade em uma única família ou grupo de familiares resultou, muitas vezes, em mulheres

---

* Obra publicada pela Edipro: VIEIRA, Jair Lot (Sup. ed.). *Código de Hamurabi*. 3. ed. São Paulo: Edipro, 2011. (N.E.)

herdeiras, devedoras e, em alguns casos, administradoras de grandes riquezas, um padrão que continua a existir até hoje. As hierarquias de poder e riqueza, então, encontravam as hierarquias de gênero de formas complexas e, em muitas culturas, idade e estado civil também desempenhavam seus papéis. Em muitos grupos europeus e africanos posteriores, por exemplo, as viúvas eram amplamente capazes de controlar sua propriedade, enquanto os filhos solteiros costumavam estar sob o controle do pai, mesmo quando adultos; um padrão que pode ter começado com os primeiros agricultores.

Monumentos e mentalidades

Os objetos não eram as únicas coisas trocadas entre distâncias cada vez mais longas durante o Período Neolítico, pois as pessoas também carregavam e circulavam com eles ideias, símbolos e comportamentos simbólicos conforme viajavam a pé, em barcos ou animais e em vagões ou carros. O conhecimento sobre as estações e os climas do ano, por exemplo, era extremamente importante para aqueles que dependiam do plantio; os povos agrícolas de muitas partes começaram a calcular os padrões recorrentes do mundo em torno deles e, lentamente, a criar calendários. As pessoas construíram estruturas circulares com terra que formavam montes ou com pedras enormes chamadas megalitos para ajudá-los a prever os movimentos do sol e das estrelas; dentre outros temos a estrutura erigida em Nabta Playa por volta de 4500 a.C. no deserto a oeste do vale do Nilo, no Egito e Stonehenge, erigido no sul da Inglaterra por volta de 2500 a.C. As estruturas megalíticas são particularmente comuns em algumas regiões, como na Grã-Bretanha, sugerindo que as ideias sobre como e por que construi-las foram transmitidas a todas as regiões.

Nos sítios arqueológicos desses montes, megalitos, sepulturas e montes de rejeito foram, em geral, encontrados objetos esculpidos ou cerâmicas com motivos do mundo agrícola e pastoril: cajados de pastores, ovelhas, gado e chifres de gado, arado com bois, campos arados, construções que podiam ser casas, galpões ou celeiros. Foram encontradas em assentamentos neolíticos de muitas partes da Europa Oriental e da Ásia Ocidental pequenos modelos de casas feitas de cerâmica. Esses objetos decorados sugerem que, agora, ocorria a ritualização do cultivo e do armazenamento de alimentos, e não mais da caça; os animais continuavam lá, mas eram agora os animais domesticados que passavam a ser propriedade humana.

Juntamente com os megalitos, que talvez fossem calendários, os agricultores em algumas áreas também construíram outras grandes estruturas que, provavelmente, eram monumentos, templos e santuários, dando um novo significado para locais naturais que já eram importantes. Assim, a paisagem foi alterada não só pela agricultura, mas também pela construção de muitos outros objetos produzidos pelo homem. Estas estruturas às vezes incluíam túmulos construídos acima do solo, ou nas paredes das casas, ou com lápides sobre os túmulos, ou com muitos crânios decorados e reunidos, notas visuais permanentes que evocavam a linhagem de um grupo e seus ancestrais coletivos. Os arqueólogos simbólicos, como Jacques Cauvin, têm argumentado que esses grandes edifícios e novos costumes funerários são provas de uma forma diferente de pensar – uma nova mentalidade – em que os espíritos tornaram-se divindades mais claramente distintas dos seres humanos, as quais deveriam ser adoradas e receber orações; e, assim, os seres humanos foram separados de forma mais clara do meio ambiente. Ele propõe, na verdade, que as transformações mentais e as mudanças dos usos simbólicos da cultura material precederam as mudanças da estratégia de subsistência, funcionando como uma explicação melhor para o desenvolvimento da agricultura do que as pressões populacionais ou o esgotamento dos recursos. Outros também notaram que a domesticação envolve uma nova atitude em relação ao tempo linear e cíclico, bem como uma maior separação da natureza. Os agricultores e pecuaristas precisam enxergar além do ciclo anual e planejar para o longo prazo, guardar as sementes para o próximo ano e decidir quais animais deve manter e quais matar. A separação entre humanos e animais e entre selvagens e domesticados não era absoluta, no entanto; os humanos continuaram vivendo em estreita relação com os animais, e as evidências arqueológicas oferecem exemplos de atitudes de confiança e respeito aos animais e ao mundo natural, bem como de domínio.

Os ritmos do ciclo agrícola e os novos padrões de intercâmbio material e cultural também deram forma a outros aspectos ritualizados da vida. Para os forrageadores, a fertilidade humana é uma bênção mista, pois um número muito grande de crianças pode sobrecarregar o suprimento de alimentos, mas para agricultores e pastores, a fertilidade – da terra, dos animais e das pessoas – é uma característica essencial. Estatuetas, esculturas e pinturas do Neolítico claramente incluem gestantes, mulheres em trabalho de parto e os homens (ou indivíduos no papel de homens) com o pênis ereto. Os xamãs e os sacerdotes desenvolveram rituais extremamente elaborados para garantir a fertilidade, no qual os espíritos muitas vezes recebiam em troca de seu favor certos bens da comunidade, tais como alimentos, bebidas, sacrifício de animais ou objetos sagrados.

Em muitos lugares, os espíritos também se tornaram divindades mais óbvias: deuses e deusas que em forma humana que vieram a ser associados a padrões de nascimento, crescimento, morte e regeneração. Deuses e deusas poderiam causar morte e destruição, mas também criavam a vida. Assim como os seres humanos, os deuses passaram a contar com uma divisão de trabalho e uma hierarquia social. Haviam deuses da chuva e deuses do sol, deusas do céu e deusas da lua, deuses que garantiam a saúde do gado ou o crescimento do milho, deusas da casa e da família. Assim, conforme a sociedade humana foi se tornando mais complexa e hierárquica, o mesmo ocorria com o mundo invisível.

PADRÕES PRÉ-HISTÓRICOS

Por volta de 3000 a.C., os seres humanos eram os únicos hominídeos sobreviventes e já haviam migrado para todas as massas terrestres do mundo (exceto a Antártida) e muitas das suas ilhas. Fossem forrageadores, agricultores ou uma combinação dos dois, os grupos levavam com eles a linguagem simbólica, as estruturas de parentesco, as invenções tecnológicas, as preferências alimentares, os valores estéticos e morais, os rituais e as divisões de trabalho, criando culturas distintas que eram reforçadas pela endogamia. Em todos os lugares para onde os seres humanos migraram, das cavernas argentinas até as tundras subárticas, eles deixaram suas ferramentas, seu lixo e marcas no mundo.

Todos os aspectos da sociedade humana carregados pelas pessoas desempenharam algum papel na domesticação de pessoas, plantas e animais que marcaram o Neolítico e que, por sua vez, foram afetados por essa domesticação. Ambas, a domesticação de animais e a agricultura, permitiram que as populações das comunidades agrícolas crescessem muito mais rápido do que as comunidades de forrageadores e, como consequência, houve o surgimento de um padrão social comum bastante difundido em que uma pequena elite de proprietários rurais, especialistas religiosos e líderes militares viviam do trabalho da grande maioria, cuja vida era a lavoura de culturas agrícolas. Semelhante ao que ocorre entre as culturas, as hierarquias sociais e de gênero existentes dentro de cada cultura eram reforçadas pela endogamia e por outros padrões conjugais, bem como pelos padrões da transmissão de bens e, também, pela força, pela religião e pelas tradições orais. Em breve, outras criações humanas – a escrita e os Estados, dentre elas – iriam aumentar ainda mais as possibilidades de diferenciação entre e dentro das culturas, mas os padrões sociais básicos definidos no Período Neolítico seriam mantidos por milhares de anos sem sofrer mudanças drásticas.

capítulo 2

CIDADES E SOCIEDADES CLÁSSICAS, 3000 A.C.-500 D.C.

Em 113 d.C., quando tinha quase setenta anos, a historiadora, poeta e estudiosa Ban Zhao acompanhava o filho para seu novo posto em um distrito rural de Luoyang, a capital oriental da China durante a dinastia Han. Relatando a viagem em um poema, ela conta a história das inquietações e tristezas ao passar por pequenos campos e aldeias decrépitas; e escreve:

> Secretamente eu suspiro pela Capital que amo, (mas)
> Aferrar-se à cidade natal caracteriza uma natureza apequenada,
> Como a história nos ensinou.

Ela muda seu humor com um copo de vinho e pensa no filósofo Confúcio que, mesmo tendo vivido em um "período decadente e caótico", encorajou a "verdade e a virtude, a honra e o mérito", e no final do poema escreve de forma entusiasmada que "músculos alongados, cabeça levantada, seguimos em frente em direção à visão... e não nos voltamos para trás".

O amor pela cidade que Ban Zhao sentia era compartilhado por seu irmão Ban Gu, historiador, poeta e erudito que escreveu uma ode em louvor a Luoyang que se tornou um clássico da literatura chinesa. Poetas e sábios que viviam no extremo oposto da Eurásia, nas cidades em torno do Mediterrâneo, também compartilhavam essa preferência pela vida urbana, especialmente em Roma, a maior cidade do mundo na época em que Ban Zhao estava escrevendo. Aqui também, os residentes educados e urbanos geralmente viam a cidade como um lugar de comportamento racional e da boa vida; além disso, eles viam a si mesmos como mais avançados e sofisticados que o povo rural. Eles eram mais "civilizados", uma palavra que vem do adjetivo latino *civilis*, que significa "de ou relativo aos cidadãos" e também dá origem às palavras "cívico" e "civil".

Mas também encontramos a opinião oposta. Em grande parte do Antigo Testamento – e em algumas obras gregas, romanas e cristãs –, as cidades são retratadas como antros de iniquidade e materialismo, hierarquias autocráticas governadas por déspotas tirânicos. As pessoas somente escapariam da opressão e viveriam uma vida moral e piedosa se fugissem para o campo dos pastores ou para lugares selvagens. O próprio Ban Gu exprime essa opinião em um poema sobre Changan, a capital ocidental do império Han, cujo desperdício e extravagância ele critica. Ambos os juízos de valor podem ser encontrados por escrito em comentários de outras partes do mundo antigo (e hoje em dia nas discussões sobre as cidades), mas todos os escritores concordam que as cidades eram *diferentes* dos campos que as cercavam. Elas representavam algo novo, uma visão compartilhada tanto por arqueólogos quanto por historiadores.

O processo de urbanização não foi simplesmente uma questão de maiores densidades demográficas e de novas formas de políticas, mas envolvia a reestruturação das instituições sociais e das práticas culturais, que serão examinadas neste capítulo. As hierarquias sociais e de gênero tornaram-se mais formalizadas nas cidades e nos estados de maiores dimensões e impérios que se desenvolveram a partir delas. Gradativamente, essas entidades eram governadas por dinastias hereditárias, ou seja, por linhagens de elites mantidas por estratégias matrimoniais meticulosas e cuja autoridade era sustentada por ideologias que as ligavam a figuras heroicas ou deuses. As famílias e os grupos aparentados mais abaixo na escala social também arranjavam seus casamentos de forma estratégica para manter ou melhorar o seu *status* e a sua riqueza; riqueza que, muitas vezes, incluía a posse de escravos. Em alguns lugares, a escrita e outras tecnologias da informação transformaram a comunicação oral das ideias em códigos de leis escritos, textos religiosos e sistemas filosóficos, criando tradições culturais distintas e de longa duração que, mais tarde, seriam rotuladas de "clássicas". Embora as sociedades do classicismo político variem entre as pequenas cidades-Estados e os gigantescos impérios, as cidades, a escrita e as hierarquias sociais formalizadas foram características importantes de todos eles. Desde o desenvolvimento das primeiras cidades por volta de 3000 a.C. até o que é tradicionalmente visto como o fim do período clássico, em aproximadamente 500 d.C., as pessoas em sua maioria ainda viviam em pequenas aldeias agrícolas, ou movimentavam-se pela paisagem como forrageadores ou pastores. Mas, para aqueles que desejavam a mudança, a cidade era o lugar para estar.

Caminhos da urbanização

As primeiras cidades surgiram no final do quarto milênio a.C. na Mesopotâmia e no Egito, em meados do terceiro milênio a.C. no sul da Ásia e no final do terceiro milênio a.C. na China. Na África, fora do vale do Nilo, foram fundadas cidades no início do primeiro milênio a.C. e, no final deste milênio, no sudeste asiático. No novo mundo, as cidades surgiram na Mesoamérica no início do primeiro milênio a.C.; um pouco mais tarde, na América do Sul e no primeiro milênio d.C., na América do Norte. Em cada uma dessas regiões, as cidades se desenvolveram de forma independente e, em muitos lugares, o urbanismo difundiu-se, as cidades se multiplicaram e cresceram, mas também perderam força e desapareceram.

O local de crescimento de cada cidade ocorreu por uma variedade de razões, muitas vezes intrincadas. Algumas foram estabelecidas por pessoas que buscavam por segurança e proteção contra os frequentes conflitos armados ou contra as catástrofes naturais; inundações, por exemplo. Outras eram vilas ao longo de rios ou rotas terrestres de comércio cujo tamanho foi aumentando gradualmente. Outras cidades foram fundadas por opção política deliberada. Por volta de 2300 a.C., o rei Sargão conquistou grande parte da Mesopotâmia com um grupo que foi provavelmente o primeiro exército permanente do mundo e, de acordo com fontes escritas da época, ele construiu uma nova capital: Acádia (a cidade de Acádia ainda não foi arqueologicamente identificada).

As forças ideológicas e religiosas normalmente desempenhavam papéis importantes para o estabelecimento e a expansão das cidades; assim, elas se tornaram centros cerimoniais e econômicos. As cidades costumavam ter edifícios especiais ou recintos sagrados para rituais e apresentações públicas regulares. Para chegar nesses locais as pessoas precisavam atravessar rotas que passavam entre edifícios e monumentos, algo que acentuava a reverência sentida. Alguns rituais eram realizados nos templos apenas para um grupo seleto, mas as procissões podiam envolver um grande número de pessoas, e eram assistidas por muito mais gente. No Egito, durante os séculos XIV e XV a.C., reis e nobres, por exemplo, construíram templos e túmulos na cidade de Tebas e os ligaram por grandes vias cerimoniais, usando rios, canais e estradas de terra. As construções de uma cidade poderiam ser realizadas de acordo com certos princípios cósmicos e alinhamentos; e a cidade em si poderia ser planejada ao longo de certas linhas e padrões, formando um cosmograma – um modelo dos céus e da terra. As cidades maias, por exemplo, construídas no final do primeiro milênio a.C., costumavam ter um complexo de edifícios que consistia de uma área quadrada elevada e cuidadosamente nivelada, com uma pirâmide no lado oeste e uma plataforma baixa ligando os pontos norte e sul do lado leste, que os orientava para o nascer do sol no horizonte oriental; esses complexos também foram projetados para replicar as montanhas sagradas e trazê-las para dentro da comunidade e, portanto, para o controle de seus governantes. Tais formas geométricas estão permitindo que os arqueólogos hoje possam descobrir prédios e cidades às vezes inteiras em áreas profundamente florestadas da Mesoamérica pelo uso do Lidar – uma tecnologia que analisa a luz refletida pelas copas das árvores por meio de um laser acoplado a um pequeno avião. As imagens do Lidar podem ser usadas para criar mapas digitais tridimensionais do chão da floresta; as estruturas feitas por pessoas tornam-se evidentes por suas formas distintas, disposições regulares e linhas retas.

Independentemente da forma como tenham surgido, as cidades começaram a afirmar o controle sobre as áreas rurais circundantes, forçando seus moradores a entregarem alguns de seus excedentes agrícolas para as cidades. Muitas aldeias das áreas rurais tornaram-se economicamente dependentes das cidades que circundavam; assim, a urbanização foi acompanhada da "ruralização"; as sociedades das aldeias eram agora diferentes do que tinham sido antes. As cidades estavam lotadas de pessoas e animais, tornando-se criadouros de doenças. Os níveis de mortalidade eram maiores do que os níveis de fertilidade e, então, as cidades precisavam de ondas de imigração para a manutenção de sua população. A maioria dos imigrantes eram jovens adultos em busca de oportunidades, ou trabalhadores conscritos ou escravos. Assim, conforme as cidades tomavam os excedentes agrícolas das aldeias vizinhas, elas também tomavam os jovens adultos que estavam na flor da idade, deixando as populações das aldeias distorcidamente mais velhas (o mesmo padrão demográfico pode ser encontrado quando comparamos as populações urbanas e não urbanas da atualidade). No entanto, cidades e aldeias não estavam completamente separadas; havia muito vai e vem entre a cidade e o campo, pois os residentes deixavam a cidade para trabalhar nas terras durante o dia ou durante determinadas estações do ano.

Todas as cidades enfrentavam o mesmo desafio central: alimentar regularmente uma grande população de forma sustentável. Para tanto, foram desenvolvidas estruturas de poder e autoridade que variavam entre as altamente centralizadas e as menos hierárquicas, a maioria tendo vários nós de tomada de decisão. Um exame mais detalhado de dois padrões diferentes de urbanização – Suméria e Djenné-Djeno – pode revelar como esses arranjos políticos estavam entrelaçados com as hierarquias sociais e profissionais, bem como com as práticas culturais.

As primeiras cidades do mundo estavam na Suméria, a parte sul da Mesopotâmia, onde o solo era fértil, mas as chuvas insuficientes para a agricultura regular. Nesse clima árido, os agricultores criaram a irrigação em larga escala, a qual demandava esforços organizados do grupo, mas permitiam que a população crescesse. Começando aproximadamente em 4000 a.C., várias aldeias agrícolas – Uruk foi a primeira – transformaram-se em cidades com dezenas de milhares de pessoas, com grandes projetos hidráulicos que incluíam reservatórios, barragens e diques para evitar grandes inundações; e, para o comércio entre elas, construíram muralhas defensivas, mercados e grandes edifícios públicos. Cada uma delas passou a dominar a área rural circundante, tornando-se cidades-Estados independentes umas das outras, embora não muito distantes.

As cidades-Estados da Suméria confiavam em sistemas de irrigação que necessitavam de cooperação e, no mínimo, algum nível de coesão social e política. Inicialmente, a autoridade controladora desse sistema parece ter sido uma assembleia de anciãos, mas os sacerdotes também começaram a ter um poder maior. Os templos tornaram-se complexos de edifícios bastante elaborados, com espaço de armazenamento de grãos e outros produtos; seus funcionários eram os sacerdotes e as sacerdotisas que realizavam rituais para homenagear o principal deus ou deusa da cidade, que frequentemente representava forças cósmicas como o sol, a lua, a água e as tempestades. As pessoas acreditavam que os seres humanos haviam sido criados para servir aos deuses, e costumavam esperar ser bem tratados pelos deuses quando lhes serviam bem. Em torno do templo e de outros grandes edifícios ficavam as casas dos cidadãos comuns, cada uma delas construídas em torno de um pátio central.

Não está exatamente claro como surgiram os reis das cidades-Estados da Suméria. Os estudiosos sugerem que em momentos de emergência, um sacerdote-chefe ou, às vezes, um líder militar assumia de forma supostamente temporária a autoridade sobre uma cidade. Ele estabelecia um exército treinado e o levava para a batalha, cada vez mais utilizando armas de bronze. Gradualmente, o poder temporário foi se tornando um reinado permanente e, por volta de 2500 a.C., os reis de algumas cidades-Estados sumérias começaram a entregar o reinado para seus filhos, estabelecendo dinastias hereditárias e patriarcais nas quais o poder era passado pela linha masculina. Construíram palácios, que passaram a rivalizar com os templos em tamanho e magnificência. É neste ponto que os registros escritos da realeza começam a aparecer, os quais, sem surpresa, destacam a importância dos reis e de suas conexões com os deuses. Sacerdotes e reis das cidades sumérias usavam a força, a persuasão e as ameaças de impostos mais altos para a manutenção da ordem, do funcionamento dos sistemas de irrigação e do fluxo de alimento e de outros bens. No entanto, os residentes urbanos inevitavelmente acabavam encontrando maneiras de subverter ou resistir às suas ordens, trocando, por exemplo, seus excedentes de alimentos diretamente com um vizinho por tecidos ou potes, ou então adorando deuses familiares ou domésticos, e não nos templos públicos.

O rei e outros membros da elite, assim como o templo, possuíam grandes extensões de terras; essas terras eram trabalhadas pelos clientes do palácio ou do templo, homens e mulheres livres que dependiam do palácio ou do templo. Eles recebiam parte do cultivo e outros bens em troca de seu trabalho. Embora esse acordo garantisse um meio de subsistência aos clientes, a terra trabalhada por eles não deixava de ser posse do palácio ou do templo. Alguns indivíduos e algumas famílias possuíam terras definitivas e pagavam seus impostos sob a forma de produtos agrícolas ou itens feitos por eles. No degrau inferior da sociedade estavam os escravos; o Código de leis de Ur-Nammu, rei sumério entre 2100 e 2050 a.C. – o código de leis existente mais antigo do mundo – faz distinção entre pessoas livres e escravos nas leis que tratam do casamento, do estupro e de lesões, além disso, ordena que os proprietários de escravos fugitivos recompensem as pessoas que os devolverem.

Cada uma dessas categorias sociais incluía homens e mulheres, mas suas experiências não eram as mesmas, pois a sociedade suméria fazia distinções com base no sexo. A elite de proprietários de terras era em sua maioria homens, mas as mulheres que ocupavam cargos como sacerdotisas ou como rainhas dirigiam suas propriedades particulares, independentemente de maridos e pais. Algumas mulheres possuíam negócios e cuidavam de sua própria contabilidade. Filhos e filhas herdavam de seus pais, apesar da filha receber sua herança na forma de dote, que tecnicamente permanecia com ela, mas era administrada por seu marido ou pela família do marido após o casamento. Os sumérios estabeleceram os padrões sociais, econômicos e intelectuais básicos da Mesopotâmia e influenciaram seus vizinhos do Norte e do Leste.

Uma vez que as cidades sumérias são as mais antigas do mundo, e que depois de 3000 a.C. os registros escritos são acrescentados às evidências oferecidas pelas fontes arqueológicas, elas tiveram uma tremenda influência nas ideias sobre o que é uma cidade e sobre o funcionamento das cidades antigas. Muitas cidades antigas em outras partes do mundo *assemelhavam-se* às cidades da Suméria em alguns aspectos importantes. A cidade olmeca de San Lorenzo, construída em torno de 1400 a.C., no que hoje é o sul do México – a primeira cidade do hemisfério ocidental –, tinha grandes templos com praças, estátuas gigantescas, muitas estruturas residenciais para a elite da cidade, um sistema de drenagem que trazia água doce e redes de comércio por meio das quais os produtos de prestígio – como a jade, a magnetita e a obsidiana – eram importados e, então, transformados pelos artesãos em bens de luxo e armas. Em 1200 a.C., Anyang, no vale do rio Huang He (Amarelo) na China, era provavelmente a maior cidade do mundo, com talvez 100 mil habitantes. A cidade continha palácios e templos, juntamente com túmulos subterrâneos elaborados onde os governantes da dinastia Shang que controlavam essa área e suas esposas foram enterrados, juntamente com centenas de embarcações cerimoniais requintadas de bronze, ornamentos de marfim e jade, armas e armaduras de bronze e um grupo de pessoas para atendê-los após a morte. Nos primeiros séculos da era cristã, a maior cidade do mundo era, sem dúvida, Roma, com uma população entre meio milhão e 1 milhão. Os imperadores romanos construíram belos templos, enormes arenas atléticas, arcos triunfais celebrando as suas vitórias, palácios imponentes e centenas de quilômetros de aquedutos para levar água para a cidade e, apesar disso, a maioria das pessoas viviam em casas de péssima qualidade e alguns dependiam das distribuições públicas de pão e óleo para sobreviver. No hemisfério ocidental, em seus primeiros séculos já na era cristã, a maior cidade era Teotihuacan, no vale do México, onde mais de 100 mil moradores sob o domínio de reis que, segundo eles, haviam, de forma divina, construído centenas de templos, incluindo a belíssima Pirâmide do Sol, desenvolveram um sistema de escrita e negociavam jade, obsidiana e outros bens com as distantes cidades maias.

Outros centros urbanos pareciam e operavam de forma muito diferente dos existentes na Suméria e, às vezes, eram tão diferentes que eles não haviam sido sequer reconhecidos como cidades até recentemente. Djenné-Djeno, localizada na planície de inundação do curso médio do rio Níger, no que é hoje o Mali, foi um desses centros – inicialmente construído no século III a.C., expandiu-se durante muitos séculos e depois foi abandonado por volta de 1400 d.C. Djenné-Djeno, escavada na década

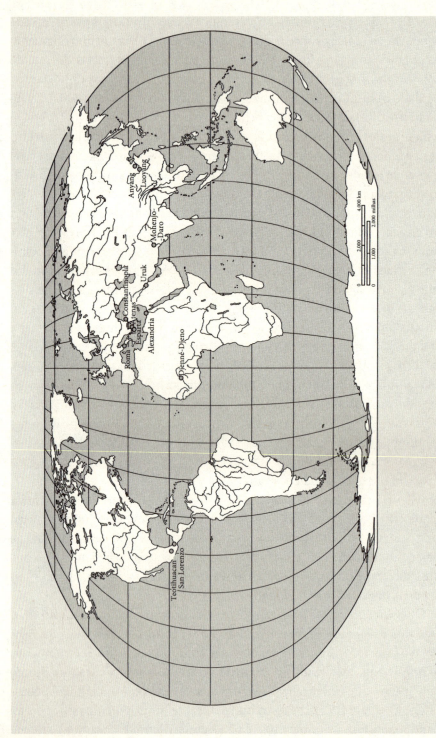

MAPA 4. Cidades antigas mencionadas no capítulo.

CAPÍTULO 2 – CIDADES E SOCIEDADES CLÁSSICAS, 3000 A.C.-500 D.C. | 89

de 1970, não era uma única cidade, mas um complexo urbano agrupado, sendo que, cada nó desse agrupamento era uma área especializada na produção de um item específico que, em seguida, era negociado com os outros. Assim, os grupos que viviam em algumas localidades produziam potes; outros, ferramentas de ferro; outros ainda, redes de pesca (conforme evidenciado pelos pesos anexados às redes); e assim por diante. As pessoas criavam e pastoreavam ovelhas, cabras e gado, mas também caçavam animais selvagens e pescavam. Dentre os alimentos vegetais, consumiam arroz, milho, sorgo e hortaliças cultivadas em campos ao longo do rio Níger, em um sistema que provavelmente aproveitava as flutuações sazonais do rio, semelhante ao que faziam os agricultores da mesma época que viviam ao longo do rio Nilo, no Egito. Djenné-Djeno tornou-se um ponto de transbordo em que as mercadorias, após terem atravessado o Saara, chegavam de camelo ou burro e eram trocadas por metais e bens locais e, em seguida, enviadas de barco ao longo do rio Níger.

Em Djenné-Djeno não foram encontrados templos, palácios ou outros grandes edifícios; por isso, Roderick e Susan McIntosh e outras pessoas que estudaram esse aglomerado urbano foram levados a postular que as decisões sobre o intercâmbio de bens e serviços não eram realizadas por meio de uma forte autoridade central, mas por um sistema de reciprocidade entre grupos profissionais. Nesse sistema de dependências mútuas, regras e normas criavam expectativas dos comportamentos necessários para maximizar as relações recíprocas; quando não eram cumpridas, as regras eram reforçadas por consequências – administradas pelos próprios grupos.

Djenné-Djeno não foi a única cidade antiga onde os mecanismos alternativos de autoridade restringiam as estruturas hierárquicas e impediam que elas se tornassem as principais detentoras de poder. Por volta de 2500 a.C., no vale do rio Indo, foi construída Mohenjo-Daro, uma cidade planejada com ruas retas, tijolos feitos em tamanhos padronizados, grandes armazéns ventilados e um sistema de drenagem que conectava os banheiros internos de todas as casas a um sistema de esgoto existente sob as ruas. A arquitetura elaborada e densa e a sofisticada infraestrutura hidráulica exigiam coordenação para construção e manutenção, mas não é possível encontrar grandes edifícios que possam ser vistos inequivocamente como palácios e templos, nem túmulos reais elaborados e nenhuma outra evidência de realeza ou guerras. Assim, em Mohenjo-Daro, e talvez em outras cidades do vale do rio Indo (Harappa, por exemplo), o poder talvez estivesse distribuído entre grupos sociais e econômicos concorrentes e fluidos e, dessa forma, não estava altamente centralizado em uma única dinastia.

As cidades antigas eram frequentemente divididas em quadrantes, distritos ou bairros que talvez refletissem divisões sociais preexistentes (por exemplo, de grupos aparentados), mas os bairros também surgiam a partir de novas divisões promovidas pela própria cidade: ofícios especializados, a lealdade a um templo particular etc. Em Teotihuacan, por exemplo, alguns bairros pareciam estar reservados para os mercadores e comerciantes. Até mesmo as necessidades práticas da vida urbana poderiam gerar novos grupos sociais e ideologias que os fundamentavam. Para que o sistema de esgoto de Mohenjo-Daro, por exemplo, continuasse a funcionar, ele precisava de pessoas para limpá-lo; eles, provavelmente, levavam os dejetos humanos – juntamente com os resíduos dos animais que acabavam ficando nas ruas da cidade – para serem usados nos campos próximos como fertilizantes. Os coletores de lixo de outras cidades também recolhiam os restos e abatedores recolhiam os animais mortos que eram transformados em vários produtos, dentre eles, o couro, a cola e a farinha de ossos. Em espaços urbanos densamente povoados, essas atividades eram essenciais, mas elas eram vistas não só como mau cheirosas e desagradáveis, mas também como socialmente indesejáveis e ritualmente impuras. Quando, mais tarde, as hierarquias sociais tornaram-se mais formalizadas, as pessoas que lidavam com lixo ou animais mortos costumavam ser vistas como o grupo mais baixo dentro da hierarquia; aqueles que exerciam outros tipos de trabalho viam esses grupos como parceiros conjugais (ou até mesmo como vizinhos) impossíveis. As cidades ofereciam oportunidades de mobilidade social e econômica, tanto para cima quanto para baixo.

Dentre as divisões sociais e as novas identidades promovidas pelas cidades estava a categoria "cidadão", isto é, o residente permanente de um espaço específico que tinha certos direitos e privilégios. (Com o tempo, o conceito de "cidadão" também será aplicado a unidades políticas maiores, tais como impérios e nações.) Essa ideia de que ter residência em uma área urbana específica daria uma identidade distinta às pessoas surge ainda no começo do desenvolvimento das cidades. Na Mesopotâmia do terceiro milênio a.C., por exemplo, tanto os membros da elite quanto os trabalhadores que tinham seus nomes em listas de ração do templo eram conhecidos por sua cidade de origem.

Nas cidades gregas do primeiro milênio a.C., a distinção entre cidadão e não cidadão – combinada com a determinação de igualdade entre os cidadãos homens – criou formas de governo incomuns para o mundo antigo. Embora Atenas e Esparta costumem ser contrastadas, ambas eram cidades em que os homens adultos eram cidadãos livres e determinavam as políticas diplomáticas e militares; também eram cidades nas quais as nomeações dos líderes eram distribuídas. As mulheres eram cidadãs para fins religiosos e reprodutivos, mas essa cidadania não lhes garantia direito de participação no governo. A cidadania, no entanto, não era algo completamente diferente das estruturas familiares, pois quase todas as cidades gregas definiam cidadão como um homem adulto cujo pai ou mãe também era cidadão; em alguns momentos e lugares era necessário que os dois pais fossem cidadãos. Na Atenas clássica, os estrangeiros residentes, seus filhos e netos – chamados de "metecos", e perfazendo talvez metade da população livre da cidade – tinham que prestar o serviço militar e pagar impostos, mas não possuíam voz política. Eles podiam ser escravizados por certos crimes que não condenariam um cidadão, e só muito ocasionalmente recebiam a cidadania. Assim, a cidadania dependia da ascendência e do lugar de residência. Tal como acontece com outras mudanças trazidas pelas cidades, as novas identidades cívicas sobrepunham, mas não eliminavam, o que existia antes.

A ESCRITA E OUTRAS TECNOLOGIAS DA INFORMAÇÃO

A arte rupestre de muitas partes do mundo inclui desenhos impressionantes de seres humanos e animais e, às vezes, também inclui entalhes de contabilização que serviam para contar os dias, ou a distância, ou o número de pessoas, ou alguma outra coisa que seu criador quisesse contar. Os entalhes também foram encontrados em varas, conchas e outros objetos que podiam ser carregados; o sistema de escrita mais antigo do mundo, desenvolvido nas cidades sumérias, origina-se desses entalhes. A escrita em seu início servia para registrar dados, não a fala: era uma tecnologia da informação que mais tarde se tornaria uma tecnologia de comunicação. A escrita foi inventada de forma independente em pelo menos três locais – Suméria, China e Mesoamérica –, e talvez em muitos outros; a dispersão da escrita ocorreu da mesma forma que qualquer outra tecnologia, por meio da conquista, do comércio e da imitação.

Os sistemas de escrita – e outras formas de tecnologia da informação – foram inventados ou adotados como uma maneira de organizar e gerenciar as cidades que já estavam demasiadamente grandes para serem administradas apenas pela palavra falada, bem como para armazenar, classificar

IMAGEM 7. Tabuleta de argila suméria com caracteres cuneiformes da antiga cidade de Girsu (agora Tello), no atual Iraque, mostra a contagem de ovinos e caprinos. Dezenas de milhares de tabuletas contendo escritas cuneiformes foram retiradas, legal e ilegalmente, desse sítio arqueológico.

e recuperar informações no espaço e no tempo. Os registros tangíveis não dependiam da memória humana e eram algo externo ao indivíduo; eles transcendiam quaisquer contextos particulares e podiam ser inspecionados e verificados. Conforme as cidades cresciam e suas populações tornavam-se mais diversificadas e interdependentes, também se tornavam mais importantes a criação e a manutenção de formas comuns e consistentes de mensuração, bem como a atribuição de significados coletivos aos eventos e às estruturas. Por outro lado, a escrita também dependeu das cidades, do alto grau de uniformidade e controle que elas disponibilizavam e da especialização do trabalho, o que permitiu que alguns indivíduos pudessem utilizar seu tempo para aprender a escrever. Da mesma forma que a domesticação dos cães, a urbanização e o desenvolvimento de registros contábeis foram processos coevolutivos.

Na Suméria, a escrita começou em algum momento do quarto milênio a.C., sendo constituída por imagens desenhadas com um estilete afiado em pequenas tabuletas de argila do tamanho de um telefone celular, que então endureciam ao sol. Aos desenhos as pessoas gradualmente adicionaram símbolos, chamados pelos linguistas de ideogramas ou logogramas, que representavam outras palavras e ideias. O sistema tornou-se tão complicado que foram fundadas escolas de escribas, as quais, por volta de 2500 a.C., estavam espalhadas por toda a Suméria. Todos os alunos das escolas eram homens, e a maioria vinha de famílias que pertenciam à faixa média da sociedade urbana. As escolas de escribas tinham como objetivo primário a produção de indivíduos que pudessem manter registros de propriedade e bens dos funcionários e nobres dos templos. Assim, a escrita concentrava conhecimento e poder nas mãos das elites urbanas – e principalmente nas mãos dos homens dessas elites. Centenas de milhares de tabuletas sumérias de argila sobreviveram ao tempo, a mais antiga é de cerca de 3200 a.C. Nelas, os historiadores podem ver a evolução da escrita desde as suas origens mais antigas e também aprender sobre muitos aspectos da vida cotidiana, incluindo impostos, salários, comércio e emprego. Uma tabuleta de argila da cidade de Uruk (*c.* 3000 a.C.), por exemplo, registra as rações de cerveja pagas aos trabalhadores das terras agrícolas do templo; outra tabuleta registra os pagamentos de pão, peixe e óleo, juntamente com as saídas de fios de lã e das colheitas efetuadas nos campos.

Na China, os mais antigos exemplares de escrita foram encontrados nos ossos dos ombros de bois e nas carapaças de tartarugas de cerca de 1200 a.C., muitos dos quais estavam nos túmulos dos governantes da dinastia Shang. Os adivinhos da corte real esculpiram cavidades nos ossos e carapaças e aplicaram calor a eles com uma haste de bronze até que se formassem rachaduras. As rachaduras eram, então, interpretadas pelos adivinhos – incluindo o próprio rei – como um presságio enviado pelos deuses com a resposta a uma pergunta sobre o futuro. Às vezes gravavam a pergunta e as interpretações da profecia na carapaça, com símbolos que são uma forma arcaica da escrita chinesa moderna; a escrita ganhou, dessa forma, uma finalidade ritual e um poder sagrado.

As inscrições oraculares em ossos às vezes contêm o registro de eventos reais, por exemplo, batalhas, inundações, colheitas e nascimentos reais, oferecendo informações sobre tais eventos, bem como sobre esperanças e medos dos governantes.

Ossos oraculares costumavam especificar a fonte da autorização para determinadas ações – "o rei ordena que fulano de tal realize tal e tal tarefa" –, permitindo um breve vislumbre de como o poder era (pelo menos em teoria) despendido. Esses comandos e proclamações de líderes políticos tornaram-se um tipo comum de registo escrito onde quer que a escrita fosse introduzida, permitindo que os ditames do governante transcendessem o imediatismo das interações presenciais e se tornassem, literalmente, a lei da terra. Os próprios códigos de leis também estão entre as mais antigas formas de registros escritos, muitas vezes antecedidos por uma declaração que indica serem a vontade do rei, ou dos deuses, ou de ambos. Hamurabi, o governante da Babilônia, por exemplo, emitiu em 1790 a.C. um código de leis que regia muitos aspectos da vida e ordenou que o mesmo fosse inscrito em enormes pilares públicos de pedra por todo o seu reino; no topo desses pilares costumava haver uma escultura de Hamurabi recebendo o cetro da autoridade do Deus-Sol Samas (ou Chamache), o Deus da lei e da justiça.

Na Mesoamérica o desenvolvimento da escrita também parece ter sido associado aos governantes e ao conhecimento secreto. O mais antigo exemplo sobrevivente de escrita vem dos olmecas, em cerca de 900 a.C.; em aproximadamente 200 a.C. já estavam em uso sistemas de escrita completamente desenvolvidos em várias cidades diferentes. No período clássico, 200-900 d.C., os maias desenvolveram o sistema de escrita mais complexo das Américas, com cerca de mil caracteres (denominados "glifos") representando conceitos e sons; nos últimos 50 anos, o sistema foi em grande parte decifrado. A escrita maia era pintada ou inscrita com grandes glifos em lugares públicos, onde podiam ser facilmente vistos, em livros feitos de cascas tratadas de árvore e em pequenos objetos feitos de materiais valiosos, desenhados para serem vestidos ou exibidos, tais como conchas esculpidas, vasos de cerâmica, grampos de cabelo e ornamentos de jade, cujo valor era reforçado pela qualidade artística da escrita. Como na Mesopotâmia, os alunos aprendiam a escrever nas escolas, onde eles provavelmente começavam copiando modelos em cascas e folhas perecíveis de palmeiras.

Muitas das gigantescas inscrições sobreviventes são documentos históricos que registram nascimentos, acessões de posse, casamentos, guerras e mortes de reis e nobres maias, contados de forma linear após uma data específica. Outras inscrições relacionam-se aos dois calendários cíclicos utilizados pelos maias para determinar o momento adequado dos rituais religiosos, um deles talvez tenha sido herdado dos olmecas e o outro foi criado por meio da meticulosa observação feita pelos maias dos movimentos da terra em torno do sol. A escrita pública comunicava o vínculo existente entre o governante da cidade e os deuses, mesmo para aqueles que não sabiam ler (ou que não liam muito bem); servia, então, como uma forma de propaganda para o consumo público, assegurando aos residentes que os governantes tinham cumprido suas obrigações com os deuses.

Mesopotâmica, chinesa, maia e outras formas antigas de escrita combinavam símbolos que representavam palavras e ideias, sendo que alguns deles representavam sons; e por volta de 1800 a.C. os trabalhadores da península do Sinai, a qual estava sob controle egípcio, começaram a usar sinais fonéticos para escrever a sua língua, cada um deles representando um som. Esse sistema simplificou extensivamente a escrita e a leitura, espalhando-se entre as pessoas comuns como uma forma prática de registro e de comunicação. Os fenícios – comerciantes marítimos das cidades da costa mediterrânea do atual Líbano – adotaram um sistema mais simples para a sua própria língua e o difundiram em torno de todo o Mediterrâneo. Os gregos modificaram o alfabeto fenício e a ele adicionaram vogais; e a partir do século VIII a.C. passaram a usar o novo alfabeto para escrever sua própria língua. Mais tarde, os romanos utilizaram o alfabeto grego como base de sua escrita, que é o alfabeto que utilizamos atualmente para escrever em português; o alfabeto grego também serviu de base para os alfabetos cirílico da Europa Oriental e rúnico do norte da Europa. Com base no alfabeto fenício também foram criados alfabetos no Império Persa que formaram a base das escritas hebraica, árabe e de várias outras escritas alfabéticas da Ásia Meridional e Central. O sistema inventado por pessoas comuns e propagado por mercadores fenícios é a origem de quase todos os sistemas de escrita alfabética atualmente utilizados em todo o mundo.

Mesmo depois de os sistemas alfabéticos tornarem-se mais comuns, ainda eram necessários vários anos para aprender a ler e a escrever; isso quer dizer que até muito recentemente a atividade estava geralmente limi-

IMAGEM 8. Página do livro maia conhecido como *Códice de Madri*, pintado no século XIII em papel feito de casca da figueira; o Códice continha almanaques, horóscopos e tabelas astronômicas relacionados ao calendário ritual de 260 dias e usados em toda a Mesoamérica para adivinhações e profecia. As imagens incluem rituais e atividades comuns e estão ladeadas por glifos.

tada a três tipos de pessoas: membros da elite que não precisavam se envolver com o trabalho produtivo de subsistência; o clero e outros funcionários religiosos para quem a leitura e a escrita eram tarefas espiritualmente meritórias; e as pessoas que podiam custear seu sustento pela escrita ou para as pessoas que tinham a escrita como parte necessária de seu trabalho. Os primeiros dois grupos eram compostos por mulheres e homens, pois em todas as culturas do mundo que possuíam escrita, algumas mulheres da elite eram alfabetizadas; e o mesmo vale para algumas freiras de certas tradições religiosas. O terceiro grupo era predominantemente masculino: escribas profissionais, copiadores, arquivistas, artesãos de certos ofícios,

CAPÍTULO 2 – CIDADES E SOCIEDADES CLÁSSICAS, 3000 A.C.-500 D.C. | 97

funcionários e administradores cujos pais puderam pagar pela educação dos filhos, ou que haviam encontrado um patrono.

Nas primeiras cidades e nos estados maiores que se desenvolveram a partir delas, a escrita possuía múltiplas e variadas funções: a administração econômica, o desempenho do poder, o registro e a comemoração de rituais, a transmissão de instruções divinas. A invenção da escrita foi uma revolução? Para os estudiosos do século XIX e de grande parte do século XX, a resposta a essa pergunta foi um retumbante "sim": a escrita marca o início da história – o passado humano anterior à escrita é considerado como sua pré-história; grupos que não tinham escrita foram considerados como não civilizados, "povos sem história". Nas décadas de 1960 e 1970, o antropólogo inglês Jack Goody e os teóricos culturais norte-americanos Walter Ong e Marshall McLuhan desenvolveram versões mais matizadas dessa ideia, rejeitando a dicotomia civilizado/não civilizado, mas argumentando que as alterações nos modos de comunicação trouxeram mudanças em todas as outras áreas da vida, tanto internas quanto externas. Para Goody, a escrita (especialmente a escrita alfabética dos gregos) incentivou o pensamento abstrato, a lógica formal e a distinção entre mito e história. Para Ong e McLuhan, quando a escrita levou a linguagem do mundo do som para o mundo da visão, a cognição e a consciência humana foram reestruturadas.

Muitos antropólogos e historiadores sociais consideraram essas afirmações muito abrangentes. Eles destacaram que, até os últimos séculos, apenas uma pequena parte da população era capaz de ler ou escrever, e que o mundo da maioria das pessoas ainda era oral. Instituições de apoio à cultura oral foram criadas e se expandiram muito tempo depois da invenção da escrita: altares elevados, púlpitos e torres foram construídos dentro dos edifícios religiosos ou sobre eles para que as pessoas pudessem ouvir de forma mais clara os sacerdotes ou a chamada à oração; foram construídas varandas e plataformas ao ar livre em palácios e salões da cidade, onde as leis e normas eram proclamadas; foram fundados teatros para apresentações orais. Até mesmo na Atenas clássica – o exemplo principal do argumento de Goody sobre o impacto revolucionário da escrita – os cidadãos, homens adultos, reuniam-se para discursar e debater em uma Assembleia, conhecida como o *ekklesia*, que era realizada ao ar livre em uma colina no centro de Atenas. A escrita de textos tornou-se primordial em certas religiões, incluindo o budismo, o cristianismo e o islamismo, mas, mesmo assim, monges, sacerdotes, comerciantes e professores que as divulgavam nem sempre sabiam ler.

Os historiadores do mundo, especialmente aqueles cujas pesquisas estão concentradas em partes do mundo onde a escrita não se desenvolveu, também têm contestado a ideia de que havia uma divisão nítida entre as culturas orais e as culturas escritas. Eles assinalam que as tradições orais também podem ser formais, ritualizadas, e exigem um longo período de treinamento, oferecendo às pessoas que possuem esse treinamento poder social e político ou ligações estreitas com as pessoas que estão no poder. Nas sociedades mandê da África Ocidental, por exemplo, os historiadores orais conhecidos por *griots* preservavam e transmitiam a memória cultural, servindo como conselheiros dos reis e promotores da autoridade real; entre os luba da África Central, o *bana balute* ("homens de memória") realizavam a mesma tarefa.

As tradições orais também podem ser reforçadas por dispositivos mnemônicos físicos que não eram uma escrita, mas realizavam muitas de suas funções. Os bana balute usavam o *lukasa*, um tabuleiro mnemônico de madeira em forma de ampulheta, coberto de miçangas, conchas, e símbolos entalhados que ajudavam a lembrar das genealogias reais, de eventos, de lugares e de rotas de migração. Os povos do Peru, os Incas em sua maioria, usavam o *khipo* (também escrito *quipo*), dispositivo formado por nós em cordões, às vezes contendo centenas de cordões utilizados para o registro de informações. Os registros espanhóis da época colonial indicam que os quipos foram usados para controlar as obrigações fiscais e trabalhistas, as colheitas, as transferências de terras, os registros censitários e outros dados numéricos. Eles eram criados e lidos por especialistas, homens mais velhos, e eram transportados por mensageiros e funcionários do enorme sistema inca de estradas, revelando para as comunidades locais que seus portadores possuíam autorização superior para cumprir as demandas ali inscritas e permitiam que o funcionário oferecesse relatos mais detalhados a seus superiores. Os estudiosos decodificaram como os números eram gravados no quipo e, atualmente, tentam decifrar as palavras contidas neles, que podem ter sido registradas em forma numérica, à semelhança de nossos atuais códigos postais que representam lugares e de outros vários tipos de números de identificação que representam pessoas. Os quipos não estavam ligados ao idioma falado; e, assim, o conhecimento sobre como lê-los perdeu-se após a conquista espanhola. Os soldados e funcionários espanhóis destruíram os quipos dos Andes porque eles acreditavam que esses cordões podiam conter mensagens religiosas que incentivariam as pessoas a resistir à autoridade espanhola. Na atualidade, foram encontrados cerca de 600 quipos incas, mais da metade deles está em museus da Europa ou dos Estados Unidos. Esses e outros instrumentos de assistência à memória sugerem àqueles que os estudam que a escrita talvez não tenha causado mudanças muito drásticas, e que outros tipos de sistemas de registros também davam aos seus usuários a capacidade de classificar, quantificar, ordenar e garantir o poder.

Mas, desde a década de 1990, os estudiosos da área de comunicações e estudos culturais, junto com alguns neurologistas, voltaram a ver a escrita como revolucionária. A escrita, além de conduzir a uma maior uniformidade cultural, a um controle político mais forte e a novas instituições sociais, também deu forma ao próprio cérebro humano, afetando a divisão de trabalho entre os lados direito e esquerdo do cérebro (lateralização) e outras características encefálicas. Quando examinam algo que a primeira edição da revista *Wired* de 1993 chamou de "A Revolução Digital [que] passa rapidamente por nossas vidas como um tufão Bengali", os acadêmicos da área de comunicação tendem a focar no hoje (e no amanhã) e não no passado, mas a afirmação de que somos moldados (ou determinados, segundo outros) como indivíduos e como sociedade pela maneira como adquirimos informações oferece apoio à ideia de que a escrita foi realmente importante.

ESTADOS E LINHAGENS

Assim como a escrita é considerada uma importante ruptura com o passado humano, o mesmo vale para as primeiras formas políticas que surgiram nas cidades da Suméria: esses foram os primeiros Estados do mundo, a forma sociopolítica em que uma pequena parte da população consegue tomar os recursos de todas as outras pessoas a fim de obter e manter o poder. Os Estados são grandes e complexos; eles coagiam as pessoas por meio da violência ou da ameaça de violência, bem como por meio de sistemas de tributação e burocracias. Em contraste com os grupos aparentados e chefaturas, os Estados formalizaram regras, normas e formas de distribuição do poder, hierarquias sociais e de gênero mais bem elaboradas, por meio das quais certos grupos são privilegiados e outros subordinados e, por fim, instituições e práticas culturais que lhes permitiram serem considerados "civilizações".

No mundo antigo, os Estados passaram a crescer em tamanho. No sudoeste da Ásia, as cidades-Estados individuais da Suméria primeiro tornaram-se reinos que controlavam mais de um centro urbano (o de Sargão da Acádia, por exemplo) e, depois, impérios, isto é, grandes Estados multiétnicos criados por meio da força militar. O reino estabelecido por Sargão entrou em colapso, talvez por causa de um período de seca prolongada; a área de seu reino tornou-se parte de vários outros reinos e impérios nos milênios seguintes: babilônico, assírio, hitita, neobabilônico, neoassírio, persa, alexandrino, selêucida, romano. Os impérios unificavam grandes territórios sob seu governo, mas os períodos entre um império e outro eram épocas de instabilidade e descentralização. Outras partes do mundo tiveram padrões políticos de longo prazo semelhantes. Na China, os exércitos dos governantes da dinastia Shang foram derrotados por volta de 1050 a.C. pelos exércitos da dinastia Zhou, que expandiu o tamanho do território chinês de forma significativa; a dinastia Zhou terminou em um momento conhecido como "Período dos Estados Combatentes" (403-221 a.C.) e, em seguida, os governantes das dinastias Qin e Han (221 a.C.-220 d.C.) restauraram a unidade e aumentaram o tamanho do império chinês ainda mais e, após um novo colapso, a região entrou no "Período da Divisão" (220-589 d.C.). No Egito, união e desunião estruturam todo o entendimento de sua história, que é descrita em três períodos de estabilidade e expansão – os impérios antigo (2660-2180 a.C.), médio (2080-1640 a.C.) e novo (1570-1070 a.C.) –, cada um deles seguido por um momento de fragmentação e desordem: o primeiro, o segundo e o terceiro períodos intermediários. Na costa ocidental da América do Sul e nos Andes, as sociedades urbanas governadas por reis construíram prédios com uma arquitetura monumental e tornaram-se potências regionais que dominavam territórios cada vez maiores, mas que, em seguida, entraram em colapso: Caral (2500-1600 a.C.), Chavín (1000-200 a.C.), Moche (200 a.C.-700 d.C.) e Tiwanaku (100 d.C.-1100 d.C.).

As histórias da ascensão e queda de cidades-Estados, reinos, impérios e os conflitos e rivalidades entre eles tem sido a principal história contada por historiadores desde a invenção da escrita. Isso é compreensível: os impérios tornam-se impérios por meio da conquista. Mas impérios somente *continuam sendo* impérios quando estabelecem um meio para entregar o poder a outrem, e quase todos os Estados estabelecidos no mundo o fizeram da mesma forma – primeiro no sudoeste da Ásia e no vale do Nilo e, depois, na Índia, na China, no Mediterrâneo, nas Américas Central e do Sul e, por fim, em outras áreas. Eles eram monarquias hereditárias, nas quais os detentores do poder eram considerados membros de um grupo aparentado; a entrega legítima da autoridade era percebida como algo que procedia de uma sucessão dinástica. A história da China passou a ser contada por meio de uma série de dinastias com nomes (Shang, Zhou, Qin, Han, Sui, Tang, Song, Yuan, Ming, Xing) e a dos egípcios, como uma série de 31 dinastias numeradas, um sistema inventado no terceiro século a.C. pelo historiador egípcio Mâneton a partir das listas de reis existentes na época. Mesmo nos poucos Estados que *não* eram monarquias hereditárias – por exemplo, as cidades-Estados da Grécia clássica ou a República Romana (na qual a autoridade era exercida por um Senado de latifundiários Aristocratas) –, a participação no grupo tomador de decisões políticas e militares era determinada pelo nascimento. Assim, a ascensão e queda dos Estados é também uma história da ascensão e queda das linhagens, ou seja, os grupos sociais mantidos por meio de relações sexuais que produziam crianças com *status* de herdeiros legítimos. Tão próxima esteve essa conexão entre a política e a sexualidade (hétero) por quase toda a história que, muitas vezes, foi ignorada pelos historiadores, mas não por aqueles que detinham o poder.

A ideia de que a autoridade deve se originar de uma linhagem era tão convincente que, quando não havia nenhum herdeiro (ou nenhum herdeiro competente) disponível ou no horizonte, os governantes costumavam produzir um ao adotar um jovem promissor como seu filho. Além disso, as regras de sucessão também eram flexíveis; irmãos ou sobrinhos podiam ser herdeiros e, às vezes, caso não houvesse nenhum filho, a linhagem real era transmitida para os filhos homens das filhas. Embora as mulheres fossem excluídas do governo efetivo na maioria dos lugares, elas puderam governar em casos extraordinários. Até mesmo as normas em matéria de nascimento legítimo podiam ser maleáveis. Em algumas monarquias hereditárias, ser filho de uma mulher que não fosse a esposa oficial do monarca era um impedimento absoluto para herdar esse título, mas não em outras. O *status* da mãe era simplesmente ignorado, ou o filho poderia ser adotado pela esposa oficial. As relações de parentesco dentro de grupos étnicos eram por vezes inventadas, e o mesmo ocorria nas dinastias hereditárias; mas isso é evidência do poder e não da fraqueza da ligação entre Estado e linhagem.

A China oferece um excelente exemplo do funcionamento teórico e prático dessa conexão. Nas dinastias Shang e Zhou, os governantes realizavam rituais para várias divindades, buscando orientação e assistência; dentre essas divindades estavam os seus próprios antepassados. A dinastia Zhou também retratou sua vitória sobre a dinastia Shang em 1050 a.C. como justificada, pois a divindade celeste Tien havia retirado seu apoio à dinastia Shang – porque seus membros eram opressivos e inadequados –, transferindo o poder legítimo para os virtuosos Zhou. Nos documentos Zhou, o rei é visto como filho do Céu (Tien), mas o céu lhe dá mandato para governar apenas enquanto o rei governar sabiamente e no interesse do povo. A teoria política do mandato do céu era nova e durou por milênios. A sucessão era hereditária e os reis estavam ligados às forças divinas por meio de uma relação familiar, mas também havia a percepção de que os reis deveriam agir de maneira ética, caso contrário o céu removeria seu mandato e o confiaria a um governante virtuoso.

Além dos rituais religiosos e das teorias políticas, as dinastias Shang e Zhou também cimentaram seu governo dinástico por métodos mais prosaicos. Os reis se casavam várias vezes; o tamanho de seu agregado familiar era evidência de sua riqueza e poder. A maioria de suas esposas vinha de outros Estados, pois o casamento era uma ferramenta importante para a formação de redes políticas e consolidação do território. Gradualmente, a lei da linhagem (*zongfa*) passou a vigorar de forma mais robusta, privilegiando o filho mais velho da esposa principal e, então, o padrão passou a ser o seguinte: uma esposa principal junto com concubinas, as quais eram cônjuges, mas de categoria mais baixa. Esse sistema patrilinear também passou a dominar as outras famílias da elite; dentre os nobres e os escalões inferiores da aristocracia, conhecidos como *shi*, os nomes de família e do clã eram transmitidos de forma patrilinear; e também eram assim transmitidas as posições administrativas, as propriedades, os títulos e as tradições de sacrifício aos ancestrais.

Nem a superioridade militar nem as inteligentes alianças matrimoniais duram para sempre; e, assim, a China fragmentou-se em Estados rivais por volta de 400 a.C. A seguinte dinastia duradoura, a Han, foi estabelecida em 206 a.C. por um líder carismático de uma família relativamente comum, mas ele e seus conselheiros e sucessores conseguiram vincular a dinastia Han a governantes mais antigos e poderosos. Eles promoveram a veneração de Huangdi (o Imperador Amarelo) – um extraordinário rei mítico – como o fundador da China, e alegavam descender de um de seus 25 filhos. Também promoveram o sistema filosófico conhecido como confucionismo, baseado nas ideias de Confúcio, filósofo do século V a.C., conforme registrado e propagado por seus seguidores. Confúcio considerava a família como a unidade básica da sociedade, e enfatizava a importância da piedade filial, da reverência e da obediência que as crianças deviam a seus pais e, em particular, que os filhos homens deviam ao pai. A relação entre pai e filho constituía uma das principais hierarquias da sociedade e, juntamente com as relações governante/súdito, marido/esposa e irmão mais velho/irmão mais jovem, refletiam a relação hierárquica cósmica entre o céu e a terra. Nessas hierarquias um dos elementos é claramente superior e o outro, inferior, mas ambos são necessários; a harmonia e a ordem dependem do equilíbrio entre os dois.

IMAGEM 9. Uma cesta laqueada da dinastia Han (206 a.C.-222 d.C.) mostra filhos modelos, cujos nomes foram tirados do *Xiao Jing*, um clássico confucionista, dando conselhos sobre a piedade filial. Essa cesta foi encontrada em uma tumba na Colônia chinesa de Lelang, na Coreia do Norte.

De acordo com os ensinamentos de Confúcio, o objetivo final da vida de um homem – pelo menos para aqueles que podiam pagar – era se tornar sábio, um indivíduo altamente educado e inteligente que, em palavras atribuídas a Confúcio, "pretende também fortalecer os outros", ou seja, servir à ordem política mais vasta. Além disso, esperava-se que ao longo da vida os homens realizassem rituais específicos para honrar seus antepassadas e pais, tivessem filhos para que esses rituais pudessem continuar e colocassem os interesses da linha familiar acima de seus próprios. O objetivo final da vida de uma mulher era ser considerada o "Tesouro da Casa", que, voluntariamente, submetia-se às "três obediências" das mulheres: ao pai como filha, ao marido como esposa e ao filho como uma viúva. Homens como Ban Gu, que haviam estudado os clássicos confucionistas, eram recrutados pelos governantes Han como funcionários para administrar seu império em crescimento. Esses funcionários-eruditos, por sua vez, escreveram comentários ressaltando que somente o imperador podia fazer a ligação entre o Céu e a Terra, e que todas as relações humanas adequadas eram hierárquicas e disciplinadas. O confucionismo tornou-se uma ideologia de Estado e um sistema ético que também era publicamente reconhecido por muitas famílias da elite. Todos os aspectos das relações familiares possuíam formas e rituais apropriados, que se tornaram mais complexos ao longo dos séculos.

Infelizmente, os governantes Han nem sempre foram tão afortunados, como foi Huangdi, em relação a seus filhos, e nem todos os relacionamentos eram da forma como os eruditos confucionistas desejavam que fossem. A esposa do primeiro imperador Han teve um filho, mas ele ainda era criança aquando herdou o trono e, então, sua mãe serviu como regente (chamada de "Imperatriz viúva" na China), governando em nome de seu filho. O reinado da Imperatriz viúva Lü foi aparentemente estável e popular, mas os historiadores das cortes dos imperadores chineses posteriores inventaram histórias de que ela teria matado todos os seus rivais e, assim, "Lü, a Imperatriz do Mal" tornou-se um exemplo das coisas terríveis que acontecem quando uma mulher governa.

O colapso da dinastia Han oferece outro exemplo da íntima relação entre a reprodução sexual – ou a sua ausência – e o Estado. No final do século II d.C., uma sucessão de governantes Han morreu sem deixar um filho adulto; então as mães dos imperadores-meninos serviram como regentes. As imperatrizes e as suas famílias formavam uma facção da corte; os funcionários-eruditos, outra; e uma terceira facção era composta por eunucos – homens castrados – que ocupavam cargos oficiais importantes. Os eunucos aparecem nos registros históricos juntamente com os Estados, o primeiro registro foi encontrado nas cidades sumérias por volta de 2000 a.C. Os eunucos eram comuns no mundo antigo, nos impérios assírio, persa e romano, bem como na China e mais tarde em outros Estados também. Alguns eram prisioneiros de guerra ou rebeldes que foram castrados como castigo; já outros, foram castrados na infância por suas famílias, pois isso abria oportunidades de emprego. Na China e em outros lugares, os eunucos recebiam cargos na burocracia, no Exército e no palácio real, em parte, porque não podiam se casar e ter filhos; a hipótese dizia que eles seriam mais leais à família do governante do que à sua própria e, por esse motivo, eram confiáveis. Os eunucos, por vezes, ascendiam ao alto escalão e tinham uma carreira ilustre; o almirante chinês Zheng He do século XV, por exemplo, que liderou diversas grandes expedições ao oceano Índico, era um eunuco, castrado desde a infância após ter sido feito prisioneiro de guerra. No entanto, os eunucos nem sempre eram tão confiáveis quanto desejavam os governantes, pois eles ainda tinham enormes conexões familiares e ambições pessoais. No caso da dinastia Han, os eunucos, as imperatrizes e os funcionários, todos conspiravam uns contra os outros e envolviam generais e exércitos para garantir a conquista de seus objetivos. Mas esses generais tinham suas próprias ambições e, no início do século III, a China acabou destroçada e a dinastia Han deixou de existir.

As conexões entre Estado e linhagem desenvolvidas em outras monarquias hereditárias mostram muitas características semelhantes às da China. As linhagens governantes de outros lugares também justificavam sua autoridade por meio de seus laços com uma figura ancestral heroica. Em relação ao seu poder, os governantes trabalhavam em estreita colaboração com as autoridades religiosas e confiavam na ideia de sua conexão com os deuses, bem como em seu poderio militar. Os governantes de todo o mundo usaram o casamento como uma forma de fazer ou consolidar alianças e, também, como um símbolo de conquista. Eles costumavam ter muitas esposas, concubinas, escravas e outros tipos de mulheres dependentes como um sinal de *status*, um padrão chamado de "poliginia por defesa de recursos". Os governantes dependiam de seus familiares para muitos aspectos do governo.

O crescimento das monarquias hereditárias e os Estados mais extensos afetaram as relações entre poder e gênero de forma ambígua e por vezes contraditória. Em muitos casos, levaram a proibições às mulheres e a uma maior diferenciação entre os gêneros. Uma vez que o direito de governar os privilégios de classe (para os nobres) eram hereditários, as elites masculinas consideravam extremamente importante ter certeza que os bebês carregados por suas esposas eram seus. Em muitos Estados, as mulheres da elite passaram a ser cada vez mais isoladas; leis rigorosas sobre o adultério foram aprovadas e, em alguns casos, afetaram as mulheres que não pertenciam à elite. As próprias conexões familiares das mulheres, em geral, tornaram-se menos importantes do que a de seus maridos; o *status* das mulheres ficou mais dependente do que havia sido na época das tribos ou chefaturas.

No entanto, o desenvolvimento das monarquias hereditárias não limitou o poder e o *status* das mulheres de forma uniforme, mas aumentou o de um pequeno grupo de mulheres e, ocasionalmente, deu-lhes autoridade legitimamente sancionada como membros de uma linhagem.

No Egito, o governante – que, mais tarde, seria chamado de Faraó – era considerado divino; e a força divina estava espalhada por toda a sua família. Os governantes ou futuros governantes ocasionalmente casavam-se com suas irmãs ou outros parentes próximos a fim de aumentar a quantidade de sangue divino na casa real, bem como para imitar os deuses, que, na mitologia egípcia casavam-se frequentemente com seus irmãos. A conexão familiar com o divino permitiu que, durante a longa história do Egito, um punhado de mulheres governassem em direito próprio, dentre elas, Hatshepsut (r. 1479-1458 a.C.), a filha do rei Tutmés I e a meia-irmã e esposa do rei Tutmés II. Assim como fizeram os governantes homens, ela se retratou em representações cerimoniais com os adereços faraônicos – um *kilt*, uma barba falsa e um acessório para a cabeça com uma naja no topo – ou como o deus Osíris, embora em outros retratos oficiais ela apareça usando as roupas normais de uma mulher egípcia rica; nas inscrições, ela não fez nenhuma tentativa de esconder o fato de ser mulher. A adoção dos mesmos trajes usados pelos governantes homens sugere que ela entendia que sua linhagem era mais importante que seu gênero, da mesma forma como as governantes de todo o mundo fariam mais tarde.

Várias mulheres, incluindo as imperatrizes Hamiko e Jingu, são mencionadas dentre os primeiros governantes do Japão, tendo obtido o poder por meio de suas conexões familiares e de seu papel como xamãs, capazes de ouvir e transmitir o conselho dos deuses; os relatos de suas vidas misturam mito e história, mas eles se tornaram parte importante das tradições nacionais japonesas. Na Mesoamérica, a senhora Ahpo-Katun, a senhora Ahpo-Hel, a senhora Zac Kuk e outras mulheres governaram cidades-Estados maias por conta própria. Os altos-relevos às vezes as mostram vestidas como deuses masculinos – assim como o fez Hatshepsut em alguns de seus retratos – ou vestindo trajes que misturavam o vestuário masculino e o feminino, em formas que sugerem várias possibilidades de gênero e transgênero. As esposas dos governantes maias participavam

CASAMENTOS E FAMÍLIAS NAS CIDADES E NOS ESTADOS

junto com seus maridos nos rituais de derramamento de sangue, um dos principais símbolos do poder real. As cerimônias que envolviam o sangue real também podiam ser encontradas em outros lugares, e em muitos outros lugares o sangue real era visto como uma substância verdadeira, cujo poder superava outras distinções.

CASAMENTOS E FAMÍLIAS NAS CIDADES E NOS ESTADOS

As famílias dos governantes eram diferentes de outras famílias em alguns aspectos, mas não em outros, pois a urbanização, a escrita e o crescimento do Estado deram forma à vida familiar em todos os níveis sociais. Por outro lado, os objetivos e as ações das famílias e dos grupos de parentes influenciavam as grandes estruturas socioeconômicas, as políticas governamentais e os padrões culturais. As famílias do mundo antigo (e além) eram tanto os locais quanto os agentes da transformação histórica.

Algumas tendências podem ser notadas em todos os lugares em que as cidades e os Estados se desenvolveram; algo que é possível identificar em maior detalhe, especialmente em relação aos moradores urbanos de *status* médio e superior, por meio dos registros escritos. Esses padrões tiveram uma vida extraordinariamente longa; muitos deles continuaram a existir por milênios e alguns ainda sobrevivem hoje. Procriação e propriedade eram temas entrelaçados e centrais para as famílias urbanas e governantes hereditários. Uma vez que o casamento unia duas famílias e duas pessoas, a escolha de um cônjuge era um assunto demasiadamente importante para que os próprios jovens pudessem decidir. Em sua maioria, os casamentos eram arranjados e os parceiros eram escolhidos pelos pais, outros familiares ou por corretores de casamento. Eles avaliavam os possíveis parceiros e escolhiam alguém apropriado que – assim esperavam – produzisse filhos e melhorasse ou, pelo menos, mantivesse o *status* socioeconômico da família. Buscando conselho em relação ao cônjuge sugerido e ao momento mais propício para o casamento, as famílias consultavam astrólogos, adivinhos ou outros tipos de pessoas que soubessem prever o futuro. No Império Romano, junho era um mês favorecido, pois havia recebido seu nome da deusa Juno, a divindade protetora do casamento e do parto; além disso, as crianças concebidas em junho nasceriam na primavera (no hemisfério Norte), aumentando suas chances de sobrevivência.

O casamento assemelhava-se a um acordo de negócios: o noivo ou o seu pai oferecia um presente ao pai da noiva prospectada; caso fosse aceitável, o pai da noiva ou outros membros da família preparavam o dote da noiva, que, em geral e tecnicamente seria propriedade dela, apesar de administrado pelo marido durante o tempo do casamento. Dotes podiam consistir em terras, bens móveis, joias, escravos e mais tarde também cunhagem de moedas ou notas promissórias para pagamentos futuros. Análogo a outras modalidades de negócios, o casamento podia ser formalizado por um contrato escrito, assinado pelos pais do casal ou pelo noivo e o pai da noiva. Os funcionários públicos ou religiosos não desempenhavam nenhum papel nesse contrato; o casamento era um laço reconhecido legal e culturalmente, mas era um acordo privado e familiar. Casamentos eram ocasiões fulcrais da vida familiar; recursos consideráveis da família costumavam ser gastos para pagar a cerimônia e a instalação do novo agregado familiar. Na maioria das sociedades urbanizadas, a organização de vida das esposas era patrilocal: a noiva mudava-se para um local próximo à casa ancestral do noivo, ou para a casa ancestral ou, ainda, para um local determinado pela família do noivo.

As relações sexuais concluíam o casamento; se, por alguma razão, elas não ocorressem, começavam as negociações para a devolução dos presentes e dissolução do contrato. No sul da Ásia, as ideias religiosas sobre a importância da vida familiar com muitos filhos levaram a um padrão em que se esperava que todos os homens e mulheres se casassem. As mulheres, em particular, casavam-se muito jovens; viúvas e mulheres sem filhos eram excluídas das festas de casamento. Qualquer coisa que interferisse com a procriação era desaprovada, incluindo as uniões exclusivamente homossexuais e os votos religiosos feitos no início da vida. A lareira doméstica possuía grande importância simbólica; ali, os cônjuges faziam oferendas habituais. As crianças, especialmente os meninos, mostravam grande afeição e desenvolviam ligações muito próximas com seus pais, principalmente com as mães. Essas mães, muitas vezes, continuavam a viver na casa de seu filho mais velho após enviuvarem, criando tensões entre sogras e noras. Sogras cruéis e irritadas eram figuras muito conhecidas na literatura da Índia clássica, e refletiam o tratamento rude que, com frequência, recebiam as mulheres jovens da vida real. (No Mediterrâneo e no restante da Europa, as mães viúvas geralmente não viviam com seus filhos casados; então, a velha rancorosa da literatura costumava ser a madrasta, e não a sogra.)

Os casamentos arranjados nem sempre impediam a possibilidade do afeto conjugal e do amor romântico. Em meio às listas de impostos e códigos de leis que são os registros mais comuns deixados pelas sociedades antigas, também encontramos alguma poesia erótica de amor, mas não temos como saber se essa poesia foi escrita como um prelúdio do casamento, ou durante o casamento de alguém que não era cônjuge do autor, ou talvez, até mesmo, como metáfora para o amor de um deus. Mas há evidências materiais um pouco mais fortes: as inscrições tumulares das sepulturas de homens do Novo Império Egípcio e da República Romana ocasionalmente fazem referências carinhosas a suas esposas e, além disso, os casais às vezes eram retratados um ao lado do outro ou de braços dados.

O casamento em si era um acordo privado, mas tão logo os Estados foram estabelecidos, eles passaram a tentar regulamentar os aspectos da vida familiar. Os primeiros códigos de leis escritos costumavam incluir dispositivos relativos aos dotes, às heranças e a outras formas de transferência de propriedade que ocorriam dentro das famílias, bem como dispositivos sobre o comportamento sexual. Cerca de um terço das várias centenas de dispositivos contidos no Código de 1790 a.C. do rei Hamurabi da Babilônia, por exemplo, diz respeito às famílias e ao sexo, incluindo leis sobre adultério, deserção, separação e divórcio, sobre as relações sexuais do marido com servas ou escravas, bem como sobre o tratamento das crianças resultantes dessas relações, sobre estupro dentro da família, sexo antes do casamento, incesto, violação do contrato conjugal, segundo casamento após o divórcio ou a morte, adoção e sobre as complexidades da hereditariedade e da propriedade que poderiam resultar de todos esses aspectos.

O Código de Hamurabi prevê claramente o pai/marido como a pessoa econômica e socialmente dominante do agregado familiar. Suas decisões determinavam o destino econômico (e, portanto, conjugal) dos filhos tidos de sua esposa ou servas. Se ele conseguisse provar que sua esposa "pretende deixar [a casa], está endividada, tenta arruinar sua casa, negligencia o marido e é condenada judicialmente", ele poderia divorciar-se dela sem a devolução do dote. Essa cláusula e outras contidas no código apresentam provas de que as mulheres talvez não fossem tão dependentes como queriam os legisladores babilônicos, que eram homens, educados e ricos. Para que a esposa estivesse "endividada", alguém tinha de lhe emprestar dinheiro; e há outras disposições do código que discutem as dívidas feitas antes e durante o casamento, maridos que davam às esposas "terras, jardins e casas" e, também, mães que escolhiam para qual de seus filhos ela entregaria a sua propriedade. (A capacidade de decidir quem fica com sua propriedade após a morte, chamada de "liberdade testamentária", sofria frequentemente restrições de certos fatores: sexo, posição de nascimento em uma família e outros; o Código Babilônico é incomum no que diz respeito ao montante de liberdade testamentária dado às mulheres casadas.) Apesar de as mulheres serem sempre uma pequena minoria dentre aqueles que aparecem nos registros esparsos de transações jurídicas e financeiras reais, fontes de muitas partes do mundo antigo sugerem que as mulheres podem ter tomado muito mais decisões familiares e controlado mais o que se passava na casa do que as leis deixam entender.

As mulheres eram particularmente ativas na cidade-Estado grega de Esparta, a qual desenvolveu estruturas familiares muito diferentes das regras existentes em qualquer outra parte do mundo antigo. Em Esparta, entre os séculos VIII e V a.C., toda atividade estava voltada para fins militares. Os meninos cidadãos deixavam suas casas aos sete anos e passavam a viver em acampamentos militares até que completassem 30 anos; comiam e treinavam com os homens e meninos da mesma idade. Eles casavam quando completavam aproximadamente 18 anos com mulheres mais ou menos da mesma idade, mas viam suas esposas somente quando escapuliam do acampamento. A disciplina militar era dura – essa é a origem da palavra "espartano" –, mas a severidade era vista como necessária tanto para preparar os homens para lutar contra inimigos externos, tal como Atenas, a cidade rival de Esparta, quanto para controlar os escravos que viviam na cidade e os agricultores dependentes que viviam nas áreas rurais em torno deles, grupos que ultrapassavam vastamente os cidadãos em número.

Nessa atmosfera militarista, as cidadãs mulheres eram notavelmente livres. Como em todas as sociedades antigas, havia o grande encorajamento da gravidez, mas a liderança espartana via a saúde materna como importante para a produção de bebês saudáveis, fortes e, por isso, incentivava as mulheres a participarem do atletismo e a comer bem. Uma vez que os maridos prestavam o serviço militar durante a maior parte da vida deles, as cidadãs mulheres possuíam propriedade, administravam a casa e, dessa forma, elas não sofriam restrições físicas e não eram mantidas em lugares isolados. Apesar da ênfase na procriação, as ligações do mesmo sexo eram bastante aceitas; as relações homossexuais masculinas, em particular, eram vistas como militarmente convenientes, levando os homens a lutar de forma mais impetuosa em defesa de seus amantes e camaradas do sexo masculino, bem como de suas esposas e filhos.

As incomuns estruturas familiares e de gênero espartanas não deixaram nenhum grande legado, pois na Grécia Clássica, a cidade-Estado culturalmente, politicamente e intelectualmente dominante era Atenas. Conforme observado anteriormente, a democracia ateniense fazia uma nítida distinção entre cidadãos e não cidadãos, sendo que a cidadania era transmitida de pai para filho durante uma cerimônia realizada no décimo dia após o nascimento da criança; nessa cerimônia, que marcava o nascimento jurídico do menino, o pai deitava seu filho no chão da casa e lhe dava um nome. Dessa forma, era extremamente importante que os filhos dos cidadãos atenienses fossem realmente seus filhos e, por isso, eles passaram a isolar cada vez mais suas esposas em cômodos especiais da casa. As cidadãs participavam de festivais religiosos e funerais, e podem ter assistido a algumas peças teatrais e outros eventos públicos, embora a extensão com que isso ocorria ainda seja um tema bastante debatido. Em contraste com as sociedades mais clássicas, a base da ordem social para os atenienses não era a família, mas o homem individual; um adolescente deveria aprender a ser um cidadão em uma relação hierárquica professor/aluno com um homem mais velho. Tal relação poderia envolver sexo; o homem mais velho assu-

IMAGEM 10. Nesta "cratera" usada para misturar vinho e água, feita na Atenas do século V a.C. e atribuída ao pintor anônimo de vasos conhecido como o pintor de Kleophrades, um lançador de discos recebe instruções de seu treinador. Os pratos e vasos atenienses costumavam retratar jovens atletas do sexo masculino que geralmente competiam nus em festivais que celebravam as proezas atléticas e o corpo masculino.

miria o papel ativo (penetrador), o que era visto como um comportamento apropriado para os cidadãos adultos; mas esse relacionamento deveria ser intelectualizado e "platônico" assim que o adolescente se tornasse adulto. (É muito difícil dizer quantas vezes as reais relações sexuais entre homens ou entre homens e mulheres se aproximaram do ideal ateniense, pois a maioria das fontes sobreviventes são prescritivas, idealizadas ou fictícias.)

As normas e ideias atenienses foram transportadas no século IV a.C. por todo o entorno do Mediterrâneo e além pelos exércitos de Alexandre, O grande, e, após a sua morte, pelos reinos helenísticos formados como monarquias hereditárias e governadas pelos gregos. Em alguns lugares essas normas e ideias entraram em conflito com as práticas existentes. No Egito, por exemplo, as mulheres já participavam do comércio e trabalhavam em público sem cobrir a cabeça, administravam sua própria propriedade, serviam como fiadoras de empréstimos alheios e agiam por conta própria em assuntos legais, inclusive comparecendo ao tribunal. Isso era algo surpreendente para os conquistadores gregos, e alguns homens egípcios tentaram tirar proveito das leis gregas mais restritivas, privando as mulheres da família de suas propriedades. Os registros legais egípcios do século III a.C. incluem casos em que as mulheres lutaram contra isso, exigindo a manutenção dos códigos de leis mais igualitários dos egípcios.

No mundo antigo, casamentos, às vezes, acabavam em divórcio, mas a separação mais comum ocorria com a morte de um dos cônjuges. Os códigos de leis continham estipulações sobre o que aconteceria quando o homem ou a mulher morriam primeiro, mas a morte do marido costumava ser uma ruptura familiar mais dramática porque, em geral, a situação econômica, a posição social e a posição legal das mulheres dependiam mais do marido do que o inverso. Assim que ele morria, a esposa se tornava viúva, uma palavra que não possui equivalente masculino em muitas línguas antigas e uma das poucas palavras em inglês e em outras línguas modernas que deriva de uma palavra do gênero feminino, e não o contrário. A situação da viúva variava consideravelmente de lugar para lugar e também variou ao longo do tempo. Em grande parte do sul da Ásia e da China, quando o marido morria, a viúva passava para a autoridade legal de seu filho mais velho, ou de seu cunhado ou outros membros da família do marido. Um dos artigos do *Manusmrti* ("as leis de Manu"), um longo texto indiano que foi compilado entre 200 a.C. e 200 d.C., detalha as obrigações sociais e rituais, afirmando: "Na infância, a mulher sujeita-se a seu pai; na juventude, ao seu marido; e, quando seu senhor está morto, a seus filhos; uma mulher não deve nunca ser independente". Entre os nômades da Ásia Central, esperava-se que a viúva se casasse com o irmão do falecido marido – uma prática chamada levirato –, o que parece ter sido uma prática comum em outras áreas também. Essa era uma maneira de garantir o sustento dela e de seus filhos, mantê-los dentro do clã e assegurar que uma mulher sexualmente experiente passasse rapidamente para a autoridade de um marido. A Bíblia hebraica obriga o levirato quando a viúva não teve filhos, sendo que seu primeiro filho será considerado filho e herdeiro do falecido marido, mas a lei também oferece uma forma para que o homem não aceite tal instituição. Mas o levirato parece não ter sido muito comum entre os judeus, e foi ficando cada vez menos comum com o tempo.

Em contraste com os lugares onde as viúvas passavam rapidamente para o controle dos membros masculinos da família, em outros lugares, a capacidade das mulheres de agir com independência aumentava após a morte do marido. Não existia nenhuma declaração categórica prescrevendo ou elogiando esse comportamento para que pudéssemos traçar um paralelo com os textos confucionistas ou com o *Manusmrti* – talvez porque os autores de tais textos fossem todos homens –, mas registros do Egito, das cidades ao redor do Mediterrâneo no período helenístico (336-100 a.C.), da Roma Imperial e até alguns registros bíblicos apresentam viúvas comprando e vendendo terras, fazendo empréstimos e doações de caridade ou oferecendo apoio a estabelecimentos religiosos. As viúvas eram um tanto suspeitas, porque elas não estavam sob o controle direto de um homem, mas suas ações eram aceitáveis, porque elas eram frequentemente as guardiãs de seus filhos e, portanto, controlavam as finanças da família. Mesmo na China e na Índia, as fontes descritivas sugerem que algumas viúvas eram economicamente mais ativas do que é possível entender pelas fontes prescritivas, que elas administravam os ativos de seus dotes e faziam doações aos mosteiros budistas.

PADRÕES FAMILIARES EM SOCIEDADES COM BASE NO PARENTESCO

A vida familiar do período antigo é mais difícil de examinar, pois partes do mundo tinham poucas cidades, e as tradições e normas eram transmitidas oralmente. Os historiadores e os antropólogos utilizam uma variedade de meios para estudar as organizações de parentesco, os padrões conjugais, o modo de vida e outros aspectos da estrutura familiar: registros escritos de períodos posteriores, relatos de forasteiros, entrevistas diretas e com indivíduos vivos e suas histórias orais, vestígios arqueológicos e análise linguística de palavras que indicam família e parentes. Toda essa documentação oferece provas, mas também possui limitações. O que é descrito como "tradicional" pode, muitas vezes, ser algo bastante recente, pois os padrões familiares não são estáticos, e os grupos que vivem em áreas sem fortes tradições escritas criaram formas e arranjos familiares bem diversos.

Alguns padrões de estrutura e função familiar parecem ter sido bastante comuns entre agricultores, pastores e forrageadores que não viviam nos Estados. As pessoas consideradas como parentes tendiam a incluir um grupo bastante amplo de parentes; esse grupo de parentes podia opinar em assuntos domésticos e outros, por exemplo, resolviam quem se casaria e quando, ou quem teria acesso à terra, assuntos sobre animais e outros recursos econômicos, ou sobre a conduta inaceitável e digna de censura de outros, bem como punições. Essas decisões dependiam de um processo de negociação e discussão no seio da família; a situação ditava influência de cada membro nessas decisões. As opiniões dos familiares mais velhos geralmente possuíam maior peso, as opiniões dos filhos mais velhos valiam mais que a dos mais jovens, e as opiniões dos homens, mais do que as das mulheres. Essas duas hierarquias – idade e sexo – interagiam de forma complexa e dependiam do assunto em questão; às vezes, as mulheres mais velhas controlavam os homens mais jovens em certos assuntos. A morte não dava fim à autoridade, pois os ancestrais que agora habitavam o mundo invisível também podiam intervir na vida familiar.

Os padrões conjugais, bem como os regimes de subsistência e de propriedade variavam. Nas zonas agrícolas da África, muitos casamentos eram políginos, e as famílias viviam em casas compostas: cada esposa tinha sua própria casa, gado, plantação e propriedade. Na África Oriental e Austral, alguns grupos, como os khoisan e nilotas, eram pastores; os homens normalmente cuidavam do gado, os animais de *status* mais elevado, e as mulheres cuidavam de animais menores, tais como as cabras. O gado muitas vezes formava o dote apresentado pelos maridos às famílias de suas esposas no casamento; pais e anciãos mantinham o controle sobre os casamentos dos jovens por meio do controle que tinham sobre o gado. Entre os povos germânicos e eslavos da Europa e da Ásia Ocidental, os homens ricos e poderosos tinham várias esposas, mas viviam todos na mesma família; a poligamia não era comum entre o povo, nem a propriedade de mulheres era algo tão generalizado como na África.

CAPÍTULO 2 – CIDADES E SOCIEDADES CLÁSSICAS, 3000 A.C.-500 D.C. | 115

Muitas culturas da África, das Américas e do Pacífico eram matrilineares: a associação em um grupo aparentado era traçada por meio da linhagem feminina, e os herdeiros de um homem eram os filhos de sua irmã. Isso não significava necessariamente que as mulheres eram economicamente ou juridicamente autônomas, mas que elas dependiam mais de seus irmãos que de seus maridos. Seus irmãos também dependiam delas, no entanto, pois muitas dessas culturas também tinham sistemas de casamento em que o marido entregava um dote para a família de sua esposa. Um homem frequentemente usava o dinheiro, as terras ou os bens que a família havia recebido como dote pelo casamento de sua irmã como seu próprio dote; assim, seu casamento dependia do bom casamento de sua irmã. Um noivo em potencial também costumava realizar serviços para a família de sua futura esposa, trabalhando para seu futuro sogro, antes do casamento ou pelo período de experiência do casamento. Os sistemas matrilineares de herança incentivavam o relacionamento próximo e duradouro entre irmãos, sendo que as mulheres contavam com o apoio de suas famílias de nascimento se elas viessem a entrar em conflito com seus maridos. Isso era verdadeiro para os grupos que, além de matrilineares, eram também matrilocais, tal como acontece em certos grupos do leste da América do Norte, em que os maridos mudavam para o clã de suas esposas, onde as mulheres aparentadas viviam juntas. O relacionamento com os parentes da mãe eram, portanto, mais importantes do que com os parentes do pai ou até mesmo que com o cônjuge; os filhos, muitas vezes, consideravam os irmãos de sua mãe com um respeito especial.

Os sistemas matrilineares e matrilocais facilitavam o casamento endógamo de homens de outros grupos, porque os homens não podiam reivindicar o controle imediato sobre a propriedade de suas esposas. Isso tornou-se particularmente importante em lugares onde os homens viajavam por longas distâncias para comercializar ou colonizar. Por exemplo, os homens austronésios navegaram em grandes canoas para o oeste através do Oceano Índico, de Bornéu do Sul e outras partes da Indonésia contemporânea para a costa leste da África, entre cerca de 100 d.C. e 700 d.C., levando com eles culturas alimentares, incluindo a banana, o coco e a cana-de-açúcar, que começaram a ser cultivadas na África. Eles também parecem ter se casado com mulheres locais, pois, a julgar pela evidência genética, as pessoas que começaram a se estabelecer na grande e anteriormente desabitada ilha de Madagascar – na costa oriental da África – logo após isso, possuem ascendência metade austronésia e metade leste-africana. A língua malgaxe, de Madagascar, é uma língua austronésia similar àquelas faladas em Bornéu, e a cultura material da ilha combina elementos austronésios e africanos. Embora não saibamos definitivamente se isso significa que os grupos leste-africanos eram matrilineares, os exemplos semelhantes de endogamia masculina em outros lugares e em períodos mais recentes sugerem a probabilidade dessa hipótese. O casamento endógamo dos homens de fora facilitou o comércio e o intercâmbio cultural, proporcionando assim um bom exemplo a respeito da maneira como a estrutura familiar deu forma à sociedade que vai além do agregado familiar.

Os sistemas hereditários matrilineares e os dotes dos homens reforçaram algumas relações familiares, mas também criaram problemas. Assim como a herança patrilinear poderia originar tensões, os serviços à família da noiva também. Os homens se opunham à influência das famílias de suas esposas e, nas áreas em que as esposas se mudavam para o local da família do marido, eles escolhiam intencionalmente esposas que viessem de longe, diminuindo também o grau com que seus filhos podiam contar com os tios maternos. Os conflitos entre pais e filhos era agravado pela poliginia e pelo dote masculino, pois as famílias precisavam decidir se seus recursos seriam mais bem empregados na aquisição de uma primeira esposa para um filho ou outra esposa para o pai. Alguns estudiosos têm visto esse conflito geracional como fonte dos rituais de iniciação mais difíceis, em que homens jovens e solteiros muitas vezes tinham de sofrer; somente aqueles que passassem por tais rituais poderiam casar e se juntar às fileiras dos homens totalmente adultos.

A herança de alguns grupos na África e nas Américas era bilateral. Entre os muitos povos que vivem na região Andina, por exemplo, linhas de ascendência parecem ter sido encontradas nos dois sexos, as meninas herdavam o acesso a recursos como terra, água e animais através de suas mães e os rapazes por meio de seus pais. Em outros grupos com herança bilateral, só os homens herdavam, mas a herança vinha dos pais e dos irmãos das mães.

Parece que algumas formas de divórcio ou separação conjugal estavam amplamente disponíveis. Em períodos posteriores, dentre grupos matrilocais da América do Norte, um homem que desejasse o divórcio podia simplesmente deixar a casa de sua esposa, enquanto a mulher podia colocar os pertences de seu marido do lado de fora da casa de sua família, indicando que ela desejava que ele fosse embora; as crianças em ambos os casos, ficavam com a mãe e a família da esposa. No entanto, entre alguns grupos, o divórcio era desaprovado quando o casal tinha filhos, ou quando o fato envolvesse transações financeira complicadas, tal como a devolução do dote.

IMAGEM 11. Um vaso de cerâmica com a efígie de uma mãe e uma criança, da cultura moche, que floresceu na costa do Peru de 100 d.C. a 800 d.C. aproximadamente. As cerâmicas dos moches serviam como oferendas funerárias nos enterros, mas também eram utilizadas nas residências para o uso diário, pois, nesses casos, a cerâmica comunicava valores culturais.

As descrições das relações familiares em todo o grande mundo que não fazia parte de Estados e impérios do mundo antigo ainda são temas hesitantes, algo que também é verdade para as descrições da maioria das pessoas que viviam no interior dos Estados. Os registros escritos nos falam muito pouco sobre as famílias ou as relações pessoais de pessoas que não possuíam nenhuma propriedade e menos ainda sobre as famílias das pessoas que eram, elas mesmas, consideradas propriedades. As famílias ou indivíduos de *status* inferior geralmente aparecem nos registros apenas quando, por algum motivo, não estavam cumprindo suas obrigações para com seus superiores: quando secas ou inundações destruíam os excedentes agrícolas; quando a fome ou as epidemias diminuíam o fluxo de migrantes para as cidades; quando eles se rebelavam ou fugiam.

Hierarquias sociais e castas

Os registros escritos produzidos por cidades e Estados refletem as preocupações daqueles que estão no topo da pirâmide social; a manutenção dessa hierarquia em si era uma dessas preocupações. Os Estados deram origem a novos padrões de desigualdade social, que se expandiram a partir dos padrões que já existiam nas aldeias agrícolas e foram muitas vezes codificados em leis escritas. No início da história romana, por exemplo, a divisão social mais importante era entre os patrícios, grupo hereditário de famílias governantes, e os plebeus, o povo comum e livre. Os textos filosóficos e religiosos discutiam essas hierarquias, justificando-as com referência aos deuses ou à natureza.

O sistema desenvolvido no sul da Ásia depois de meados do século II a.C. estava entre as mais complexas e duradouras hierarquias sociais. Em suas primeiras fontes, o termo sânscrito *varna* ("cor") foi usado para a identificação das categorias sociais, mas os comerciantes portugueses, mais tarde, passaram a chamá-las de *castas,* a partir de uma palavra de sua própria língua que significava divisões sociais hereditárias e esta se tornou a palavra *caste* em inglês. O sistema de castas se originou durante o milênio que vai de 1500 a 500 a.C., quando as pessoas que se chamavam arianos (termo em sânscrito que significa "nobre") passaram a dominar o norte da Índia, política e culturalmente. Eles criaram um conjunto de obras sacras, epopeias, hinos, tratados filosóficos e textos rituais chamados *Vedas* – nome que damos a esse período – período védico –, que servem como fonte primária de informações sobre a época. A hipótese tradicional conta que os arianos, vindos do Norte, chegaram à Índia com tecnologias militares superiores – carruagens e armas de bronze – e, assim, conquistaram a população tribal local. Embora a evidência arqueológica para a invasão ariana seja pequena, essa é a história contada nos *Vedas*, que apresentam seus líderes como figuras heroicas, auxiliadas por sacerdotes e guerreiros; essas figuras tornaram-se as duas castas superiores, os Brâmanes e os Xátrias. Os comerciantes formavam a terceira casta (Vaixas) e os camponeses, trabalhadores e povos conquistados formavam a grande quarta casta (Sudras). Para os *Vedas*, esse sistema foi criado pelos deuses, que dividiram o ser cósmico original em quatro partes, correspondentes às partes do corpo; isso ofereceu sanção religiosa às divisões de castas. Como em outros lugares do mundo antigo, os sacerdotes dos reinos arianos apoiavam o crescente poder dos governantes que, em troca, confirmavam o *status* superior dos Brâmanes como especialistas em rituais, cujas cerimônias eram capazes de garantir o favor divino.

O *status* superior dos Brâmanes foi confirmado ainda mais pelos *Upanishads*, textos cosmológicos compostos entre 750 e 500 a.C.; neles, o universo é entendido como um ciclo que se repete infinitamente e no qual as almas reencarnam por meio de um contínuo processo de renascimento, conhecido como *samsara*. As ações executadas na vida de uma pessoa – conhecidas como *carma* – determinavam o *status* da pessoa na próxima vida; as boas ações levavam a uma condição superior e as más, a uma condição inferior. O objetivo final da vida seria escapar desse ciclo interminável de nascimentos e renascimentos e alcançar o *moksha*, um estado de libertação, felicidade e consciência, no qual as pessoas atingem a união com a derradeira realidade imutável que é a origem do universo, chamada de *brâman*.

Originalmente, a verdadeira espiritualidade só poderia ser atingida por meio do máximo ascetismo, e era possível somente aos homens da casta dos Brâmanes, mas por volta do século III a.C. entendia-se que a busca por *brâman* passava a incluir cada vez mais a devoção pessoal a um ou mais dos muitos deuses e deusas que eram manifestações de *Brâman*. Os deuses pessoais podiam ser honrados por meio de práticas devocionais, como orações, cânticos, hinos, danças, oferendas, peregrinações e também por meio da vida honrada na situação própria de cada pessoa, algo que ficou conhecido como *dharma*, uma palavra sânscrita com significados bastante matizados, envolvendo os termos piedade, lei moral, ética, ordem, serviço, compreensão mútua, justiça e paz. Prosperidade e prazer eram aspectos legítimos do *dharma*, pois todas as divindades eram geralmente muito atraentes e sexualmente ativas. O local central do *dharma* era a família; esperava-se que todos os homens e mulheres se casassem; o casamento possuía três objetivos: o prazer sexual, o cumprimento de obrigações religiosas e a produção de filhos. Esses ensinamentos morais e espirituais, que mais tarde foram chamados de hinduísmo, eram muito atraentes, pois além de oferecerem orientações para a vida cotidiana, também promoviam o contato direto com os deuses. Eles validaram o sistema de castas e ofereceram uma fonte de estabilidade social; mas, tendo em vista que a devoção a um deus não significava a rejeição dos outros, eles também permitiam a incorporação de novas divindades, ritos e doutrinas. Seguir as regras de comportamento e realizar as cerimônias associadas à própria casta e a um deus favorito poderiam levar um indivíduo a nascer em uma casta superior na próxima vida; o não seguimento poderia resultar em ostracismo social ou mesmo na morte.

A cor da pele pode ter desempenhado algum papel nas origens da casta – os épicos arianos descrevem aqueles que se opunham a eles como selvagens de pele escura – mas as funções desempenhadas na sociedade eram as principais fontes de diferenciações. Assim, dependiam das posturas em relação a determinados tipos de trabalho: memorizar textos religiosos e engajar-se em debates intelectuais era um trabalho honrado, enquanto a agricultura ou os trabalhos manuais eram degradantes. Ao longo do tempo, as distinções profissionais e geográficas passaram a fazer parte de um sistema cada vez mais complexo de milhares de subcastas hereditárias, conhecidas como *jati* – que, literalmente, significa "nascimentos"; entendia-se que cada uma delas possuía uma identidade e ancestrais comuns, com papéis, rituais e *status* prescritos pelos costumes e pela tradição. Conforme novas ocupações surgiam por causa das mudanças tecnológicas ou interações culturais, ou conforme ocorriam migrações ou invasões, novos *jati* eram criados para eles, ou conforme os mais queridos eram redefinidos; dessa forma, além de ser estável, o sistema também era flexível. Os estudiosos debatem os limites dessa flexibilidade e de outros aspectos do sistema de castas em diferentes momentos históricos; alguns argumentam que o domínio britânico na Índia do século XIX tenha tornado o sistema muito mais rígido e autoritário do que havia sido anteriormente, porque o sistema passou a ser escrito, enquanto outros notam que as normas não escritas podem ser tão rígidas, ou talvez ainda mais, que a lei escrita.

Algumas tarefas eram consideradas como abaixo da dignidade até mesmo do subgrupo mais baixo da casta dos Sudras; as pessoas que realizavam essas tarefas eram vistas como indivíduos que se encontravam fora do sistema de castas, uma classificação social que trouxe a noção de que certos grupos eram "intocáveis", por serem impuros. Tal designação tornou-se circular: os intocáveis eram desprezados porque suas ocupações os maculavam, mas certas profissões maculavam todos aqueles que as realizavam.

As ideias de pureza e mácula deram forma às relações entre as castas e entre cada *jati* também – os membros de alguns grupos passaram a evitar comer uns com os outros, caminhar perto uns dos outros e, mais importante ainda, casarem-se uns com os outros. Ao longo de gerações, a endogamia reforçou os laços dentro do grupo, pois seus membros cada vez mais compartilhavam seus ancestrais comuns e tradições. (A Constituição da Índia de 1950 proibia a discriminação baseada em castas, e desde então a Índia tomou várias medidas de ação afirmativa para melhorar a situação dos grupos historicamente discriminados; isso levou a acusações de discriminação reversa.) Embora o poder da casta na sociedade contemporânea indiana seja uma questão política fortemente contestada, a maioria dos autores concorda que o sistema tenha se tornado menos importante nas áreas urbanas, mas que a endogamia conjugal continua a ser a norma; os elementos das divisões de casta indiana espalharam-se para o Nepal e o Sri Lanka, onde se misturaram com as estratificações sociais locais em sistemas distintos.

As práticas religiosas e sociais ligadas ao hinduísmo se espalharam pelo sudeste da Ásia e também foram transmitidas pelo Oceano Índico por mercadores e marinheiros nos navios que vinham geralmente de pequenos Estados costeiros mercantis que existiam ao longo da Península Malaia e nas ilhas de Sumatra e Java. Depois de cerca de 100 d.C., sacerdotes e funcionários indianos também viajaram ao sudeste asiático em navios malaios, onde se casaram com pessoas de famílias poderosas e foram nomeados como conselheiros pelos governantes locais que tentavam construir sua autoridade a partir do modelo indiano. Nesses reinos indianizados do Sudeste Asiático, incluindo Langkasuka, Funan e Champa, no continente, e Taruma e Sunda, em Java, as tradições importadas fundiram-se com as locais. Alguns grupos viam-se como membros de castas indianas específicas, especialmente de linhagens pertencentes à casta dos guerreiros (Xátrias) e, assim, foram construídos enormes templos de pedra para as divindades hindus, mas os rituais dos deuses locais e espíritos também continuaram a existir, os quais mantiveram seus poderes sobre a colheita de arroz, o cotidiano e a ordem cósmica. Entre os cham que viviam no que é hoje o Vietnã do Sul, a herança era matrilinear, e as mulheres parecem ter desempenhado um papel mais ativo na vida pública do

HISTÓRIA CONCISA DO MUNDO

que na China ou na Índia, um padrão que continuaria a existir em grande parte do sudeste da Ásia. Exceto pelos imigrantes do Sul da Ásia, o impacto das castas foi algo limitado, e as hierarquias sociais criadas localmente continuaram sendo mais importantes.

ESCRAVIDÃO E SOCIEDADES ESCRAVISTAS

Juntamente com as distinções entre as elites e os plebeus e entre homens e mulheres, a distinção social mais difundida no mundo antigo era aquela entre escravos e livres. Às vezes, na verdade, era a única distinção. De acordo com o código de leis do rei sumério Ur-Nammu, exceto o rei, todas as outras pessoas estão divididas em dois grupos: escravos e livres. Na Suméria e em outros lugares, a escravidão é claramente anterior ao crescimento das cidades e à criação de registros escritos, aumentando com a urbanização e aumentando ainda mais com o desenvolvimento do Estado. Os poderes coercitivos dos Estados permitiram que os proprietários vivessem com segurança em meio a muitos escravos; para acentuar seu poder, os governantes às vezes usavam escravos nas forças armadas, policiais e em funções administrativas. Em todos os Estados do mundo antigo, a escravidão era um *status* social reconhecido em seus códigos de leis, que resistiram ao tempo, incluindo os do sudoeste da Ásia, do Egito, da China, da Índia e do Mediterrâneo e, também, está evidente em diferentes fontes de muitos outros Estados. A escravidão também esteve presente em muitas sociedades tribais, como as da Ásia Central, da Europa, da África, das Américas e de muitas partes da Oceania. Os escravos vinham de todos os grupos étnicos e incluíam prisioneiros de guerra, de ataques repentinos, obtidos pela pirataria e por meio de sequestros, bem como pessoas escravizadas por dívidas, vendidas por suas famílias, ou que haviam se vendido por causa se sua extrema pobreza. Em alguns lugares, a maioria dos escravos era de regiões próximas, enquanto em outros lugares ocorria o tráfico organizado de escravos por grandes distâncias. Os escravos eram um componente importante do comércio e foram usados – juntamente com cavalos, camelos, bois, burros e mulas – para carregar outros produtos comerciais. Existiam mercados de escravos em muitas conexões das redes de comércio, o que significava que os rebeldes, criminosos e prisioneiros de guerra poderiam ser vendidos em vez de serem mortos ou presos.

O trabalho dos escravos era bastante variável e, na maioria dos lugares, os escravos realizavam todo tipo de trabalho feito por pessoas livres, muitas vezes ao lado deles: eles cultivavam pequenos lotes de terra, realizavam trabalhos domésticos, produziam bens para vender, trabalhavam em troca de salário, cuidavam de crianças e assim por diante. Grupos de escravos também extraíam prata e cobre e quebravam pedras em condições de extrema brutalidade. Os escravos também funcionavam como produtos de consumo ostentatório. Possuir muitos escravos marcava o indivíduo como uma pessoa com muitas riquezas, principalmente em cidades-Estados conscientes da questão do *status* – por exemplo, Alexandria, Roma ou Chang'am –, enquanto os escravos de locais distantes, indicava que alguém era capaz de pagar por mercadorias de luxo exótico. As famílias dos governantes em particular possuíam um grande número de escravos, que iam desde escravos homens que tinham posições de poder e influência como funcionários do governo e consultores, passando por escravas mulheres que teciam, tinham filhos e cuidavam das crianças do Imperador e, por fim, os escravos de ambos os sexos que entretinham, cozinhavam, cuidavam de animais e cuidavam da manutenção do palácio.

A escravidão era, portanto, diversificada e flexível, mas em todos os lugares ela dependia do reconhecimento comum de que alguns indivíduos possuíam outros como propriedade, lhes dando autoridade para vender e transportá-los, bem como para discipliná-los e, caso contrário, controlar seu comportamento. As leis reforçavam o fato de que os escravos eram propriedade, mas também os encarava como indivíduos capazes de agir por conta própria e de se envolver em relacionamentos com outros indivíduos. Essa complexidade já existia no Código de Ur-Nammu, em que um dos dispositivos lista a venda de um escravo como a primeira opção para pagar uma dívida, mas outro dispositivo diz: "se a escrava de um homem, comparando-se a sua dona, falar com ela de forma insolente, sua boca deverá ser esfregada com um quarto de sal". Da mesma forma, os escravos no Código de Hamurabi são propriedade comprada, vendida e herdada, mas eles também são vendedores e compradores de propriedade.

Na maioria dos Estados do mundo antigo, a proporção de escravos em relação à população não era muito grande, e a maior parte do trabalho era realizado por pessoas legalmente livres; até mesmo grande parte das pirâmides egípcias parecem ter sido construídas por trabalhadores assalariados. Esse também foi o caso no sul da Ásia e na China da dinastia Han, onde a grande maioria da população era formada por camponeses que possuíam sua própria terra ou que haviam cultivado o mesmo lote de terra arrendado por várias gerações. A terra, em geral, era dividida igualmente entre os filhos, e com o crescimento da população, a posse de todas as famílias foi diminuindo. Usando ferramentas de ferro e arados de bois (quando podiam pagar por isso), as famílias camponesas cuidavam desses pequenos lotes de forma intensiva, com grande frequência de capinagem, cultivo, adubação e desbaste; além disso, a tecelagem era usada pelas mulheres como uma atividade subsidiária que gerava renda para pagar impostos e aluguéis. A escravidão não era propícia à agricultura intensiva e, por isso, os escravos constituíam menos de 1% da população em expansão da dinastia Han. A hierarquia social oficial do confucionismo punha os camponeses logo abaixo dos burocratas-eruditos e acima dos artesãos e comerciantes. Embora isso tenha causado pouco impacto na vida dos camponeses reais, significou que se atribuía honra ao trabalho agrícola e à vida rural em abstrato. Mais importante para as pessoas reais era o fato de que, porque os camponeses livres contribuíam tanto com impostos quanto com serviços de mão de obra para o Estado, o governo fazia esforços para que os camponeses continuassem produtivos, mantendo baixos os impostos sobre a terra.

Alguns poucos Estados antigos eram sociedades verdadeiramente escravistas. Na Atenas clássica, a escravidão era crucial para a estrutura social, a economia e a cultura, assim como seria mais tarde nas sociedades escravistas do Caribe, do Brasil e do sul dos Estados Unidos. Junto com os escravos domésticos que realizavam uma variedade de tarefas, os escravos trabalhavam em grandes oficinas artesanais, também como soldados e marinheiros no Exército e Marinha ateniense, como prostitutas de baixo *status* conhecidas como *pornai*, nas plantações da zona rural e como trabalhadores de minas e pedreiras. É muito difícil falar em números precisos, mas talvez um terço ou até mesmo metade da população de Atenas estava escravizada. A maioria das famílias de cidadãos possuía pelo menos um escravo – não ter escravos era sinal de extrema pobreza –, e estima-se que a média era de três ou quatro por família. O filósofo Platão (427-347 a.C.) possuía cinco escravos. Além disso, seu Estado ideal, descrito em *A República**, inclui escravos que fazem a maior parte do trabalho manual, dando aos cidadãos tempo para poderem pensar e governar. Enquanto as distinções entre cidadãos livres do sexo masculino eram minimizadas pela ideologia ateniense de democracia, a distinção entre livres e escravos passou a ser motivo de grandes preocupações. Em *Política**,

---

*   Obras publicadas em *Clássicos Edipro*: PLATÃO. *A República*. São Paulo: Edipro, 2014; ARISTÓTELES. *Política*. São Paulo: Edipro, 2018. (N.E.)

o filósofo ateniense Aristóteles (384-322 a.C.) desenvolveu a ideia de "escravidão natural", argumentando que aqueles que conseguiam assimilar a razão, mas que não a praticavam, eram "escravos por natureza". Esse tipo de homem possuía "virtude moral suficiente para impedir que deixasse de cumprir suas obrigações" ao seu senhor. Aristóteles não explica como os escravos que conseguiram comprar sua liberdade ou cujos mestres os emancipou ou, inversamente, os estrangeiros residentes que foram escravizados como punição ou por dívidas vieram, nesse processo, a ganhar ou a perder sua capacidade racional ou virtude moral.

Atenas pode fornecer o melhor exemplo do mundo antigo sobre o conceito de escravidão proposto por Orlando Patterson, sociólogo nascido na Jamaica; ele afirmou que, em qualquer lugar, a escravidão significava a "morte social". Os escravos não eram apenas propriedade dos outros, mas também perdiam a identidade e as relações que as pessoas normalmente possuem em virtude do nascimento, um processo que Patterson chamou de "alienação natal" (desenraizamento). Os escravos não eram reconhecidos como membros de uma família, linhagem, clã ou comunidade, mas eram pessoas desonradas com apenas um vínculo reconhecido, isto é, a subordinação aos seus senhores imposta pela violência. A tese de Patterson tem sido criticada por ser excessivamente totalizante e dicotômica, porque muitas sociedades tinham uma variedade de relações dependentes e servis. Diz-se também que a tese dá pouca atenção às culturas vibrantes que se desenvolveram entre as pessoas escravizadas, mas que ela é influente em seu foco sobre o papel da violência e do isolamento social nos sistemas escravistas.

Em Roma, a escravidão tornava-se um sistema social e econômico cada vez mais importante; um grande número de fontes que chegaram até nós nos permite analisar muitos aspectos desse desenvolvimento de forma mais detalhada que em outras regiões do mundo antigo. Embora sempre tenha existido escravos na cidade de Roma e em seus arredores, as guerras expansionistas do século II a.C. levaram ao crescimento dramático da escravidão por meio de vários processos inter-relacionados. As lutas prolongadas atraíam os homens para o Exército e os afastava de suas fazendas; na ausência dos maridos, as esposas administravam as fazendas, mas não havia trabalhadores suficientes para manter as terras sob cultivo completo e, então, elas não conseguiam pagar todos os impostos ou arrendamentos. Quando os soldados voltavam, eles costumavam ser forçados a vender suas fazendas a preços baixos para os ricos, dentre eles, os militares contratados e outros que se tornaram rico por meio das guerras. Esses latifundiários ricos também arrendavam terras que ganhavam pela conquista, criando enormes propriedades agrícolas denominadas de *latifúndios*, em que as culturas podiam ser plantadas a um custo menor do que nas pequenas explorações agrícolas. Os proprietários dos *latifúndios* ocasionalmente contratavam trabalhadores livres, mas eles preferiam usar escravos, que não tinham nenhuma identidade jurídica e não poderiam ser convocados para o Exército. As conquistas eram a fonte de aquisição de escravos; traficantes de escravos acompanhavam os exércitos romanos e traziam escravos de todas as populações conquistadas, particularmente meninos e jovens, que eram preferidos para serem usados nos *latifúndios*. Gradualmente, a agricultura na Itália deixou de ser uma agricultura de subsistência e passou a ser uma importante fonte de renda para a classe dominante de Roma. Grandes grupos de trabalhadores trabalhavam sob a supervisão de inspetores, os quais, muitas vezes, também eram escravos. As estimativas são difíceis, mas no final do século I a.C., talvez um terço da população total da Itália fosse formada por escravos.

Os escravos dos *latifúndios* plantavam todos os tipos de culturas, mas a mais importante era o trigo, o alimento básico da dieta romana. Talvez os romanos também tenham comido trigo em forma de folhas de massa frita, semelhante ao macarrão (a ideia de que Marco Polo trouxe no século XIII o macarrão da China para a Itália é uma lenda), mas eles – e outros povos do mediterrâneo – comiam trigo principalmente sob a forma de pão, achatado quando necessário e, se possível, fermentado. Pães de vários tipos se tornaram alimentos de grande importância nutricional, cultural e, em última análise, religiosa.

Além da agricultura, os escravos romanos também estavam envolvidos em outras ocupações. Eles podiam ser desde tutores domésticos extremamente educados e escultores muito procurados até gladiadores forçados a lutar e prisioneiros condenados a trabalhar nas minas; suas condições de vida também eram bastante variadas. Os escravos não podiam casar e não possuíam nenhuma família legalmente reconhecida – a tese de Patterson se encaixa bem nesse ponto –, e os filhos de uma escrava pertenciam ao seu dono. Alguns escravos domésticos entravam em relacionamentos semelhantes ao casamento, que poderiam ser desfeitos pela vontade do proprietário; as fontes indicam que as crianças escravizadas desde muito jovens costumavam vender-se a si mesmas de uma casa para outra.

Às vezes os escravos tentavam fugir, e aqueles que falhavam eram devolvidos a seus mestres, muitas vezes com a testa marcada. Ocasionalmente, ocorriam pequenas revoltas de escravos; mas em 73 a.C., ocorreu uma grande revolta que começou quando um grupo de gladiadores escapou de uma das escolas de gladiadores, próxima ao Monte Vesúvio, no sul da Itália. Liderados por Espártaco e vários outros, os exércitos de escravos fugidos chegaram a ter dezenas de milhares de soldados. Eles derrotaram várias unidades do Exército romano, enviadas para acabar com eles; por fim, um grande exército de soldados regulares acabou com a revolta. Espártaco foi aparentemente morto no campo de batalha, e os escravos capturados foram crucificados; milhares de cruzes foram postas na principal estrada que chegava em Roma. A rebelião teve um impacto significativo na política romana, pois os comandantes que tinham derrotado os escravos levaram seus próprios exércitos para Roma e começaram a moldar a República Romana para que ela se adaptasse às suas ambições; tais fatos acabaram levando ao fim da república pelas mãos de Julio César e ao estabelecimento do Império Romano por seu sobrinho-neto (e filho adotivo) Augusto.

IMAGEM 12. Neste afresco romano do século I d.C., os escravos matam um animal pequeno, talvez um cervo, para preparar uma refeição, enquanto uma bandeja próxima a eles contém espécies importadas e uma cabeça de alho. Nos domicílios mais ricos, todo o pessoal da cozinha, incluindo o cozinheiro chefe, teriam sido escravos.

Os efeitos da revolta de Espártaco sobre a escravidão romana são menos claros. O uso de escravos nos *latifúndios* começou a declinar nos séculos I e II d.C., mas isso parece ter sido principalmente o resultado da desaceleração da expansão militar do Império e da diminuição da entrada de novos escravos, que tornaram mais barato a contratação de famílias pobres e livres como meeiros do que a compra e manutenção de escravos. Mais pessoas lebertaram seus escravos nesses séculos do que anteriormente – foram tantos que em 4 d.C., o imperador Augustus regulamentou a prática na *Lex Aelia Sentia* –, com motivações que variaram entre as filosóficas e as econômicas. Os escravos manumissos, ou seja, aqueles que tinham comprado ou então ganhado sua liberdade, pertenciam a uma classe jurídica chamada *libertini* (singular *libertus/liberta*) em Roma. A posição deles variava de acordo com as circunstâncias de sua libertação e mudou ao longo do tempo, mas em geral os homens tinham entre eles uma voz política limitada, mas seus filhos eram cidadãos plenos.

As leis romanas sobre escravidão – como sobre muitas outras coisas – tornaram-se cada vez mais complexas ao longo dos séculos e estavam sempre ligadas a outras práticas sociais e objetivos. Por exemplo, pela *Lex Aelia Sentia*, um *libertus* – que normalmente teria recebido direito a apenas uma cidadania limitada – tornava-se cidadão integral, contanto que ele se casasse com uma mulher livre ou uma *liberta* e ela tivesse um filho. Se o *libertus* morresse, a própria mulher poderia reivindicar esses direitos para ela e seu filho; ainda, se ela desse à luz a um certo número de crianças, ela poderia peticionar para ser liberada da tutela legal masculina. Augustus promoveu essas medidas não porque era defensor de escravos ou mulheres, mas porque estava preocupado com a taxa de natalidade romana e com aquilo que ele entendia como um declínio dos valores tradicionais romanos centrados na família e, também, porque ele estava se posicionando como a verdadeira fonte da autoridade romana durante o período de transição da República para o Império. Em seus esforços de controle social, ele também promulgou uma série de outras leis referentes ao casamento e à moralidade, entre elas uma restrição sobre propriedades herdadas por homens e mulheres livres e solteiros ou que não tivessem filhos, bem como uma lei sobre o adultério, tirando-o da esfera privada para tratá-lo como crime da esfera pública.

No mundo antigo, Roma era um local incomum em relação à dependência do trabalho escravo, mas não em sua preocupação com as ações sexuais dos escravos e ex-escravos que aparecem nos códigos de leis, decretos e comentários de outras áreas também. Embora em Atenas os escravos adultos fossem especificamente proibidos de ter relações com os adolescentes livres, porque isso perturbaria a adequada hierarquia de poder das relações sexuais entre homens, na maioria dos lugares, a principal preocupação dos legisladores eram as relações sexuais que podiam produzir filhos. Nos códigos de leis das tribos germânicas que conquistaram territórios romanos entre os séculos III e V d.C., por exemplo, homens escravos que se envolvessem em relações sexuais com mulheres livres estariam sujeitos à pena de morte (bem como as mulheres) e as mulheres libertas (isto é, ex-escravas) que tivessem relações sexuais ou se casassem com escravos podiam se tornar escravas novamente. Leis e regras diferentes foram emitidas em outras regiões, mas em todos os lugares o policiamento das fronteiras entre os diversos grupos sociais dependia tanto das tradições e normas, quanto dos estatutos.

RELIGIÕES BASEADAS EM TEXTO E INTERAÇÕES CULTURAIS

Em meados do primeiro milênio a.C., as tradições e normas foram sendo sistematizadas e, muitas vezes, escritas pela primeira vez. O período que vai de 600 a.C. a 350 a.C. aproximadamente engloba a vida de Confúcio e de Laozi (visto como o fundador do taoísmo) na China, a vida dos pensadores gregos Tales, Heráclito, Sócrates, Platão e Aristóteles, dos profetas hebreus Jeremias, Ezequiel e o segundo Isaías e, no sul da Ásia, as vidas de Buda e de Mahavira (o fundador do jainismo). Em meados do século XX, os estudiosos Karl Jaspers e Shmuel Eisenstadt postularam que esse período – que eles mais tarde estenderam para 800 a.C. a 200 a.C. – também foi um ponto de mudança crucial da história humana, para o qual deram o nome de "Era Axial", da palavra alemã *achse*, que significa tanto o eixo como pivô. Para eles, a era axial é um momento de (nas palavras de Jaspers) "estabelecimento dos fundamentos espirituais da humanidade", porque, pela primeira vez, pensadores individuais tornaram-se céticos em relação às verdades recebidas, argumentaram sobre o valor do indivíduo, salientaram a conduta moral e a compaixão e tiraram lições da história. A ideia de uma era axial é muito influente entre os sociólogos interessados em tipologias da experiência humana e entre os estudiosos da religião, que às vezes a esticam um pouco mais para que a era axial possa abranger o desenvolvimento do cristianismo. No entanto, alguns historiadores apontam que seiscentos anos (ou mais) é muito tempo para ser um ponto de mudança ou de inflexão; dizem que o que distinguiu os pensadores da era axial foi que suas ideias puderam ser escritas. Os pensadores anteriores, ou aqueles que viviam em sociedades sem registros escritos, ou mulheres, ou habitantes rurais analfabetos podem ter tido ideias semelhantes, eles observam, sem que suas ideias pudessem ser registradas para o futuro. Concordando ou não com a noção de era axial, as ideias desses pensadores tornaram-se extremamente significativas, pois foram registradas e, mais importante, copiadas e recopiadas, estudadas, comentadas e expandidas até se tornarem tradições culturais fundamentais.

Entre essas tradições escritas estão aquelas criadas pelos hebreus, um grupo de pessoas que, por um breve momento, estabeleceu dois pequenos Estados na área entre o Mediterrâneo e o rio Jordão conhecida como Canaã. Politicamente sem importância quando os comparamos com os egípcios ou os babilônios, os hebreus criaram uma nova forma de crença religiosa, o monoteísmo baseado na adoração de um Deus todo-poderoso que eles chamaram de YHWH, anglicizado para Yahweh [Javé em português]. Desde o final dos anos 600 a.C., eles começaram a escrever suas tradições, leis, história e ética, que foram editadas e reunidas em cinco livros conhecidos como a Torá. Foram acrescentadas mais histórias, tradições e outros tipos de obras – literatura de conselhos, orações, hinos e profecias – para formar a Bíblia hebraica, a qual foi mais tarde adotada pelos cristãos, que a chamaram de "Antigo Testamento", para fazer um paralelo como as escrituras cristãs que foram chamadas de "Novo Testamento". Esses escritos tornaram-se o núcleo da religião dos hebreus, o judaísmo, uma palavra tirada de Judá, o reino do Sul (dentre os dois reinos hebraicos), que foi a principal força para o desenvolvimento das tradições religiosas.

Para entendermos a religião judaica é fundamental a compreensão do conceito da Aliança, um acordo que as pessoas acreditavam existir entre elas e Javé. De acordo com a Bíblia hebraica, Javé apareceu para o líder tribal Abraão, prometendo-lhe que ele seria abençoado, assim como seus descendentes, caso seguissem Javé (uma vez que este evento é visto como fundamental para o judaísmo, o cristianismo e o islã, todos elas são chamadas de "religiões abraâmicas"). A Bíblia relata que Javé apareceu depois a um líder carismático chamado Moisés quando ele estava liderando a saída dos hebreus da escravidão no Egito; Javé, então, fez uma aliança com os hebreus: se eles adorassem Javé como seu único Deus, ele os consideraria como seu povo escolhido e os protegeria contra os seus inimigos. Esses primeiros líderes – tais como Abraão e Moisés, e mais tarde indivíduos como Jeremias, Ezequiel e Isaías, que atuaram como intermediários entre Javé e o povo hebreu – eram conhecidos como "profetas". Grande parte da

CAPÍTULO 2 – CIDADES E SOCIEDADES CLÁSSICAS, 3000 A.C.-500 D.C. | 131

Bíblia hebraica consiste de textos escritos em suas vozes, entendidas como mensagens de Javé que deveriam ser ouvidas pelos hebreus.

A adoração refletia-se em uma série de regras de comportamento, os dez mandamentos, dados a Moisés por Javé. Essas regras necessitavam de determinados tipos de observância religiosa e proibiam os hebreus de roubar, matar, mentir ou cometer adultério, criando assim um sistema de absolutos éticos. A partir dos dez mandamentos, criou-se um complexo sistema de regras de conduta que, mais tarde, foram passados para a forma escrita e tornaram-se a lei hebraica. Semelhante aos seguidores de outras religiões, os judeus envolviam-se em rituais por meio dos quais eles mostravam a sua devoção. Eles também deveriam agradar a Javé ao viver balizados por altos padrões morais e adorando-o acima de todos os outros deuses. Cada vez mais, passou-se a entender que esse mandamento significava que apenas Javé deveria ser adorado. Os profetas posteriores – por exemplo, Isaías – criaram um sistema de monoteísmo ético, no qual a bondade emanava de um único deus transcendente, e no qual as obrigações religiosas incluíam o comportamento justo e imparcial em relação a outras pessoas, bem como aos rituais. Os líderes religiosos eram importantes para o judaísmo, mas, pessoalmente, seguir as instruções de Javé conforme haviam sido registradas no texto sagrado era a tarefa central dos fiéis judeus do mundo antigo. Desenvolvimentos políticos e militares levaram os judeus a se espalharem pelo mundo, primeiro por todo o Mediterrâneo e, em seguida, para outras localidades. Eles mantiveram a sua coesão como um grupo por meio de casamentos entre judeus, e apenas raramente buscaram fazer conversões de forma ativa.

Outras tradições religiosas foram espalhadas pelos seus seguidores, tornando-se o que muitas vezes é chamado de "religiões universais" ou "religiões portáteis" – tradições religiosas que não podiam ser identificadas com locais ou grupos étnicos específicos – como eram a maioria delas no mundo antigo –, mas que agradavam e atravessavam fronteiras culturais. Migrações, invasões, comércio e trabalho missionário intencional levaram as ideias e práticas religiosas de um lugar para outro no primeiro milênio a.C., e elas foram se transformando por esse processo.

O budismo foi a primeira tradição religiosa a se espalhar de forma ampla, tanto para o sudeste da Ásia, ao lado do hinduísmo, quanto para muitas outras direções também. O budismo baseava-se nas ideias de um príncipe do norte da Índia, Sidarta Gautama (*fl. c.* 500 a.C.), chamado de Buda ("o iluminado"). Conforme relatado por textos budistas posteriores, no início da vida, o príncipe Gautama era mimado e protegido, mas ele aprendeu gradualmente sobre a realidade da dor, do sofrimento e da morte. Ele deixou esposa e família para ir-se embora como um asceta errante, mas enquanto meditava teve uma revelação e alcançou a iluminação, ou seja, a introspecção das verdades cósmicas subjacentes ao universo. Ele começou a ensinar suas ideias centrais, a saber, as quatro nobres verdades e o caminho óctuplo: a vida é sofrimento que decorre dos desejos e apegos, mas as pessoas podem superar seus desejos e fraquezas quando resolvem se libertar deles, viver moralmente, ser compassivas e buscar a iluminação por meio da contemplação. As pessoas que atingiam a iluminação eram liberadas do ciclo de nascimento e morte e entravam em um estado chamado nirvana, uma afortunada não existência parecida com o *moksha hindu*. Em teoria, o caminho budista para a iluminação era (e é) uma jornada individual aberta para todos, independentemente de casta ou sexo, embora outros textos mais antigos apresentem as mulheres como ameaças perigosas à iluminação dos homens. Buda ensinou que a vida monástica – isto é, renunciar o mundo em favor de uma vida de orações e meditações em uma comunidade – poderia tornar as pessoas espiritualmente superiores, mas que os crentes laicos ganhariam mérito espiritual ao apoiar a comunidade monástica (*sangha*). Ele permitiu que as mulheres se tornassem freiras – e muitas o fizeram –, mas as colocou em uma posição de subordinação aos monges.

Embora os ensinamentos budistas enfatizassem que o isolamento do mundo era a melhor maneira de minorar os desejos, os líderes políticos, mesmo assim, adotaram o budismo. Dentre os primeiros líderes budistas estava Ashoka (que governou entre *c.* 270-232 a.C.), chefe do Império Maurya, fundado por seu avô, que controlava uma grande parte do subcontinente indiano. Ashoka tornou-se budista em algum momento de sua vida – pela tradição, após revoltar-se pela matança e pelo sofrimento de uma de suas campanhas militares –; ele construiu mosteiros e montes chamados *stupas* para servir de abrigo a relíquias budistas, enviou missionários para além das fronteiras de seu território e erigiu grandes pilares, proclamando a sua devoção ao *dharma* e instruindo seus funcionários e súditos sobre como agir de acordo com os princípios de justiça e ética do *dharma*, dentre eles a tolerância a outras tradições.

O Império Maurya entrou em colapso logo após o governo de Ashoka, e o norte da Índia passou a ser governado por grupos que, vindos de outros lugares, trouxeram com eles outras tradições. Dentre eles, os Cuchãs (ou Kushans), um povo nômade da Ásia Central que no século II d.C. estabeleceu um império que se estendia desde a China ocidental até o vale do Ganges, e a oeste até os atuais Afeganistão e Paquistão; o império tinha cidades nos oásis ao longo das rotas comerciais que atravessavam a Ásia, conhecidas como as rotas da seda. A julgar pelas evidências arqueológicas e fontes externas – não sobreviveram obras textuais do império Cuchano –, os cuchãs seguiam uma variedade de práticas religiosas, misturando aspectos de muitas culturas. O império incluía pequenos Estados que haviam sido governados por reis que falavam grego desde a época de Alexandre, o Grande, no século IV a.C., incluindo Gandhara, onde vários governantes tinham se tornado budistas e as ideias gregas helenísticas, as tradições religiosas e os estilos artísticos se misturaram com os indianos.

Os cuchãs adotaram o alfabeto grego para a sua própria língua e, seguindo o modelo grego, começaram a cunhar moedas de ouro, prata e cobre que mostravam um governante cuchã de um lado e um deus ou figura mitológica do outro, incluindo o herói grego Hércules, Buda deificado, o deus hindu Shiva e o deus egípcio Sarapis. As moedas também retratavam o deus iraniano Ahuramazda, sugerindo que alguns governantes do império Cuchano adotaram os ensinamentos de Zoroastro, profeta e pensador cujas ideias tinham alcançado ampla aceitação séculos antes no Império Persa; o império persa, juntamente com os reinos indo-gregos, era agora a parte ocidental do império Cuchano. O zoroastrismo ensinou (e ensina) que Ahuramazda era a fonte de todo o bem e que os indivíduos tinham a responsabilidade de escolher entre o bem e o mal em seus pensamentos, palavras e ações. No final dos tempos, Ahuramazda presidiria um último julgamento (juízo final) para determinar o destino de cada indivíduo. Apenas Ahuramazda – e nenhuma outra divindade – deveria ser venerado.

O budismo cresceu neste cenário cultural misto, e ao longo dos séculos foram desenvolvidas tradições divergentes. No século II ou I d.C., os ensinamentos de Buda passaram a ser redigidos por seus seguidores em textos sagrados chamados *sutras*. As comunidades monásticas recitavam e estudavam os sutras e, ao longo do tempo, começaram a sublinhar as diferenças entre elas e a escrever novos textos. Muitos desses textos enfocavam os *bodhisattvas* – seres solidários que, no caminho da iluminação, estavam em um estágio avançado, mas que haviam permanecido no mundo para ajudar os outros seres sencientes a seguirem o mesmo caminho. Os *bodhisattvas* faziam e não faziam parte do tempo, suas vidas e poderes absorviam os aspectos das divindades e tradições religiosas locais.

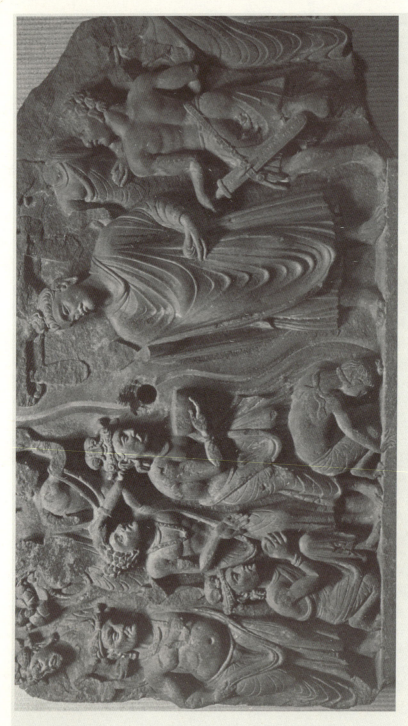

IMAGEM 13. Escultura em relevo mostrando Buda rodeado por devotos, de Mathura, uma das capitais do império Cuchano do século II d.C., aproximadamente. As primeiras representações antropomórficas de Buda apareceram em Cuchã, onde os estilos gregos helenísticos – vestes esvoaçantes, musculatura definida etc. – foram combinados com formas devocionais budistas.

O *bodhisattva* Guanyin, por exemplo, foi originalmente descrito como um homem jovem, mas tornou-se cada vez mais associado à deusa da misericórdia e bondade cultuada em religiões locais, e passou a ser retratado principalmente como uma bela mulher em um manto esvoaçante. Os *bodhisattvas* tornaram-se objetos de veneração, assim como Buda, que era visto cada vez mais como um ser transcendente e eterno – o chefe de um grupo de Budas celestiais. Entre os Budas celestiais estava Amitaba ("o Buda da luz infinita"), que tinha sido um *bodhisattva* ao longo de muitas vidas e criou um paraíso além dos limites do mundo chamado Terra Pura, aberto a todos que recorriam a ele na morte. As primeiras inscrições conhecidas e sutras que fazem referência a Amitaba são do império Cuchano no segundo século d.C., momento em que o imperador cuchano Kanishka, o Grande, (r. 127-151) promovia de forma ativa a disseminação do budismo, que o monge budista cuchano Lokaksema vertia os sutras para o chinês, e comerciantes e peregrinos atravessavam a Ásia Central pelas rotas da seda e outras rotas comerciais bem estabelecidas.

A veneração dos *bodhisattvas*, dos Budas celestiais e a noção de que todos os seres sencientes estão no caminho para o estado de Buda em um reino celestial tornou-se o centro de uma das principais tradições dentro do budismo, a Mahayana, que significa "Grande Veículo", um termo que reflete a ideia de ampla inclusão existente entre seus seguidores. Esse ramo do budismo estava aberto a novos textos e englobava muitas escolas e tradições diferentes em seu seio; por esse motivo difundiu-se desde o norte da Índia e Cuchã para outras regiões do Sul da Ásia, Ásia Central, China, Himalaia e, finalmente, Coreia, Japão e grande parte do sudeste da Ásia. Textos foram traduzidos, templos e estupas belamente decorados foram construídos e dezenas de milhares de pessoas tornaram-se monges e freiras nos mosteiros, que foram enriquecendo com os presentes de seus crentes piedosos. Na China, a decisão de entrar em um mosteiro e renunciar à vida familiar entrava em conflito com os tradicionais objetivos confucionistas, mas com o ambiente político instável após a queda da dinastia Han, até mesmo governantes e funcionários, juntamente com milhares de pessoas comuns, foram atraídos pelos ensinamentos budistas: ética, caridade e significado espiritual. O budismo também se adaptou bem a outra tradição filosófica chinesa, o taoísmo, que ensinava que a melhor vida é aquela que não busca por mudanças, mas passivamente rende-se ao *tao*, o "caminho da natureza", que está subjacente a tudo. Os tradutores dos textos budistas usavam a terminologia taoísta e, além disso, os rituais taoístas do jejum e da meditação foram adaptados para que neles fossem incluídos os conceitos budistas; o mesmo aconteceu com os tradicionais rituais de adivinhação e veneração aos ancestrais. As hierarquias confucionistas também deram forma às traduções dos textos budistas, fazendo-os parecerem menos estrangeiros: "o marido apoia a mulher" tornou-se "o marido controla a mulher" e "a mulher conforta o marido" tornou-se "a esposa reverencia o marido".

Alguns mosteiros e pensadores religiosos sublinhavam sutras, regras e práticas diferentes; assim, uma tradição diferente tornou-se mais comum no sul da Índia e no Sri Lanka, denominada Teravada, ou o "Ensino dos Anciãos", que dão particular ênfase aos textos mais antigos. De acordo com a doutrina Teravada, apenas um Buda poderia surgir em uma dada idade cósmica, então o ideal máximo não é se tornar um Buda, mas um *arhat*, isto é, um indivíduo que atinge a iluminação plena no nirvana e, portanto, está completamente liberado da existência material, não havendo mais necessidade de renascer em nenhum outro mundo. O monasticismo era visto como a forma superior de se chegar a esse estado, pois permitia uma vida de moralidade, meditação e estudo, mas os leigos também obtinham mérito recitando as escrituras e apoiando os monges (esse respeito aos monges ainda é o mesmo entre os seguidores contemporâneos do budismo teravada; não há concordância sobre as mulheres poderem se tornar freiras ordenadas e, historicamente, existem muito mais monges do que freiras). Os monges levaram o budismo teravada do Sul da Índia e do Sri Lanka para o Sudeste da Ásia, onde gradualmente suplantou as outras formas de budismo e, atualmente, continua a ser a forma dominante de budismo.

Em todas as suas variantes, o budismo incentivou as viagens: as pessoas muitas vezes saíam em peregrinações para os lugares sagrados associados à vida de Buda, para mosteiros e templos que continham relíquias ou imagens particularmente impressionantes ou santuários associados aos *bodhisattvas*. Alguns desses viajantes escreveram sobre os povos que encontravam durante suas viagens; essas obras são uma forma primitiva de história do mundo.

Assim como o budismo, o cristianismo também enraizou-se e expandiu-se em um mundo cosmopolita com uma grande mistura de culturas, línguas e tradições; uma época em que era bastante fácil movimentar-se e trocar ideias e práticas pelas estradas e rotas marítimas. Surgiu no início do Império Romano, em um momento em que as pessoas seguiam e combinavam uma variedade de tradições espirituais, incluindo religiões dedicadas aos tradicionais deuses romanos da lareira, casa e zona rural, religiões sincréticas, que misturavam divindades indígenas e romanas, e as religiões de mistérios, que ofereciam a promessa de vida após a morte. Inicialmente, o cristianismo desenvolveu-se na província romana da Judeia, onde as guerras civis e a agitação que puseram fim à República e criaram o Império Romano haviam levado a um clima de violência. Os movimentos de oposição aos romanos espalharam-se entre os judeus, e muitos deles passaram a acreditar na proximidade de uma luta final, a qual acabaria levando à vinda de um salvador, ou Messias, que iria destruir as legiões romanas e inaugurar um período de felicidade e abundância para os judeus.

Nesse clima de mistura religiosa dos romanos e de esperança messiânica dos judeus surgiu Jesus de Nazaré (*c*. 3 a.C.-29 d.C.). Segundo as escrituras cristãs, ele nasceu de pais profundamente religiosos e cresceu na Galileia, reduto dos opositores de Roma e centro comercial onde gregos e romanos interagiam com os judeus. Seu ministério começou quando ele contava 30 anos; seus ensinos eram realizados pela pregação e contação de histórias. Como Buda, Jesus não deixou textos. Os relatos de seus ditos e ensinamentos circularam oralmente no início entre seus seguidores e começaram a ser escritos no final do primeiro século para a construção de uma comunidade de fé. As discrepâncias dos textos mais antigos indicam que seus seguidores tinham uma diversidade de crenças em relação à natureza e finalidade de Jesus, mas eles concordavam que Jesus pregava sobre um reino celestial de eterna felicidade em uma vida após a morte e sobre a importância da devoção a Deus e do amor às outras pessoas. Seus ensinamentos baseavam-se na escritura hebraica e refletiam uma concepção de Deus e moralidade que vinham da tradição judaica, mas ele desviou-se disso ao insistir em que ele ensinava em seu próprio nome, não em nome de Javé. Jesus afirmou ser o Messias (*Christus* em grego, que deu origem à palavra Cristo em português), mas também afirmou que tinha vindo para estabelecer um reino espiritual, não um reino terreno com base na riqueza e no poder. Preocupado com a manutenção da paz e da ordem em Jerusalém, o funcionário romano Pôncio Pilatos prendeu Jesus, o condenou à morte, e seus soldados executaram a sentença. No terceiro dia depois da crucificação de Jesus, alguns de seus seguidores disseram que ele havia ressuscitado dos mortos, um evento que se tornou o elemento central da fé para os cristãos.

A memória de Jesus e seus ensinamentos sobreviveram e prosperaram. As pessoas que acreditavam em sua ressurreição e divindade reuniam-se em pequenas assembleias ou congregações, muitas vezes nas casas uns dos outros, para discutir o significado da mensagem de Jesus e para celebrar um ritual (mais tarde chamado de Eucaristia, Comunhão ou Ceia do Senhor) que comemora a última refeição de Jesus com os seus discípulos antes de sua prisão. Porque esperavam que Jesus voltasse ao mundo muito em breve, eles consideravam a vida e as instituições terrenas como sem importância. O casamento e a vida familiar normal deveriam ser abandonados; os seguidores de Jesus deveriam subordinar-se aos adeptos de sua nova família espiritual. Os primeiros cristãos costumavam se chamar de irmão e irmã, esse uso metafórico de termos utilizados em família era algo novo para o Império Romano.

A propagação dos ensinamentos de Jesus foi fomentada por Paulo de Tarso, um judeu bem-educado que frequentava confortavelmente tanto o mundo dos romanos quanto o dos judeus. Após sua conversão, Paulo tornou-se um promotor vigoroso das ideias de Jesus; ele viajou pelo Império Romano e escreveu cartas de aconselhamento que foram copiadas e extensivamente divulgadas, transformando as ideias de Jesus em ensinamentos morais mais específicos; as cartas (Epístolas) de Paulo iriam, mais tarde, se tornar parte das escrituras cristãs. O tamanho do Império Romano permitiu que os primeiros cristãos difundissem sua fé facilmente a todo o mundo conhecido por eles, conforme Jesus havia ordenado que seus seguidores fizessem. Paulo preconizava que os gentios, ou não judeus, deveriam ser aceitos de forma igual; assim, os primeiros convertidos cristãos incluíam homens e mulheres de todas as classes sociais que haviam conhecido os ensinamentos cristãos por meio de contatos familiares, amigos e redes comerciais. As pessoas eram atraídas pelos ensinamentos cristãos por várias razões: a promessa de uma vida feliz após a morte para todos os que acreditavam; o ideal de se esforçar por um objetivo; a preocupação com os pobres; um sentimento de identidade, comunidade e parentesco espiritual bem-vindo no mundo do Império Romano, que, por vezes, era extremamente móvel.

No início, os funcionários romanos ignoravam os seguidores de Jesus, mas aos poucos alguns começaram a se opor às crenças e práticas cristãs. Eles consideraram os cristãos como dissidentes subversivos, porque eles pararam de praticar os rituais tradicionais, se opunham ao culto ao imperador, que estava se tornando uma parte importante da ideologia política romana, e pareciam estar tentando destruir a família romana ao afirmarem que a salvação era mais importante que as relações familiares. As perseguições aos cristãos, que incluíam tortura e execuções, eram organizadas pelos governadores das províncias romanas e às vezes pelo imperador; embora a maioria das perseguições fossem locais e esporádicas, algumas eram intensas, e os relatos de mártires heroicos forneceram modelos importantes para os futuros cristãos.

No século II d.C. o cristianismo começou a mudar. A crença de que Jesus voltaria em breve foi diminuindo gradualmente e, conforme aumentava o número de convertidos, instituições permanentes eram fundadas em vez de simples igrejas domésticas. As instituições possuíam grandes edifícios para o culto e hierarquia definida para seus funcionários – sacerdotes, bispos, arcebispos –, que costumava utilizar a hierarquia romana como exemplo. O cristianismo começou também a atrair homens mais bem-educados, que desenvolveram interpretações teológicas complexas sobre as questões que não estavam claras nos textos antigos. Frequentemente utilizando a filosofia grega e as tradições legais dos romanos como base, eles elaboraram entendimentos sobre questões difíceis: como Jesus poderia ser divino e humano? Como Deus poderia ser pai e filho ao mesmo tempo (e mais tarde também espírito, uma doutrina cristã conhecida como Trindade)? Essas interpretações tornaram-se a doutrina oficial por decisões tomadas em conselhos eclesiásticos, grandes reuniões de bispos e outros clérigos que também decidiram quais livros, dentre aqueles que circulavam entre os fiéis, seriam canônicos, ou seja, quais fariam oficialmente parte da escritura cristã. Nem todos concordaram com essas decisões, no entanto, e grandes divisões sobre questões doutrinárias levaram à formação de ramos variantes. Bispos e teólogos também modificaram os ensinamentos de Jesus sobre riqueza, poder e família, minimizando aqueles que pareciam socialmente perturbadores, conformando-os mais com os valores romanos.

Aos poucos, o cristianismo tornou-se mais formal, centralizado e estava se expandindo. Os missionários cristãos – que às vezes eram enviados por bispos – e mercadores cristãos ou outros viajantes se aventuravam para além das fronteiras do Império Romano. Eles levaram o cristianismo para o reino de Cuxe, no Nilo, ao sul do Egito, e então o levaram mais ao sul até o império de Aksum, no planalto etíope, que já foi lar de uma grande comunidade judaica e o centro de uma rede comercial que se estendia desde o Mediterrâneo até a Índia. No século IV, o rei Ezana de Aksum (r. *c.* 320-360) fez do cristianismo a religião oficial de seu reino, e seu principal conselheiro cristão, Frumêncio, tornou-se bispo. Textos foram traduzidos para a língua local, o ge'ez, igrejas foram construídas (às vezes esculpidas de um único bloco de rocha) e mosteiros foram fundados, criando-se, assim, a Igreja Etíope, que existe até hoje com práticas e doutrinas um pouco diferentes de outros ramos do cristianismo, incluindo regras alimentares similares às do judaísmo e um grupo ligeiramente diferente de livros bíblicos canônicos.

Missionários, comerciantes e soldados levaram os ensinamentos cristãos para o Leste e para o Norte, bem como para o Império Parta, no centro da Pérsia, e para os povos tribais celtas e germânicos da Europa. O bispo Ulfilas (*c.* 310-383), membro dos germanos ostrogodos, traduziu a Bíblia do grego para a língua gótica; e, para isso, criou um novo alfabeto gótico. Ao longo dos vários séculos seguintes, esse texto foi sendo copiado muitas vezes e carregado junto com as tribos góticas conforme migravam para todo o sul da Europa. Rituais eram, no entanto, mais importantes do que os textos para a transmissão dos ensinamentos cristãos e, além disso, a veneração dos santos tornou-se especialmente importante. Os santos eram pessoas que tinham vivido (ou morrido) de forma considerada espiritualmente heroica ou notável; assim como os *bodhisattvas*, eles ofereciam proteção e assistência; ademais, os objetos ligados a eles – ossos e roupas, por exemplo – tornaram-se relíquias com poderes especiais que ligavam o mundo material ao mundo espiritual. As igrejas que abrigavam relíquias de santos tornaram-se locais de peregrinação para aqueles que procuravam ajuda, conforto ou bênção. Missionários e convertidos muitas vezes fundiam as práticas religiosas locais aos ensinamentos cristãos. Por exemplo, certos santos específicos foram associados a características da paisagem, como lagos ou montanhas que anteriormente estavam consagrados aos deuses locais; outros foram associados a vários aspectos da vida cotidiana, como viajar, plantar e dar à luz. Os dias dos santos passaram a pontuar o calendário, proporcionando dias de descanso ou de celebração com rituais de veneração e adoração.

O século III trouxe guerra civil, invasões e caos econômico ao Império Romano. Esperando que o cristianismo fosse uma força unificadora em um império atormentado por problemas, o imperador Constantino (r. 306-337) ordenou a tolerância a todas as religiões no Édito de Milão, emitido em 313. Ele apoiou a Igreja cristã durante todo o seu reinado, esperando obter em troca o apoio dos funcionários eclesiásticos para a manutenção da ordem; ele foi batizado cristão em sua velhice. Constantino também isentou o clero de impostos imperiais, foi chamado e

CAPÍTULO 2 – CIDADES E SOCIEDADES CLÁSSICAS, 3000 A.C.-500 D.C. | 141

compareceu nos conselhos que decidiam questões teológicas e doou dinheiro para a construção de igrejas cristãs, especialmente na nova capital que estava construindo para o Império Romano em Bizâncio, antiga cidade grega sobre o Bósforo, um estreito na fronteira entre a Europa e a Ásia. Ele nomeou a cidade de "Nova Roma", mas em pouco tempo a cidade já se chamaria Constantinopla. Constantino também declarou o domingo um dia de feriado público; escolheu o domingo e não o sábado Santo dos judeus porque esse dia se adaptava bem a sua própria adoração ao Deus do sol, uma prática compartilhada por muitos romanos. A celebração anual do nascimento de Jesus foi fixada em pleno inverno, quando os romanos já estavam comemorando o renascimento do sol desde o solstício de inverno. Assim, as tradições religiosas pré-cristãs – romanas, germânicas e outras – foram assimiladas ao cristianismo. Os cristãos alteraram suas práticas para seguir os decretos do imperador; os cultos tornavam-se cada vez mais elaborados, e o clero passou a vestir roupas ornamentadas e caros símbolos de autoridade, tendo o imperador como modelo.

Alguns cristãos opuseram-se a essas ligações muito próximas entre igreja e Estado, pois não acreditavam que o cristianismo deveria ser poderoso e sagrado ao mesmo tempo. Homens e mulheres que pensavam assim às vezes deixavam as cidades e iam viver no deserto egípcio como ascetas, ou formavam comunidades monásticas um pouco afastadas do mundo, semelhantes aos mosteiros do budismo.

Ajudado em parte por sua posição favorecida, o cristianismo lentamente foi se tornando a principal religião do Império; os imperadores depois de Constantino continuaram a promovê-lo. Em 380, o imperador Teodósio (r. 379-395) tornou o cristianismo a religião oficial do Império Romano. Ele permitiu que a igreja estabelecesse seus próprios tribunais e usasse suas próprias leis, chamadas de "leis canônicas". Com isso, ele lançou as bases do futuro crescimento do poder da Igreja.

O cristianismo não foi capaz de aguentar todo o Império Romano, mas a liderança militar capaz e as poderosas fortificações que protegiam a cidade de Constantinopla e algumas áreas de fronteira permitiram que a metade oriental do Império resistisse aos ataques e permanecesse viva por outros mil anos, tornando-se o que as pessoas chamariam de Império Bizantino (as pessoas que realmente viviam no Império Bizantino chamavam a si mesmos de "romanos", e seu Estado de "Império Romano", enfatizando assim as continuidades culturais e políticas). A metade ocidental do império desintegrou-se gradualmente, pois os imperadores, governando de Constantinopla, não conseguiam oferecer assistência militar suficiente para repelir os invasores, a saber, os povos germânicos, como os godos e vândalos, e os povos nômades das estepes da Ásia central, especialmente os hunos. Em 476, o chefe de uma tribo germânica, Odoacro, depôs o imperador romano do Ocidente e não tomou o título de imperador, chamando a si mesmo de rei da Itália. Essa data marca o fim oficial do Império Romano do Ocidente, embora grande parte do Império tivesse passado para o domínio de várias tribos bárbaras bem antes disso.

O FIM DE UM MUNDO CLÁSSICO?

No século XV, os estudiosos humanistas das cidades florescentes do norte da Itália começaram a imaginar que estavam vivendo em uma nova era, uma era de renascimento das glórias literárias, filosóficas e artísticas da Grécia e da Roma antigas. O que separava sua era de ouro – mais tarde chamada de *Renaissance*, renascimento em francês – do greco-romano era um longo período de trevas e declínio, ao qual um professor do século XVII chamou de "Idade Média". Por essa concepção, a história da Europa foi dividida em três períodos: antigo, medieval e moderno; a queda do Império Romano Ocidental seria o ponto de inflexão entre a gloriosa cultura dos romanos e a barbárie que a sucedeu.

Os historiadores de outras partes do mundo também têm identificado o colapso de grandes impérios e sociedades clássicas aproximadamente no mesmo período. A dinastia Han, que causava tanto orgulho a Ban Zhao e Ban Gu, terminou em 220 d.C., quando o filho de um general destituiu o imperador, mas os líderes militares das províncias se recusaram a reconhecer sua autoridade e o Império foi dividido em facções beligerantes, enquanto ondas de invasores – incluindo os Xiongnu, conhecidos no Ocidente como os hunos – atacavam as fronteiras. A isso seguiram-se séculos de desunião. O Império Cuxe fragmentou-se em duas partes no século III, as quais, pouco tempo depois, foram esmagadas por forasteiros. Um desses forasteiros foi o Império Gupta, que, no século IV, dominou grande parte do norte da Índia, mas que também se fragmentou no século V após sofrer invasões, ao Norte, de um povo da estepe conhecido nas fontes ocidentais e indianas como heftalitas ou hunos brancos. Na Mesoamérica, o declínio chegou um pouco mais tarde, mas foi igualmente traumático: os invasores queimaram a grande cidade de Teotihuacan em 750, e os núcleos urbanos de muitas cidades-Estados maias do Sul foram abandonados entre 800 e 900. Assim, em muitos lugares as sociedades urbanizadas

CAPÍTULO 2 – CIDADES E SOCIEDADES CLÁSSICAS, 3000 A.C.-500 D.C. | 143

MAPA 5. O mundo por volta de 400 d.C.

examinadas neste capítulo tornaram-se menos urbanas, dinastias hereditárias foram destronadas e a violência desorganizou a vida nas aldeias.

Esses colapsos são geralmente descritos em termos políticos e militares, mas suas raízes parecem ter sido muitas vezes demográficas e ambientais. As estradas asiáticas da seda transportaram o budismo e bens de comércio, mas elas também transportaram patógenos causadores de doenças, e o que antes haviam sido bolsões separados de doenças agora estavam interligados com resultados catastróficos. Os soldados romanos que regressavam das lutas na Mesopotâmia em 165 d.C. trouxeram com eles uma doença que pode ter sido a varíola ou o sarampo, a qual devastou a cidade de Roma e depois se espalhou para as províncias do Norte; as estimativas do número de mortos por essa praga antonina durante mais ou menos o período da década subsequente chegou aos milhões, e talvez tenha atingido até um quarto do Império Romano. Outra pandemia ocorrida entre em 250 e 270 d.C., provavelmente mais um surto de varíola – que recebeu o nome de peste de Cipriano, em homenagem a um antigo bispo cristão que viu e escreveu sobre o assunto – também matou milhares por dia somente na cidade de Roma e, talvez, centenas de milhares em outros lugares. Essas epidemias causaram uma redução nas fileiras do Exército romano, criaram escassez de mão de obra na zona rural e, dessa forma, permitiram que os povos germânicos migrassem cada vez mais a fundo no Império. Uma terceira epidemia, essa em 541-543 d.C., chamada de "praga de Justiniano", nome do Imperador que governava na época em Constantinopla e contraiu a doença, mas sobreviveu; a doença era, provavelmente, a peste bubônica, que atingiu toda a Ásia Ocidental e o Mediterrâneo, enfraquecendo tanto o Império Bizantino quanto seu inimigo, o Império Sassânida, da Pérsia. Doenças semelhantes também desestabilizaram o Império Han e se intensificaram em todos os lugares pela flutuação do ciclo climático, que causou temperaturas mais baixas e a diminuição da produtividade agrícola. A mudança climática também criou crises ecológicas nas Américas; *el Niños* mais severos – correntes periódicas com águas mais quentes no Oceano Pacífico – causaram tanto secas quanto chuvas torrenciais na costa peruana do século V, já as secas e as consequentes quebras de safra parecem ter sido fatores do colapso dos maias. Os demógrafos sugerem que a população do mundo talvez tenha caído de aproximadamente 250 milhões em 1 d.C. para 200 milhões em 500 d.C.; a maior queda ocorreu na Ásia e na Europa.

As reduções populacionais criaram desafios para os governantes das dinastias hereditárias que dependiam do trabalho e dos impostos de seus súditos; e, além disso, as doenças também ceifavam tanto governantes quanto herdeiros. As altas taxas de mortalidade, causadas por doenças epidêmicas ou pela violência em grande escala que acompanhou a instabilidade política, criaram problemas para famílias comuns também. As cidades superlotadas tornaram-se ainda mais mortais, especialmente para as crianças, que já corriam risco de contrair doenças infecciosas comuns. Os sistemas de propriedade, de hereditariedade e as normas relativas às relações familiares adequadas foram confrontados por situações que os legisladores e moralistas não esperavam. As migrações internas de novos povos trouxeram diferentes maneiras de organizar a sociedade a partir da família, desafiando as estruturas e normas sociais que eram entendidas "naturais" ou estabelecidas por um comando divino inalterável.

No entanto, as estruturas sociais e tradições culturais criadas pelo mundo antigo acabaram sendo muito mais resistentes do que previram os comentadores contemporâneos aos fatos. (Terríveis advertências sobre as consequências desastrosas das mudanças sociais e das novas práticas são uma das tradições mais permanentes.) O Império Romano do Ocidente nunca foi reconstruído, mas a filosofia grega e as leis romanas, incluindo aquelas cujo tema era a escravidão e a família, foram preservadas no Império Romano do Oriente e, por fim, reintroduzidas na Europa Ocidental e de lá levadas a todo o mundo. Essa transmissão ocorreu ou de forma direta, quando os estudiosos gregos vieram para o Ocidente; ou de forma indireta, por meio do trabalho dos eruditos muçulmanos e judeus. Os eruditos muçulmanos passaram a ver os textos escritos com particular estima, e também transmitiram as ideias gregas para o mundo islâmico que, como veremos no capítulo seguinte, estendeu-se por grande parte da Afro-Eurásia. O confucionismo sobreviveu a todas as mudanças políticas da China, fossem elas pequenas ou grandes, e foi exportado para o Vietnã, o Japão e a Coreia, onde se tornou uma poderosa força cultural. O budismo também foi levado para a Coreia e o Japão, onde desenvolveu novas formas ao receber elementos das tradições religiosas de cada região e, então, foi levado mais para longe. O cristianismo, na verdade, foi beneficiado com o final do Império Romano do Ocidente, uma vez que seus funcionários passaram a assumir uma maior amplitude de funções e poderes. Em 1000 d.C., a Igreja cristã já era a instituição mais rica e poderosa da Europa e, além de sua família e aldeia, o termo "Cristão" era agora a identidade primária das pessoas. As monarquias hereditárias continuaram sendo a estrutura política padrão dos Estados até o século XVIII e continuam sendo o padrão, mas em um formato modificado, para um grande número de países contemporâneos. Oficialmente, a escravidão e o sistema de castas não existem mais, mas a ONU estima que 30 milhões de pessoas realizam hoje trabalhos forçados, muitas vezes como resultado do tráfico de pessoas, e que a discriminação de castas afeta mais de 200 milhões de pessoas no mundo.

Na verdade, poderíamos até dizer que as formas sociais e as tradições culturais criadas nos Estados agrícolas urbanizados do mundo antigo e discutidas neste capítulo estão muito mais poderosas atualmente que nos tempos antigos. Em 500 d.C., embora a maioria das pessoas vivesse nos Estados, a maioria das terras estava fora deles e era habitada por bandos de forrageiros, aldeões liderados por chefes familiares, grupos de famílias de pastores, agricultores governados por chefes, confederações de clãs ou outras formas de organização social que os estudiosos mais tarde denominariam "sociedades apátridas". Onde quer que vivessem, a grande maioria das pessoas aprendeu as tradições de sua cultura e seu lugar na hierarquia social por via oral. Hoje, não apenas mais da metade das pessoas do mundo vivem em cidades – um marco alcançado somente em 2008 –, mas cada uma delas vive também em um Estado, ou, conforme chamamos atualmente, em uma nação. Após um breve período chamado de "nova oralidade", momento em que parecia que o rádio, a televisão, os telefones e outros meios de comunicação orais e visuais dariam fim ao domínio da escrita, os alfabetos voltaram triunfantes. E como os escribas sumérios, hoje produzimos nossos alfabetos e símbolos em pequenos objetos que seguramos em nossas mãos; um desses objetos é o *tablet*, no qual podemos escrever com uma caneta chamada *stylus*.

capítulo 3

EXPANSÃO DAS REDES DE INTERAÇÃO, 500 D.C.-1500 D.C.

Os estudiosos e os poetas das cidades da Itália renascentista viam a Grécia e a Roma antigas como o apogeu da civilização, uma idade de ouro que, após um longo período de trevas, tentavam imitar e reviver. No entanto, os estudiosos e os poetas de outras cidades que tinham vivido durante o período de trevas tinham uma opinião diferente sobre sua própria época. Um deles era Rashid al-Din (*c.* 1247-1318), um vizir extremamente erudito da corte dos governantes do Ilcanato, uma das quatro divisões do grande Império Mongol que havia sido estabelecido por Gengis Khan (1167-1227). Rashid al-Din, judeu convertido ao islamismo, veio de uma família de funcionários imperiais e, apesar de ter estudado medicina, dois governantes do Ilcanato pediram que ele escrevesse uma história sobre "todas as pessoas do mundo" que esclareceria a importância dos mongóis. Essa seria uma história possível, pois, de acordo com Öljaitü, o governante do Ilcanato: "todos os cantos da terra estão sob nosso controle e da ilustre família de Gengis Khan e, além disso, em nossa gloriosa corte estão muitos filósofos, astrônomos, estudiosos e historiadores de todas as religiões e nações... cada um deles possui cópias das histórias e das crenças de seu próprio povo". Entre outras fontes, Rashid al-Din utilizou as histórias escritas das crônicas da Europa ocidental e de budistas indianos, as escrituras hebraicas e outros textos judaicos, épicos persas e tratados chineses, bem como o testemunho oral de comerciantes e emissários de muitos lugares que viviam em Tabriz, capital do Ilcanato, para produzir uma enorme história hemisférica, o *Compêndio de Crônicas* (*Jami' al-tawarikh*), finalizado em torno de 1310. Em um complexo universitário da cidade foram feitas cópias ricamente ilustradas em árabe e persa, destinadas a outras cidades do Ilcanato. Na opinião de Rashid al-Din e dos governantes para os quais ele trabalhava, a idade de ouro não estava no passado, mas existia agora, momento em que os Estados mongóis incentivavam o movimento de pessoas e bens, bem como a troca de ideias em toda a Eurásia. Os próprios governantes do Ilcanato mantinham-se ativos nesses intercâmbios; eles enviavam emissários e cartas para o Papa e para os reis da França e da Inglaterra na esperança de organizar uma aliança militar contra os mamelucos turcos que governavam Jerusalém e o território circundante. Essa aliança nunca aconteceu, mas os produtos considerados mongóis – ou "tártaros", conforme eles eram frequentemente chamados – tornaram-se bastante populares entre os europeus elegantes, incluindo alimentos, música, têxteis com padrões, tapetes com figuras e nomes de crianças.

Assim como Rashid al-Din, os historiadores contemporâneos cada vez mais viam a época em que viviam como um momento em que várias regiões do mundo tornavam-se culturalmente, comercialmente e tecnologicamente mais integradas. O Império Mongol e outros nômades das estepes foram fundamentais para essas conexões; o mesmo vale para uma nova religião, o islamismo, bem como para as religiões portáteis mais antigas, isto é, o budismo e o cristianismo. As redes comerciais expandiram-se e amadureceram, conectando as cidades em crescimento e as deslumbrantes cortes, cuja riqueza baseava-se na propagação e na intensificação da agricultura, conforme cada vez mais terras eram utilizadas para o plantio. As redes de trocas eram maiores e mais densas no hemisfério oriental que no ocidental, mas as tecnologias, os produtos e as ideias também eram transportados na América. É óbvio que Rashid al-Din e seus patronos do Ilcanato não sabiam da existência de um outro hemisfério – se soubessem, os mongóis provavelmente teriam tentado conquistá-lo. Mas o conhecimento sobre locais distantes aumentou bastante nessa época; as histórias contadas por mercadores, peregrinos, soldados e ex-prisioneiros de guerra, reforçadas por mitos e lendas, transformavam-nas em destinos ainda mais desejáveis. Este capítulo examina as maneiras pelas quais – por meio da conquista, do comércio, da migração, da conversão e da peregrinação – as redes de interação se expandiram e se tornaram mais densas, conforme as pessoas viajavam e se estabeleciam em muitos outros lugares.

O DESENVOLVIMENTO DO ISLAMISMO

O islamismo, uma nova religião fundada pelo reformador religioso e visionário Maomé (*c.* 570-632), criou uma das maiores e mais importantes dessas redes, unindo budismo e cristianismo como uma religião portátil bem-sucedida. Transmitido por seus seguidores a vastas distâncias, o islamismo misturou-se às tradições locais a ponto de tornar-se extremamente atraente para muitos grupos étnicos e sociais. Rashid al-Din era um convertido ao islã; Öljaitü, seu patrono e governante do Ilcanato, também era um convertido, seu pai era budista e a mãe, cristã. Com suas conversões, Rashid al-Din e Öljaitü adotaram uma fé que, no início do século XIV, havia se espalhado por muitas terras tratadas no *Compêndio*.

No início, os relatos sobre a vida e os ensinamentos de Maomé circularam por via oral e, então, foram passados para a forma escrita por seus seguidores, assim como ocorreu com os relatos referentes a Buda e Jesus. As histórias relatam que o profeta Maomé nasceu na Arábia, onde a unidade social básica era a tribo patrilinear, que ele se tornou comerciante de caravanas e se casou com uma viúva rica, Cadija. Ele era um homem piedoso, que orava regularmente, e, quando tinha uns quarenta anos, começou a ter visões religiosas, instruindo-o a pregar; as visões continuaram a acontecer pelo resto de sua vida. Maomé descreveu suas revelações em uma prosa estilizada e frequentemente rimada em seu *Qur'an* (Corão), ou "recitação". Seus seguidores decoraram suas palavras e alguns as escreveram, provavelmente as anotaram sobre a grande variedade de materiais utilizados na Arábia para a escrita na época: tabuletas de argila, ossos de animais, pergaminhos e frondes de palmeiras etc. Logo após a morte do profeta, o material memorizado e escrito foi coletado e organizado em capítulos, chamados de *suras*, e no ano 651 o sucessor político de Maomé preparou uma versão padrão oficial. Para onde quer que o islã se expandisse, eram levadas cópias deste texto escrito que serviu como base para a forma atual do Corão. Os muçulmanos consideram o Corão como as palavras ditas diretamente por Deus ao Profeta Maomé, e o reverenciam por sua mensagem profética, orientação divina e qualidade literária inimitável. Ao mesmo tempo, outros ditos e relatos de Maomé, que ofereciam conselhos sobre assuntos que iam além do Corão, foram coletados nos livros chamados *hadith*. Juntos, o Corão e os *hadith* informavam aos seguidores de Maomé sobre a *Sunna* ("o caminho claro e bem trilhado") seguida por ele, a qual se tornou um exemplo normativo de como deviam viver.

As visões de Maomé ordenavam-lhe a pregar a mensagem de um Deus único e a tornar-se o profeta de Deus, função que começou a exercer em sua cidade natal, Meca. Ele reuniu seguidores lentamente, mas também provocou resistência, pois exortou o povo a abandonar a adoração aos deuses locais e desafiou o poder da elite local. Em 622, ele migrou para

Medina com seus seguidores, um evento denominado *hégira*, que marca o início do calendário islâmico. Em Medina, Maomé foi mais bem-sucedido, obteve convertidos e formou a primeira *umma*, uma comunidade que unia os seus seguidores de diferentes tribos e estipulava que os laços religiosos estavam acima da lealdade ao clã.

Em 630, Maomé, encabeçando um grande exército, voltou para Meca; em pouco tempo ele uniu os nômades do deserto e os comerciantes das cidades em uma *umma* ainda maior de muçulmanos, palavra que significa "aqueles que obedecem a vontade de Deus". A própria religião veio a ser chamada de islã, que significa "submissão a Deus", e Meca tornou-se sua cidade mais sagrada. Quando Maomé morreu, em 632, forças muçulmanas haviam tomado toda a península Arábica e no decurso do século seguinte, o domínio muçulmano havia se expandido ainda mais, desde a Península Ibérica, no Oeste, até a Ásia Central e o rio Indo, no Leste, ao longo das rotas de comércio que há muito tempo facilitavam a circulação de pessoas e ideias.

Como as conquistas que estabeleceram os impérios do mundo antigo, a autoridade política dos governantes muçulmanos foi propagada por vitórias militares, mas as práticas religiosas e ideias do islã mostraram-se atraentes para as pessoas de dentro e de fora dos Estados muçulmanos, em parte por causa da natureza simples de suas doutrinas; e muitos se converteram. A teologia estritamente monoteísta descrita no Corão possui apenas alguns princípios centrais: Alá, a palavra árabe para Deus, é todo-poderoso e onisciente. Maomé, o profeta de Alá, pregou as palavras de Deus e levou sua mensagem. Maomé descreveu-se como o sucessor do patriarca judeu Abraão e de Cristo; afirmou também que seus ensinamentos substituíam os deles. Ele convidou e ganhou conversos do judaísmo e do cristianismo, mesmo que os cristãos, os judeus e mais tarde também os zoroastrianos e hindus que viviam nos Estados muçulmanos tenham passado a ser considerados como "pessoas protegidas" (*dhimmis*), que estavam autorizadas a manter suas práticas religiosas se reconhecessem a autoridade política dos governantes muçulmanos e pagassem seus impostos.

Todos os muçulmanos tinham a obrigação da *jihad* (literalmente, "esforço próprio"), empenhar-se na submissão a Deus, propagar as ordens de Deus e viver uma vida virtuosa. De acordo com a *sharia* (ou xaria) muçulmana, ou seja, a lei sagrada, cinco práticas – a profissão da fé em Deus e Maomé, como o profeta de Deus, as orações regulares, o jejum durante o mês sagrado do Ramadã, dar esmola para os pobres e, se possível, uma pe-

CAPÍTULO 3 – EXPANSÃO DAS REDES DE INTERAÇÃO, 500 D.C.-1500 D.C. | 151

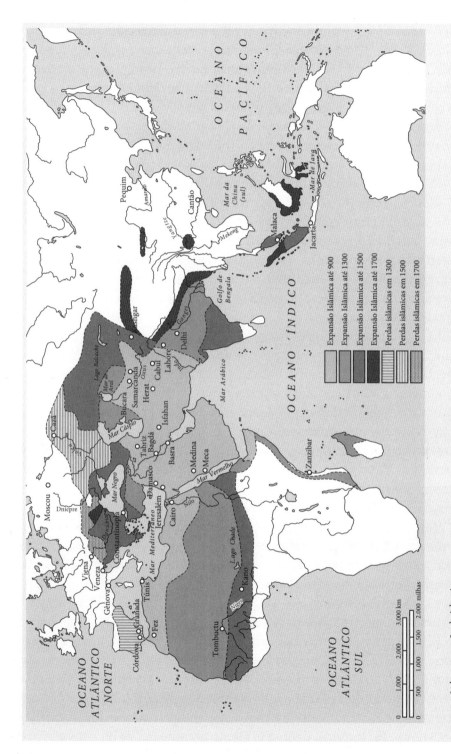

MAPA 6. A propagação do islamismo.

regrinação à Meca – constituem o que se tornou conhecido como os cinco pilares do islã. Além disso, o Corão proíbe bebidas alcoólicas e jogos de azar, bem como certos alimentos, como a carne de porco, regras de dietas adotadas a partir da lei mosaica dos hebreus. Ele também condena a usura comercial – isto é, emprestar dinheiro a juros –, mas não considera a riqueza material em si como um mal. Os *hadith* desencorajam a representação de seres vivos; assim, a arte islâmica tende a favorecer os desenhos geométricos e a caligrafia, embora em alguns lugares – incluindo a corte do Ilcanato em Tabriz – também tenha existido a arte figurativa.

Em contraste com o budismo e o cristianismo, em que uma vida celibatária como monge ou freira era vista como espiritualmente superior, o Corão e os *hadith* recomendam o casamento para todos e aprovam o sexo heterossexual dentro do casamento tanto para a procriação quanto para o prazer. Semelhante ao judaísmo, a maioria dos professores, juízes e líderes religiosos das sociedades muçulmanas eram homens casados. Embora em algumas sociedades muçulmanas o amor homossexual entre homens tenha sido comemorado em poesia e na literatura, os homens que se sentiam atraídos por outros homens costumavam se casar e ter filhos, a poliginia era comum na sociedade árabe antes de Maomé, embora estivesse geralmente limitada às famílias mais ricas. O Corão restringe o número de esposas que um homem pode ter até quatro, e prescreve que ele deve tratá-las de forma equitativa. Como em outros lugares, os casamentos nas sociedades muçulmanas eram geralmente arranjados pela família, e a produção de crianças – especialmente os filhos homens – era vista como essencial; existiam rituais e orações concebidos para ajudar a garantir a procriação e a sobrevivência da prole.

Muitos estudiosos notam que o Corão considera homens e mulheres iguais perante os olhos de Deus; ambos podem ir para o céu e são responsáveis pelo exercício de suas próprias obrigações de fiéis. Eles argumentam que, no islã, as restrições às mulheres têm origem em práticas pré-muçulmanas e, portanto, não são essenciais para a fé. Por exemplo, os homens colocavam véus em suas esposas após o casamento já no terceiro milênio a.C. nos vales do Tigre e do Eufrates; e as mulheres ricas eram isoladas nas terras bizantinas e persas antes de o islã ter se desenvolvido. Eles observam que a primeira esposa de Maomé, Cadija, convenceu-o a levar suas visões religiosas a sério; ela nunca foi obrigada a usar véu, e o Profeta não teve outras esposas antes da morte de Cadija. Outros estudiosos apontam que o Corão faz distinções claras entre homens e mulheres. O Corão permite que os homens tenham até quatro esposas e que possam facilmente se divorciar delas, estabelece a herança da filha como metade do valor devido a um filho, ordenava que as outras mulheres do profeta ficassem isoladas e prescreve que as esposas devem ser obedientes aos seus maridos. Os debates sobre como interpretar o Corão são extremamente importantes no islã por causa da relevância especial do livro, mas as distinções de gênero e outras hierarquias sociais também têm outros fundamentos, incluindo a xaria. Embora as mulheres tenham desempenhado um papel importante no desenvolvimento inicial do islã – assim como também tiveram no cristianismo –, e parecem ter orado e participado de cerimônias religiosas em público, após a primeira geração, a reclusão das mulheres tornou-se mais comum na terra natal dos muçulmanos, e os comentadores do Corão passaram a interpretar suas afirmações sobre as mulheres de formas cada vez mais patriarcais. Os homens deveriam cumprir suas obrigações religiosas publicamente, em mesquitas e em outras reuniões comunais, e as mulheres, em casa, embora geralmente tivessem acesso a uma área separada da mesquita, exceto quando elas estivessem ritualmente impuras por causa da menstruação ou do parto. A Lei muçulmana oferecia às mulheres mais direitos à propriedade do que era comum em outros códigos de leis da época; assim, as mulheres muçulmanas ricas usaram seu dinheiro para estabelecer escolas, templos, hospitais e mesquitas.

CONFLITOS, DIVERSIDADE E MISTURA NO MUNDO MUÇULMANO

Maomé desejava a unidade dentro da *umma*, mas isso não ocorreria. Tanto na pátria árabe como em outros lugares, os conflitos políticos e as misturas culturais levaram ao aumento da diversidade dentro do islã, exatamente como ocorreu no budismo e no cristianismo. Pouco tempo depois da morte de Maomé, seus seguidores se dividiram sobre o legítimo sucessor de Maomé, resultando em assassinatos e guerra civil. Uma facção afirmava que o primo e genro de Maomé, Ali, era o sucessor válido, pois o profeta o tinha designado como imã, ou líder da oração comunitária. Os apoiadores de Ali – denominados Xiitas, termo árabe que significa "apoiador" ou "partidários" de Ali – viam Ali e os imãs subsequentes como líderes divinamente inspirados da comunidade e os verdadeiros sucessores. Mas para um grupo maior de muçulmanos, outros membros da família estendida de Maomé, que haviam sido escolhidos pelos seguidores mais próximos como *califas* – líder e representante – depois de sua morte, seriam os sucessores legítimos. Esse grupo foi chamado de sunita, palavra derivada de *Sunna* (caminho trilhado), ou seja, as práticas da comunidade com base nos exemplos de Maomé. No islamismo sunita, a interpretação adequada do Corão é feita pelo consenso de um grupo de estudiosos e califas, os quais detêm autoridade sobre todos os muçulmanos, enquanto no islamismo xiita, as declarações de um imã individual, o qual está investido por uma visão divina, possuem um grande peso. Ao longo dos séculos, outras diferenças foram criadas e a inimizade entre muçulmanos sunitas e xiitas às vezes irrompia em violência, misturando-se a disputas políticas e econômicas e criando vários tipos de conflitos que perduram até hoje.

A divisão não deteve a expansão do islã, mas conforme o Dar-al-Islam – a "terra do islã" – crescia, leis e práticas que tinham sido desenvolvidas na Península Arábica passaram a se misturar com as tradições existentes e fazem surgir novos ensinamentos, criando uma ampla gama de práticas, rituais e normas de comportamento em ambas as facções da religião: sunitas e xiitas. Na década de 660, líderes fortes do clã dos Omíadas mudaram o Califado para Damasco, na Síria, e transformaram o cargo de califa em uma função hereditária, entregue de pai para filho, assim como acontecia em outras dinastias governantes; os líderes, assim, deixaram de ser escolhidos por sua piedade e virtude. Eles foram derrubados pela dinastia Abássida (r. 750-1258), que construiu uma nova capital com um enorme palácio e muitas mesquitas em Bagdá, no rio Tigre. A capital situava-se no coração de onde havia sido o Império Persa e embora os abássidas fossem árabes, muitos dos seus funcionários provinciais eram persas; já os estudiosos, cientistas, poetas, filósofos e matemáticos que se misturavam em Bagdá possuíam muitas origens diferentes. Essa interação cosmopolita também ocorria no extremo oposto do Dar-al-Islam, na Espanha, onde os Omíadas mantiveram o poder, e Córdoba tornou-se um centro de cultura e aprendizagem para estudiosos muçulmanos, judeus e cristãos, sendo a maior e mais próspera cidade da Europa. Assim como os pensadores educados do início do cristianismo beberam na fonte da filosofia grega e das tradições romanas para que pudessem desenvolver ideias e instituições mais complexas, os criativos pensadores muçulmanos de ambas as cidades aprimoraram seus conhecimentos a partir dos conhecimentos dos gregos, dos persas e dos indianos, traduziram obras para o árabe e do árabe e escreveram novas obras. E assim como a incorporação da cultura clássica ao cristianismo provocou uma reação daqueles que acreditavam que a religião tinha se desviado de seus ensinamentos originais, o mesmo ocorreu entre os muçulmanos: os moralistas conservadores pediam a volta àquilo que viam como formas mais simples e normas mais rigorosas dos dias de Maomé. Esses apelos por um "retorno" às vezes traziam novas ideias que, na verdade, não faziam parte dos ensinamentos anteriores, mas que eram descritas como tradições, um padrão também comum a outros movimentos conservadores, tanto religiosos quanto políticos.

IMAGEM 14. Em um manuscrito astrológico do século XIII com iluminuras, o Arqueiro, associado ao signo de Sagitário, ladeado por Júpiter e pela lua, atira em direção a uma besta que é a sua própria cauda. Astronomia, astrologia, ciência e medicina floresceram na corte abássida, pois os califas ofereciam apoio à aprendizagem e à experimentação.

O califado abássida também testemunhou o início do movimento místico conhecido como sufismo, que enfatizava a experiência espiritual pessoal. O sufismo ensinava que a revelação divina poderia surgir não só para os estudiosos do Corão, mas também para certos indivíduos religiosos que tinham o poder de perder-se totalmente e unir-se a Deus. Essa linha radicalmente diferente de pensamento poderia ter se tornado um ramo separado do islã, mas a maioria dos sufis ensinava que aqueles que obtinham o conhecimento de Deus por meio do misticismo ainda tinham que obedecer a xaria, e o sufismo tornou-se, então, parte do islamismo ortodoxo, em seus dois ramos, tanto sunita quanto xiita. Os sufis costumavam ser ascetas errantes, venerados por sua sabedoria e estilo de vida austero; e alguns eram poetas. As ordens religiosas reuniam-se em torno deles ou em santuários dedicados à sua memória, onde as pessoas se dedicavam a rituais e cerimônias distintas, muitas vezes envolvendo música, dança ou a recitação de textos sagrados. Alguns sufis passaram a ser considerados santos, reconhecidos por ações milagrosas ou, após terem morrido, por comunicarem-se com os vivos. Os santos sufis eram o foco da devoção popular, às vezes em grandes territórios; como no cristianismo, as pessoas liam ou ouviam histórias sobre suas vidas e milagres, rezavam para eles, pedindo ajuda, e faziam peregrinações aos seus santuários. Teólogos eruditos e imãs chegaram a contestar os rituais emotivos e as peregrinações favorecidas pelos sufis e seus adeptos, argumentando que tais ações afastavam as pessoas dos fundamentos do islamismo. As ordens sufis ofereciam importantes vínculos sociais, no entanto, e suas cerimônias eram geralmente mais populares do que os mais formais e reservados serviços das mesquitas. Por essas razões, e porque muitos governantes e outras pessoas poderosas eram membros de ordens sufis, a oposição aos ensinamentos sufistas raramente tinha muito efeito.

Durante os séculos IX e X, os povos turcomanos das estepes da Ásia ocidental e Central converteram-se ao islamismo. Quando, posteriormente, conquistaram o norte da Índia, eles levaram sua religião, embora grande parte da população tenha permanecido hindu e, assim que conquistaram grande parte do Império Bizantino, também difundiram o islamismo, embora grande parte da população tenha permanecido cristã. Os mongóis que conquistaram grande parte da Ásia no século XIII praticavam uma religião politeísta e xamanista local que tinha o deus celeste Tengri como principal divindade (embora alguns fossem budistas ou cristãos), mas assim que passaram a governar, muitas pessoas da área ocidental do reino mongol converteram-se ao islamismo. Comerciantes e professores levaram o islamismo para a África Ocidental nas rotas das caravanas de camelos que atravessavam o Saara e, por outro lado, para os Suaíli (árabe para "pessoas da costa") do Leste Africano e para o sudeste asiático nos navios que cruzavam o Oceano Índico. As pessoas que viviam nas cidades costeiras desde Malaca, na Península Malaia, até Mombaça, no leste da África, ou em centros comerciais terrestres que iam desde a cidade de Tombuctu na África Ocidental até a cidade de Samarkand, na rota da seda, foram atraídas pelo apoio ao comércio, por ensinamentos morais e espirituais e pelas conexões mundiais do islamismo. Tombuctu, Samarcanda, Córdoba e outras cidades remotas tornaram-se centros de

CAPÍTULO 3 – EXPANSÃO DAS REDES DE INTERAÇÃO, 500 D.C.-1500 D.C. | 157

aprendizagem do islamismo, nos quais professores abriram escolas que ensinavam aos meninos as habilidades básicas para a leitura do árabe e a recitação do Corão; os estudiosos acadêmicos ofereciam uma formação filosófica, teológica e jurídica avançada em escolas e universidades ligadas às mesquitas. Assim, quando Rashid al-Din abriu uma universidade em Tabriz, ele estava seguindo um padrão bem estabelecido.

O islamismo também chamou a atenção de muitos governantes por uma combinação de motivos religiosos, políticos e comerciais. Não só os governantes de Ilcanato tornaram-se muçulmanos, mas também aqueles dos reinos de Gana, Mali e Songai (na parte ocidental da África), das cidades-Estados ao longo da costa oriental africana e os Estados costeiros da Península Malaia e as ilhas a sudeste da Ásia. O casamento entre os comerciantes muçulmanos de terras distantes com mulheres locais foi muitas vezes essencial para seu crescimento; as mulheres ofereciam acesso ao poder econômico e político pelas suas redes de parentesco e serviam como mediadoras entre as culturas local e importada.

Quando as pessoas de quaisquer níveis sociais se convertiam, elas costumavam misturar suas ideias religiosas e rituais, que passavam a seus filhos e, dessa forma, muitos e diversos padrões de crenças e práticas islâmicas foram desenvolvidos. As pessoas realizavas rituais para afastar os maus espíritos ou curar doenças que envolviam a assistência dos bons espíritos locais e dos santos muçulmanos, mantinham santuários domésticos aos seus antepassados, homenageavam deuses hindus em cerimônias, ou saíam em peregrinações para lugares que eram sagrados para os santos sufis e cristãos, para os *bodhisattvas* e as divindades locais. Os servidores religiosos desabonavam tais práticas e periodicamente tentavam proibi-las, mas homens e mulheres que se consideravam bons muçulmanos acreditavam firmemente na eficácia dessas práticas. As práticas sociais também variavam bastante. Entre os árabes e os persas, a presença pública das mulheres era restrita e, no sul da Ásia, tanto o islã quanto um hinduísmo mais rigoroso defendiam a reclusão das mulheres – prática conhecida com o nome de *purdah*. No entanto, o rigor e as regras exatas dessa prática variavam de acordo com o estatuto social e a localização; as mulheres ricas das cidades eram geralmente as mais isoladas, enquanto as mulheres pobres do meio rural – a grande maioria da população – trabalhavam ao lado dos homens da família. Na África Ocidental, no Sudeste Asiático e nas estepes da Ásia Central, as mulheres costumavam trabalhar, socializavam e viajavam de forma independente e em público, às vezes para o horror dos homens comerciantes ou estudiosos visitantes que vinham de regiões nas quais as atividades das mulheres eram mais restritas.

A propagação do islamismo foi acompanhada da desunião política em sua pátria. As dinastias regionais, algumas delas xiitas, separaram-se do califado sunita abássida e estabeleceram seus próprios Estados muçulmanos na Espanha, no norte da África, no Egito e em outros lugares, os quais lutaram uns com os outros e viram famílias de governantes ascenderem ao poder e serem derrubadas. No século XI, os turcos seljúcidas que haviam adotado o islamismo conquistaram grande parte do califado abássida, transformaram os califas em fantoches do governante turco, o *sultão* – uma palavra que significa "aquele que tem autoridade" –, e, em seguida, os dividiram em Estados menores. No século XIII, os mongóis em sua campanha de conquista chegaram nas terras muçulmanas e mataram o último califa abássida. Eles foram detidos na Síria em 1260 pelos exércitos da dinastia turcomana que governaram o Egito e a área circundante, provocando Öljaitü e outros governantes do Ilcanato descritos no início deste capítulo a buscarem a Europa.

SOLDADOS, ESCRAVOS E MOBILIDADE SOCIAL

A expansão e o declínio de Estados e impérios são uma história bem conhecida, mas incorporada a esses acontecimentos há uma característica social do mundo muçulmano social bastante incomum. Os governantes do Egito e suas tropas eram mamelucos, soldados escravos de origem turca e outros povos da estepe que formaram uma casta militar em muitos Estados muçulmanos e por vezes se rebelavam para tomar o poder político e militar. Esse sistema escravista era, dessa forma, muito diferente daquele que existiu nas antigas Atenas ou Roma. No sistema de mameluco, iniciado no século IX pelos califas abássidas, os meninos e homens jovens não muçulmanos eram comprados ou tomados como prisioneiros de guerra, levados à corte dos governantes e treinados de forma sistemática. Embora armar escravos como soldados possa parecer uma ação tola – e há exemplos de mamelucos que se revoltaram contra seus proprietários –, essa prática dava ao governante soldados que dependiam somente dele, e não dos líderes de seus próprios clãs, e que, por serem estrangeiros, não tinham laços de família ou sociais locais. A lealdade ao governante e entre os próprios escravos foi construída pelo treinamento intensivo, que também construiu as possibilidades de ascensão militar e a manumissão quando eles se convertiam ao islamismo. Os governantes muçulmanos

CAPÍTULO 3 – EXPANSÃO DAS REDES DE INTERAÇÃO, 500 D.C.-1500 D.C. | 159

regionais de muitas partes do Dar-al-Islam e aqueles que lutavam para tomar o poder também confiavam cada vez mais nos soldados escravos; seus exércitos possuíam dezenas de milhares deles.

No Egito de meados do século XIII, os mamelucos tornaram-se sultões e comandantes a partir de um complexo conjunto de circunstâncias que servem de exemplo sobre como as famílias e a dinâmica sexual, bem como as hierarquias sociais em mutação foram os fios condutores da mudança política. Em 1250, Shajar al-Durr, ex-escrava e viúva do sultão anterior, foi declarada monarca pelos mamelucos que tinham assassinado o filho que o sultão anterior havia tido com outra mulher. Ela parece ter sido uma boa governante. Durante seu reinado, as forças cristãs da Sétima Cruzada, liderada pelo rei Luís VII da França, atacaram o Cairo, mas foram derrotadas; Luís foi capturado e, depois, resgatado por uma enorme quantia, guardada nos cofres reais. Alguns líderes regionais recusaram-se a reconhecê-la como monarca, e, por isso, ela casou-se com Aybak – um de seus funcionários mamelucos –, tornando-o sultão. Cresceram as suspeitas entre os cônjuges e os mamelucos leais a cada um deles e, então, ela mandou assassiná-lo, mas os mamelucos leais à memória de Aybak instalaram seu filho com outra mulher como sultão. Esse filho, então, mandou assassinar Shajar al-Durr, segundo a história, espancada até a morte pelas escravas dele e as de sua mãe. Apesar desse início pouco auspicioso, várias dinastias mamelucas governaram o Egito até serem derrotadas pelos turcos otomanos em 1517; os mamelucos continuaram a ter poder econômico e militar no Egito até milhares deles serem mortos em uma luta pelo poder no início do século XIX.

Previsivelmente, a história de Shajar al-Durr foi recontada como parte do folclore egípcio, tornando-se cada vez mais fantástica, embora essa história não precisasse, na verdade, de muito embelezamento. Essa história é muito mais do que um conto sobre cônjuges infelizes e uma intriga palaciana sangrenta, pois ela realça uma possível abordagem própria em relação à dramática mobilidade social existente em algumas sociedades muçulmanas. Em outras áreas muçulmanas, também, os mamelucos que, em suas carreiras militares, haviam subido até o posto de general fundaram Estados, incluindo a Corásmia no século XI, hoje situada nos atuais Irã e Afeganistão e, no norte da Índia, o Sultanato de Delhi no início do século XIII, que também foi, por um breve período, governado por uma mulher, Raziya, morta por seus rivais do sexo masculino. Claro que apenas alguns poucos escravos do mundo muçulmano tornaram-se governantes (e as mulheres, ainda menos). A maioria dos escravos homens eram artesãos, trabalhadores agrícolas, empregados domésticos ou soldados comuns, enquanto a maioria das escravas eram cozinheiras, empregadas domésticas, babás, concubinas ou lavadeiras. A escravidão não era um *status* que durava por mais de uma geração, nem mesmo, necessariamente, por toda uma vida. Libertar escravos era visto como um ato meritório pelo Corão, e as escravas que davam à luz a um filho de seu dono deveriam ser libertadas após a morte de seu patrão. Os filhos de pais muçulmanos eram muçulmanos por definição, e a conversão ao islamismo costumava emancipar os filhos. As condições de trabalho de muitos escravos eram duras, mas, mesmo que poucos tenham alcançado grande poder, os escravos costumavam se adaptar às sociedades urbanas e rurais para as quais haviam sido levados.

Assim, a história de Shajar al-Durr se encaixa em um padrão mais geral de escravidão do mundo muçulmano e também se encaixa em, e portanto lança luz sobre, outro padrão ainda mais amplo desta época: o desenvolvimento das cortes como centros de poder e cultura. De uma ponta da Afro-Eurásia até a outra e também em alguns lugares do hemisfério ocidental, as cortes cresceram em torno de governantes que possuíam muitas características comuns com as cortes mamelucas do Cairo, a saber, intrigas entre facções, arrivistas sociais e a extrema proximidade entre família e política.

As cortes e a cultura cortesã

Grande parte dos Estados e impérios agrícolas do mundo antigo eram monarquias governadas por dinastias hereditárias e, em geral, os novos Estados criados após 500 d.C. também eram monarquias. Junto com as monarquias vieram as cortes – comunidades de indivíduos em torno de um governante que exercitava e representava o poder, tendo, assim, tanto funções práticas quanto simbólicas. No período entre 500 e 1500, as cortes podiam ser encontradas onde já existiam anteriormente – China, Egito, Roma, Vale dos rios Tigre e Eufrates – e também no Japão, na Coreia, na África Ocidental (nos reinos sudânicos e da costa da Guiné), nos sultanatos e califados do mundo muçulmano, nos canatos mongóis, no Império Bizantino, nos pequenos reinos da Europa Ocidental e do Sul e Sudeste da Ásia, no Império Asteca (os mexicas), na Mesoamérica e no Império Inca dos Andes. Em lugares como a Europa Ocidental, onde os líderes religiosos possuíam poder independente sobre os governantes leigos, as cortes se desenvolveram em torno destes últimos, incluindo uma corte impressionante em torno do Papa em Roma. As cortes regionais ou locais costumavam imitar as práticas da corte central, mas em menor escala.

A terra era a principal fonte de riqueza, *status* e poder nos Estados agrícolas, então os maiores proprietários de terras – que geralmente chamamos "nobres" ou "aristocratas" – formavam a parte superior da elite; esse grupo incluía o governante, embora ele nem sempre possuísse a maior parte das terras. Em geral os homens da aristocracia passavam seu *status* e suas terras para seus filhos e seu *status* e alguma riqueza para suas filhas, mas os padrões de hereditariedade variavam. Com a expansão das populações e o crescimento da complexidade das economias, os governantes e os outros membros da elite abandonaram aos poucos a coleta forçada de impostos e passaram cada vez mais a utilizar formas mais sistemáticas de coleta de impostos, aluguéis e serviços de mão de obra a fim de extrair recursos das pessoas que viviam em suas terras. Houve um aumento do número e do nível de especialização do pessoal necessário para esses serviços e para a realização de outras funções administrativas dessas terras. As cortes tornaram-se locais em que a autoridade era delegada a uma hierarquia de funcionários, em que decisões políticas e militares eram tomadas e leis e decretos eram publicados.

As cortes possuíam grandes variações em tamanho, complexidade e estrutura, mas também mostravam certas semelhanças. Como no Cairo do século XIII, todas as cortes eram centros de intensa competição por poder e prestígio: seus funcionários, consultores, cortesãos, generais, esposas, amantes e muitos outros grupos lutavam, conspiravam e faziam campanha em conjunto ou uns contra os outros. Alguns indivíduos da corte possuíam deveres claramente bem definidos – a proteção física ou o entretenimento do governante, a manutenção do tesouro real, a narração das crônicas da corte –, enquanto outros possuíam títulos de honra e cargos sem funções muito claras, sendo simplesmente favorecidos pelo governante.

Os governantes astutos ou seus principais funcionários dispensavam e rescindiam os cargos e as posições de forma estratégica, e também tomavam decisões matrimoniais por razões táticas. Casamentos com filhas e irmãs de outros governantes ofereciam oportunidades para alianças, enquanto os matrimônios com mulheres pertencentes a famílias poderosas de nobres locais ajudavam a garantir a lealdade dessas famílias ao governante. Nas culturas em que os homens poderosos se casavam com muitas esposas ao mesmo tempo ou sucessivamente, os matrimônios podiam atingir essas duas metas, e muitas vezes indicavam mudanças nos objetivos de um governante. As esposas tornavam-se as mães dos possíveis pretendentes ao trono, que tentavam (muitas vezes com a ajuda de suas mães) substituir os governantes, ou pelo menos garantir a sua própria sucessão. O rei franco Sigeberto I (r. 561-575), por exemplo, casou-se com Brunilda (c. 543-613), a filha do rei visigodo do que hoje é a Espanha; quando ele foi assassinado – talvez por ordem da esposa de seu irmão –, Brunilda tornou-se a regente em nome de seu filho e, mais tarde, em nome de dois de seus netos e de um bisneto, eventos que ocorreram em situações de intensas intrigas da corte e rixas sangrentas, envolvendo membros da família e funcionários da corte. Como Shajar al-Durr, Brunilda tornou-se uma lenda e pode ter sido a inspiração para a personagem de mesmo nome do poema épico alemão escrito na idade média, o *Niebelungenlied* [Canção dos Nibelungos] e do ciclo operístico de Richard Wagner.

Embora muitos Estados tenham desenvolvido sistemas oficiais para que as leis passassem de uma geração para outra, eles costumavam ser mais um preceito do que uma prática, e os governantes de todos os lugares precisavam mostrar a seus rivais internos e externos quão fortes eram eles e seus seguidores. Eles também precisavam demonstrar regularmente por que as pessoas deviam pagar seus impostos, entregar seus filhos para que fossem feitos soldados, construir estradas ou pontes quando ordenados, ou realizar outras obrigações que o governante exigisse. Assim, os governantes e seus funcionários desenvolveram cerimônias, rituais e outras atividades que tornavam visível a natureza especial do monarca (ou ocasionalmente da monarca) e sua conexão com a ordem cósmica e social. As monarquias sobreviveram nessa era (ou em qualquer outra era) mais porque as pessoas aceitavam a hierarquia por meio da qual o poder era administrado como legítima do que por causa do poder autoritário ou despótico do centro. Pela criação e repetição dos mitos de origem e outras tradições compartilhadas, os rituais também reforçavam o sentimento de uma identidade comum e consciente entre os súditos dos governantes, o sentimento de que, de alguma forma, todos formavam um só povo.

As cortes eram, portanto, locais de consumo e produção cultural e de cerimônias e atividades por meio das quais as pessoas da corte retratavam uma unidade com a sociedade geral, regida por um monarca benéfico e, simultaneamente, mostravam que eles eram diferentes das – e superiores às – pessoas que estavam fora da corte. Certos tipos de alimentos, roupas e comportamentos marcavam o indivíduo como uma pessoa que conhecia a vida da corte; essas marcas chegavam às cortes menores ou até outros grupos sociais que desejavam imitar as elites. Conforme os recursos deixavam de ser extraídos por meio da pilhagem e dos tributos e passavam a depender de impostos e leis, os governantes e nobres precisavam mostrar que não eram somente líderes militares, mas que também eram sábios e eruditos. Passaram a se preocupar cada vez mais com cultura, literatura, artes, e assim surgiu algo chamado em geral de "cultura cortesã". Às vezes os governantes escreviam poesias, tocavam algum instrumento, pintavam e dançavam e, em todos os lugares, determinavam quais formas de cada tipo de arte seria favorecida. A corte abássida em Bagdade e a corte de Benim, na costa da Guiné, foram centros de performance musical, onde músicos extremamente habilidosos se apresentavam para os governantes em palácios sofisticados. Os governantes do império Khmer, no sudeste asiático, encomendaram obras de arte, monumentos e templos, incluindo o maior complexo religioso da época, o complexo de templos de pedras elaboradamente esculpidas: Angkor Wat, originalmente dedicado ao Deus hindu Vishnu. Na Europa, os governantes e nobres enchiam seus castelos com tapeçarias, pinturas e mobiliário adoráveis, contratavam músicos e poetas e patrocinavam estudiosos e cientistas.

Os rituais realizados pelo governante e por sua comitiva eram importantíssimos para a identidade e a função das cortes. Haviam ritos e festivais regulares que ocorriam semanalmente, ou em cada estação do ano, ou anuais, também haviam cerimônias especiais para comemorar as vitórias militares, o entronamento, os casamentos, nascimentos e mortes que ocorriam na família real, bem como uma série de outras ocasiões. Alguns eram realizados dentro da corte; o acesso ou a participação neles era visto como sinal de prestígio e de favor. Em Bizâncio e em outras cortes cristãs, por exemplo, o governante, sua família, seus associados mais próximos e alguns poucos escolhidos participavam das missas semanais, das apresentações acompanhadas de cânticos, incenso, coreografias prescritas e a recitação de orações padronizadas. Dentre os eventos exclusivos estavam os banquetes; neles, uma enorme quantidade de exóticos alimentos importados e caras iguarias locais, preparados em receitas complexas, recompensavam os dignitários e impressionavam os visitantes estrangeiros. Os banquetes costumavam envolver música, dança, peças teatrais, shows de marionetes ou outros tipos de entretenimento, apelando, dessa forma, a todos os cinco sentidos. Eles também podiam ser ocasiões para presentear, criando laços de obrigação que ligavam os súditos ao governante.

Outro ritual comum eram as gigantescas cerimônias públicas em que o governante (ou pelo menos uma área cercada liderada por ele ou onde ele era carregado) se mostrava para centenas de milhares de pessoas, e se deslocava pela cidade em um desfile impressionante juntamente com milhares de funcionários, soldados e escravos. Essas procissões não serviam apenas para exibir o poder e a majestade real, mas também para criar vínculos entre o governante e seus súditos, de cima para baixo. Os observadores espanhóis fizeram descrições do governante Inca sendo transportado pelas ruas de Cusco em um trono de ouro forrado com penas coloridas de aves tropicais, ele usava joias de ouro e esmeraldas, adequadas a um filho do sol e defensor da ordem cósmica. Os desfiles da realeza e as visitas a outras cidades eram por vezes acompanhados de apresentações que utilizavam exemplos religiosos, mitológicos e literários para retratar o governante e sua linhagem em uma luz heroica ou sagrada; por fim, tudo era imortalizado nas crônicas e pinturas da corte, para que sua magnificência pudesse ser recordada em um momento posterior. Os funcionários da corte também cuidavam de retratar os governantes mostrando a generosidade que era esperada deles: os registros astecas, por exemplo, relatam Montezuma I (r. 1440-1469) distribuindo 20 mil fardos de grãos armazenados quando a capital Tenochtitlán foi atingida por uma enchente.

As cortes tomavam emprestado práticas e valores de outras cortes, os quais descobriam por meio de textos escritos, objetos materiais importados, visitas de embaixadores, matrimônios com esposas e concubinas, bem como por meio de acadêmicos viajantes, mercadores, músicos e monges. A corte estabelecida na China da dinastia Tang (618-907 d.C.) tornou-se o modelo das cortes de Silla na península coreana (688-918 d.C.) e do período Nara do Japão (710-784 d.C.), com a adaptação para uso local da ideologia política confucionista, dos ensinamentos religiosos budistas e da escrita chinesa. Forças muçulmanas derrubaram a dinastia Sassânida da Pérsia em 651, mas os governantes muçulmanos copiaram muitos rituais e cerimônias sassânidas, em especial aqueles que enfatizavam o *status* exaltado e a predominância do governante sobre seus súditos; os imperadores bizantinos e os papas romanos também copiaram essas práticas.

Muitos dos indivíduos da corte eram membros de aristocracias hereditárias detentoras de terras, que também tinham responsabilidades jurídicas, políticas, militares e econômicas da corte, e cujo controle sobre a terra e as pessoas que nela viviam lhes oferecia uma base de poder que não estava ligada aos caprichos e desejos do governante. Em vários lugares, os aristocratas foram, na verdade, bastante independentes durante esse período, e o governante no topo

CAPÍTULO 3 – EXPANSÃO DAS REDES DE INTERAÇÃO, 500 D.C.-1500 D.C. | 165

IMAGEM 15. Em uma cópia posterior de uma pintura sobre seda feita por Zhang Xuan (712-756), pintor da corte chinesa, a senhora Guo Guo, irmã da concubina favorita do Imperador, cavalga com uma jovem princesa e outros membros da corte Tang. O vestido relativamente simples e o trotar tranquilo dos cavalos sugerem que se trata de um passeio informal de primavera, não de uma procissão formal.

não era, em si, tão poderoso, sendo mais uma figura representativa. No Japão, por exemplo, os imperadores – que haviam governado desde antes dos primeiros registros escritos do Japão no século VI d.C. – eram considerados descendentes diretos da deusa do sol Amaterasu, a divindade mais importante, mas o verdadeiro poder estava nas mãos dos aristocratas proprietários de terras (*daimyo*). Eles e seus guerreiros (*samurai*) juravam fidelidade eterna ao imperador, o qual raramente era visto em público, e cuja função primária passou a ser a geração de um filho para dar continuidade à função imperial (os imperadores foram notavelmente bem-sucedidos nessa tarefa, pois o imperador japonês atual é descendente direto dos imperadores do século VI). O Japão, entre os séculos VI e XIX, costumava ser dominado por uma determinada família de nobres; embora os membros dessa família nunca tivessem desafiado os imperadores pelo trono, eles receberam o título de *xogum* (general máximo), aconselhavam os imperadores em grandes decisões, nomeavam funcionários para todas as posições importantes do governo, dirigiam as forças armadas e tornaram-se o centro da vida pública da corte.

No Império Bizantino também, conforme as forças árabes, turcas e eslavas gradualmente tomavam mais território no início do século VII, os imperadores contavam cada vez mais com a aristocracia militar e cada vez menos com soldados sobre os quais eles detinham poder direto. Esses aristocratas envolveram-se em revoltas, tramas de assassinato e intrigas da corte que, por vezes, levaram à derrubada de uma dinastia imperial; mais tarde, tais fatos deram origem à palavra *bizantine*, em inglês, ou seja, algo excessivamente intrincado e emaranhado*. Em muitos Estados muçulmanos, embora o sultão detivesse a autoridade oficial, o poder verdadeiro estava nas mães de seus conselheiros e generais. Na Europa Ocidental, após o fim do Império Romano, no século V, o poder centralizado deixou de existir por completo. Surgiram pequenos reinos com reis fracos e nobres poderosos que, muitas vezes, possuíam suas próprias cortes regionais.

Apesar da natureza descentralizada e distribuída do poder real – ou talvez por causa dela – vários rituais foram criados para levar a cabo a lealdade das elites a seus governantes ou outros superiores. Os nobres e os samurais japoneses juravam lealdade ao imperador, e na Europa Ocidental, desde o século X, os governantes geralmente exigiam que os nobres afirmassem publicamente sua lealdade em uma cerimônia que os tornavam vassalos – palavra celta que significa "servo" – do rei. Tais cerimônias para jurar fidelidade

---

* Em português o termo significa *fútil* ou *pretencioso*. (N.T.)

e tributo surgiram de antigos juramentos germânicos de lealdade a um líder tribal e, como tudo na sociedade da corte, tornaram-se cada vez mais complexos e ritualizados. O vassalo ajoelhava-se diante do governante, invocando Deus e os santos, bem como o seu sentimento de dever e honra; o senhor respondia com palavras e ações prescritas, geralmente tocando o vassalo de forma a demonstrar fisicamente sua superioridade e magnanimidade; tocava, por exemplo, os ombros e a cabeça do vassalo com sua espada.

O grupo dominante nas sociedades cortesãs dessa época continuava sendo a nobreza hereditária, mas as cortes também abrigavam alguns homens e mulheres de famílias de *status* mais baixos e alguns – como vimos no Cairo mameluco – da parte mais baixa da escala social. Assim, os conflitos entre indivíduos e facções estavam incorporados dentro de conflitos entre os diferentes tipos de hierarquias sociais: *status* hereditário, relações familiares com o governante, riqueza, habilidade, treinamento formal e beleza física.

Por exemplo, desde a dinastia Tang, a admissão no serviço governamental e na burocracia da corte imperial chinesa dependia cada vez mais de exames baseados em clássicos confucionistas, já na dinastia Song (960-1279), centenas de milhares de jovens faziam esses exames após um longo período de estudos rigorosos. Na China, a linhagem e o mecenato aristocráticos facilitavam o caminho ao poder e à influência; dessa forma, metade da burocracia palaciana havia obtido seus cargos por meio de suas conexões, mas o sistema de exames oferecia uma rota alternativa para que alguns homens capazes conseguissem ser influentes. Imitando o modelo chinês, os sistemas de exames também foram estabelecidos no Japão, na Coreia e no Vietnã, mas, mesmo assim, os laços de parentesco e as conexões pessoais permaneceram importantes e, no Japão, as provas foram rapidamente abandonadas. Em Bizâncio, as nomeações da corte eram consideradas favores do imperador, não o resultado do mérito ou da linhagem aristocrática e, na prática, eram promovidas por um grupo de conselheiros poderosos. Nas cortes hindus do sul e do sudeste da Ásia, as funções religiosas estavam reservadas aos Brâmanes, mas, por outro lado, as cortes eram espaços fluidos em relação às castas; assim, pessoas de muitos grupos buscavam riqueza, emprego, prestígio e *status* por meio da prestação de serviços para a corte. Em outros lugares as cortes também eram socialmente porosas até certa medida.

CÓDIGOS DE CONDUTA E HISTÓRIA DE ROMANCE

A rivalidade intensa e a insegurança do *status* social deu origem a códigos especiais de comportamento que buscavam ensinar aos cortesãos – em especial, aos homens – habilidades de sucesso para sobreviver e prosperar nesses ambientes desafiadores. Alguns desses códigos, como o confucionismo, giravam em torno de ideais éticos, como o dever e a benevolência, mas envolviam com maior frequência ideais estéticos e culturais, que eram apresentados no discurso, nos gestos, no vestuário, na higiene pessoal e nos modos à mesa. Embora essas ideias tenham começado entre os cortesãos e as cortesãs, elas foram difundidas de forma mais ampla e também se tornaram a base dos códigos de boas maneiras e de comportamento ensinados em muitas famílias de classe média. Suas origens cortesãs estão evidentes nas palavras utilizadas para descrever esse comportamento: próprio das damas (*ladylike*), cavalheiresco, cortês etc.

Aqueles que residiam na corte – ou que lá esperavam ganhar uma posição – cuidavam bastante de sua aparência, gastando grandes somas em roupas e cosméticos, normalmente importados de lugares longínquos, para se tornarem mais atraentes. Esperava-se que eles apreciassem música, arte, literatura e, até mesmo que as produzissem, algo que muitos faziam. Os cortesãos chineses, os membros da família imperial e alguns imperadores escreviam poesia e outros trabalhos literários, produziam caligrafia e pintavam em seda. Na Índia, os governantes patrocinavam concursos de talentos poéticos e outros tipos de produção cultural.

No Japão, especialmente durante o período Heian (794-1184), os aristocratas da capital Quioto aprendiam literatura chinesa e filosofia, escreviam poesia e se cercavam de belas pinturas e objetos. Eles desenvolveram um ideal estético chamado *miyabi*, que enfatizava a elegância, a contenção, a sofisticação, uma consciência sobre a transitoriedade das coisas e a rejeição de tudo o que fosse rude, grosseiro ou rural. Esse ideal foi expresso de forma mais plena no longo, complexo e influente romance *O Conto de Genji**, escrito no século XI por uma dama de companhia da imperatriz da corte imperial, cujo pai havia sido um funcionário ambicioso do governo. Seu nome verdadeiro é desconhecido, pois as japonesas do período Heian geralmente eram simplesmente referidas pelo título de seus pais ou irmãos, mas ela é geralmente chamada de Murasaki (o nome de uma das principais personagens femininas do *Genji*) Shikibu (título detido em certo momento por seu pai). A história se passa em um passado não muito distante e conta a história de "Genji Brilhante" (em japonês, Hikaru Gengi), o belo filho fictício do imperador e de sua concubina favorita; ele escreve e recita poesias melancólicas e sensíveis, pinta, frequenta cerimônias elegantes, vestindo roupas ainda mais elegantes, passa de um caso romântico

---

*   *Genji Monogatari*, em japonês. (N.T.)

CAPÍTULO 3 – EXPANSÃO DAS REDES DE INTERAÇÃO, 500 D.C.-1500 D.C. | **169**

para outro e conversa longamente sobre tudo isso com seus colegas cortesãos e cortesãs. *O conto de Genji* foi escrito somente para o público da corte e, devido a isso, foi escrito em *kana*, escrita fonética e silábica, concebida no período Heian e vista como especialmente adequada para as mulheres; por outro lado, escrever com caracteres chineses era uma atividade masculina.

O código islâmico de conduta e etiqueta, chamado *adab*, também exigia refinamento, boas maneiras e decoro. Os jovens aristocratas que o seguiam deveriam se vestir bem (embora não tão bem como Genji), conhecer um pouco de poesia, história árabe e o Corão, agir de forma digna, dar e receber presentes e saber conversar de forma inteligente e espirituosa sobre uma variedade de assuntos. Na Europa, os manuais de conselhos para os governantes, chamados de "Espelhos de príncipes"* e outros guias de comportamento ideal aconselhavam os jovens a viver uma vida que agradasse a Deus, a controlar sua raiva, a lidar com seus rivais e a falar de modo eloquente.

O amor romântico tornou-se parte do ideal nobre em alguns desses códigos de comportamento e foi retratado em pinturas, prosa e poesia. Genji e seus amigos amam e deixam de amar constantemente. Na Europa Ocidental, embora os poemas épicos que louvavam os homens pela bravura nas batalhas, como as sagas dos *vikings* ou a *Canção de Rolando* do século XII, ainda fossem entretenimentos populares nas cortes, eles se juntaram às histórias românticas das vidas amorosas complicadas de homens e mulheres nobres, como as histórias de Tristão e Isolda ou sobre a corte do Rei Arthur. No mundo muçulmano, um conjunto de histórias de origem árabe, indiana e persa foram coletadas e escritas no século IX, juntamente com uma narrativa moldura em que uma noiva prudente, Xerazade, ilude um rei que já havia matado várias de suas novas esposas, contando-lhe uma sucessão de histórias suspensas para que o rei postergasse cada vez mais sua execução. Essas *Mil e uma Noites* incluíam histórias de amor, de pregadores de peça, de fantasias e de assassinatos misteriosos, cheias de humor picante, reviravoltas e profecias autorrealizáveis. A coleção continuou a se expandir ao longo dos subsequentes séculos nas versões oral e escrita, e as suas histórias foram difundidas para além do mundo muçulmano, chegando à Inglaterra, onde Shakespeare usou alguns de seus elementos como dispositivos narrativos.

Na poesia épica do mundo antigo, a principal ligação emocional dos homens eram os reis, depois os seus companheiros soldados e às vezes seus cavalos, os valores primários eram a lealdade, a camaradagem e a

---

* Do latim *speculum principium*. (N.T.)

bravura em batalha. As mulheres só atrapalhavam ou impediam que o herói cumprisse sua missão. Nas histórias que se tornavam cada vez mais populares nas cortes, as mulheres continuavam a atrapalhar, mas os homens agora não fogem, eles desejam isso; os homens em si são elogiados por sua beleza e encanto, bem como por sua bravura. Essa época testemunhou a criação das convenções do amor romântico na literatura de muitas culturas, a noção de que o amor pode ser uma força irrefreável e enobrecedora que nos tira o fôlego, nos arrebata, nos torna uma pessoa melhor, faz com que o tempo pare, e assim por diante. Essa idealização do amor era geralmente heterossexual, mas a poesia homoerótica ardente também via com aprovação a paixão homossexual masculina e, dessa forma, as subculturas homossexuais masculinas ganharam fôlego entre funcionários, intelectuais e atores na China da dinastia Song, no Japão e na Coreia.

Ainda há dúvidas sobre quem criou essas convenções românticas, sobre como foram transmitidas de um lugar para outro e por que isso aconteceu naquele momento. No Ocidente, uma das fontes parece ter sido os poetas muçulmanos das cortes dos governantes muçulmanos da Espanha e dos governantes cristãos da Provença, no sul da França. Os poetas provençais cristãos, que chamavam a si mesmos de trovadores, tomaram esses temas românticos e os levaram para as outras cortes da Europa. Nesse ponto, misturaram o gênero com as convenções comportamentais da corte e suas sensibilidades, que haviam sido criadas nos bispados da Renânia, e com literatura sobre dinastias nobres e virtudes cavalheirescas, criando uma versão europeia dessa tradição, geralmente chamada de "amor de cavalaria" ou "amor cortês". Nessa variante, o homem que ama é socialmente inferior à sua amada, cujo *status* social mais elevado a torna inatingível em teoria; dessa forma, o amor do homem mante-se puro e casto e, ao mesmo tempo, ele realiza grandes feitos em nome de sua amada.

No entanto, essa linha de transmissão não explica a importância do amor como um dispositivo narrativo em *Genji*, nem nos poemas, histórias e canções de outras culturas cortesãs. Talvez uma explicação melhor seria dizer que os poetas de todas essas cortes observavam de perto o poder dos enlaces sexuais e emocionais e perceberam que as pessoas queriam ouvir sobre esse assunto, especialmente se eles envolvessem pessoas bonitas e tivessem um final trágico.

Em alguns lugares, os estudiosos e funcionários dessas cortes também estavam cada vez mais preocupados com o poder disruptivo da atração sexual, mas em vez de celebrá-la, eles tentaram controlá-la. Eles acreditavam que eram necessárias leis, pesadas sanções sociais e, algumas vezes, barreiras físicas para proteger os homens contra a tentação sexual, manter as pessoas solteiras distantes umas das outras e preservar a ordem dentro da família. Assim, ao mesmo tempo em que as mulheres se tornavam personagens mais importantes nas histórias e nos poemas, as restrições às mulheres reais aumentavam.

Muitas dessas restrições envolviam formas de limitar a mobilidade das mulheres e, dentre essas, a prática chinesa que recebeu mais atenção foi a amarração dos pés. Para amarrar os pés de uma menina, seus dedos eram forçados para baixo e em direção ao calcanhar até que os ossos da arcada plantar eventualmente se quebrassem. Isso geralmente começava quando a menina tinha 6 anos, embora os pés da mulher precisassem ficar amarrados a vida inteira para que eles mantivessem o tamanho desejável (pequeno) e a forma pontuda chamada de "lótus dourada". Assim como muitas outras práticas culturais, essa começou na corte, primeiro entre as artistas mulheres e concubinas imperiais no ano 1000, aproximadamente; espalhou-se entre a elite e a classe média no norte da China por volta do ano 1200 e, finalmente, a todas as classes sociais dessa região. As explicações sobre a amarração dos pés envolviam um grande número de fatores: fantasias de poetas e estudiosos que erotizavam os pés pequenos e o caminhar cambaleante, vinculando-as a uma nostalgia do passado; a mudança do ideal de masculinidade na China da dinastia Song: do guerreiro ao estudioso, o que significava que a mulher ideal deveria ser ainda *mais* sedentária e refinada; famílias ansiosas para provar que estavam subindo social e economicamente desejavam esconder a real importância do trabalho das mulheres; ideias sexuais chinesas que vinculavam pés amarrados a uma maior capacidade reprodutiva e a crianças mais fortes. Dorothy Ko afirmou que nenhuma explicação é suficiente e que as razões para a amarração dos pés mudaram ao longo de sua história de mil anos e, além disso, eram diferentes para homens e mulheres. Ela observa que as mulheres não eram simplesmente as suas vítimas; elas haviam internalizado as ideias confucionistas sobre a importância do sacrifício pessoal e da disciplina, bem como as conexões entre os pés amarrados, a reputação, a vida doméstica, a beleza e a autoestima. Assim, eram normalmente as mães que amarravam os pés de suas filhas, uma ação que se tornou um rito de passagem feminino; as mulheres trabalhavam juntas para produzir os requintados sapatos bordados, que representavam seu *status* elevado.

Em outros lugares, as ideologias, normas e leis que prescreviam os distintivos papéis de gênero e a superioridade masculina também eram apoiadas tanto por mulheres, quanto por homens. Novas normas de masculinidade não trouxeram grandes mudanças para as normas de comportamento feminino adequado, que continuava a girar em torno da honra e da pureza. Nesse período, o amor romântico também não estava ligado ao casamento, nem na literatura, nem na vida cotidiana. O casamento era um arranjo social, econômico e, às vezes, político, muito importante para que fosse deixado às paixões pessoais; se surgisse afeto isso seria bom, mas as pessoas não pareciam ficar terrivelmente desapontadas quando ele não surgia.

Tanto nas histórias de *Genji* quanto nas do Rei Arthur, entendia-se que o amor romântico e outros ideais de comportamento limitavam-se às elites sociais. Imaginava-se que as pessoas que viviam fora do círculo encantado da corte estavam abaixo do amor da mesma forma que estavam abaixo do decoro, da sofisticação ou da erudição. Suas vidas eram vidas de labuta, sem nenhum valor para as crônicas históricas ou a poesia; esse tipo de pensamento manteve-se inalterado por séculos. Em relação ao trabalho, até mesmo os historiadores posteriores tendiam a considerar os camponeses medievais como um tema de pouco interesse quando comparados aos trabalhadores do mundo moderno. Apesar de seu desdém, no entanto, todas as cortes dependiam do excedente fornecido pelos aldeões, algo que os monarcas habilidosos e seus funcionários reconheciam e procuravam aumentar ou manter pelo menos. O mundo fora da corte talvez parecesse atemporal e imutável para alguns cortesãos, mas não era.

EXPANSÃO AGRÍCOLA E A SOCIEDADE DAS VILAS

A expansão da agricultura sedentária, que começou no Neolítico e adentrou o período clássico, ganhou velocidade nesta época, e por volta de 1.500 animais e plantas domesticadas já eram encontrados em muito mais lugares da terra do que no ano 500, incluindo as ilhas da Pacífico, o leste da América do Norte e os pontos que haviam sido florestas, pântanos, marismas e zonas costeiras de muitas partes do mundo. Os governantes e seus funcionários costumavam estar diretamente envolvidos nisso, forçando ou incentivando as pessoas a se deslocarem para áreas de vegetação densa e tornarem a terra apropriada para a agricultura fazendo as alterações necessárias à paisagem: corte de árvores, dreno dos pântanos, terraplanagens, construção de diques e valas de irrigação etc. Às vezes isso funcionava como uma colonização interna, na qual os espaços entre as aldeias e as terras agrícolas que as cercavam eram preenchidos com novas aldeias e terras agrícolas, aumentando a densidade populacional.

IMAGEM 16. Cultivo da batata por homens e mulheres incas em uma ilustração do livro *Primer nueva corónica y buen gobierno*, um livro escrito à mão por Felipe Guaman Poma de Ayala (1550?-1616), autor vindo de uma família nobre de indígenas peruanos. Guaman Poma esperava que sua história sobre os incas e a conquista espanhola convencesse o rei de Espanha a realizar reformas; o livro nunca chegou até o rei, mas serve como uma fonte inestimável sobre a vida na Cordilheira dos Andes.

Às vezes, como colonização externa: os aldeões seguiam, ou ocasionalmente precediam, os exércitos ou eram enviados para lugares onde ninguém havia vivido antes. As pessoas também decidiram migrar por conta própria para terras anteriormente desabitadas ou não cultivadas, expandir a agricultura em áreas marginais, intensificar sua produção ou plantar alimentos que possuíam maior rendimento ou poderiam gerar maior renda. Os governantes e seus cobradores de impostos costumavam ir logo depois, e, como as melhorias feitas à terra representavam um investimento muito alto para ser abandonado, os aldeões geralmente pagavam seus aluguéis, impostos e obrigações trabalhistas aos novos Estados que surgiram em muitas áreas agrícolas. Desse modo, os Estados promoviam a agricultura, e a agricultura promovia os Estados.

As aldeias de muitos lugares possuíam certas semelhanças, assim como haviam semelhanças entre as cortes. A agricultura sedentária difundiu-se muito mais do que a escrita, e até mesmo nas áreas onde a escrita estava presente os aldeões viviam em uma cultura que era em grande parte oral. Pais e mães ensinavam seus filhos a realizar as tarefas que eram esperadas deles e as tradições que, por outro lado, estruturavam suas vidas. Muitas dessas tradições eram fundamentadas nas crenças em divindades, espíritos e seres sagrados, que podiam ser aqueles das religiões universais – cristianismo, budismo ou islamismo – ou das religiões locais. Os aldeões juntavam-se aos vizinhos e familiares em rituais para expressar agradecimentos e esperanças, celebrar as principais transições da vida, como o nascimento, o casamento e a morte, e para pedir favores e bênçãos. Assim como os governantes, os seres divinos e os espíritos eram poderosos e, às vezes, caprichosos, mas eles (ou pelo menos alguns dentre eles) também eram vistos como guardiães benéficos, que protegeriam aqueles que os veneravam corretamente. Mesmo nas pequenas aldeias geralmente havia alguém que era visto pelo povo como possuidor de uma conexão especial com o mundo invisível – um xamã, um sacerdote, um vidente, um homem santo, uma "mulher sábia" ou um chefe com poderes espirituais. Esses indivíduos faziam rituais cujo objetivo era transmitir os desejos do mundo invisível para a aldeia e vice-versa, um trabalho especializado, para o qual eles recebiam comida e atendimento às outras necessidades da vida, mas em aldeias menores e mais pobres, essas pessoas também costumavam ter suas plantações.

Cortesãos e estudiosos costumavam ver os aldeões como uma massa indiferenciada, mas as distinções sociais e de gênero, na verdade, permeavam muitos aspectos da vida da aldeia, incluindo o trabalho e a propriedade. Homens e meninos geralmente desmatavam o novo território e construíam grandes terraços, e nas áreas em que os animais de grande porte eram usados para arar, eles aravam e cuidavam de bois e cavalos; o plantio, a capina e a colheita eram feitas por todos, inclusive pelas crianças mais jovens. Nos lugares em que as culturas se baseavam apenas no trabalho humano, o plantio era feito geralmente pelas mulheres, ou eram realizados por ambos os sexos. Nas culturas em que as ideais da reclusão feminina eram importantes, incluindo a China e algumas partes do mundo muçulmano, as mulheres pertencentes aos estratos sociais mais altos da aldeia realizavam a maioria de seus trabalhos dentro das paredes de uma casa ou de um complexo habitacional, enquanto os homens da casa, juntamente com escravos e servos de ambos os sexos, realizavam os trabalhos ao ar livre. Na maioria das sociedades agrícolas, os sistemas de herança de terras tendiam a favorecer os filhos em detrimento das filhas, embora na ausência de filhos homens, às vezes era possível dar-se preferência às filhas para que as terras não fossem entregues a outros membros mais distantes da família, pois essa ação manteria a terra em posse da família imediata. As vidas das mulheres e dos homens eram mais semelhantes nos estratos inferiores da sociedade aldeã; algo que os historiadores chamam de "igualdade na miséria".

Embora as elites aristocráticas – incluindo o governante territorial das sociedades em que ele existia – exigissem impostos e aluguéis das terras sob seu controle e às vezes nomeassem supervisores para administrá-las, as aldeias de muitos lugares também desenvolveram instituições autônomas que controlavam a época do plantio, a rotação das culturas, a manutenção dos sistemas de irrigação e o uso das florestas, pastagens e outras terras vistas como comuns pela vila. Esses órgãos comunais locais também eram responsáveis pelas relações com os níveis mais altos do governo, sendo que a autonomia em relação a esses níveis mais altos variava de lugar para lugar e ao longo do tempo, como também variavam as formas que eles se acomodavam às estruturas de autoridade dos clãs. Novas técnicas agrícolas, doenças epidêmicas, mudanças climáticas e desenvolvimentos culturais – tal como a introdução de novos sistemas de crença – também causaram impactos nas instituições da aldeia. De forma semelhante às estruturas de poder da parte superior da hierarquia, esses órgãos comunais promoviam tanto a solidariedade quanto a hierarquia. Eles representavam a aldeia como um todo, mas eram geralmente compostos apenas por homens, chefes de famílias; os filhos homens mais jovens, as mulheres, os desprovidos de terras, os servos, os não livres e as pessoas vistas como forasteiros não podiam participar desses órgãos.

Em geral, as autoridades da aldeia tentavam maximizar a produção agrícola e, por causa dessa ênfase no crescimento, alguns estudiosos veem nas decisões dos aldeões desta época as raízes da atual crise ambiental. O biogeógrafo Jared Diamond, por exemplo, usa o malogro de várias sociedades agrícolas desta época – os assentamentos *vikings* da Groenlândia, as cidades Anasazis do sudoeste americano, as cidades-Estados maias e os assentamentos polinésios em Rapa Nui (ilha de Páscoa) – para afirmar que as sociedades "escolheram o fracasso" quando decidiram dar continuidade a práticas que exploravam excessivamente o ambiente e mantinham costumes sociais rígidos. Esse cenário de colapso tem sido contestado por outros arqueólogos, antropólogos e historiadores, que afirmam de forma convincente que as pessoas dessas sociedades não eram estúpidas e míopes, mas notavelmente resilientes e flexíveis em relação às mudanças ambientais. Eles observam que essa visão das "sociedades" como totalidades indiferenciadas, tomando decisões que determinavam um destino coletivo é excessivamente simplista, pois essa hipótese ignora as complexidades sociais, políticas e os conflitos existentes em meio a elas.

Às vezes os debates sobre o uso da terra têm apontado para as questões religiosas e culturais: a tradição judaico-cristã é vista por muitos como promotora do uso abusivo e desinteressado do mundo natural, enquanto as religiões nativas americanas, que sublinham a conexão entre a terra e os homens, são vistas como estratégias sustentáveis de subsistência que causaram poucos impactos permanentes ao meio ambiente. Sobre esse ponto também foram elaborados contra-argumentos: dentro do cristianismo "o livro da natureza" já era visto há muito tempo como a fonte central da revelação divina, enquanto o forrageamento e a agricultura da América pré-colombiana são cada vez mais reconhecidos como algo que moldou de forma dramática sua flora e fauna, até mesmo na floresta amazônica. É possível encontrar evidências que apoiam todos os lados desses debates, mas a maioria dos estudiosos concordam que os recursos naturais sempre estavam muito próximos das pessoas. Ao contrário de hoje, aqueles que tomavam decisões sobre como usar a terra e seus recursos geralmente viviam na própria terra ou próximo dela; o impacto de suas decisões era similarmente local.

Juntamente com as semelhanças da vida na aldeia e das estruturas sociais em grande parte do globo, também haviam variações regionais, as quais sempre mudavam com a adoção de novas estratégias de subsistência.

Na América do Norte, as redes comerciais levaram a agricultura do milho da Mesoamérica até o Sudoeste, aos vales dos rios Mississippi e Ohio e, em seguida, por volta do ano 1200 d.C., até a costa Atlântica. No Sudoeste, as pessoas também plantavam lavouras desérticas, tais como o agave e o algodão, e usavam grandes blocos de arenito e alvenaria para construir casas de paredes grossas. Nas planícies e florestas do Leste, as

CAPÍTULO 3 – EXPANSÃO DAS REDES DE INTERAÇÃO, 500 D.C.-1500 D.C. | 177

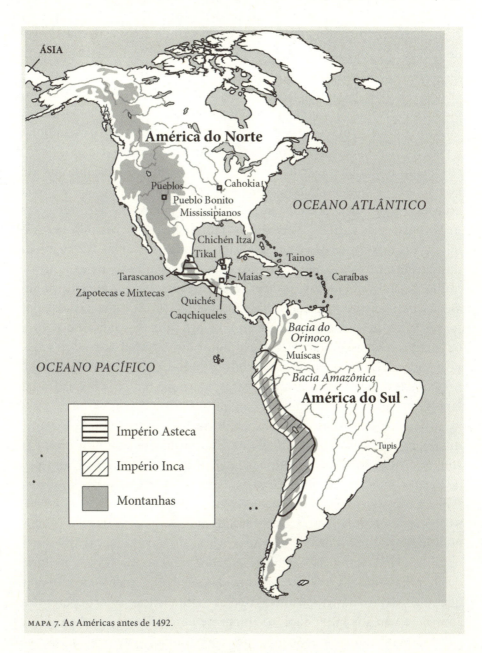

MAPA 7. As Américas antes de 1492.

pessoas faziam queimadas regulares para desencorajar o crescimento de árvores e arbustos com o fim de expandir as pastagens de bisões, alces e veados. Esses animais não eram domesticados, mas, por causa das queimadas, seus números e distribuição aumentaram significativamente, e a caça tornou-se mais fácil por causa da fácil visibilidade das pradarias. Combinado com o aumento da utilização de arcos e flecha em vez de lanças após aproximadamente 600 d.C., o fogo transformou os animais maiores em uma fonte mais confiável de alimento. Nos vales dos rios da região central, as pessoas usavam as queimadas e outras técnicas para limpar vários hectares de terra e plantar milho e outras culturas, e também construíam montes que serviam para sepultamentos, cerimônias e plataformas de casas. As câmaras funerárias cheias de artefatos valiosos e com indivíduos sacrificados para acompanhar o falecido indicam que a cultura mississipiana dos montes era hierárquica, e que o poder estava cada vez mais centralizado. O reconhecimento do parentesco era matrilinear, mas é difícil dizer se esse fato podia, nesse período, ser traduzido em estruturas de gênero mais igualitárias. Em 1500, nas margens dos rios centrais da América do Norte e no litoral leste, os campos de milho, feijão, abóbora, árvores frutíferas e de nozes ladeavam as grandes aldeias permanentes que continham muitas casas e estavam cercadas por muros feitos de terra e madeira. Cahokia, próxima da confluência entre os rios Mississippi e Missouri, era a maior dessas aldeias; em seu auge, no século XIII, foi uma cidade de talvez 40 mil pessoas que viviam em um complexo de montes, praças e casas, cobrindo 5,5 milhas quadradas [aproximadamente 14 quilômetros quadrados].

Diferentes cultivos de milho foram desenvolvidos para climas bastante diferentes, mas o milho era difícil de ser cultivado em altas altitudes. Assim, nos Andes, o milho foi cultivado em áreas mais baixas, e vários tipos de batatas em altitudes mais elevadas. Para que as encostas não deslizassem e para aumentar a quantidade de terras disponível para as culturas, os aldeões construíam terraços separados por muros de pedra nos pontos mais íngremes, bem como canais de irrigação e valas para levar água para os campos. Na época da conquista espanhola no século XVI, a maioria das famílias andinas estavam organizadas em *ayllus*, grupos de parentes que colaboravam nas atividades agrícolas e ritualísticas. A terra pertencia ao *ayllu* e não aos indivíduos; as linhas de descendência eram paralelas – as mulheres tinham acesso a recursos como terra, água e rebanhos por meio de suas mães e os homens, de seus pais. Os *ayllus* estavam agrupados em duas metades, uma parte superior e de maior prestígio chamada de *hanansaya*, frequentemente associada com a guerra; e um grupo menor e de menor prestígio, chamado o *hurinsaya*. Após as conquistas incas, os membros de todas as partes dos *ayllus* deviam serviços de mão de obra ao

CAPÍTULO 3 – EXPANSÃO DAS REDES DE INTERAÇÃO, 500 D.C.-1500 D.C. | 179

governo central em Cusco, incluindo o trabalho na terra, a construção de estradas, a tecelagem e o serviço militar.

O milho também não cresce muito bem em climas quentes e úmidos. Assim, na Amazônia, a mandioca, um tubérculo que pode ser cozido de muitas formas, tornou-se o alimento básico, plantado juntamente com outras culturas, incluindo frutas, nozes e vários tipos de palmeiras, transformando a floresta em uma paisagem, pelo menos parcialmente, administrada por seres humanos. As pessoas domesticaram a pupunha, por exemplo, que produz fruta, polpa que é transformada em farinha, palmito, que é comido cru, e o suco que pode ser fermentado em cerveja. Em toda a América, os cachorros foram domesticados pelos povos, mas porque não há espécies nativas que se deixem por o arnês como os cavalos, bois e búfalos d'água da Ásia e da Europa, todo o trabalho agrícola era realizado por tração humana. Julgando por representações e descrições posteriores, as mulheres trabalhavam bastante nas plantações, ou ambos os sexos trabalhavam, mas tinham tarefas específicas para cada um.

Na África subsaariana, os povos de língua Bantu continuaram a migrar para as florestas, savanas e regiões de planaltos, trazendo ferramentas de ferro e culturas como a batata-doce e o sorgo. Na África Oriental também chegaram as bananas e os plátanos trazidos da Ásia por migrantes austronésios que atravessaram o Oceano Índico. Porque a qualidade do solo era pobre e os animais de tração que forneciam fertilizantes e força não conseguiam sobreviver em muitas áreas tropicais por causa das doenças, os agricultores geralmente praticavam um cultivo de deslocamento, mudando-se para novos campos quando o solo se tornava menos fértil ou quando fosse necessário por causa do aumento populacional. As redes entre as aldeias misturavam-se com as redes entre os clãs, grupos religiosos e grupos etários (grupos de pessoas com quase a mesma idade que passavam juntos por rituais que marcavam as fases da vida), em uma complexa rede de associações que se estendia para além de uma única aldeia, vinculando-a às outras.

Os austronésios que navegaram em direção ao Oeste pelo Oceano Índico até a África também navegaram para o Leste em direção às ilhas do Pacífico por volta de 1500 a.C., levando culturas e animais domesticados, juntamente com suas famílias, sementes e objetos religiosos. Essas viagens intencionais de assentamento levavam as pessoas para pontos cada vez mais distantes do Pacífico, mas conforme a datação por radiocarbono se torna cada vez mais confiável e disponível, o momento que esses fatos

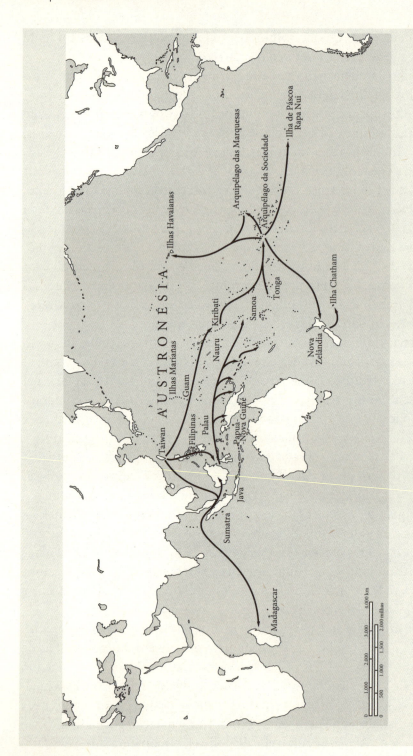

MAPA 8. Assentamentos do Pacífico.

CAPÍTULO 3 – EXPANSÃO DAS REDES DE INTERAÇÃO, 500 D.C.-1500 D.C. | **181**

ocorreram está atualmente em fase de revisão. Essa pesquisa mais recente sugere que Samoa foi colonizada em torno de 800 a.C., mas que essas viagens pararam por um longo tempo e foram retomadas apenas entre cerca de 800-1000 d.C., talvez estimuladas pelo crescimento da população, pela invenção de canoas grandes de casco duplo que tornaram possíveis as viagens mais longas e pelas decisões de explorar e colonizar feitas pelos líderes políticos. Talvez tenha ocorrido um pequeno surto no século XIII, quando os navegadores se espalharam até as ilhas mais remotas da Polinésia Oriental, atingindo o Havaí no Norte, Rapa Nui (ilha de Páscoa) no Leste e a ilha Auckland no Sul, chegando a navegar mais de 2.000 milhas [aproximadamente 3.200 km] de mar aberto em algumas viagens, orientados pelo sol, pelas estrelas, pelas correntes, pelos padrões de vento e pelos caminhos dos pássaros. Após terem localizado as ilhas, os navegadores também usavam mapas náuticos feitos de folhas de palmeira e juncos, que indicava o tempo necessário para navegar entre as ilhas. Em 1500, havia pessoas vivendo em quase todas as ilhas habitáveis do Pacífico; pessoas que tinham levado com elas diversas culturas, por exemplo, o inhame, o taro (espécie *Colocasia esculenta*), a banana, o coco, a batata-doce e a fruta-pão, junto com porcos, galinhas, cães e, involuntariamente, ratos. Em algumas ilhas, os colonizadores construíram terraços e canais de irrigação para suas plantações, juntamente com lagoas artificiais para peixes, onde os guardiões plantavam vegetais para que os peixes pudessem comer e, em seguida, eles podiam ser facilmente capturados no inverno por meio de barragens e redes.

A sociedade polinésia estava organizada em clãs comandados por chefes hereditários e, em muitas ilhas, havia uma nítida distinção entre os grupos sociais. No Havaí, por exemplo, havia as distinções desenvolvidas entre o grupo social mais elevado dos chefes (*ali'i*), um grupo de elite formado por sacerdotes, adivinhos, curandeiros e profissionais (*kahuna*), a grande massa de pessoas comuns e, por fim, um grupo pária. As relações entre esses grupos eram reguladas por um código de conduta que levou a fortes sanções religiosas em que certos atos, por exemplo chegar muito perto do governante, eram considerados *kapu*, ritualmente proibidos ou restritos. (Essa é a origem da palavra "tabu".) Os contatos entre homens e mulheres também possuíam suas regras de *kapu*. Homens e mulheres eram proibidos de comer juntos, ou de preparar comida para o outro sexo; as mulheres eram proibidas de comer muitos alimentos, incluindo carne de porco, banana, coco e certos tipos de peixes. Outras sociedades das ilhas polinésias também tinham códigos semelhantes de condutas esperadas e proibidas; essas regras eram tão complexas como aquelas que existiam nas cortes reais, mas ainda não está claro como e quando elas surgiram. A julgar pelas práticas registradas mais tarde, muitas culturas da Oceania aceitaram alguns tipos de relacionamentos com o mesmo sexo, tais como aqueles entre homens mais velhos e rapazes mais jovens, ou envolvendo os indivíduos considerados xamãs.

No frio e chuvoso norte da Europa, a introdução do arado pesado, puxado por bois e adequado para solos argilosos, permitiu que a agricultura chegasse a regiões que antes eram impossíveis pelo arado leve do mediterrâneo. Aqui, as pessoas viviam em pequenas casas com espaços para os seus animais; as aldeias situavam-se em campos mais extensos e, embora as famílias trabalhassem em suas próprias faixas de terra dentro desses campos, elas costumavam criar seu gado, tão necessário, em áreas coletivas. O agregado familiar era geralmente formado por um casal, seus filhos (incluindo crianças adotadas) e talvez um ou dois outros parentes, um padrão neolocal* que levou as pessoas a casarem relativamente mais tarde, quando ambos os cônjuges haviam ganho ou herdado alguns recursos para estabelecer o agregado familiar. Na Europa meridional e oriental, as famílias entendidas estavam mais propensas a viver na mesma casa ou próximas umas das outras, e os casamentos ocorriam mais cedo, especialmente para as mulheres.

Estabeleceram-se novas vilas nas florestas, nos pântanos e nas zonas costeiras da Europa, que se situavam perto das aldeias existentes, mas durante os séculos XII e XIII, um grande número de pessoas também migrou de uma parte da Europa para outra em busca de terras, comida e trabalho: os ingleses foram para a Escócia e para a Irlanda; os alemães, franceses e flamengos, para a Polônia, a Boêmia e a Hungria; os cristãos, para a Espanha muçulmana. Esses migrantes de terras distantes falavam outros idiomas, tinham leis, costumes e tradições diferentes e, às vezes, praticavam uma religião diferente. Os cronistas, escrevendo em latim na época, falavam das diferenças em termos de *gens* (raça ou clã) ou *natio* (tipo ou linhagem); hoje podemos chamá-las de diferenças "étnicas". Quando os migrantes eram predominantemente homens, eles muitas vezes se casavam com as mulheres locais; mas quando as mulheres também migravam – e, em alguns casos, mesmo que a maioria dos migrantes fossem homens –

---

*   O marido e a esposa passam a viver em um local distinto da casa de seus pais. (N.T.)

estabeleciam-se leis que, por vezes, tentavam manter as distinções entre os grupos mediante a proibição de casamentos mistos. Entre elas, podemos citar os Estatutos de Kilkenny, aprovados em 1366 pelo parlamento inglês na cidade de Kilkenny, Irlanda; por eles, os ingleses que estavam tentando impor seu domínio sobre a Irlanda e que haviam imposto restrições legais sobre os irlandeses, proibiam quaisquer casamentos entre os imigrantes ingleses e os irlandeses, exigindo que os ingleses só falassem inglês (e não o gaélico), usassem vestuários ingleses e montassem no estilo inglês (com uma sela), para que fosse notar imediatamente a que grupo certa pessoa pertencia. Esses tipos de leis possuíam aplicação variável – e elas nunca se aplicavam às classes mais altas, para as quais eram realizados quaisquer tipos de casamentos politicamente vantajosos –, mas elas contribuíram para uma crescente consciência de que certas diferenças não eram uma simples questão de costumes ou de idioma, mas faziam parte do corpo: por exemplo, "sangue cristão" ou "sangue inglês".

No sul, no leste e no sudeste da Ásia, a expansão da agricultura também aconteceu por meio da combinação de uma intensificação local e da migração para novas áreas de grupos étnicos que tinham consciência de sua identidade comum e possuíam tradições diferentes das pessoas que já viviam naquele local. Sendo antigos residentes ou migrantes, os aldeões escavaram e nivelaram florestas, pântanos e planícies costeiras, transformando-os em arrozais irrigados que dependiam menos das precipitações. Para obter dois cultivos por ano, plantavam as sementes de arroz em sementeira e depois transplantavam as mudas para um campo irrigado, um processo extremamente trabalhoso, envolvendo cada membro da família. Isso contribuiu para o aumento da oferta de alimentos, permitindo que a população chinesa dobrasse de cerca de 50 milhões de pessoas no século VIII para aproximadamente 100 milhões no século XII, aumentando também a população em outros lugares. Especialmente na China, os aldeões também plantavam outras culturas, como o açúcar, chás, folhas de amoreira (para a alimentação dos bichos-da-seda) e algodão; além disso, as mulheres das aldeias criavam bichos-da-seda em casa, fiavam a seda e teciam produtos têxteis. Os lucros dessas empresas domésticas eram usados para pagar os aluguéis, os impostos – não em bens, mas cada vez mais em moedas de cobre – e a compra de carvão vegetal, chá, óleo, cerâmica e outros bens de consumo. Em geral, as famílias eram controladas pelo homem mais velho, que podia ter várias esposas; as famílias estendidas, muitas vezes, viviam juntas em complexos familiares. Os familiares mais velhos vivos deviam ser honrados e obedecidos, os mortos, venerados.

A propagação da agricultura foi tão abrangente a ponto de ser quase mundial, mas ela não ocorreu sem ser questionada. Nem todo mundo aceitava as novas imposições e, em alguns lugares, em vez de propagar a agricultura, as pessoas se mudavam para evitar o estabelecimento da agricultura. Em um processo que foi melhor estudado no sudeste e no sul da Ásia, algumas pessoas mudavam-se para terrenos acidentados e remotos ou neles permaneciam, cultivando raízes e hortaliças em pequenas áreas de agricultura itinerante, a qual era complementada pela coleta, pela caça e pela pesca. Os comentaristas da cultura cortesã os chamavam de "povos da floresta", considerando-os bárbaros primitivos e muito menos avançados que os aldeões, mas a sobrevivência dessa forma menos sedentária de vida era, em alguns casos, uma escolha consciente, e não simplesmente um resquício.

Em alguns ambientes, o forrageamento continuou sendo a estratégia de subsistência primária, porque a temperatura, as precipitações e o terreno impossibilitavam a agricultura ou o pastoralismo, e não porque as pessoas os rejeitassem ativamente. Exceto pelo pastoreio de algumas renas entre o povo sami, no que é hoje a Escandinávia e a Rússia, o forrageamento continuou sendo o modo de vida nas zonas setentrionais da floresta boreal, taiga e tundra na Ásia, Europa e América do Norte. Aqui, povos como os inuit caçavam mamíferos terrestres e marítimos, aves e peixes, usando equipamentos feito de pedra, osso, couro, tendões, presas de animais e chifres. O forrageamento também foi mantido em algumas florestas tropicais, desertos, áreas semidesérticas e em regiões montanhosas. Na Austrália, a maioria das pessoas eram caçadoras-forrageadoras, embora os guditjmara, que viviam no sudeste da Austrália, tenham construído um amplo sistema de lagoas, canais e barragens para as fazendas de enguias, semelhantes às lagoas de peixes do Havaí, que sustentava uma comunidade permanente. Em toda a Austrália havia locais sagrados onde homens e mulheres se reuniram para cantar, dançar e tocar instrumentos musicais nos rituais cerimoniais, bem como para trocar bens, ideias e parceiros conjugais. O forrageamento não conseguiria sustentar a mesma população possível pela agricultura; as estimativas da população da Austrália desta época variam entre 250 mil e 750 mil, aproximadamente o mesmo número de pessoas que viviam em apenas uma das maiores cidades dos Estados agrícolas.

Pastorialismo nômade

Enquanto algumas pessoas mudavam de local para resistir aos Estados agrícolas, outros resistiam de forma militar, pois esse foi um período em que os pastores nômades montados estendiam sua autoridade por vastas áreas da Eurásia. Essas incursões nômades começaram com as invasões dos hunos (*xiongnu*) e os heptalitas no século V, incluiu as muitas campanhas de vários povos turcos e, depois, no século XIII, das invasões mongóis de Gengis Khan (que é seu título – não o seu nome – e significa "governante universal"), de seus filhos e netos. Gengis Khan combinava liderança militar astuta, bravura pessoal e perspicácia diplomática. Ele liderou grupos móveis que lutavam a cavalo com arcos compostos; os grupos coordenavam suas táticas militares para derrotar seus oponentes e utilizavam estratégias psicológicas contra seus inimigos, poupando-lhes quando se entregavam, mas quando resistiam, os matavam impiedosamente, até mesmo mulheres e crianças. As tropas mongóis devastaram cidades e massacraram centenas de milhares de pessoas. Conforme avançavam, os mongóis construíam estradas e pontes, apreendiam armas e seus fabricantes e assimilavam novas táticas, como a catapulta, estabelecendo, assim, os alicerces para novas expansões. Essas invasões de nômades somente cessaram completamente no século XV, com o colapso do Império criado pelo implacável e carismático conquistador turco Timur-i-Lenk (Tamerlão). A maioria desses pastores nômades eram das estepes da Ásia Central, mas alguns historiadores também posicionariam a expansão inicial do islã nesse âmbito, pois grande parte do exército de Maomé era formada por beduínos nômades.

Os conflitos entre agricultores e pastores nômades das estepes estão entre as grandes histórias desta época, mas os nômades precisavam das culturas sedentárias para o seu comércio, a pilhagem e os tributos. Apesar de sua pequena população, os mongóis conseguiram criar o maior império terrestre já visto, mobilizando totalmente os recursos – humanos e materiais – que retiravam das regiões conquistadas. O próprio Gengis continuou conquistando novos territórios até a sua morte, mas como seguia em frente, ele deixava subordinados e funcionários nos territórios conquistados para o estabelecimento das estruturas administrativas e econômicas, a fim de manter a entrada de receitas. Conseguiram realizar tal feito ao modificar as instituições de promoção da produção e do comércio que já haviam sido anteriormente implementadas e trabalhando com os habitantes locais aprovados pelos mongóis. Alguns de seus comandantes sugeriram transformar todo o norte da China em pasto para os cavalos necessários para as conquistas, mas os funcionários locais convenceram os líderes mongóis de que seria muito mais vantajoso os grãos, a seda e outras mercadorias produzidas pelas famílias agrícolas e artesãs. Os mongóis deslocavam à força centenas de milhares de agricultores, artesãos, artistas, reféns, soldados e outros mais por vastas distâncias quando julgavam que o trabalho dessas pessoas era necessário, enquanto outros se deslocavam por vontade própria; todos esses fatos serviram para dispersar as tecnologias agrícolas e outras tecnologias, bem como bens e ideias. Os sucessores de Gengis, incluindo seu neto Kublai Khan (r. 1260-94), que conquistou o sul da China e a Coreia, seguiram um padrão similar: primeiro, a destruição e, em seguida, a burocracia.

IMAGEM 17. O filho caçula de Gengis Khan, Tolui Khan (1192-1232), e sua esposa Sorghaghtani Beki (c. 1198-1252) com cortesãos e cortesãs, em uma ilustração de um manuscrito do século XIV, *O Compêndio de Crônicas* de Rashid al-Din. Sorghaghtani Beki era uma cristã nestoriana, mas também oferecia apoio às instituições religiosas de outras crenças; também ajudou seus quatro filhos a se tornarem governantes de Estados mongóis, incluindo Kublai, na China.

As estruturas sociais dos povos da estepe asiática central também estiveram intimamente ligadas a essa estratégia de subsistência que combinava pastorialismo, pilhagem, conquista e comércio. As estepes eram secas demais para a agricultura em grande escala e não havia bons rios para a

CAPÍTULO 3 – EXPANSÃO DAS REDES DE INTERAÇÃO, 500 D.C.-1500 D.C. | 187

irrigação, dessa forma pessoas e animais seguiam caminhos migratórios baseados no clima e nas estações do ano, viviam em grandes tendas redondas chamadas *yurts* e utilizavam cavalos para arrebanhar ovelhas, cabras e gado. Homens, mulheres e crianças aprendiam a montar e a cuidar dos animais; a dieta baseava-se em grande parte nos produtos de origem animal. As sociedades nômades eram tradicionalmente organizadas em clãs e grupos tribais; seus líderes ganhavam estatura pelas façanhas militares e por força de sua personalidade.

Gengis Khan reorganizou o exército mongol para que os guerreiros deixassem de lutar em grupos de clãs, mas em grupos que combinavam as pessoas de diferentes tribos e, em vez de chefes tribais, eles eram comandados por aliados pessoais, escolhidos com base no mérito e na lealdade. Porque todo homem Mongol era um soldado (as mulheres ofereciam apoio logístico), essa reorganização levou à revolução social, pois a lealdade dos soldados foi transferida de sua tribo para seu comandante e, em direção ao cume hierárquico, para a família de Chinggisid [descendentes de Gengis Khan]. Os rituais e práticas mongóis também reforçavam a autoestima masculina e a lealdade dos soldados uns aos outros. Conforme expandiam seu império, os mongóis recenseavam todos os domicílios e exigiam que todos os homens adultos fizessem o alistamento militar. Alguns desses homens eram realmente recrutados para o Exército, onde recebiam uma aparência distinta do resto da população, a saber, por um corte de cabelo incomum e uniforme. Onde quer que fossem, isso os marcava como parte de um grupo de homens cuja função era lutar, sem importar que tipo de roupa eles vestiam; isso dificultava a deserção, mas também permitia que os soldados se reconhecessem imediatamente, encorajando a criação de laços dentro do grupo. (O corte de cabelo militar distinto continua a servir todas essas funções.) Os mongóis também tinham um tipo específico de vínculo entre os homens, a *anda* ("amigo jurado"), laço em que dois homens se comprometiam a ajudar uns aos outros sob quaisquer circunstâncias, criando uma permanente ligação espiritual entre eles, ritualmente consagrada por um juramento. O próprio Gengis Khan tinha vínculos *anda* com os líderes de outros clãs, como também os tinham seus parentes e descendentes homens, que moldavam suas estratégias militares e redes de alianças.

A lealdade entre os homens foi um importante instrumento da expansão mongol, assim como também o foram outras práticas ligadas ao gênero. As normas conjugais mongóis proibiam o casamento com alguém do mesmo clã, então os homens tinham que encontrar esposas em outros clãs e tribos, algo que, às vezes, faziam por meio da força, raptando-as. Esse padrão exógamo foi mantido com a expansão do Império Mongol; os homens estupravam, tomavam, compravam e algumas vezes se casavam com mulheres dos grupos que conquistavam. Esse padrão era particularmente evidente na parte superior da hierarquia, pois os líderes mongóis costumavam ter esposas de várias posições, bem como muitas outras mulheres disponíveis a eles. Um artigo amplamente divulgado e publicado em 2003 pela revista *American Journal of Human Genetics* afirma que mais de 8 % de todos os homens de uma vasta área da Ásia entre o Oceano Pacífico e o mar Cáspio compartilham o mesmo cromossomo Y. Os 23 autores desse artigo concluem que esse padrão deve-se à propagação com êxito do cromossomo Y de Gengis Khan e seus descendentes homens por toda a Ásia Central. Caso essa amostra seja representativa, atualmente mais de 16 milhões de homens são descendentes diretos de Gengis Khan, certamente uma das linhagens mais bem-sucedidas do mundo.

As grandes migrações voluntárias e forçadas de homens e mulheres dentro do Império Mongol resultaram em relações sexuais e casamentos que atravessavam várias fronteiras – linguísticas, culturais, tribais, religiosas – e que serviram como importantes meios de intercâmbio cultural e hibridismo. Nos Canatos ocidentais, por exemplo, os primeiros mongóis a aceitar o islã parecem ter sido soldados comuns que interagiam com as populações nativas, em grande parte muçulmanas, e se casavam com mulheres locais. Os mongóis que governaram a China abandonaram esse padrão, pois eles desejavam preservar seus privilégios de conquistadores, evitando muitas práticas chinesas e resistindo à assimilação. Assim como os conquistadores ingleses na Irlanda, eles proibiram os chineses de se casarem com os mongóis e aprovaram regulamentos para tentar impedir que os chineses se passassem por mongóis e para manter separados os grupos sociais. Eles atribuíram às pessoas ocupações hereditárias, cada uma das quais implicava certos impostos ou obrigações trabalhistas e classificavam a população em quatro níveis: os mongóis estavam no topo e os chineses do Sul, na parte inferior.

O legado dos mongóis é complicado e heterogêneo. Eles assassinaram e trocaram as populações de lugar, interromperam a agricultura e saquearam riquezas por toda a Ásia, mas eles também promoveram o comércio e o intercâmbio de ideias. Eles eram pastores, mas o deslocamento forçado de pessoas ajudou a expandir a agricultura. Eles eram nômades, mas no século XIII construíram uma nova capital, Dadu (também conhecida como

CAPÍTULO 3 – EXPANSÃO DAS REDES DE INTERAÇÃO, 500 D.C.-1500 D.C. | 189

Cambalique), que é, atualmente, o centro da moderna Pequim, e seria a capital da China por todos os períodos futuros, exceto em dois deles. Ao construírem essa nova capital, eles romperam com seu passado nômade, mas passaram a seguir um padrão utilizado por muitos outros governantes que consideravam as cidades – assim como se sentia Ban Zhao durante a dinastia Han – como o único local onde uma vida civilizada e culta era possível.

VIDA NA CIDADE

Nessa época, as cidades não eram fundadas somente pela ordem de um governante. Assim como tinha ocorrido desde que elas apareceram pela primeira vez na Mesopotâmia e no Egito no final do quarto milênio a.C., as cidades foram construídas e cresceram (ou foram destruídas e abandonadas) por muitas razões diferentes. Algumas começaram como aldeias litorâneas, nas encostas de rios ou das rotas de comércio que atraiam cada vez mais pessoas por suas oportunidades econômicas. Outras eram, ou se tornaram, centros cerimoniais e educacionais, com igrejas, templos, mesquitas, universidades e escolas. Outras ainda serviam como refúgio contra os conflitos armados, construídas por seus residentes, que buscavam segurança, com fortes muralhas e apenas algumas portas. Às vezes isso funcionava.

Mesmo hoje em dia, é difícil dizer qual das megacidades ou megalópoles merecem a designação de "maior cidade do mundo"; Tóquio-Yokohama, Jacarta, Seul, cidade do México e Shanghai estão todas na competição, mas o tamanho delas dependerá da forma como a população é contada e estimada e de onde estão os limites da cidade. Estimativas das populações das primeiras cidades são ainda mais difíceis, embora não existam disputas em relação aos primeiros séculos d.C., pois a maior cidade do mundo era certamente Roma, que pode ter tido mais de 1 milhão de pessoas, quando estava em seu ápice. Por volta de 500 d.C., Roma tinha encolhido para talvez 50 mil pessoas, no entanto, e ela continuou encolhendo por muitos séculos depois disso. (Roma não chegou a 1 milhão de pessoas até a primeira metade do século XX.)

No ano 500, as maiores cidades do mundo eram provavelmente Constantinopla, no Bósforo, e Xian, na China central, com várias centenas de milhares de moradores. Mais tarde, no século V, a elas se juntou a cidade de Ctesifonte, no rio Tigre, quando o governante sassânida da Pérsia, Cosroes I, deslocou centenas de milhares de pessoas que ele havia conquistado para lá e ali construiu uma nova cidade. O declínio de Ctesifonte foi ainda mais rápido do que o de Roma; a cidade foi completamente abandonada no século VIII, quando os califas abássidas construíram Bagdá como sua capital, a cerca de 20 milhas [aproximadamente 32 km] dali. Outras cidades do mundo muçulmano que possuíam cortes também cresceram, chegando a ter mais de 100 mil habitantes nos séculos anteriores ao ano 1500, incluindo o Cairo e Córdoba, mas a parte mais urbanizada do mundo nesta época era a China Oriental, que tinha pelo menos seis cidades com mais de 100 mil residentes. Cidades de porte semelhante, em sua maioria capitais, podiam ser encontradas em outros lugares da Ásia, incluindo Angkor Thom, Delhi e Vijiyanagar, esta última chegou a ter meio milhão de pessoas antes de ser saqueada por exércitos de invasores em 1565; a cidade nunca mais se recuperou. Na Europa ocidental cristã, apenas Paris e talvez Veneza e Gênova tinham 100 mil pessoas antes de 1500. No hemisfério ocidental, as maiores cidades estavam na Mesoamérica, primeiro Teotihuacan e, em seguida, Tenochtitlán; na América do Norte, a única grande cidade era Cahokia (MAPA 9).

Uma vez que as pessoas alfabetizadas desta época viviam em cidades ou em instituições religiosas (muitas das quais estavam nas cidades), a vida urbana deixou muito mais registros que a zona rural. Os visitantes dessas cidades ficavam espantados com o que viam, e suas cartas e relatórios oferecem os detalhes vívidos que faltam aos registros burocráticos, muitas vezes secos, produzidos pelos funcionários locais e reais. Nas cidades foram fundadas universidades e outras instituições de ensino superior, e seus acadêmicos, além de montarem bibliotecas, também escreviam e faziam circular todos os tipos de obras. Os artistas e artesãos reuniam-se nas cidades, onde patronos ricos encomendavam pinturas, esculturas, livros, ajudas devocionais e outros objetos; as pessoas de todas as classes compravam tudo o que podiam. Assim, as fontes artísticas e materiais foram adicionadas aos já ricos registros escritos.

Tomadas em conjunto, essas fontes indicam que, em todos os lugares, as cidades tinham certas coisas em comum. No entanto, independentemente de como começavam, as cidades recrutavam pessoas do campo com a promessa de maior liberdade e novas possibilidades. As cidades ofereciam oportunidades econômicas, que redundavam em maior riqueza, em um padrão mais elevado de vida e mobilidade social em direção ao topo para muitas pessoas, embora o número de pobres também tenha aumentado. Muitas cidades desenvolveram um sentimento de identidade que, semelhante às identidades de grupo criadas pelos governantes e

CAPÍTULO 3 – EXPANSÃO DAS REDES DE INTERAÇÃO, 500 D.C.-1500 D.C. | 191

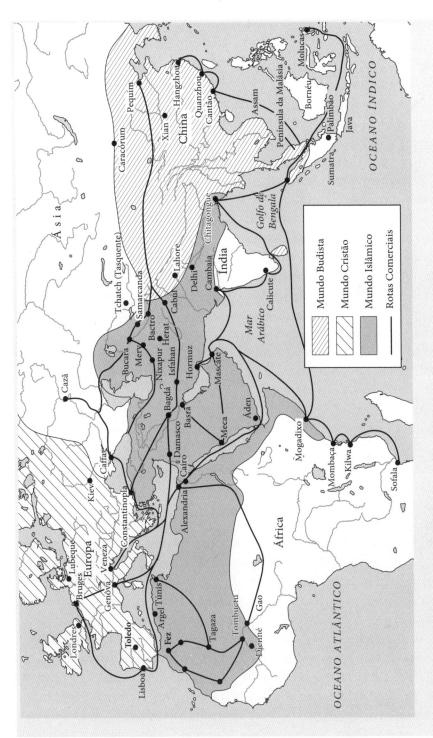

MAPA 9. Rotas comerciais, grandes cidades e religiões no hemisfério oriental, 500-1500.

suas cortes, era reforçado por mitos de origem e a ocorrência regular de rituais públicos. Em Veneza, por exemplo, desde o ano 1000, o chefe do governo da cidade, conhecido como "doge", era levado uma vez por ano em uma suntuosa galé que ia à frente de uma enorme procissão de gôndolas e barcos decorados, desde um ponto mais adiante da lagoa em que a cidade tinha sido construída até o mar Adriático e, por fim, ele tanto abençoava quanto se casava simbolicamente com ela. Após jogar um anel de ouro nas águas, ele recitava palavras que enfatizavam o domínio de Veneza sobre o mar – nesse ritual, o mar era a esposa. Essa união deveria ser tão indissolúvel quanto um matrimônio cristão. Essa cerimônia, que foi se tornando maior e mais elaborada ao longo do tempo, afirmava a todos os espectadores que Deus havia emergido a cidade do mar para os venezianos e que São Marcos, cujas relíquias foram trazidas de Alexandria no início do século IX por comerciantes venezianos após as conquistas muçulmanas, a protegia. Assim, seu poder naval, sucesso comercial e opulência haviam sido divinamente aprovados, uma lenda reforçada em outros rituais, pinturas, óperas e poemas. (Quando Napoleão conquistou a cidade em 1798, o doge abdicou e Napoleão mandou destruir sua galé; o atual prefeito de Veneza restabeleceu a cerimônia, embora com um barco muito menor e menos pompa.)

Algumas cidades foram fundadas para ser capitais de Estados, ou cresceram em torno da corte de um governante e, dessa forma, a cidade era administrada por funcionários reais. Outras cidades criaram instituições independentes de governo, muitas vezes dominadas pelos maiores comerciantes da região, então os planos econômicos, sociais e políticos da cidade representavam os interesses desse grupo. Já outras cidades constituíam uma mistura, com diferentes autoridades e facções que disputavam, tomavam e perdiam o poder ao longo dos séculos. Juntamente com o próprio governo urbano, em muitas cidades foram estabelecidos órgãos corporativos que regulamentavam a produção de bens e serviços, ofereciam apoio ao pessoal e edifícios religiosos, patrulhavam as muralhas e as ruas, abriam e administravam instituições educativas e realizavam várias outras atividades. Essas corporações de ofício, irmandades religiosas e milícias cívicas promoviam solidariedade e hierarquia: os membros enxergavam em si uma identidade de grupo diferente daqueles que não faziam parte do grupo, mas eles também deviam seguir regras e instruções estabelecidas, bem como obedecer às ordens dos líderes do grupo. As corporações de ofícios e outros grupos corporativos organizados ofereciam a seus membros vantagens concretas, como a capacitação profissional, terreno para sepultamento e também ofereciam aquilo que os sociólogos chamam de "capital social", isto é, uma rede de relacionamentos por meio da qual era possível obter vantagens econômicas e outras.

IMAGEM 18. Os clientes encomendam sapatos, inspecionam os tecidos e compram utensílios de mesa nesta cena de mercado de um manuscrito francês do século XV. Embora a cena esteja dentro de um arco para fins estilísticos, os edifícios das cidades europeias costumavam ter galerias e passagens cobertas onde os vendedores podiam montar suas bancas de produtos sem se preocupar com a chuva.

As cidades não eram igualitárias; quanto maior, mais elaboradas eram suas hierarquias sociais. Na parte superior da hierarquia estavam os comerciantes ricos, os funcionários e os profissionais; no meio, os artesãos, estudantes e lojistas; e na parte mais baixa, os empregados, carregadores, diaristas, mascates e (em alguns casos) os escravos. A escravidão doméstica, formada em sua maioria por mulheres, era característica de muitas cidades do hemisfério oriental e talvez das cidades do hemisfério ocidental também. As cidades eram muradas, e por isso, o crescimento da população implicava na limitação cada vez maior de espaço interno, com ruas e becos estreitos. Pessoas de todos os tipos, desde mendigos até comerciantes ricos costumavam se esbarrar na cidade lotada, mas a posição social e, por vezes, a ocupação eram claramente indicadas pelas roupas das pessoas. Em muitas cidades, a distinção pelo vestuário, além de um costume, tornou-se também uma questão legal, sendo que determinados itens caros – peles nas cidades europeias, penas na Mesoamérica – somente podiam ser vestidos pelos membros de grupos sociais mais elevados.

Porque salgar, decapar e secar eram as únicas formas de preservar os alimentos, alguns membros da família precisavam fazer compras todos os dias; era nos mercados que eles compravam os materiais necessários e também encontravam seus vizinhos, trocavam informações e falavam sobre os acontecimentos recentes. Mercados, ruas e espaços abertos eram também onde as pessoas se reuniam em busca de diversão e relaxamento, onde jogavam e assistiam a vários tipos de jogos de bola, de tabuleiro, de cartas, de dados, jogos de peças ou da bugalha, brigas de animal e de humanos. Todos esses momentos geravam ocasiões para apostas e jogos de azar, que eram, às vezes, condenados por moralistas e funcionários dos governos, mas eles tinham pouco poder para controlar essas situações. Os funcionários da cidade costumavam tentar regulamentar os aspectos da vida urbana, incluindo as trocas nos mercados, a construção de edifícios, a manutenção das ruas e o descarte de lixo. Os funcionários da cidade alemã de Nuremberg, por exemplo, ordenavam que os moradores limpassem suas pocilgas e reparassem todos os buracos das ruas em frente de suas casas que fossem tão grandes que as crianças pudessem neles se afogar.

Os incêndios eram um perigo constante, e se espalhavam muito rapidamente, pois as casas eram construídas muito próximas umas das outras. Durante o século XIII, por exemplo, os incêndios queimaram grandes seções de Hangzhou, na China Oriental, por várias vezes; tomando 30 mil edifícios em um dos incêndios relatados, enquanto os incêndios bem menores da cidade de Londres destruíram igrejas, casas e pontes. (O incêndio mais devastador de Londres ocorreu em 1666, ele durou quatro dias e destruiu a maior parte da cidade velha.) As autoridades reais e da cidade tentaram várias maneiras de prevenção e combate aos incêndios, inclusive proibindo os fornos fechados e os locais de trabalho que usassem fogueiras abertas, como forjas e fundições, incentivando o uso de materiais de construção não inflamáveis, estabelecendo sistemas de vigilância e sinais de aviso e organizando brigadas de incêndio formadas por moradores da cidade armados com machados, escadas e baldes. Às vezes eram eficazes contra pequenos incêndios, mas não contra as grandes conflagrações.

As oportunidades de trabalho em geral não eram tão abundantes como o número de pessoas que chegavam às cidades, assim, as pessoas sustentavam-se a si mesmas e suas famílias por meio de atividades julgadas ilegais ou, no mínimo, questionáveis ou desonrosas. Elas roubavam mercadorias das casas, carroças, tendas do mercado e instalações de armazenamento e, então, as penhoravam ou as vendiam na cidade mais próxima. Elas roubavam mercadorias ou dinheiro diretamente das pessoas, cortando as cordas dos sacos ou bolsas que carregavam. Elas faziam e vendiam misturas de ervas e drogas que, segundo elas, curavam todos os tipos de doenças, às vezes combinavam as vendas com um espetáculo de marionetes, animais treinados, truques de magia ou música para atrair os clientes. Elas vendiam sexo por dinheiro, ou nas esquinas das ruas ou em casas que, em alguns lugares, eram bordéis oficialmente sancionados e taxados. A prostituição era especialmente comum nas cidades em que os homens se casavam mais tarde, ou onde havia um grande número de comerciantes transitórios, ou onde certos grupos de homens, como estudantes universitários, soldados ou clero eram proibidos de se casar. Roma e Paris eram conhecidas pela quantidade (e qualidade) das prostitutas que ali viviam. A maioria das mulheres e homens da parte mais baixa do estrato social realizavam todos os tipos de trabalho em uma economia de expedientes paliativos. As instituições religiosas e de caridade ofereciam apoio para os pobres em algumas cidades, mas os mendigos estavam por toda parte.

A situação econômica de muitas pessoas das cidades era precária e o aumento dos preços dos alimentos podia ser devastador, pois a maior parte da renda das pessoas era gasta nesse setor. Em alguns momentos, esse aumento provocou motins de fome ou ataques aos comerciantes que pareciam estar acumulando ou especulando. Às vezes tais fatos se misturavam à suspeição voltada aos forasteiros: os cristãos das cidades europeias atacaram os judeus, enquanto no porto chinês de Guangzhou, os rebeldes massacraram os comerciantes muçulmanos em 878. A agitação urbana e as revoltas também foram produzidas a partir de outras causas, incluindo novos impostos, aluguéis mais elevados, mudanças nas condições de trabalho, líderes religiosos carismáticos que incentivaram oposição às autoridades, conflitos entre as corporações de ofícios ou organizações estudantis e, por vezes, até mesmo os eventos esportivos. Em muitos desses, os jovens solteiros sem responsabilidades familiares formavam o núcleo da agitação, mas as mulheres também participavam dos motins contra os elevados preços dos alimentos.

Cada cidade possuía uma variação ligeiramente diferente desses temas comuns. Constantinopla – construída pelo imperador romano Constantino, no local onde ficava a pequena cidade de Bizâncio – foi inicialmente concebida em um estilo distintamente romano para reforçar suas semelhanças com a velha capital; suas igrejas se assemelhavam a templos, a cidade continha edifícios públicos em mármore e fóruns com colunatas. Mas ela era mais um porto marítimo que um centro terrestre; e o seu porto bem protegido e de águas profundas dominava a cidade. Constantino murou imediatamente o lado voltado para a terra, e os imperadores posteriores construíram enormes muralhas e paredões, tornando-a impenetrável na aparência e na realidade. A cidade tornou-se um protótipo frequentemente copiado mais tarde pelas cidades muradas da Europa e do Mediterrâneo. Os imperadores também construíram igrejas, monumentos, depósitos, pistas de corrida, fóruns, aquedutos e fontes. Como parte de seus esforços para revitalizar o Império Romano e afirmar sua identidade cristã, Justiniano ordenou a construção de Hagia Sophia, uma colossal igreja abobadada e dedicada à Santa Sofia (Sabedoria), repleta de mosaicos e relíquias, construída no local de uma igreja anterior que foi completamente incendiada em revoltas civis entre os torcedores de dois times de corridas de bigas. Dentro das muralhas da cidade foram construídas enormes cisternas subterrâneas que forneciam água, bem como vastos jardins e áreas de pastoreio que forneciam legumes e carnes, permitindo que a cidade suportasse um longo cerco. Constantinopla atingiu seu maior tamanho provavelmente em meados do século VI, contando com cerca de meio milhão de pessoas antes da praga de Justiniano, das epidemias subsequentes, de uma série de terremotos e da diminuição da renda imperial devido à expansão do islamismo, que levaram a diminuição para cerca de um terço desse tamanho por volta do século VIII.

Apesar desse declínio, a cidade continuou sendo um importante centro comercial, político e religioso, e ainda atraía pessoas de toda a Ásia Ocidental e do mediterrâneo. Seus bairros estrangeiros estavam apinhados de italianos, judeus, armênios, eslavos e até mesmo os ocasionais persas e *vikings*. Seus mercados ofereciam bens de muitas partes do mundo. Peles e madeira fluíam pelo mar Negro, bem como escravos pelo Mediterrâneo vindos do norte da Europa e dos Balcãs por Veneza. Especiarias, sedas, joias e outros bens de luxo chegavam a Constantinopla da Índia e da China pela Arábia, do mar Vermelho e do Oceano Índico. Em troca, a cidade exportava produtos vidreiros, mosaicos, moedas de ouro, tecidos de seda, tapetes e uma série de outros produtos, sendo que grande parte do comércio exterior estava nas mãos dos comerciantes italianos. A casa típica da cidade incluía os membros da família e os funcionários, alguns dos quais eram escravos. Os artesãos viviam e trabalhavam em suas lojas, enquanto os funcionários do governo e os comerciantes normalmente residiam em edifícios de vários andares; já os aristocratas ricos residiam em mansões autônomas, que frequentemente possuíam pátios internos, galerias, grandes salões de visitas, pequenos quartos de dormir, quartos de ler e escrever, banheiros e capelas. Nas casas das classes superiores, as mulheres eram isoladas em alojamentos femininos separados, assim como havia sido na antiga Atenas.

Como Constantinopla, Tenochtitlán foi também construída para ser o centro de um império por pessoas que acreditavam ter uma missão divina. A partir do século XII ou XIII, os povos de língua náuatle, chamados de mexica, migraram para o vale central do México. Ali se estabeleceram no litoral e nas ilhas do lago Texcoco e, em 1325, construíram as cidades gêmeas de Tenochtitlán e Tlatelolco em uma ilha do lago; o local foi escolhido para o cumprimento de uma profecia atribuída ao deus-guerreiro Huitzilo-pochtli, que ordenou a construção da cidade onde encontrassem uma águia empoleirada num cacto – o qual deveria crescer de uma pedra afundada na água – e comendo uma cobra. (Esse mito de origem é retratado no brasão de armas mexicano, no centro da bandeira mexicana.) Tenochtitlán tornou-se a maior das duas e foi construída com dois modelos em mente: Aztlan, a lendária ilha de origem dos mexicas no Norte (e a origem da palavra Asteca, dada a esses povos pelos estudiosos do século XIX) e a cidade real de Teotihuacan, cerca de 50 milhas [80 km] ao norte do lago Texcoco, cujas imensas pirâmides, avenidas cuidadosamente dispostas, áreas residenciais e vastos módulos para os mercados já eram ruínas quando os astecas ali chegaram.

Para duplicar o tamanho de Teotihuacan, os mexicas aumentaram o tamanho original de sua ilha por meio de extensões de terras, e sobre elas construíram centros cerimoniais, pirâmides, templos, edifícios públicos, mercados, lojas e casas, todos separados por ruas largas e retas e canais por onde as canoas traziam mercadorias para a cidade e levavam para fora o lixo e os resíduos humanos. Eles construíram um dique para isolar a água doce que fluía ao salobro lago Texcoco; construíram aquedutos de terracota desde as nascentes existentes nas montanhas para trazer água potável e suprir as fontes dos parques;

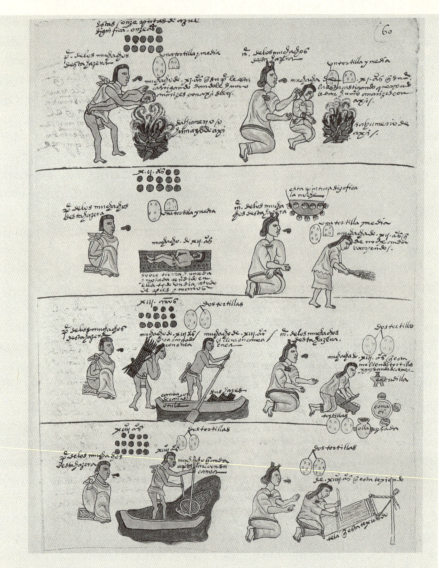

IMAGEM 19. Os castigos e as tarefas das crianças mexicas de diferentes idades, conforme retratados no Código de Mendoza, um livro escrito cerca de vinte anos após a conquista espanhola, o qual retratava a vida dos mexica. No topo, meninos e meninas de onze e doze anos eram disciplinados por seus pais e, na parte inferior, os adolescentes varriam, carregavam paus, pescavam, moíam milho e teciam.

construíram quatro caminhos ligando a ilha às margens, com aberturas nas pontes para liberar o tráfego de barcos; transformaram os charcos do entorno da borda do lago em terras cultiváveis pela construção de *chinampas*, terrenos muito férteis criados pela acumulação de lama e vegetação em decomposição, muradas por densas treliças e protegidas por juncos e árvores. (Às vezes chamadas de "jardins flutuantes", mas, na verdade, não eram flutuantes.) Paredes de pedra e tijolo cru cercavam a própria cidade, que se tornou, assim como em Constantinopla, altamente defensável e capaz de resistir a um cerco prolongado. No final do século XV, a área da ilha e próxima a ela possuía quase 60 mil domicílios e uma população total em torno de 250 mil pessoas. Essa população incluía os mexicas, os grupos que já tinham vivido lá na época das conquistas dos mexicas, os emissários que traziam tributos dos distantes Estados conquistados, os caixeiros viajantes e os prisioneiros de guerra.

Em muitas praças públicas e mercados de Tenochtitlán, os açougueiros vendiam perus, patos, galinhas, coelhos e veados nas ruas; os merceeiros vendiam todos os tipos de pimentas, abóbora, abacates, milho e feijão. Os artesãos homens vendiam joias intricadas, feitas de ouro, prata e plumas, enquanto as artesãs ofereciam vários itens de vestuário habitualmente usados pelas pessoas comuns, bem como túnicas e capas bordadas para os ricos. Madeira para construção, ervas para tempero e remédio, tabaco para mascar e fumar, mel, chocolate, facas de obsidiana, jarros de jade e muitos outros produtos somavam-se à variedade de mercadorias, sendo que grãos de cacau e tecidos eram usados como dinheiro. Homens e mulheres se misturavam nesses lugares públicos, pois a reclusão feminina não era uma norma. Outras distinções de gênero eram: na cerimonia e no nascimento, as meninas ganhavam fusos e lançadeiras de tecelagem, enquanto rapazes recebiam um escudo e quatro flechas; esses presentes eram símbolos das atividades que os jovens deveriam realizar como adultos em serviço do Estado asteca em expansão.

Nossas informações sobre a estrutura social em Tenochtitlán e, de forma mais ampla, na sociedade mexica vêm em grande parte de documentos escritos em espanhol no primeiro século após a conquista europeia, posteriormente expandidas por evidências arqueológicas e pesquisas etnográficas. A unidade básica era o *calpulli*, que consistia de vários grupos familiares inter-relacionados sob a liderança de um chefe. Os membros de um *calpulli* compartilhavam práticas religiosas, muitas vezes viviam no mesmo local e, em economias especializadas como a de Tenochtitlán, podiam ter a mesma profissão. A sociedade era vista como um conjunto de diferentes *calpullis*, agrupados em linhagens plebeias e linhagens nobres, estas últimas controlavam a maioria das terras e recebiam impostos, aluguéis, tributo e serviços de mão de obra daqueles que nelas viviam. A mobilidade entre esses dois grupos era difícil, embora alguns guerreiros plebeus ocasionalmente conseguissem se tornar nobres e os mercadores de longa distância que traziam os itens de luxo usados pelos nobres ganhassem alguns privilégios sociais dessa classe. Os plebeus (*macehualtin*) trabalhavam a sua própria terra ou faziam outros tipos de trabalhos na cidade; os homens eram obrigados a prestar serviço militar, bem como outros serviços de mão de obra. Abaixo deles, estavam as pessoas sem terra e os escravos, que incluíam prisioneiros de guerra, criminosos e pessoas vendidas como escravas por suas famílias. Como no mundo muçulmano, a escravidão não era necessariamente uma condição hereditária; exceto os prisioneiros de guerra, que seriam sacrificados a uma divindade, as pessoas transitavam para dentro e para fora da escravidão e podiam comprar sua própria liberdade. Aqueles prisioneiros de guerra tornaram-se cada vez mais importantes no final do século XV, quando mudanças na religião mexica levaram a uma maior ênfase das oferendas de sangue humano ao sol como um ato necessário para a sobrevivência diária e manutenção da ordem cósmica. O enorme templo em forma de pirâmide no centro de Tenochtitlán tornou-se o local de frequentes sacrifícios humanos, assistidos por muitos observadores.

Nem todas as cidades dessa época tinha uma igreja ou templo gigante em seu centro (embora muitas tivessem), nem todos eles foram construídos para promover o poder e a glória do império (embora muitos fossem). Hangzhou começou como uma aldeia de plantadores de arroz no delta fértil do rio Yangtzé e cresceu constantemente até se tornar a maior cidade da China (e talvez do mundo) em 1200. Durante a curta dinastia Sui (581-618), os moradores construíram seus primeiros muros e a cidade tornou-se o ponto mais ao sul do Grande Canal Jing-Han, que ligava a região do rio Yangtzé com a do rio Amarelo no Norte. As barcaças transportavam arroz pelos canais para o pagamento de impostos e a alimentação dos soldados nos centros de poder político e militar no norte da China, juntamente com mercadorias importadas do Japão, do sudeste da Ásia e da Índia. Este comércio continuou durante a longa dinastia Tang (618-907), quando a cidade se tornou um dos muitos centros cosmopolitas de erudição, onde o cristianismo nestoriano, o judaísmo, o zoroastrismo e o islamismo trazidos por mercadores estrangeiros se juntaram a vários ramos do budismo. Os funcionários selecionados por meio do sistema de provas ficavam a cargo da cidade e ganharam notoriedade por sua poesia e caligrafia, bem como por suas políticas públicas. O funcionário e estudioso Bai Juyi (772-846) expandiu as muralhas da cidade, reparou um dique em colapso para melhorar a irrigação, construiu uma grande ponte

CAPÍTULO 3 – EXPANSÃO DAS REDES DE INTERAÇÃO, 500 D.C.-1500 D.C. | 201

para assegurar o acesso a um lago famoso por sua beleza e tranquilidade e também escreveu milhares de poemas, populares por sua linguagem simples. Seus poemas foram levados até o Japão, onde eles foram citados pelos personagens de Murasaki Shikibu em "O Conto de Genji".

Quando a dinastia Tang centralizadora desabou, Hangzhou tornou-se o centro do pequeno reino costeiro e independente Wuyue e continuou a prosperar economicamente por meio da agricultura e do comércio, com diplomatas e monges budistas no Japão e na Coreia. A cidade foi reabsorvida pela crescente dinastia Song no final do século X, e em 1132 tornou-se a capital do estado Song meridional, quando a capital Song em Kaifeng foi tomada pelos nômades Jurchens. Vindos da zona rural circundante e do Norte conquistado, os imigrantes verteram para a cidade; um século mais tarde, sua população pode ter chegado a 1 milhão ou até 1 milhão e meio de habitantes. Os comerciantes de Hangzhou – e de outras grandes cidades chinesas – organizaram-se em corporações de ofícios de acordo com o tipo de produto que vendiam e, além de moedas, usavam para seus negócios os certificados de depósito em papel emitidos pelo governo Song (o primeiro papel-moeda do mundo). As hierarquias sociais eram um tanto fluidas; os casamentos entre iguais sociais eram preferenciais, mas a riqueza adquirida por novas oportunidades econômicas podia compensar um *status* ligeiramente mais baixo, o mesmo valia para o sucesso do possível marido nos exames para ingresso no serviço público, que poderia levar a um cargo no governo.

A cidade não era apenas um centro de comércio e produção, mas também de cultura, entretenimento e educação. O funcionário, acadêmico e cientista Shen Kuo (1031-1095) escreveu suas principais obras em Hangzhou após ter sido demitido da corte por motivos de partidarismo político. Dentre elas, haviam ensaios sobre medicina, astronomia, matemática, engenharia civil, arqueologia e geografia e continham as primeiras discussões conhecidas sobre a bússola de agulha magnética, docas secas para a reparação de navios, erosão e elevação como forças geológicas e mudança climática, juntamente com planos para melhorar o cultivo de ervas medicinais, instrumentos astronômicos e topográficos e mapas de relevo. Os visitantes nos informam sobre os muitos mercados da cidade, as casas de banho, os têxteis de seda, os navios pintados e os bordéis. A conquista dos mongóis estabeleceu uma nova dinastia, a Yuan (1234-1368), e a capital mudou para o Norte novamente, mas desta vez para Dadu, a capital recém-construída; Hangzhou continuou sendo um porto importante e uma cidade gigante. As dinastias, os Estados e os impérios podem surgir e cair e, ocasionalmente, algumas cidades caíam junto e desapareciam completamente. Como Dadu, no entanto, muitas das cidades mais importantes desta época sofreram muito mais do que os governos que as construíram. Em 1500, grande parte das maiores megalópoles do mundo atual já eram cidades, mesmo que tivessem às vezes um nome diferente: Tóquio era Edo, Jacarta era o Porto de Sunda, a Cidade do México era Tenochtitlán. Seul já era Seul e Xangai era Xangai.

Zonas de intercâmbio cultural e religioso

Dois dos muitos visitantes de Hangzhou durante a dinastia Yuan vieram de um pouco mais longe do que os demais, o comerciante veneziano Marco Polo (*c.* 1254-1324) e o estudioso e diplomata marroquino Ibn Battuta (1304-1368). Aparentemente, Marco Polo passou 17 anos na China, principalmente como cortesão e funcionário do imperador Kublai Khan, da dinastia Yuan; o relato de suas viagens foi ditado para um escritor de romances que esteve preso com ele como prisioneiro de guerra depois que Polo voltou para a Itália. Escrito originalmente em francês – idioma comum dos comerciantes europeus que viajavam para o Oriente –, *O livro das maravilhas do mundo,* que foi copiado e traduzido muitas vezes, até mesmo antes do desenvolvimento da imprensa, relatava sobre as riquezas e os esplendores da Ásia. Mesmo suspeitando que os relatos de Marco Polo fossem exagerados, seus contemporâneos não deixaram de se inspirar por eles. Ibn Battuta, após ter ido a Meca – a peregrinação que todo muçulmano fiel deve realizar –, continuou suas viagens, seguiu para a Pérsia e desceu pela costa leste da África até Quíloa, na costa Suaíli; em seguida, voltou para as estepes da Ásia Central pela Síria, rumando novamente para o Sul, mas dessa vez até a Índia, onde se tornou funcionário do sultão que lá governava. O sultão de Delhi o enviou como diplomata para a China e, embora tenha naufragado, ele chegou até a corte do imperador da dinastia Yuan em Pequim, fazendo paradas em Bengala, no sul da China e em vários portos do sudeste asiático no caminho. Ele voltou para casa, no Marrocos, por Meca, parou por um tempo e depois atravessou o Saara em cima de um camelo até chegar ao Mali. Quando ele voltou dessa viagem, o sultão de Marrocos deu-lhe um escriba, e os dois juntos compuseram um livro de viagens em árabe, cujo título formal é *Um presente àqueles que contemplam as maravilhas das cidades e as maravilhas de viajar.* Algumas cópias foram feitas, mas o livro ainda era bastante desconhecido até o século XIX. Ambos os livros foram escritos de memória, e não por meio de notas escritas, e misturaram-se às histórias de terras estrangeiras das obras de viajantes anteriores, aumentando o número de "maravilhas" contidas naqueles livros. Por essas razões tem havido certo ceticismo sobre esses dois viajantes, mas o consenso entre os estudiosos é que ambos estiveram na maioria dos lugares que disseram ter estado.

Marco Polo e Ibn Battuta não foram viajantes típicos – Ibn Battuta talvez tenha viajado mais de 75.000 milhas [aproximadamente 120 mil km] –, mas suas viagens possuíam características semelhantes àquelas realizadas por um número cada vez maior de homens (e algumas mulheres) daquela época. A viagem de Marco Polo começou como um empreendimento comercial e a de Ibn Battuta, como uma peregrinação religiosa, mas suas habilidades e histórico estrangeiro chamaram a atenção dos governantes, e eles também se tornaram funcionários diplomáticos. Religião, comércio e diplomacia (juntamente com as conquistas) motivaram um número maior de pessoas a viajar muito mais depois de 1100 do que haviam viajado anteriormente. Alguns escreveram sobre suas viagens; e as pessoas queriam ler as obras porque *pensavam* em viajar. Polo e Ibn Battuta viajaram por terra e por mar a partir do Mediterrâneo e de volta a ele, viajaram ao longo das rotas de comércio que haviam sido desenvolvidas em épocas antigas, mas que estavam se tornando cada vez mais ativas.

A peregrinação era um dos deveres do crente islamita; o budismo e o cristianismo também incentivavam as peregrinações aos lugares sagrados, que naquela época estavam espalhados por todo o mundo, pois as duas religiões continuavam a se expandir – e também a contrair. Como o islamismo, o cristianismo e o budismo tornaram-se grandes zonas de intercâmbio cultural por meio das quais circulavam pessoas, ideias e objetos (ver MAPA 9, p. 191).

A transmissão do budismo nunca ocorreu de forma centralizada; os comerciantes e monges itinerantes levavam seus textos, relíquias, objetos devocionais e ensinamentos budistas por onde passavam e, no século X, o budismo já se estendia desde as estepes ocidentais da Ásia Central até as cidades e montanhas do Japão do período Heian. Os festivais budistas tornaram-se festas populares, e os rituais que marcavam as fases da vida passaram a incorporar os conceitos budistas, especialmente os funerais, pois neles o falecido deixava uma vida e iniciava sua nova existência. Milhares de templos e mosteiros foram construídos, e muitos se tornaram ricos, pois os crentes lhes ofereciam terras e bens. As comunidades de freiras eram mais pobres e menos populares do que as dos monges, pois estes últimos eram vistos como espiritualmente superiores, mas essas comunidades ofereciam a algumas mulheres a oportunidade de aprender a ler e escrever. Os mosteiros abrigavam homens alfabetizados e conhecedores de matemática e, por esse motivo, os comerciantes confiavam dinheiro e mercadorias à guarda dos mosteiros, os quais, por sua vez, ofereciam empréstimos aos comerciantes e espaço para feiras e mercados. A riqueza e o poder dos mosteiros levaram os governantes a ocasionalmente suprimi-los e a perseguir o próprio budismo – a perseguição religiosa mais famosa foi realizada na China da dinastia Tang pelo imperador Wuzong em 845 –, mas o budismo tinha penetrado muito profundamente na sociedade e rapidamente se tornava novamente uma importante força. Os mosteiros administravam escolas, faziam caridade, ofereciam alojamento para os viajantes e se tornaram grandes centros de arte e aprendizagem. O Mosteiro de Nalanda, no atual estado de Bihar, na Índia, tornou-se o principal centro de ensino avançado do budismo e, no século VII, atraía alunos de toda a Ásia e enviava monges para propagar os ensinamentos budistas. Os mosteiros coreanos imprimiram todo o cânon de textos budistas usando blocos de madeira (xilogravura), já os japoneses produziram pergaminhos escritos a mão com narrativas que transmitiam as ideias budistas sobre a transitoriedade da vida e as recompensas que se abriam aos crentes.

A difusão do budismo foi um processo complexo, suas ideias eram, às vezes, refiltradas pelos lugares que as haviam originalmente transmitido; múltiplas variedades de doutrinas originaram-se em diferentes regiões que abordavam situações locais, mas se espalhavam em seguida. Uma delas foi o tantra, um conjunto de crenças e práticas esotéricas que busca canalizar de maneiras criativas a energia divina que conserva o universo, muitas vezes por meio de cânticos (mantras), diagramas com significado cósmico (mandalas), gestos e rituais. O tantrismo desenvolveu-se no sul da Ásia no século VII e espalhou-se rapidamente por todo o mundo budista; tornou-se particularmente importante no Tibete, onde, no século VIII, o rei Tri Songdetsen (r. 754-797) converteu-se ao budismo. Ele empregou o budismo não apenas para consolidar e legitimar seu poder político, mas também em relações diplomáticas com outros Estados, um padrão observado nas novas dinastias que surgiram por toda a Ásia, incluindo a Tang, na China, e a Goryeo (ou Koryo) (935-1392), na Coreia. O Tibete também adicionou suas próprias características ao budismo, incluindo a crença na reencarnação dos *lamas* (professores religiosos). Outro ramo do budismo

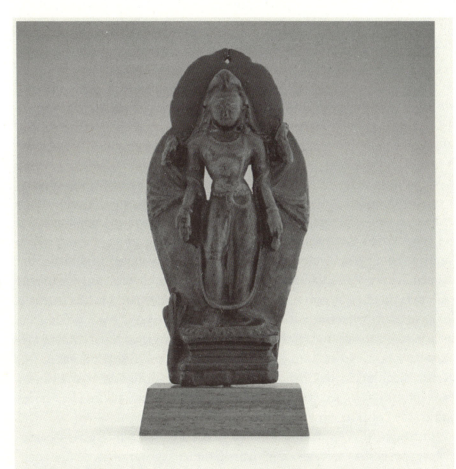

IMAGEM 20. Avalokiteśvara em madeira, o *bodhisattva* da compaixão, que ajuda a todos os seres sencientes (Tibete, séculos XI-XII). Avalokiteśvara foi (e é) muito venerado em diferentes ramos do budismo, e é representado por uma extraordinária variedade de formas e manifestações, tanto masculinas como femininas.

foi Chan, que enfatizava a meditação rigorosa, a disciplina monástica e, mais do que a autoridade dos textos sagrados, a transmissão direta do mestre ao estudante. Os monges japoneses que tinham viajado para a China levaram o Chan (ou zen, como era conhecido no Japão) para o Japão no século XII; os samurais foram atraídos a esse ramo do budismo por sua ênfase na disciplina e na obediência a um mestre. O tantra também foi seguido em alguns mosteiros do Japão e o budismo da Terra Pura, que venerava o Buda Amitaba e oferecia a possibilidade de alcançar o paraíso por meio de simples práticas devocionais, era popular entre muitos leigos, os quais misturaram essa forma de budismo ao xintoísmo, a tradicional religião japonesa. Em muitos outros lugares, vários ramos do budismo que foram criados localmente ou trazidos de outros locais se misturaram e coexistiam com as crenças preexistentes.

A natureza policêntrica do budismo encorajava as viagens para todas as direções, pois seus seguidores desejavam visitar os lugares santos e encontrar novos ensinamentos e textos. Os budistas chineses visitavam os locais da vida de Buda no sul da Ásia, mas os monges do budismo mahayana do Sul da Ásia também iam à China para honrar os budas celestiais e *bodhisattvas*, que supostamente viviam nas montanhas chinesas. Essa natureza policêntrica também permitiu que o budismo sobrevivesse à conquista de sua pátria pelos turcos muçulmanos. Em 1193 um exército muçulmano destruiu o grande centro de aprendizagem em Nalanda e, em geral, os governantes muçulmanos do norte da Índia eram hostis ao budismo como religião doutrinadora rival. Muitos monges fugiram. O budismo declinou na Índia, enquanto o hinduísmo prosperou, especialmente nas áreas do Sul que não haviam sido conquistadas pelas forças turcas e, muitas vezes, incluíam práticas compartilhadas com o islã e o budismo, incluindo o misticismo semelhante ao sufismo e os ensinamentos esotéricos do tantra. No entanto, o budismo continuou a prosperar em outros lugares, ligando cidades distantes, portos, oásis e locais sagrados de forma mais íntima que as redes mercantis, moldando a formação das identidades culturais e políticas em grande parte da Ásia.

O cristianismo também se expandiu e desenvolveu ramos variantes nesta época, mas suas divisões eram mais claramente geográficas do que aquelas do budismo e só raramente coexistiram em uma mesma área. Os bispos de Roma reivindicavam autoridade sobre todos os cristãos, afirmando que eles estavam em posição privilegiada, porque Jesus havia dado poder especial a um de seus discípulos, Pedro, e Pedro havia sido o primeiro Bispo de Roma. Eles ficaram conhecidos como papas – da palavra italiana *papa*, que significa pai –, e com o colapso do Império Romano do Ocidente no século V, os papas também tomaram o poder político na Itália central, cobrando impostos, enviando soldados e fazendo cumprir as leis. As igrejas dos locais que haviam sido a metade ocidental do Império Romano e o restante da Europa Ocidental e Central uniram-se lentamente em uma única Igreja Romana hierárquica – mais tarde chamada de Igreja Católica –, com o latim como seu idioma oficial e com conselhos periódicos que decidiam as questões de doutrina e disciplina, embora com variações locais na prática devocional.

Os imperadores bizantinos em Constantinopla e os bispos do que havia sido a metade oriental do Império Romano não aceitaram essa reivindicação de primazia romana e, por isso, a Igreja Cristã Oriental ou Igreja Ortodoxa, sobre a qual o imperador ainda mantinha algum poder, foi se desenvolvendo e separou-se formalmente do papado no século XI. No século V o cristianismo propagou-se para além das fronteiras do Império romano/bizantino, chegando, ao Sul, na Etiópia e, ao Leste, na Pérsia, na Armênia, no Império parta (arsácida) e na costa sudoeste da Índia. As igrejas desses locais não buscaram sua autoridade suprema nem em Roma nem em Constantinopla, formando suas próprias estruturas hierárquicas de poder que se dividiram, se deslocaram e se reagruparam com mudanças no cenário político e diferenças doutrinárias. Algumas dessas igrejas estavam localizadas em Estados oficialmente cristãos, tais como a Etiópia e a Armênia, mas a maioria delas situava-se em Estados onde o governante não era cristão, resultando em movimentos alternados de tolerância e repressão. Muitas Igrejas do Oriente, como elas passaram a ser conhecidas, usavam o siríaco como idioma litúrgico e aceitavam uma interpretação da natureza de Cristo baseada nas ideias de Nestório, líder da Igreja no século IV, que considerava distintas as naturezas (ou pessoas) divina e humana de Jesus; no entendimento de católicos e ortodoxos essas duas naturezas são uma só. O posicionamento nestoriano foi declarado herege e proibido no Império Bizantino do século V; muitos nestorianos mudaram-se para o Leste e difundiram sua interpretação.

Todas as três vertentes do cristianismo – a romana, a ortodoxa e a nestoriana – enviaram missionários, construíram igrejas, estabeleceram mosteiros, ganharam conversos e adquiriram terras. No século VI, o Papa enviou monges para a Inglaterra, que então serviu de base para a cristianização da Alemanha e de outras partes do norte da Europa. No século IX, o imperador bizantino enviou missionários para a Morávia e no século X, para a Rússia. Os missionários nestorianos fundaram igrejas nas cidades ao longo das rotas da seda na Ásia Central e, no século VII, em Chang-an, a capital chinesa da dinastia Tang. Às vezes os missionários trabalhavam por meio de estruturas políticas estabelecidas, convertendo um governante, que então ordenava seu povo a ser batizado, celebrar cerimônias cristãs e oferecer apoio financeiro para a Igreja. Embora houvesse algumas vezes conflitos espetaculares entre governantes e a hierarquia da Igreja, o cristianismo também ofereceu a reis e imperadores uma forma de reforçar a sua autoridade sobre os nobres proprietários de terras e outros grupos, pois ele ensinava que Igreja e Estado eram responsáveis por estabelecer a ordem e manter a hierarquia social. No século XI, toda a Europa, exceto o sul da Península Ibérica e a região do Báltico, era oficialmente cristã, desde a Rússia Kievana, no Leste, onde Vladimir I, em 988 converteu-se ao cristianismo para poder se casar com uma princesa imperial bizantina e realizou um batismo em massa para os cidadãos de Kiev; até a Noruega, no Norte, onde em 1024, o Rei Olavo II introduziu a lei cristã e por isso foi canonizado mais tarde; e até Castela, no Sul, onde em 1085, o rei Alfonso VI, à frente de um exército cristão, tomou das forças muçulmanas a cidade de Toledo, parte do movimento para expulsar os muçulmanos da Península Ibérica, que os cristãos mais tarde chamariam de *reconquista*. Até mesmo a Islândia nórdica tornou-se cristã no ano 1000, após o *Alþingi*, a assembleia legislativa que governava o país, decidir favorecer o cristianismo em detrimento do paganismo. Em todos os lugares o cristianismo assimilou certos aspectos da prática religiosa existente no local, suas igrejas foram construídas em nascentes, bosques ou colinas que tinham sido sagrados para os deuses pagãos e, em seguida, consagrados a um Santo local.

Além dessas ligações estreitas com os governantes e a incorporação das tradições locais, havia outras grandes semelhanças dentro do cristianismo. A virgindade era vista como espiritualmente superior ao casamento e, por isso, os atos sexuais que não levavam à procriação foram condenados. Monges e freiras viviam em comunidades, faziam votos de castidade, obediência e pobreza, mas as instituições, isto é, os mosteiros, podiam, às vezes, ser bastante ricos. Semelhante ao budismo, as comunidades de freiras geralmente recebiam doações menores que as dos homens e eram mais pobres, embora algumas recebessem grandes dotes de famílias abastadas, como demonstração de sua piedade e com o objetivo de manter um local para o envio daquelas filhas para as quais não conseguiam arranjar casamentos apropriados. Fora dos conventos femininos, todos aqueles que trabalhavam para a igreja eram homens, assim como no budismo e no islamismo. A formação teológica avançada e organizada era permitida apenas para os alunos do sexo masculino que, na Europa depois do século XII, podiam formar-se pelas universidades, primeiro em Paris e, depois, em Oxford e Cambridge.

Em todos os lugares, os cristãos organizavam-se em comunidades para a adoração coletiva; sob a orientação de um padre ou monge, elas se misturavam a outras estruturas sociais, bairros urbanos e aldeias existentes. Os rituais marcavam o ano agrícola e o ciclo da vida humana, com uma série de sacramentos que expressavam suas crenças básicas: iniciava-se com o batismo, por meio do qual a criança se qualificava para a vida eterna, incluindo a penitência, por meio da qual as pessoas confessavam e expiavam seus pecados, e terminava com a extrema-unção, funerais e monumentos para os mortos, nos quais as orações dos vivos, as bênçãos e os objetos sagrados ajudavam a enviar a alma para o céu de forma mais célere. Os rituais celebravam a vida de Jesus, sua mãe Maria, os apóstolos, os mártires e os santos. As relíquias associadas a esses indivíduos sagrados e as igrejas ou mosteiros que as abrigavam tornaram-se locais de peregrinação; isso criou uma paisagem sagrada que, no século XIII, estendia-se desde Santiago de Compostela, no canto noroeste da Península Ibérica – para onde o corpo de São Tiago havia sido milagrosamente transportado, sendo o destino mais popular de peregrinação da Europa depois de Roma –, até Pequim, onde o monge nestoriano Rabban Bar Sauma (*c.* 1220-1294) visitou os locais cristãos sagrados antes de iniciar sua peregrinação até Jerusalém.

Não é novidade que em um sistema religioso assim tão grande existissem enormes variações entre seus ramos e dentro deles, e que muitas delas fossem variações teológicas, mas outras eram sociais e culturais. O cristianismo romano passou a exigir o celibato de seus padres, bem como de monges e freiras, mas essa política mostrou-se difícil de ser implementada e, por séculos, os padres e os outros indivíduos hierarquicamente superiores da Igreja recorriam às concubinas. Em outras variantes, os homens casados podiam em geral ser sacerdotes e em alguns lugares eles podiam até galgar postos mais altos na hierarquia clerical. Entre os leigos, o divórcio era geralmente proibido, mas a anulação oferecia um substituto prático para aqueles que possuíam meios financeiros para consegui-la e, em algumas variantes, o próprio divórcio era permitido. No Egito, a Igreja Copta, por exemplo, legitimou o divórcio no século XIII; no ambiente da sociedade mameluca o divórcio era muito comum. Na ortodoxia, as disputas sobre o papel adequado das imagens religiosas levaram no século VIII a uma controvérsia iconoclasta, em que pinturas e estátuas foram esmagadas, monges presos e executados e províncias do Império Bizantino revoltaram-se contra os imperadores que se opunham às imagens. Os ícones foram mais tarde restaurados e, na prática religiosa, tornaram-se mais importantes do que haviam sido no cristianismo romano; mesmo assim, por toda a cristandade, os lugares das imagens milagrosas tornaram-se locais de peregrinação.

A expansão do islamismo deu nova forma ao cristianismo, bem como ao budismo, separando a Igreja etíope e as cristãs orientais da romana e da ortodoxa. Muitos cristãos orientais viviam em Estados muçulmanos; enquanto a política geral era a da tolerância, houveram períodos de maior fervor nos quais as práticas cristãs eram restritas ou suprimidas. Quando os turcos seljúcidas de Jerusalém e da área circundante impuseram dificuldades às peregrinações cristãs, o Papa respondeu em 1095, chamando os cristãos para recuperar Jerusalém dos muçulmanos; ele esperava que isso também lhe permitisse afirmar sua autoridade sobre os ortodoxos. Ele incitou uma guerra santa contra os infiéis, oferecendo vantagens materiais e espirituais; milhares de cristãos ocidentais responderam ao seu pedido. Após um sangrento cerco, eles conseguiram tomar Jerusalém em 1099 e, na região, estabeleceram pequenos Estados. Por muitos séculos, peregrinos e combatentes cristãos fizeram a viagem de ida e volta, por terra e por mar, em uma série de expedições aprovadas pelos papas.

As cruzadas foram desastrosas para os judeus que viviam na Europa. Inflamadas por pregadores, multidões de cristãos atacaram e mataram comunidades inteiras de judeus em muitas cidades, e às vezes os queimavam vivos em seus locais de culto. As restrições legais sobre os judeus aumentaram gradualmente em toda a Europa, até que em 1290 o Rei Eduardo I expulsou os judeus da Inglaterra, confiscando bens e propriedades; Filipe IV da França fez o mesmo em 1306. Durante a quarta cruzada (1202-1204), os exércitos pararam em Constantinopla e, não tendo sido bem recebidos, saquearam a cidade e tomaram milhares de relíquias, que foram mais tarde vendidas na Europa. Isso enfraqueceu o Império Bizantino ainda mais e fez que a separação entre as igrejas Ortodoxa e Romana se tornasse permanente. Semelhantes brigas internas entre os muçulmanos facilitaram as vitórias iniciais das cruzadas, mas no final do século XIII os exércitos mamelucos que estavam conquistando outros Estados muçulmanos também se voltaram contra os Estados cruzados. Seu último reduto, o porto de Acre, caiu em 1291, embora alguns cristãos, especialmente os comerciantes, tenham permanecido ali. Os efeitos das Cruzadas sobre as relações entre cristãos e muçulmanos é contestada; alguns historiadores argumentam que deixaram uma herança de profunda amargura, enquanto outros observam que essa ideia pode ser uma projeção do presente em relação ao passado a partir de conflitos posteriores.

Mudança e prolongamento das rotas de comércio

Para os comerciantes italianos, as cruzadas foram uma bênção. Venezianos e genoveses em particular lucraram com o provisionamento das expedições militares, bem como com a abertura de novas rotas comerciais e o estabelecimento de comunidades comerciais que não desapareceram quando os Estados cruzados deixaram de existir. Os mercadores venezianos estabeleceram escritórios permanentes no Cairo, onde vendiam especiarias que haviam sido comercializadas no mar Vermelho, enquanto os comerciantes genoveses iam para Constantinopla e para o mar Negro, onde se encontraram com as caravanas que transportavam mercadorias pelas rotas da seda. Alguns italianos foram para as cidades costeiras do oeste da Índia, as quais estavam se tornando mesclas cosmopolitas de hindus, budistas, muçulmanos, judeus, zoroastrianos (chamados de parsis na Índia) e cristãos que procuravam aumentar seus lucros.

A ascensão dos mercadores italianos foi um dos aspectos de uma expansão geral do comércio, da invenção de processos comerciais mais sofisticados e do desenvolvimento de novas formas de crédito, algo rotulado de "revolução comercial" pelos historiadores. Embora esse termo tenha sido inicialmente proposto para a Europa mediterrânea, ele se aplica, na verdade, a uma área mais ampla, pois em toda a Eurásia, depois de 1100, os mercadores profissionais transportavam cargas maiores, uma maior variedade de produtos por distâncias mais longas e para mais destinos, servindo um grupo de consumidores muito maior do que poderia ter sido imaginado vários séculos antes. Juntamente com a religião, o comércio criou zonas regionais e transregionais de trocas.

A maioria desses comerciantes profissionais eram homens, pois o comércio exigia o acesso a bens de comércio e a capacidade de viajar, e ambos estavam mais disponíveis para os homens. Os chefes de família costumavam controlar os produtos de seu agregado familiar, incluindo aqueles feitos ou colhidos pelas mulheres da família, bem como por escravos e servos de ambos os sexos. Devido a isso e porque a possibilidade de as mulheres conseguirem viajar estava limitada por normas culturais de decoro e respeitabilidade, os homens eram os principais comerciantes de longa distância, enviando ou trazendo itens de grande valor, tais como metais preciosos, especiarias, perfumes, âmbar e pedras preciosas ou grandes quantidades de mercadorias menos valiosas, tais como grãos, madeira e metais. Em alguns lugares as mulheres realizavam o comércio local, lidando com as pequenas vendas do varejo de alimentos e outros produtos básicos, mas em outros lugares os homens também lidavam com essa distribuição em pequena escala de mercadorias. Em alguns locais, incluindo a África Ocidental e o sudeste da Ásia, as mulheres eram importantes comerciantes regionais e até mesmo transregionais, lidando tanto com os produtos básicos (tecidos, por exemplo) como com os artigos de luxo (pimenta, bétel, ouro, marfim etc.). Em muitos lugares, os comerciantes do sexo masculino estabeleciam relacionamentos temporários ou mesmo de longo prazo com as mulheres locais. Por meio desses relacionamentos, os homens obtinham uma parceira sexual e doméstica, bem como conexões com os grupos que forneciam suprimentos e mercadorias para o comércio; a mulher e sua família ganhavam prestígio por seu contato com um estrangeiro. Esses casamentos ou outros tipos de arranjos domésticos também serviram como forma de transporte e mistura de ideias religiosas e rituais ou outras práticas culturais, pois maridos, esposas e filhos convertiam ou misturavam os elementos de diferentes tradições sempre que esses parecessem atraentes ou úteis.

A maior rede comercial da época foi a da Eurásia, que incluía muçulmanos, budistas e ecúmenos cristãos; esses dois elementos facilitaram e, por sua vez, foram acentuados pela disseminação dessas religiões. Na extremidade ocidental dessa rede, na Europa, o comércio de longa distância quase desapareceu após o colapso do Império Romano, mas começou a renascer no século VIII, quando frísios e outros europeus do Norte começaram a transportar escravos, cera, mel e, em especial, peles em troca dos artigos de luxo do Oriente. Às vezes, eles se ligavam aos radanitas, uma rede livre de mercadores de comunidades judaicas, consideradas neutras por governantes muçulmanos e cristãos que, por isso, conseguiam atravessar várias fronteiras religiosas hostis. Os radanitas viajavam por rotas terrestres e marítimas, indo do califado de Córdoba até a Índia e a China, compravam escravos e peles no Ocidente e especiarias, perfumes, incenso, seda e outros produtos caros no Oriente. No século XII, os venezianos e outros europeus estabeleceram grandes colônias mercantis no mar Negro, em Constantinopla e nos Estados cruzados e, assim, a importância dos radanitas ficou diminuída.

No meio desta zona comercial estava o mundo muçulmano, onde a propagação do islã reforçava uma ampla rede de contatos comerciais e de indústrias produtivas de artesanato já em vigor. O comércio era visto como uma profissão honrosa no islã, pois o próprio Profeta tinha sido comerciante. O islã tinha leis comerciais, um idioma comercial comum em árabe e uma moeda internacional, o dinar muçulmano. No século XI, o comércio do mar Vermelho foi se tornando cada vez mais importante, e o Cairo rapidamente desbancou Bagdá como o centro do comércio mundial. os mercadores árabes e persas navegaram em direção ao Sul ao longo da costa

CAPÍTULO 3 – EXPANSÃO DAS REDES DE INTERAÇÃO, 500 D.C.-1500 D.C. | **213**

leste do Suaíli, estabelecendo cidades comerciais, fortificadas, independentes e comandadas por mercadores, chegando até Sofala, no Zimbábue, e ligando-as às cidades existentes do outro lado do Oceano Índico. Em contraste com esse crescimento econômico, os líderes militares turcos, que governavam os Estados menores da terra islâmica após 1100, tendiam a impor taxas predatórias para financiar o estilo de vida extravagante de suas cortes; esses tributos costumavam ser impostos por meios arbitrários sobre o comércio e a produção; os comerciantes não tinham poder político institucionalizado para se opor a esse tipo de imposição. As inovações comerciais e tecnológicas, que anteriormente haviam sido comuns, diminuíram seu ritmo e os bens importados – incluindo produtos básicos, tais como tecidos, importados da Europa e da Índia – ficaram mais baratos, arruinando as indústrias locais.

As cidades costeiras da Índia, incluindo as cidades muçulmanas do Norte e as hindus do Sul, lucravam com o comércio em qualquer direção. Os navios carregavam todos os tipos de mercadoria, mas as especiarias das "Ilhas das Especiarias" (atualmente chamadas de Molucas, parte da Indonésia) e de outras partes do sul e do sudeste da Ásia eram os mais importantes produtos de luxo. As especiarias – pimenta, cravo, noz-moscada, mácide (ou macis), cardamomo, canela e gengibre – eram servidas não apenas como condimentos, mas também utilizadas como ingredientes em poções do amor, perfumes, analgésicos e bálsamos funerários. Antes da refrigeração, as especiarias ajudavam a preservar as carnes, pois mascaravam o sabor um pouco estragado desses alimentos. Outros mercados em expansão eram os de têxteis em algodão, de porcelana e de cavalos para uso na guerra e como símbolos de *status* e poder. Da Índia, os navios atravessavam o estreito de Malaca, carregando os comerciantes e seus produtos para a China – o extremo leste dessa zona comercial – e especialmente para as cidades do sul da China. Aqui o sistema de valores confucionistas via os comerciantes como parasitas sem honra, somente tolerados porque traziam os luxos desejados pelas elites da corte e porque podiam ser tributados. Essa atitude evitou que os mercadores ganhassem poder político, como os comerciantes italianos e suaílis, mas não impediu que pelo menos alguns deles se tornassem muito ricos.

De onde quer que viessem e para onde quer que fossem, os comerciantes compravam e vendiam escravos juntamente com outras mercadorias. Os mercadores italianos compravam mulheres jovens na Rússia e no norte da África para serem escravas domésticas em Veneza, Gênova e em outras cidades mediterrâneas. Os comerciantes espanhóis e portugueses compravam homens do norte da África capturados na guerra e os vendiam como escravos de galé, para que remassem navios de comércio e de guerra. Os *vikings* vendiam seus cativos em todos os mercados de escravos, desde a Irlanda até o rio Volga. Os comerciantes turcos compravam eslavos das forças turcas e mongóis e os vendiam para que fossem usados como escravos domésticos, soldados, trabalhadores têxteis ou nos palácios dos governantes. Os comerciantes árabes e africanos atravessavam o Saara em ambas as direções com escravos – africanos ocidentais iam para o Mediterrâneo e europeus orientais iam para a África Ocidental. Os mercadores indianos e árabes compravam escravos nas regiões costeiras do leste da África, levando-os para a costa oeste da Índia ou mais para Leste. Os governantes turcos muçulmanos do norte da Índia – alguns dos quais tinham sido escravos – vendiam cativos como escravos domésticos e militares na Ásia Central, principalmente hindus e budistas, mas também muçulmanos xiitas, que eram vistos como hereges pelos sunitas. Porque eles eram levados para locais distantes de seu país de origem, os escravos de muitos lugares eram estrangeiros, diferenciando-se de seus proprietários em termos de língua, religião ou aparência física. Essas diferenças não impediram que ocorressem relações sexuais entre os proprietários e suas escravas, mas o estatuto jurídico dos filhos tidos de mães escravas variava bastante. Em geral, as leis proibiam que os proprietários matassem seus escravos, e os ensinamentos religiosos os aconselhavam a tratá-los de forma gentil, ou (no islã) que fossem libertos em testamento, mas em toda parte, os escravos eram parte normal da hierarquia social.

As rotas que ligavam essa zona comercial da Eurásia tiveram graus variados de importância ao longo dos séculos, dependendo de sua relativa segurança e proteção. Do século V ao IX, as rotas da seda foram essenciais, mas a queda da dinastia Tang, em 909, as subsequentes invasões turcomanas e a fragmentação do califado abássida levaram a condições instáveis na Ásia Ocidental e Central, aumentando a preferência pelo envio de mercadorias pelo Oceano Índico. Os mongóis destruíram os antigos centros de comércio (como Bagdá e Samarcanda), mas uma vez que a conquista foi concluída adotaram políticas para fomentar o comércio de longa distância; uma das principais políticas era garantir a segurança das rotas de comércio para que os comerciantes e outros viajantes, juntamente com seus bens, tivessem passagem segura. Agora, os riscos e os lucros podiam ser bem avaliados pelos comerciantes. Algumas das grandes cidades-caravanas que haviam sido destruídas foram reconstruídas e, ao longo das rotas, foram criadas estações de passagem. A velha rede da rota da seda reemergiu, e uma nova rota mais ao Norte levava artigos de luxo para a capital Mongol em Caracórum e depois para Cambalique, a nova capital Mongol da dinastia Yuan.

Em meados do século XIV, essas rotas também transportaram a pandemia que ficou conhecida como a peste negra, a qual teve origem na Ásia Central e foi levada para todas as direções por pessoas e por ratos que estavam em todas as caravanas e em todos os navios mercantes. Estima-se que essa doença virulenta – nova nos locais onde se propagou – tenha matado pelo menos um terço da população europeia entre os anos 1347-1351; ondas recorrentes da epidemia continuaram por séculos. Não sabemos quantos milhões morreram em outros lugares para onde ela se espalhou, mas em todos os lugares a epidemia resultou na diminuição da produção, na queda da demanda e no declínio geral da prosperidade. Algumas áreas começaram a se recuperar no século XV, mas as rotas comerciais por terra nunca mais recuperaram a importância que tiveram no passado para o comércio de longa distância.

As rotas marítimas foram beneficiadas pelos problemas das rotas terrestres. No sul da China, a dinastia Yuan deu continuidade à política Song de encorajamento do comércio marítimo e, assim, as rotas marítimas continuaram a crescer. Caso possamos confiar em seus relatos, Marco Polo viajou para a corte Mongol pela rota terrestre do Norte, mas retornou pelo Oceano Índico (na verdade, para levar uma nova esposa de Kublai Khan para o governante do Ilcanato em Tabriz, cuja esposa favorita tinha morrido); Ibn Battuta viajou de navio em ambas as direções. Baseando-se em avanços anteriores relativos à navegação e à tecnologia marítima feita por árabes, indianos e malaios, os chineses introduziram a bússola magnética, divisórias impermeáveis para o transporte de cargas e navios gigantescos com muitos mastros principais que carregavam várias centenas de toneladas de carga.

A dinastia Yuan entrou em colapso em 1368 e foi substituída por uma dinastia nativa, a Ming; o novo governo se recusou a negociar com os mongóis que controlavam as rotas de comércio da Ásia Central e, inicialmente, deram ainda mais atenção ao comércio marítimo. Entre 1405 e 1433, o terceiro imperador Ming enviou sete enormes expedições navais pelo Oceano Índico e pelo Golfo Pérsico, lideradas pelo almirante Zheng He, um eunuco muçulmano do sudoeste da China. Com o objetivo de convencer os potenciais Estados vassalos sobre o poder chinês, essas expedições fizeram paradas em todos os principais portos e chegaram até as Filipinas, a costa leste da África e o mar Vermelho. Eles, no entanto, foram abruptamente parados por um dramático revés da política de seu governo. Os navios foram sucateados, seus livros de registro destruídos, os estaleiros fechados, e comerciantes chineses ordenados a retornar para casa. Os historiadores especulam sobre as razões dessa súbita parada e introversão: as viagens podem ter se tornado muito caras, pois custavam mais do que o valor das mercadorias que traziam de volta; uma facção anticomercial de funcionários eruditos confucionistas passou a dominar a corte; e as guerras de fronteiras com os mongóis e com o Vietnã, enchentes extremas, revoltas camponesas e a pirataria ao longo da costa podem ter sugado todos os recursos do governo. Independentemente do motivo, o comércio no Oceano Índico não declinou, pois indianos, árabes, malaios, persas, turcos e até mesmo alguns comerciantes italianos rapidamente tomaram o espaço deixado pelos chineses.

A rede comercial da Eurásia era de longe a maior e a mais bem documentada da época, mas não a única. Na África Ocidental, o ouro começou a atravessar o Saara em camelos no século V e era trocado por têxteis, cavalos, conchas que serviam como moeda, escravos e sal. No século XIV, a África Ocidental produzia e exportava mais ouro que qualquer outro lugar do mundo, fornecendo o metal para os luxos das cortes e utilização monetária na Europa e no mundo muçulmano. No hemisfério ocidental, as redes regionais também carregavam ouro e cobre, juntamente com outros bens de luxo, como obsidiana para as lâminas, cacau, jade e turquesa. Carregava-se até mesmo araracangas [espécie *Ara macao*], cujas penas eram desejadas para serem usadas em chapéus e capas de guerreiros e para os rituais religiosos, desde a Mesoamérica até o sudoeste da América do Norte, onde elas eram criadas localmente.

O MILÊNIO MÉDIO

Os mil anos entre 500 e 1500 são, muitas vezes, definidos por aquilo que havia antes, ou pelo que passou a existir depois e foi chamado de período "pós-clássico", "pré-moderno" ou, na melhor das hipóteses, "médio". Uma vez que a ideia de que esses mil anos, vistos como uma idade média distinta, foi inventada na Europa, ela é por vezes rejeitada por ser muito eurocêntrica, mas para muitas das grandes divisões políticas do hemisfério oriental, incluindo a China, o Império Bizantino e os impérios nômades das estepes da Ásia Central, bem como da Europa Ocidental, esses mil anos constituem um período relevante. E, embora o ano 500 não tenha marcado muitas novidades para a população do hemisfério ocidental, o ano 1500 foi talvez a linha divisória mais nítida desde que seus antepassados migraram da Ásia pela primeira vez. Nos dois hemisférios ocorreram processos semelhantes conforme as redes de comércio, a agricultura e as cidades se expandiam e as interações entre culturas e religiões se intensificavam.

No hemisfério oriental, ocorreu o início e a expansão do islã, que, ao final do milênio médio, estendia-se desde o Império Songai, na África Ocidental, até os sultanatos de Brunei e Sulu, nas ilhas do sudeste da Ásia. Os textos sagrados, as práticas espirituais e os princípios jurídicos conectavam todo o Dar-al-Islam, mas a incorporação de formas culturais e estruturas sociais existentes levou a grandes diversidades e, muitas vezes, amargas hostilidades entre as variedades do islã, entrelaçadas com os conflitos políticos entre Estados muçulmanos rivais, bem como com os seus vizinhos não muçulmanos. O cristianismo também crescia conforme seus monges e missionários construíam igrejas e ganhavam conversos desde a Islândia até Pequim; o mesmo ocorreu com o budismo, levado por monges e comerciantes para formar um mundo policêntrico, no qual ideias, textos e práticas fluíam em todas as direções. Tanto o budismo quanto o cristianismo foram reformulados pela expansão do islamismo; além disso, o budismo também foi reformulado pelo ressurgimento de tradições hindus em seu berço, na Índia.

Independentemente de terem sido dominadas por muçulmanos, cristãos, budistas, hindus ou outros, as cortes do milênio médio eram centros constituídos por famílias e intrigas entre facções, por produções culturais e consumo ostentatório, onde rituais, cerimônias e protocolo marcavam o lugar de cada indivíduo na ordem cósmica e social e, além disso, nos quais o comportamento de homens e mulheres das elites eram estabelecidos por códigos de conduta. O esplendor da corte era criado pelos artesãos locais e pelos mercadores que importavam bens de prestígio de terras distantes, custeados pela coleta cada vez mais sistemática de impostos e aluguéis que eram pagos por aldeões e, em alguns casos, pelo fluxo de espólios de guerra. Os governantes eram uma das forças por trás da expansão e intensificação da agricultura que marcou esta época, mas as pessoas às vezes também decidiam migrar por conta própria, navegando por vastas distâncias de mar aberto, ou às vezes simplesmente andando curtas distâncias, criando novas áreas de plantio por meio do desmatamento de florestas e pântanos. Outros mudavam-se para as cidades, as quais tiravam as pessoas dos campos com a promessa de oportunidades econômicas e de mobilidade social, uma promessa que às vezes era efetivamente cumprida.

Cortes e cidades ofereciam luxos importados para aqueles que pudessem pagar. Na rede comercial afro-eurasiana, as penas da arara [*Ara macao*], tão valorizadas nas Américas, eram desconhecidas, mas outros itens vermelhos e roxos de prestígio tinham valor especial, incluindo corais, rubis vermelhos, louças de laca, e tecidos tingidos em púrpura de Tiro com as secreções dos moluscos marinhos do gênero *murex* ou com vermelhão, o pó mineral cinábrio (sulfato de mercúrio). Somente essas mercadorias de luxo – combinadas com as histórias dos viajantes sobre terras estrangeiras, seu casamento com a filha de um capitão da Marinha portuguesa, sua experiência com os portos e um sentimento de destino pessoal – inspirariam um mercador genovês e cartógrafo a não ir para o Leste para fazer fortuna como a maioria de seus colegas italianos, mas para o Oeste, primeiro para Lisboa, depois para a ilha da Madeira, no Atlântico e, em seguida, para a corte espanhola. Em 1492, várias semanas depois de os exércitos espanhóis terem conquistado o último Estado muçulmano da Espanha e os monarcas espanhóis terem banido todos os judeus praticantes de seus reinos, ele recebeu apoio real para seguir mais para o Oeste. Ele levou consigo uma versão impressa das *Viagens* de Marco Polo, juntamente com outros livros, objetos religiosos, tecidos vermelhos e outras mercadorias, bem como um judeu convertido ao cristianismo e falante de árabe como intérprete, imaginando que alguém na corte chinesa certamente falava árabe ou hebraico. A rede de interações que resultou de suas viagens seria muito maior do que até mesmo Rashid al-Din poderia ter imaginado; suas viagens fecham o milênio médio.

capítulo 4

Um novo mundo de conexões, 1500 d.C.-1800 d.C.

Em 1503, o comerciante e explorador florentino Américo Vespúcio (Amerigo Vespucci, 1454-1512) escreveu para seus antigos empregadores, os bancários da família Médici, detalhando em linguagem vívida a expedição de mapeamento patrocinada pelos portugueses, na qual ele esteve envolvido por muitos anos. Nessa viagem, navegou-se ao longo da costa de uma grande massa de terra situada no Oceano Atlântico do lado oposto à Portugal, que Vespúcio, no parágrafo de abertura da carta, chamou de um "novo mundo, pois nenhum desses países eram conhecidos por nossos ancestrais", exaltando-o como "um continente cheio de animais e mais populoso do que a nossa Europa, ou a Ásia ou a África, e ainda mais temperado e agradável do que qualquer outra região conhecida por nós". Essa carta e uma segunda ainda mais longa foram publicadas muitas vezes em várias línguas europeias durante os anos seguintes. Entre aqueles que as leram, estava o cartógrafo alemão Martin Waldseemüller (1470?-1522?), que em 1507 publicou um globo e um enorme mapa-múndi de parede nos quais a massa de terra que Vespúcio ajudou a mapear não estava conectada a nenhuma outra. Waldseemüller deu um nome à parte sul dessa massa de terra: América, retirada a forma latina do primeiro nome de Vespúcio. Ele justificou sua escolha com um comentário, "uma vez que tanto a Europa e a Ásia tenham recebido nomes de mulher, não vejo razão – nem direito que se oponha – para não nomearmos essa terra da América em honra ao homem sábio e engenhoso que a descobriu, Américo". (Europa e sua mãe, Ásia, eram semideusas gregas.) Apenas alguns anos mais tarde, os mapeadores – incluindo Waldseemüller – e outras pessoas sabiam que estava errado e que Cristóvão Colombo (1451-1506) tinha alcançado o continente antes de Vespúcio; eles queriam que o nome "América" fosse omitido dos futuros mapas, mas o nome já estava consagrado. O cartógrafo, matemático e fabricante de instrumentos flamengo, Gerardus Mercator (1512-1594), que inventou a projeção mais comumente usada para mostrar o globo sobre uma superfície plana, usou a palavra América em seu mapa-múndi de 1538 e, mais tarde, adicionou as designações "Norte" e "Sul".

Para as pessoas que já viviam lá, claro, o nome da região que Vespúcio havia mapeado e designado de "Novo Mundo" era tão preciso quanto a afirmação de Waldseemüller, dizendo que Vespúcio havia sido o primeiro europeu a vê-la. A ideia de que um Europeu tenha "descoberto" ilhas e continentes que já estavam povoados é vista hoje em dia como algo tolo; muitos historiadores evitam usar os termos "descoberta" ou "Novo Mundo". No entanto, biólogos, epidemiologistas, agrônomos e cientistas ambientais usam o termo "Novo Mundo" e seu homólogo "Velho Mundo" como termos espaciais para designar partes do globo que estiveram separadas por dezenas de milhares de anos e cujas biosferas evoluíram de forma independente. Ao cruzar o Atlântico e o Pacífico, os navios europeus conectaram os dois mundos, possibilitando a transferência de plantas, animais, germes e pessoas em novas direções ao longo de grandes distâncias, com consequências tanto desastrosas quanto vantajosas. Em 1972, o historiador ambiental Alfred Crosby denominou esse processo de "intercâmbio colombiano", observando que ele teve início já com a primeira viagem de Colombo. Colombo transportou bens comuns e de luxo, juntamente com homens e meninos que foram deixados no Caribe. (Aparentemente, todos morreram, embora existam lendas sobre alguns sobreviventes.) Ele trouxe de volta tudo o que parecesse mais exótico: papagaios, penas, tecido de algodão, tabaco, borracha, talvez o abacaxi e vários meninos taínos capturados nas ilhas. Mesmo que os marinheiros e aventureiros europeus não tenham *descoberto* um novo mundo, eles o criaram.

Assim, para o estudo dos seres humanos, a expressão "Novo Mundo" pode ser compreendida mais em termos de tempo que de espaço. Embora a interação interna tivesse aumentado com a expansão do Império Mongol e da rede comercial do Oceano Índico, a escala dos contatos entre os povos passou a ser muito maior depois de 1492. Muitos historiadores veem isso como o início de um novo período da história do mundo, o "início do período moderno" (*early modern*). Assim como "Novo Mundo", a expressão "início do período moderno" tem sido criticada como irremediavelmente eurocêntrica, implicando que há apenas um caminho para a modernidade, a saber, aquele tomado pela Europa. E isso tem sido criticado por enfatizar a mudança, mas, durante esse período, entre 80 % e 90 % da população do mundo ainda era composta por camponeses que continuavam a ser explorados pelos donos das terras e pelo Estado. Mas, em relação à história do mundo, a frase "início do período moderno" é útil, pois estavam ocorrendo processos paralelos e interligados de mudanças dramáticas em muitos lugares.

O presente capítulo examina alguns desses desenvolvimentos, começando com a propagação de doenças, as transferências de plantas e animais que fizeram parte do intercâmbio colombiano e o estabelecimento de impérios coloniais por meio da exploração e da guerra. O comércio ofereceu novos tipos de alimentos, bebidas e substâncias viciantes, muitos dos quais eram produzidos nos latifúndios escravistas. Esses produtos eram muitas vezes consumidos nos novos ambientes sociais e nas instituições culturais urbanos, onde homens – e algumas mulheres – compartilhavam ideias e bens. As reformas e revitalizações religiosas aumentaram o zelo espiritual e criaram novas arenas de conflitos e, também, intensificaram aquelas criadas por rivalidades relacionadas à terra ou a recursos. O início do mundo moderno foi um novo mundo de conexões globais, em que mercadorias, ideias e pessoas – incluindo camponeses e escravos – mudavam de lugar e se misturavam, alterando os padrões sociais, econômicos e criando novas formas culturais.

Propagação de doenças

Dentre os efeitos desastrosos do intercâmbio colombiano, o mais intenso foi a propagação de doenças, que teve início em 1493 com a segunda viagem de Colombo. Essa expedição foi enorme, eram cerca de 1.500 homens, incluindo aventureiros, soldados, artesãos e agricultores que trouxeram sementes e animais de criação europeus. Essa viagem definiu um padrão que seria seguido em muitos outros lugares. Os navios desembarcaram na grande ilha de Hispaniola, que possuía uma população entre 400 mil e 600 mil indivíduos que trabalhavam em terras agrícolas cultivadas. Os espanhóis estavam principalmente interessados no ouro; eles capturaram, torturaram e mataram os indígenas taínos em busca de metais preciosos. Após algumas semanas, muitos voltaram decepcionados para a Espanha, muitos outros morreram de fome, doenças intestinais por causa da água local, ou de doenças que eles mesmos haviam trazido da Europa, pro-

222 | HISTÓRIA CONCISA DO MUNDO

vavelmente a varíola, a febre tifoide, a gripe e a malária, dentre outras. Os taínos morreram ainda mais prontamente dessas doenças e de outras trazidas do velho mundo e contra as quais eles não tinham imunidade, tais como sarampo, caxumba, difteria, peste bubônica, peste pneumônica e escarlatina. Em 1518, após um surto particularmente virulento de varíola em todo o Caribe, restaram pouquíssimos taínos em Hispaniola; o número de povos indígenas das outras ilhas também diminuiu drasticamente.

Assim que os europeus chegaram ao continente da América Central e da América do Sul no início dos anos 1500, as doenças muitas vezes se propagavam à frente dos grupos de soldados, sempre que alguns poucos nativos entravam em contato com uma força espanhola e, em seguida, voltavam para sua aldeia natal. As pessoas ficavam doentes e morriam rapidamente e, dessa forma, quando, mais tarde, as tropas europeias chegavam à área, já não encontravam lugares "mais populosos do que a nossa África, ou Ásia ou Europa", como havia relatado Vespúcio em 1503. Os soldados espanhóis liderados por Hernán Cortés (1485-1547) levaram a varíola para Tenochtitlán, a capital do Império Asteca, quando receberam permissão para entrar na cidade, em 1519, junto com seu aliado invisível – e com seus aliados bastante visíveis, os tlaxcalteca e outros povos nativos que se opunham aos astecas –, permitido que os espanhóis derrotassem os enfraquecidos astecas. A varíola também matou o poderoso governante Inca Huayna Capac em meados da década de 1520, desencadeando uma guerra civil entre seus filhos, permitindo que as forças espanholas conquistassem o Império Inca.

Exploradores, conquistadores e colonizadores que se mudaram para as Américas viajaram inicialmente sob a bandeira espanhola e, depois, de outras nações europeias, mas incluíam pessoas de vários locais, incluindo africanos livres e escravizados e, no final do século XVI, asiáticos, trazidos por galeões espanhóis que levavam a prata americana para a colônia espanhola das Filipinas e retornavam com seda e outros produtos asiáticos. Assim, as doenças do velho mundo foram misturadas a um caldo mortal. Embora seja impossível determinar a população total das Américas em 1492, as melhores estimativas dizem que o continente continha entre 40 e 70 milhões de pessoas; estima-se que, depois do contato com os europeus, a população tenha diminuído 90 % em 100 anos. México e Peru, cuja população era maior do que a do restante de todo o Continente americano, sofreram a maior perda. Guerra, fome, exploração do trabalho, migrações forçadas e escravidão foram responsáveis por um pouco disso, mas as grandes assassinas foram as doenças do velho mundo. Em 1650, a maioria das pessoas do novo mundo ainda era de indígenas, mas esse panorama foi transformado pelas doenças e outros assassinos, combinados com o aumento da migração.

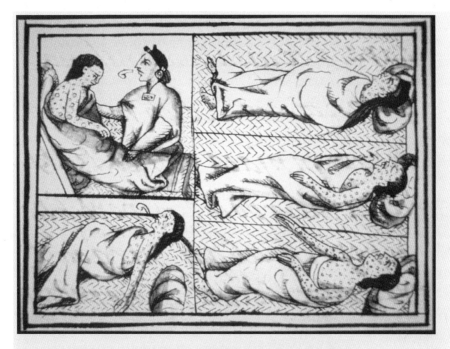

IMAGEM 21. Astecas morrendo de varíola, em uma ilustração da obra *Historia general de las cosas de nueva España*, um livro de 2.400 páginas que descreve a sociedade, a cultura e a história dos astecas, escrito e ilustrado na última metade do século XVI por homens indígenas, sob a direção do frade franciscano Bernardino de Sahagún. As informações do livro foram obtidas dos anciãos das vilas e cidades, registradas em escrita pictórica asteca e depois em náuatle usando letras latinas.

Geoquímicos e cientistas dos sistemas terrestres sugeriram recentemente que as mortes nas Américas também foram responsáveis por mudanças climáticas. As florestas que haviam sido derrubadas para agricultura ou modificadas por fogo para melhorar a atividade da caça foram reflorestadas a partir do momento em que não havia mais ninguém para realizar tais tarefas. As árvores, então, passaram a retirar o dióxido de carbono do ar – que pode ser verificado nos núcleos de gelo da Antártida –, e, dessa forma, a capacidade de retenção de calor da atmosfera ficou reduzida, resfriando o clima, o oposto do que está acontecendo hoje. Outros fatores, incluindo a redução das manchas solares, o aumento das atividades vulcânicas e as mudanças do fenômeno climático do Pacífico conhecido como El Niño também contribuíram para o resfriamento do clima e, juntos, criaram algo que os climatologistas chamam de "pequena era glacial", desde cerca de 1500 (ou talvez começando já em 1300) até cerca de 1850, com vários períodos particularmente frios entre esses anos. As evidências dessas flutuações climáticas e meteorológicas são encontradas no mundo natural – por exemplo, os anéis de árvores, os depósitos vulcânicos nas calotas polares e as camadas de pólen em pântanos e charcos – e nos registros humanos, incluindo crônicas, cartas, documentos comerciais e governamentais, inscrições e dados meteorológicos registrados. Queixar-se das condições meteorológicas parece ser uma característica humana universal, mas, juntas, essas fontes naturais e humanas apontam para um período de clima instável, especialmente no século XVII, com frios mais intensos no hemisfério Norte e secas mais intensas na África e no sul e no sudeste da Ásia.

Esses extremos climáticos contribuíram para a perda de colheitas que, por sua vez, levou ao aumento da mortalidade causada pela fome e pelas várias doenças que tornavam as pessoas desnutridas mais vulneráveis. Tendo em vista que os grãos e outros alimentos eram volumosos e pesados, era geralmente impossível transportá-los até uma área atingida pela fome a um preço razoável para que as pessoas pudessem comprá-los. Era mais fácil – mesmo para as pessoas mais enfraquecidas – movimentar as pessoas que os alimentos, então a fome levou famílias e indivíduos a migrar. Independentemente da escala da fome, os governos geralmente pouco podiam fazer para aliviar a dor, e muitas vezes tornavam o sofrimento pior, proibindo a exportação de alimentos ou recusando-se a baixar os impostos pagos pelos camponeses por certa quantidade de suas colheitas anuais. Durante o início do período moderno, as famílias camponesas de muitas partes da Eurásia chegavam a pagar metade de sua colheita aos seus senhorios e ao Estado, mesmo nos anos de fome. A fome, portanto, foi tanto um fenômeno social quanto natural.

A fome também levou à redução da fertilidade, pois as mulheres malnutridas tinham menos chance de engravidar, carregar um feto até o final da gravidez ou conseguir amamentar com sucesso. As lactantes precisam de muito mais calorias por dia do que as outras pessoas e, em períodos de escassez, elas e seus bebês morrem em taxas excessivas. Os registros de óbitos e enterros refletem essas realidades sombrias; e os próprios restos humanos, que podem nos oferecer informações sobre a causa da morte,

CAPÍTULO 4 – UM NOVO MUNDO DE CONEXÕES, 1500 D.C.-1800 D.C. | 225

refletem os níveis de nutrição, as doenças crônicas, as práticas alimentares e muitos outros aspectos da vida e da morte. Assim como os arqueólogos que estudam os primeiros períodos da história humana, os historiadores do "início do período moderno" (e moderno) também confiam cada vez mais nos métodos de alta tecnologia, inventados para ajudar a resolver crimes ou fazer diagnósticos médicos na sociedade contemporânea, tais como a análise de oligoelementos ou do DNA. Isso os libera da necessidade de depender apenas de fontes escritas, permitindo comparações e cálculos em larga escala.

O impacto das doenças que atravessaram o Atlântico em direção ao Oeste está claro, mas algumas podem ter viajado em outras direções; os epidemiologistas históricos acreditam que uma delas tenha sido a sífilis, tendo surgido primeiro na Itália, em 1493, em uma forma especialmente virulenta, mas atualmente não há muita certeza sobre a origem da doença. Independentemente de como a sífilis tenha chegado à Europa, essa era uma época em que as ambições dinásticas e a religião estavam aliadas de forma a provocar guerras quase constantes, garantido a dispersão da doença. A Itália era um campo de batalha para as aspirações de muitos governantes e, após décadas de guerra, a península foi invadida pela França em 1494. Os soldados que combateram em solo italiano levaram a sífilis com eles quando voltaram para casa; os franceses a chamaram de a "doença italiana" e o resto da Europa, de "varíola francesa". Os exércitos – bem como migrantes e refugiados – levaram outras doenças por toda a Europa, incluindo a peste, a varíola e a gripe.

As variações da vulnerabilidade à doença também deram forma às sociedades na China, embora isso tenha sido menos dramático do que nas Américas. No século XVII, os líderes dos jurchens, um dos povos das estepes que vivia ao norte da China, mudaram seu nome para manchu e começaram uma campanha de conquista. Em 1644, depois de uma rebelião ter derrubado o governante da dinastia Ming, os manchus tomaram Beijing (Pequim), e estabeleceu-se uma nova dinastia, a Qing. Ao longo das décadas seguintes eles lutaram para estabelecer sua autoridade em toda a China contra os rebeldes e os legalistas Ming. Sua capacidade de fazê-lo foi afetada pela varíola, endêmica na China, contra a qual os manchus não possuíam resistência. Eles fizeram esforços para isolar as pessoas importantes, mudando de lugar sempre que havia um surto da doença, mas o próprio segundo imperador Qing morreu de varíola em 1661, e seu sucessor foi escolhido, em parte, porque havia sobrevivido à doença. Esse imperador, o Imperador Kangxi, continuaria a governar por 61 anos. Dentre suas muitas inovações, ele adotou o uso da variolação para inocular as crianças da família imperial contra a varíola. Na variolação, o material retirado das feridas do portador da varíola era soprado nas narinas ou arranhado na pele de uma pessoa saudável para induzir, esperava-se, uma forma leve da doença que iria oferecer imunidade vitalícia. Esse procedimento foi usado na China do século XVI (e talvez ainda mais cedo) e também na África Ocidental e no Império Otomano. Em 1721, a variolação foi levada para a Inglaterra por Lady Mary Wortley Montague, cujo marido era embaixador no Império Otomano; ela mesma havia sido marcada pela varíola, mas o método foi recebido com desconfiança e não se espalhou pelo país.

Apesar das possíveis medidas de prevenção, pequenos surtos de varíola continuaram a ocorrer na China e nas áreas circundantes, bem como em outros lugares. Em meados do século XVIII, por exemplo, o Imperador Qianlong (governou entre 1735-1796) realizou campanhas bem-sucedidas para incorporar a Ásia Central à China. Uma delas, contra o canato de Zunghar, tornou-se muito mais fácil porque uma epidemia de varíola havia recentemente dizimado centenas de milhares de pessoas, talvez 40 % da população de Zunghar. O restante, ou fugiu ou foi levado para áreas governadas por outros, ou foram mortos pelos exércitos de Qing, às vezes em uma campanha de extermínio intencional ordenada pelo Imperador Qianlong, que desejava destruir os Zunghares, tanto como um povo quanto como um Estado. As mulheres do canato foram entregues aos soldados manchu ou a seus aliados como escravas ou concubinas.

As epidemias, grandes ou pequenas, matavam mais mulheres e crianças do que homens adultos, o que significava que os níveis populacionais já estavam deprimidos há décadas. A doença e a fome também deprimiam as pessoas, ou, como eram chamadas antes da invenção da terminologia psicológica, as tornava perturbadas, tristes, angustiadas, infelizes e pesarosas. Alguns escreveram sobre seus sentimentos, outros tomaram atitudes, cometendo suicídio, abandonando seus filhos em mosteiros ou em casas para criança abandonadas e, por fim, se casando mais tarde ou nunca se casando – reduzindo ainda mais a população; movimentos que foram percebidos pelos comentadores da época. Durante um período de falta de alimentos na década de 1630, um clérigo escocês escreveu que alguns de seus paroquianos "correram desesperadamente para o mar e se afogaram", enquanto um oficial na província de Shandong, na China, escreveu em

1670 que "a área estava tão devastada e estéril" que "todos os dias ouvia-se dizer que alguém tinha se enforcado em um poste". Os historiadores costumavam pensar que, tendo em vista tantas crianças morrerem em idade muito jovem, as pessoas haviam se tornado insensíveis ou indiferentes a seus filhos; isso era verdade em alguns casos, mas há também evidências de mães e pais profundamente tristes, às vezes ao ponto da loucura, por causa da doença ou da morte de seus filhos. Mesmo aqueles forçados a abandonar os filhos por razões econômicas ficavam dilacerados pela decisão; em 1709, um bilhete deixado junto a uma criança em um orfanato londrino dizia: "humildemente imploro ao senhor em cujas mãos cair esta infeliz criança que cuide dela para que se torne um semelhante... acredite que é a necessidade extrema que me leva a fazer isso".

COLONIZAÇÃO, IMPÉRIOS E COMÉRCIO

Conforme forjavam um novo mundo, soldados, comerciantes, trabalhadores e colonos viajavam pelas mesmas estradas das doenças. No século XVI, a Espanha construiu o maior império colonial do hemisfério ocidental, embora Portugal também tivesse estabelecido uma colônia no Brasil. Os espanhóis e os portugueses instituíram latifúndios agrícolas, construíram igrejas cristãs e retiraram metais preciosos em seus impérios formados por populações mistas de europeus, africanos e indígenas. Ouro e prata extraídos das Américas, especialmente da "montanha de prata" de Potosí, no alto da Cordilheira dos Andes, onde dezenas de milhares de indígenas foram forçados a trabalhar em túneis, alimentavam a expansão do comércio global. Criou-se, assim, gigantescos lucros para os comerciantes europeus, contribuindo para um longo período de alta de preços, chamado pelos historiadores econômicos de "revolução dos preços". A Espanha também estabeleceu um governo colonial nas Filipinas e Portugal estabeleceu pequenas colônias ao longo das costas oeste e leste da África e em Goa, Sri Lanka (Ceilão), Malaca, Macau e em alguns outros lugares na Ásia. As conquistas ultramarinas ofereceram à Europa Ocidental novos territórios e fontes de riqueza, bem como uma nova confiança em sua supremacia técnica e espiritual.

Na Europa Oriental e na Ásia, as conquistas no século XVI criaram grandes impérios terrestres, muitos dos quais também promoviam o comércio. Em 1453, os otomanos tomaram Constantinopla (renomeada de Istambul) e continuaram a conquistar em todas as direções, fosse por mar ou por terra; no início do século XVII, eles governavam cerca de um terço da Europa e metade das margens do Mediterrâneo. Eles se tornaram os protetores oficiais das duas cidades santas de Meca e Medina e desafiaram o controle português das rotas de comércio do Oceano Índico, enviando empreendimentos comerciais por todo o Oceano Índico, ao sul pela costa africana e a leste até Sumatra. A dinastia safávida xiita chegou ao poder na Pérsia (atual Irã) em 1501, e durante o governo do Xá Abbas I (r. 1587-1629) construiu uma nova e espetacular capital em Isfahan, onde artesãos produziam têxteis, tapetes e trabalhos em metal; os comerciantes estrangeiros reuniam-se para negociar esses produtos. No sul da Ásia, os mugais – governantes da Ásia Central que afirmavam descender de Gengis Khan ("Mugal" é a palavra persa para Mongol) –, criaram um enorme império por meio de guerras e alianças, incluindo alianças por casamentos com pessoas das dinastias regionais. A Índia ainda era a maior produtora mundial de têxteis; as redes comerciais da Índia estendiam-se da China até a África. O declínio do poder Mongol no Ocidente e na Ásia Central permitiu que os governantes de Moscou expandissem suas explorações; eles conquistaram seus vizinhos, criando um vasto Estado russo comandado por governantes autocráticos, chamados czares (a palavra russa para César), título adotado para vinculá-los aos imperadores romanos anteriores. Eles se aliaram aos aristocratas, ou boiardos, e passaram cada vez mais a impor a servidão aos camponeses, ligando-os à terra, o que também aconteceu em grande parte da Europa Oriental. Os Estados criados na África durante o século XVI, incluindo Songai, Benim, Buganda e Congo, eram menores do que esses impérios asiáticos, mas também tinham centros comerciais bem estabelecidos. Os Estados costeiros atraíram os comerciantes portugueses, que muitas vezes estabeleciam entrepostos comerciais fortificados nas proximidades.

Os séculos XVII e XVIII trouxeram a expansão dos impérios e novos padrões de conquista, colonização e comércio. No governo manchu, a China da dinastia Qing expandiu-se para o Tibete e para a Ásia Central e, além disso, afirmou sua influência sobre a Coreia, o Vietnã e Myanmar (Birmânia). No Japão, após um longo período de guerra civil, os líderes militares conhecidos como xoguns, da família Tokugawa, restabeleceram a ordem e embora tenham imposto limites à presença dos comerciantes ocidentais, a prata japonesa continuava a fluir ao longo do leste e do sudeste da Ásia, trazendo seda e outros luxos para as cidades japonesas em crescimento. Os russos se expandiram por todo o norte da Ásia até a Sibéria – uma expansão imperialista que lhes trouxe muitos recursos naturais – e tomaram o

CAPÍTULO 4 – UM NOVO MUNDO DE CONEXÕES, 1500 D.C.-1800 D.C. | 229

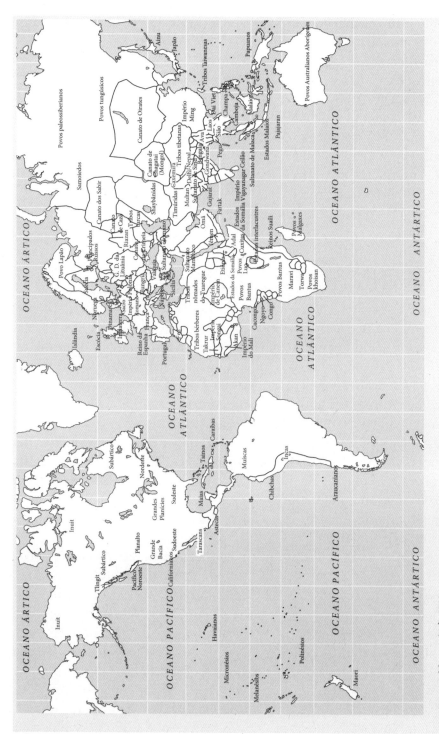

MAPA 10. Mapa-múndi, 1500.

ponto mais oriental do mar Báltico, a partir da Suécia, onde construíram sua nova capital, São Petersburgo. Na África Ocidental, o comércio de escravos controlado por africanos e europeus cresceu dramaticamente, com consequências decisivas para as estruturas sociais e políticas locais.

No Caribe e em suas fronteiras, muitas potências europeias contestaram o domínio espanhol. A partir de 1550, a coroa inglesa autorizou que seus navios particulares pilhassem o transporte marítimo espanhol e atacassem suas colônias. Essa pirataria autorizada e regulamentada pelo governo não só trouxe fama e glória aos capitães bem-sucedidos, tais como Francis Drake, como também oferecia um lucro gigantesco aos comerciantes e donos de terras que investiam nessa atividade, tornando-os defensores da expansão ultramarina e do poder naval. Nas décadas de 1620 e 1630, os ingleses, franceses, suecos e holandeses estabeleceram suas próprias colônias no Caribe e ao longo da costa da América do Norte e, depois, abriram caminho ainda mais para o interior. Para oferecer suporte a esses empreendimentos, foram fundadas empresas privadas permanentes na Inglaterra, na Holanda e em outros lugares da Europa; elas ofereciam apoio financeiro, navios, pessoal e força militar, de forma semelhante às Companhias das Índias Orientais, que haviam sido autorizadas a comercializar e fazer incursões na Ásia. Elas tentaram monopolizar o comércio, mas em um lugar como o Caribe, onde as colônias estavam próximas umas das outras – muitas vezes na mesma ilha –, o contrabando era endêmico e, às vezes, envolvia o próprio governo e funcionários das companhias que estavam lá para impedir esse tipo de ação. A pirataria também era comum, conduzida por grupos privados autorizados e por corsários, grupos multiétnicos de ex-soldados, escravos fugidos, refugiados, criminosos e outros que atacavam os navios carregados de prata a partir de bases remotas.

Os holandeses obtiveram sua independência da Espanha por meio da guerra e estabeleceram colônias, centros comerciais e latifúndios na África do Sul e no sudeste da Ásia, bem como nas Américas, tomando Malaca dos portugueses e grande parte de Java dos governantes locais para obter superioridade na bacia do Oceano Índico; na década de 1650, eles também anexaram as colônias suecas da América do Norte. Na década de 1660, uma segunda onda de colônias foi fundada na América do Norte, especialmente pela Inglaterra. As forças inglesas conquistaram Nova Amsterdã e o restante das explorações holandesas, renomeando esta última de Nova York; fundaram a Carolina do Sul e a Geórgia para servir

CAPÍTULO 4 – UM NOVO MUNDO DE CONEXÕES, 1500 D.C.-1800 D.C. | 231

de zona intermediária entre as colônias inglesas existentes na região do Médio Atlântico e da Nova Inglaterra e as colônias espanholas da Flórida. Os franceses se mudaram para os Grandes Lagos e para a região dos vales centrais e, em 1699, fundaram a Louisiana na foz do Mississippi para impedir que os espanhóis ou os britânicos controlassem o comércio com o interior. No entanto, as colônias francesas nunca atraíram tantos imigrantes como as colônias britânicas. Em 1750, toda a população da Nova França chegava apenas a 100 mil europeus e africanos, enquanto as colônias britânicas da América do Norte reuniam uns 2 milhões de habitantes. Por causa das guerras ocorridas na última metade do século XVIII, muitas colônias ultramarinas francesas foram entregues para a Grã-Bretanha, que se tornou a maior potência do Oceano Índico, ofuscando os holandeses. Embora a Grã-Bretanha tenha perdido grande parte da América do Norte com a guerra da independência americana em 1787, ela estabeleceu uma colônia penal na Austrália (para onde enviava seus condenados, pois já não poderia mais enviá-los para a América) e estava a caminho de estabelecer o maior império marítimo do mundo. A Grã--Bretanha possuía uma marinha permanente, que então prometia acabar com a pirataria e o contrabando; afirmava seu direito de abordar quaisquer navios para impor sua regra. (Ver MAPA 11, p. 232.)

Juntamente com a expansão dos impérios com base terrestre e marítima, também se expandia o comércio global, alimentando uma "revolução do consumidor" especialmente na Europa e nas casas coloniais das famílias europeias; as famílias mais ricas compravam produtos de luxo importados e as menos ricas compravam produtos importados mais baratos ou similares locais. Milhões de peças de porcelana chinesa feitas na cidade de Jingdezhen interior foram transportadas para Guangzhou, em navios para Amsterdã e Londres e, depois, exportadas para Jamaica, Boston, Berlim e Moscou. Tecidos de chita feitos por aldeões de Guzerate, no noroeste da Índia, iam para a Europa e também para a Senegâmbia, na África Ocidental, onde eram trocados com comerciantes africanos por escravos e pela goma-arábica que era retirada das acácias.

A goma-arábica foi usada na Grã-Bretanha e na França para a fabricação de papel e para a produção de calicôs; os europeus acreditavam que poderiam eventualmente competir com os calicôs da Índia. No entanto, esses novos bens de consumo não eram vestidos ou simplesmente usados pelos europeus. As comerciantes ricas da África Ocidental combinavam os itens do vestuário europeu com suas próprias roupas, criando novos

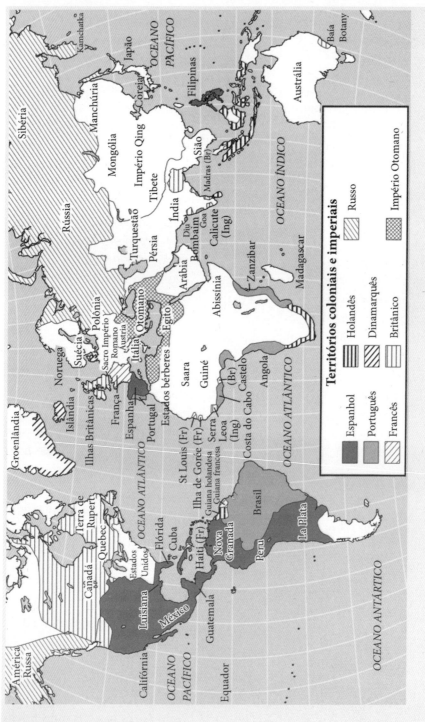

MAPA 11. Mapa-múndi, 1783.

estilos; o calicô era um dos muitos itens prometidos "perpetuamente" para as tribos nativas americanas nos tratados com as autoridades britânicas e, mais tarde, com as americanas. O Japão do período Tokugawa passou por uma semelhante revolução do consumidor em suas grandes cidades, onde os produtos de luxo, importados da China, se juntavam aos brocados, objetos laqueados e porcelanas feitas por artesãos locais para os ricos, bem como às imitações menos caras para aqueles que tinham mais estilo do que dinheiro. Os bens de prestígio têm separado as elites de todas as outras pessoas desde o Neolítico, mas então um número crescente de residentes urbanos podia possuir pelo menos alguns desses itens, e eles prestavam atenção à moda dos vestuários e dos utensílios domésticos. O comércio no Atlântico é frequentemente descrito como um "comércio triangular", ligando a Europa, a África e as Américas; o do Pacífico, como uma linha entre o México e a China, passando pelas Filipinas; mas nenhuma figura geométrica consegue capturar com precisão as muitas linhas de interação dessas rotas.

Os latifúndios e a rede global de comércio eram componentes essenciais desse sistema econômico capitalista em expansão. Os historiadores econômicos costumam brincar com a frase "a ascensão do capitalismo", como se fosse invocada para descrever desdobramentos bastante variados, ocorridos durante um longo período. Não importa para onde olhemos, o capitalismo parece estar sempre em ascensão e, pelo visto, independentemente dos agentes humanos, um pouco como uma massa de pão. Parte desse expansionismo vem do significado elástico de capitalismo, termo que inclui os investimentos em propriedade e nos materiais usados para fazer ou fornecer bens e serviços (chamados de "meios de produção" pelos economistas), os salários do trabalho, o uso do dinheiro para ganhar mais dinheiro, as instituições financeiras, tais como bancos e complexas formas de organização econômica. Como vimos nos capítulos anteriores, todos esses elementos estiveram, em certo grau, presentes em muitas sociedades agrícolas, mas tornaram-se cada vez mais importantes nos centros comerciais da Europa, da China, do Japão, da Índia e em partes do mundo muçulmano durante o século XV e até o século XVIII; a renda derivada dos empreendimentos capitalistas uniram-se à propriedade de terras como uma importante forma de riqueza, criando novos caminhos para a mobilidade social. O capitalismo desenvolveu-se primeiro no comércio de longa distância – isso é frequentemente denominado "capitalismo mercantil" – e, em seguida, na produção.

234 | HISTÓRIA CONCISA DO MUNDO

O comércio depende em grande parte da confiança, assim, depende da ação honesta e justa das pessoas que vendem, transportam e compram mercadorias, ou de quem pede dinheiro emprestado e o empresta. Não surpreendentemente, muitas firmas começaram como empresas familiares ou entre grupos que compartilhavam conexões culturais próximas. A palavra "companhia" realmente transmite isto, pois deriva da palavra italiana *compagnie*, que significa "com pão", ou seja, compartilhar o pão. Na Europa, as famílias Médici de Florença e Fugger de Augsburgo tornaram-se fabulosamente ricas como banqueiros e comerciantes; em muitas cidades tinham filiais que emprestavam dinheiro para os governantes e para os residentes urbanos. Seu membro mais proeminente, Lourenço "o Magnífico" de Médici (1449-1492) e Jacob "O rico" Fugger (1459-1525) também foram patronos das artes; eles encomendavam pinturas, colecionavam esculturas e apoiavam músicos e escritores. O crescimento econômico lançou as bases materiais para o renascimento italiano, conforme os ricos, os comerciantes em ascensão social e os banqueiros juntaram-se aos papas e príncipes para gastar grandes somas com o objetivo de glorificar a si mesmos e suas famílias, contratando artistas, escultores, arquitetos, fabricantes de móveis e ourives para criar belos objetos e edifícios.

As conexões familiares também eram predominantes nos negócios de outros lugares. No Japão, a família de Konoike Shinroku começou como fabricante de saquê e, em seguida, tornou-se transportadora de arroz e banqueira; emprestava dinheiro aos nobres locais em todo o Japão, transformando seus pântanos em arrozais. Os cristãos armênios da cidade de Julfa, no Império Otomano (agora no Azerbaijão), abriram empresas familiares que fizeram negócios por toda a Ásia. Em 1603, a cidade foi tomada pelo governante Safávida Abbas I, que decidiu que ele não conseguiria detê-la e, por isso, a incendiou e deportou os armênios para "Nova Julfa", uma cidade que Abbas construiu para eles, ao lado de sua nova capital em Isfahan. A partir de Nova Julfa, os armênios construíram redes comerciais ainda mais extensas, que se estendiam de Guangzhou para Londres e até as Américas. Aqui, eles, às vezes, se estabeleciam permanentemente, construindo casas e igrejas, mas voltavam para Nova Julfa para casar e, assim, as redes entre parentes tornaram-se mais densas e mais entremeadas. A maioria dos comerciantes armênios eram multilíngues, mas eles escreviam cartas e registros em um dialeto armênio que poucas pessoas de fora conseguiam ler, protegendo, assim, os seus segredos comerciais. As empresas mercantis fortemente capitalizadas na Índia – muitas da região de Guzerate (também

CAPÍTULO 4 – UM NOVO MUNDO DE CONEXÕES, 1500 D.C.-1800 D.C. | 235

IMAGEM 22. Detalhe de uma taça de porcelana chinesa, mostrando uma visão um pouco romântica do processo de fabricação da porcelana: modelagem, decoração, revestimento e queima. Porcelana azul-e--branca, com cobalto local ou importado da Pérsia, que passou a ser produzida em massa na China, muitas delas fabricadas exclusivamente para exportação.

escrito como Guzarate ou Gujarate), no noroeste – também estavam organizadas em linhas familiares e de castas; as empresas chinesas e aquelas existentes entre os judeus baseavam-se nas conexões entre parentes.

Quase todos os comerciantes viajantes eram homens, assim como eram os chefes das grandes empresas familiares, embora as mulheres, às vezes, investissem o dinheiro que tinham herdado ou adquirido em empreendimentos comerciais. Ocasionalmente, as circunstâncias permitiam que uma viúva sem filhos adultos desempenhasse um papel mais ativo. A família Mendes de Portugal (mais tarde conhecida como família Nasi) foi convertida à força do judaísmo pelos governantes de Portugal, fugiu para a Holanda e estabeleceu operações bancárias de grandes dimensões na Antuérpia. Gracia Nasi (1510-1568), a viúva do fundador da empresa, assumiu os negócios da família na Antuérpia, em Veneza, Ferrara e, eventualmente, em Istambul por meio de uma aliança com o sultão otomano Solimão (Süleyman, em turco), o Magnífico (r. 1520-1566), para obter privilégios comerciais e financeiros. Ela reconverteu-se ao judaísmo e estabeleceu uma "ferrovia clandestina" para retirar judeus dos locais onde eram perseguidos pelos governantes cristãos, convencendo Solimão a lhe conceder um contrato de arrendamento de longo prazo de suas propriedades na Grécia, local onde os refugiados poderiam se restabelecer. Assim como Lorenzo de Médici e Jacob Fugger, Gracia Nasi patrocinou a educação e as artes, especialmente a publicação de livros em hebraico; o sobrinho de Gracia tornou-se conselheiro direto do sultão e governador de vários territórios.

O dinheiro recebido pelo comércio era reinvestido em propriedades fundiárias de muitos lugares; esperava-se, desse modo, obter lucro. Os latifundiários incentivavam ou forçavam os camponeses de suas terras a plantarem cultivos comerciais ao lado ou em vez de alimentos básicos, ou então a criar ovelhas ou outros animais sempre que essa mudança gerasse uma renda maior. As terras de propriedade coletivas ou tradicionalmente assim consideradas tornaram-se propriedade privada; isso ocorreu na América do Norte quando os colonizadores europeus foram em direção ao Oeste e ocuparam as terras dos americanos nativos; e na Ásia Central, quando os colonos chineses também foram em direção ao Oeste e começaram a cultivar as terras que, anteriormente, eram áreas de pastagem utilizadas pelos pastores nômades. Isso também aconteceu na Europa e em outros lugares já assentados há muito tempo; as terras comuns – florestas, prados e pântanos – foram cercadas para serem transformadas em campos de propriedades privadas e pastagens para ovelhas, não sendo mais acessíveis às pessoas mais pobres que, anteriormente, usavam essas terras comuns para criar alguns animais ou cortar lenha. O comércio e a produção capitalistas elevaram a riqueza geral e ofereceram uma gama maior de bens para muitas pessoas, mas nem todos foram beneficiados.

O capitalismo desenvolveu-se em muitos lugares e envolveu muitos grupos diferentes; mas, entre os europeus, tornou-se intimamente relacionado ao colonialismo. Os comerciantes capitalistas frequentemente forneciam o ímpeto e os equipamentos para a colonização e, assim, muitas colônias foram fundadas para que fossem fonte de matérias-primas e mercado para a circulação de bens. Obter e defender colônias era algo muito caro para as empresas familiares e, então, foram fundadas grandes sociedades por ações com indivíduos sem ligações pessoais, uma forma de negócio que mais tarde foi adaptado para a produção e para o comércio. Para a Europa, as colônias forneciam a renda que foi parcialmente responsável pela divergência de poder e riqueza entre a Europa (e suas colônias de povoamento) e o restante do mundo no século XIX e nos seguintes.

Guerra

Os impérios coloniais foram criados pela força militar, mas a guerra também foi uma constante em outros lugares. As guerras devastadoras, com exércitos às vezes contados em centenas de milhares, espalhavam-se por grande parte do velho mundo; muitas utilizavam armas de pólvora, que as tornavam mais mortais e muito mais caras do que guerras anteriores. Os gastos militares costumavam ser a maior despesa dos sistemas orçamentários e, então, os impostos, seus sistemas de coleta e outros aparelhos estatais cresceram, em grande parte para financiar a guerra. Alguns oficiais eram membros das elites tradicionais, mas outros eram militares profissionais contratados; eles recrutaram soldados e marinheiros dentre os grupos mais pobres da sociedade com promessas de salários e bônus, ou os forçavam a prestar o serviço militar por meio de ameaças ou até mesmo sequestro. As demandas da guerra, portanto, deram forma a todos os aspectos da sociedade, especialmente para os homens, mas também para as mulheres.

As novas tecnologias militares – artilharia, armas de mão, armas em navios – exigiam um treinamento mais longo, então essas forças militares em campanha acharam necessário manter, pelo menos, o núcleo de um exército permanente entre um conflito e o próximo. Os soldados costumavam ser alojados com famílias de civis, as quais deveriam fornecer um lugar para que um certo número de soldados pudessem se manter aquecidos e alojados. Em teoria, os soldados deveriam pagar por sua comida, mas como o próprio pagamento deles costumava ser teórico, eles simplesmente pegavam o que precisavam pela força. Antes do desenvolvimento dos sistemas de provisionamento no final do século XVIII, durante as campanhas reais, as tropas eram acompanhadas por pessoas – às vezes incluindo as namoradas dos soldados, esposas ou outros membros da família – que pilhavam os campos em busca de alimentos e outras provisões, bem como comida para os cavalos.

Os acadêmicos, ao contarem o número de guerras, bem como a duração e a intensidade delas, descobriram que, em muitas áreas durante esses séculos, talvez apenas um ano em cada dez era de paz. Na Europa ocorreram guerras religiosas, navais, dinásticas e territoriais, quase um exagero para poderem ser contabilizadas. Grande parte da Europa continental envolveu-se na Guerra dos Trinta Anos (1618-1648), a qual fundia objetivos políticos e religiosos e, além disso, não possuía linhas claras de batalha. Indiscriminadamente, os exércitos mercenários queimavam colheitas, vilas e matavam animais e pessoas. Fome e doenças, tais como disenteria, tifo, peste e sífilis, acompanhavam as tropas e os refugiados que fugiam de um lugar para outro. Pelo menos um quarto e talvez até mesmo um terço da população do Sacro Império Romano morreu durante o curso da guerra, perdas civis que somente seriam ultrapassadas nas guerras do século XX. Em virtude do desenvolvimento do comércio internacional e dos impérios coloniais, as guerras europeias do final do século XVII e do século XVIII eram muitas vezes propagadas para além da própria Europa. A Guerra dos Sete Anos (1755-1763) foi tão global em seu escopo que quase poderia ser chamada de primeira "guerra mundial", pois, além da Europa, também envolveu conflitos na América do Norte, no Caribe, no Pacífico e na Índia.

O Império Otomano não participou nem da Guerra dos Trinta Anos, nem da Guerra dos Sete Anos, mas estava envolvido em suas próprias guerras expansionistas. Os otomanos expandiram-se na Europa, em torno do Mediterrâneo; e, em sua fronteira oriental, os otomanos sunitas se envolviam em guerras frequentes com a dinastia Safávida dos xiitas. Em *sua* fronteira oriental, os safávidas lutavam com vários grupos da Ásia Central e com os Mugais. Esses três impérios – Otomano, Safávida e Mugal – foram chamados de "impérios da pólvora" na década de 1970 pelo historiador americano Marshall Hodgson, que considerou o uso das artilharias para a tomada de fortalezas de pedra como o elemento essencial da criação e exploração bem-sucedida desses grandes impérios. Os historiadores atuais preferem chamá-los de "impérios do período da pólvora", pois o seu sucesso militar deveu-se tanto às suas habilidades logísticas – gerenciamento de alimentos e suprimentos – e estratégicas, quanto às próprias armas. Esses três impérios islâmicos também criaram insti-

CAPÍTULO 4 – UM NOVO MUNDO DE CONEXÕES, 1500 D.C.-1800 D.C. | 239

tuições e burocracias relativamente eficazes para coletar impostos e administrar seus grandes territórios, bem como ideologias que legitimavam o governo nas mentes de seus súditos, muitos dos quais não eram muçulmanos – e, no caso do Império Mugal, a maioria dos súditos.

Os impérios islâmicos não estavam sempre em guerra uns com os outros ou com seus vizinhos, mas a manutenção do poder exigia a supressão de rebeliões e o tolhimento das invasões; por isso, eles tinham grandes exércitos permanentes, de forma semelhante aos governantes chineses das dinastias Ming e Qing e aos Estados da Europa. A Prússia, por exemplo, um dos maiores Estados da Alemanha ainda desunida tentou, no século XVIII, manter um exército permanente de cerca de 80 mil soldados, com uma população de talvez 3,5 milhões. Durante as guerras, esse exército aumentava para quase 150 mil, ou cerca de um quarto de todos os homens adultos. Os governantes da Prússia acreditavam que os valores marciais influenciariam tudo na Prússia, não só o Exército, exigindo a obediência de seus súditos e oferecendo apoio ao ensino primário obrigatório e educação técnica ampliada, pois essas medidas ofereceriam melhores soldados. Não surpreendentemente, os observadores descreviam a Prússia como um Estado ligado a um Exército.

Os valores militares também deram forma à sociedade japonesa, apesar de as guerras terem se tornado raras após 1600, aproximadamente. No século XVI, os senhores regionais, conhecidos como *daimyo*, construíram bases de poder local centradas em castelos; eles usavam seus exércitos de samurais, que lutavam uns com os outros, com o objetivo de adquirir mais terras. Gradualmente, os *daimyos* mais hábeis foram centralizando mais o poder e, em 1603, um deles, Tokugawa Ieyasu (1543-1616), derrotou a maior parte de seus rivais e tomou o título de "xogum"; o xogunato Tokugawa, centrado em Edo (atual Tóquio), durou até 1867. Os xoguns Tokugawa criaram uma estrutura de classe rígida e ao *daimyo* e ao samurai deram privilégios especiais por serem guerreiros – somente eles podiam carregar espadas, por exemplo, e eles podiam exigir deferência dos plebeus. No entanto, eles também foram despojados de qualquer função verdadeira. A cada dois anos, os *daimyos* eram obrigados a viver um em Edo, suas esposas e filhos tinham que viver ali permanentemente. Assim, o xogum podia ficar de olho no *daimyo*; muito do seu tempo e dinheiro era gasto com essas idas e vindas para a capital. (O Rei Luís XIV da França e o Czar Pedro, o Grande, da Rússia também seguiriam políticas semelhantes, exigindo que os nobres estivessem na corte caso desejassem obter favores; isso os removeu das

IMAGEM 23. Albrecht Dürer – xilogravura dos quatro cavaleiros do Apocalipse (1498), baseada no livro do Apocalipse da Bíblia, mostra a Morte, a Fome, a Guerra e a Conquista cavalgando pelos campos; a Fome segura uma balança, uma referência aos elevados preços dos alimentos durante um período de falta de alimentos. Esta xilogravura e o texto que a acompanha, parte de uma série, foi publicada no momento em que muitas pessoas esperavam o juízo final em 1500; a obra trouxe fama e dinheiro a Dürer.

suas bases de poder locais.) Os samurais foram proibidos de possuir terras ou trabalhar em outros ramos e dependiam dos estipêndios pagos por seu *daimyo*; quando o *daimyo* morria ou falia, o samurai se tornava um *ronin* desempregado e passava a mendigar trabalhos de guarda-costas, trabalhos que exigiam força ou simplesmente roubava. Eles acabaram se tornando um problema social suficientemente grande para que os xoguns, eventualmente, relaxassem as restrições de emprego dos samurais, mas as gangues de *ronins* – alegando que o código de conduta do samurai, conhecido como *bushido* ("o caminho do guerreiro") os impedia de engajar-se em tarefas menos nobres que a luta – continuavam a assolar os camponeses, que compunham a grande maioria da população japonesa.

Onde quer que ocorresse, a guerra sempre vinha acompanhada das doenças trazidas pelos exércitos e, muitas vezes, da fome, uma ligação retratada visualmente nas imagèns dos quatro cavaleiros do Apocalipse, descritos no livro do Apocalipse da Bíblia, um tema que se tornou comum para os artistas europeus. Mais soldados morreram de fome, doenças e infecções do que de ferimentos de batalha; nas zonas de guerra, a fome e as doenças também matavam as pessoas em geral. A guerra também envolvia atos de brutalidade, incluindo espancamentos, tortura, mutilação e estupro; ações tão comuns que ensejaram a criação de palavras especiais para descrevê-las. Durante a Guerra dos Trinta Anos, por exemplo, a turba depredadora que acompanhava as tropas e aterrorizava os aldeões ficou conhecida como *Soldateskae*; durante a transição Ming/Qing, as pessoas falavam dos *binghuo,* isto é, das "calamidades dos soldados". Já há muito tempo, claro, a violência sexual havia sido parte da conquista, mulheres e meninas eram tidas como despojos de guerra, mas a grande frequência dos conflitos armados dessa época tornou essa ação ainda mais comum. Alguns historiadores militares estão interessados primariamente nas batalhas e estratégias, mas a maioria deles atualmente investigam as forças sociais e culturais mais amplas que conduziam à guerra, que dirigiam a forma como era travada e as forças resultantes dela. Além disso, eles também sublinham que discutir a guerra simplesmente em termos de "causas e consequências" é confuso, pois negligencia o curso da guerra em si, que é sempre imprevisível e terrível.

Transferência das colheitas

Doenças, fome e guerra mataram um número enorme de pessoas nessa época, mas não houve declínio do tamanho da população mundial. Estima-se que a população global em 1500 era de aproximadamente 400 a 500 milhões de indivíduos, apenas um pouco maior do que antes das pandemias do século XIV; mais da metade das pessoas habitavam o sul e o sudeste da Ásia. A população aumentou ligeiramente para aproximadamente 550 milhões em 1600, pois o declínio drástico da população das Américas foi acompanhado pelo crescimento na Europa e na Ásia. Em 1700, a população mundial teve um novo pequeno aumento novamente, para aproximadamente 650 milhões e, em 1800, cresceu em um ritmo mais acelerado para aproximadamente 950 milhões.

A principal razão desse crescimento foi uma outra consequência do intercâmbio colombiano: a propagação de culturas alimentares, que foram transportadas em todas as direções. Os europeus trouxeram trigo, seu alimento básico, para as Américas, que não prosperou no Caribe tropical, mas cresceu bem nas planícies do México e na América do Sul e, mais tarde, na América do Norte. O trigo foi de importância vital para os espanhóis; o pão era um elemento central de seus rituais religiosos e também um gênero alimentício primário; além disso, os espanhóis acreditavam que, caso comessem os alimentos indígenas, eles se transformariam em índios. Os relatos da introdução do trigo foram, então, repetidos e escritos, revelando aspectos fundamentais da sociedade colonial espanhola. No México, a primeira pessoa a plantar trigo pode ter sido um africano, Juan Garrido, um ex-excravo que havia feito parte das forças conquistadoras de Cortés, enquanto no Peru, duas viúvas de latifundiários espanhóis receberam as primeiras sementes e, antes de se preocuparem com um novo casamento, supervisionaram sua plantação. Em todos os lugares, os escravos e as viúvas foram importantíssimos para a economia colonial espanhola. Outros produtos não eram culturalmente tão importantes; assim, tudo o que sabemos é que eles chegaram: cebola, cevada, aveia, ervilhas e frutas da Europa; banana, inhame, arroz, quiabo, sorgo e coco da África. (A propagação de um tipo de árvore frutífera mais tarde nos Estados Unidos também tem uma história comum ligada a ela, mas o fato de que Jonathan Chapman – Johnny Appleseed – plantava maçãs para poder fazer sidra é geralmente deixado de lado.)

Tomates, pimentas, batata-doce, abóbora, feijão, batatas, amendoim, milho, mandioca, abacaxis, abacates e outras culturas foram das Américas para outras partes do mundo, sendo que 30 % dos alimentos consumidos atualmente no mundo hoje são originários do hemisfério ocidental. Os comerciantes portugueses levaram a mandioca, uma raiz que era alimento básico nas partes tropicais das Américas, para a África Ocidental, onde também se tornou um alimento básico e a base do que hoje em dia são considerados pratos nacionais, tais como o ẹbà e o fufu. Os comerciantes

CAPÍTULO 4 – UM NOVO MUNDO DE CONEXÕES, 1500 D.C.-1800 D.C. | 243

levaram o milho para a Europa e a África, onde foi inicialmente cultivado como alimento para os animais e, depois, gradualmente, como alimento também para seres humanos; os pratos feitos de farinha de milho foram integrados aos alimentos já existentes. O amendoim, encontrado pela primeira vez pelos espanhóis no mercado de Tenochtitlán, foi levado ao sul da China, à África e ao sul e sudeste da Ásia, o mesmo ocorreu com as pimentas, que se tornaram partes essenciais dos hábitos alimentares locais. Durante o século XVII, os europeus reconheceram que o tomate, uma outra planta do novo mundo, não era prejudicial (mesmo sendo parente da mortal beladona) e começaram a plantá-lo como cultura alimentar e como ornamento de jardim. A nutrição melhorou em todo o mundo por esse intercâmbio de plantas, permitindo o lento aumento da população mundial, apesar do enorme número de vidas que foram perdidas por doenças epidêmicas e guerras.

Dois alimentos básico tiveram efeitos particularmente dramáticos, bons e ruins: a batata e a batata-doce (que não são parentes). A batata, originada na Cordilheira dos Andes, era levada pelos marinheiros espanhóis, que as comiam no caminho de volta para a Europa. Lá, elas foram desdenhadas. A batata não é mencionada na Bíblia e cresce debaixo do solo, então ela era vista como algo vagamente demoníaco e, além disso, as pessoas odiavam o seu gosto. As batatas eram um bom alimento para os animais (e escravos do novo mundo), mas não para os europeus. Essa falta de interesse mudou lentamente quando as pessoas perceberam que, além de a batata poder ser cultivada em solos extremamente pobres, ela também era fácil de ser colhida e armazenada. Um campo plantado com batatas poderia alimentar duas ou três vezes o número de pessoas que seriam alimentadas pelo mesmo campo plantado com grãos e, de mais a mais, as batatas são mais nutritivas. A colheita anual da batata também era mais confiável, pois tinha menor possibilidade de ser destruída por granizo, seca, ou geadas fora de época, que nivelavam o suprimento de alimentos disponíveis e, então, a colheita diminuía a probabilidade de carestia.

No final do século XVII, as batatas eram uma cultura importante na Holanda, na Suíça e na Irlanda, onde serviam de alimento para animais e pessoas. Os governantes da Prússia perceberam que as batatas cresciam bem nos verões frescos e no solo arenoso da Prússia, e ordenaram aos agricultores que as plantassem, o mesmo fizeram os reis da Suécia e da Noruega. Na China, os governantes da dinastia Qing – promovendo o movimento em direção ao Oeste dos chineses Han para as partes altas e secas da Ásia Central, onde viviam vários outros grupos étnicos – ofereceram terra barata e impostos mais baixos para os agricultores que plantassem batatas e outras culturas do novo mundo. Os historiadores da agricultura estimam que a área cultivada na China quase triplicou entre 1700 e 1850. A guerra de sucessão da Baviera, em 1778-1779, entre a Prússia e a Áustria, foi apelidada de "Guerra da Batata", porque, em vez da realização de verdadeiras batalhas, a tática principal envolvia obter o suprimento de comida do inimigo e, além disso, as tropas prussianas passavam o tempo colhendo batatas. Antoine Auguste Parmentier (1737-1813), um médico do exército francês e agrônomo que tinha sido preso pelos prussianos durante a Guerra dos Sete Anos – França e Prússia eram inimigas –, promoveu o cultivo da batata na França; diz a história que ele convenceu a rainha francesa Maria Antonieta a usar as flores da batata em seus cabelos e a convidar os notáveis locais para jantares só de batatas. (Para homenageá-lo, existem várias sopas e acompanhamentos feitos somente de batata que levam seu nome.)

Para os franceses, os jantares com apenas batata era uma novidade, mas para muitos europeus pobres isso se tornou uma realidade, pois em alguns lugares as batatas eram o único alimento sólido que as pessoas muito pobres comiam. Os historiadores da agricultura estimam que, por exemplo, a dieta irlandesa em 1800 incluía uma média de dez batatas por pessoa por dia, ou seja, 80 % da ingestão calórica das pessoas; as outras calorias vinham principalmente do leite e do queijo produzidos por vacas que eram alimentadas com batatas.

Do outro lado do mundo, as batatas-doces foram uma outra solução para o plantio em terras pobres. No final do século XVI, navios espanhóis levavam a batata-doce da América Central, onde era nativa, para as Filipinas e, então, os mercadores chineses as levaram para a província de Fujian, na costa sudeste da China. Assim como os governantes da Prússia fizeram com a batata, os governadores provinciais apoiaram o cultivo da batata-doce, distribuindo-a aos agricultores, e ali o tubérculo prosperou. Prosperou também nas montanhas e regiões insulares secas, onde o povo hakka – uma das muitas minorias étnicas da China – praticava a agricultura itinerante em inclinações íngremes, muitos deles viviam em pequenas cabanas e, por isso, eram ironicamente chamados de *pengmin*, "povo do barracão". A dieta dos *pengmin* e de outras pessoas pobres do campo girava em torno da batata-doce, assim como a dieta irlandesa em torno da batata. Mas plantar em encostas íngremes significava o corte de árvores e outras vegetações naturais, o que levou à erosão e às inundações, destruindo campos e afogando as plantações de arroz de altitudes mais baixas. Os funcionários do governo tentaram impedir o cultivo nas montanhas, mas eles foram incapazes de fazê-lo; assim, a falta de alimento e as agitações, causadas em parte pelas inundações, estariam entre as razões para a queda da dinastia Qing no século XX. (Os governantes comunistas da China continuaram a apoiar o cultivo das plantas do novo mundo; a China atual planta três quartos da batata-doce de todo o mundo, mais de um quarto da batata e cerca de um quinto do milho.)

IMAGEM 24. Pintura do artista japonês Ike no Taiga (1723-1776) mostrando um homem robusto comendo batata-doce assada. Taiga era filho de um fazendeiro pobre que havia se mudado para Kyoto; esse quadro pode ser uma crítica sobre a gula.

A batata-doce tornou-se também um alimento básico na Papua-Nova Guiné; introduzida no século XVIII a partir das ilhas Molucas, para onde tinham sido levadas por comerciantes portugueses, causando uma mudança na agricultura tradicional e o aumento da população. Elas também podiam ser encontradas em toda a Polinésia e na Nova Zelândia, mas aqui há um mistério. A rota pela qual a batata-doce entrou na China pode ser traçada por fontes escritas, e sua introdução ocorreu depois que os espanhóis estiveram nas Filipinas. No entanto, o cultivo da batata-doce no

246 | HISTÓRIA CONCISA DO MUNDO

Pacífico começou muito antes. A datação por radiocarbono mais antiga nos dá o ano aproximado de 1000 d.C. nas Ilhas Cook, que havia sido povoada por polinésios, vindos do Taiti. Os polinésios maori que colonizaram a Nova Zelândia no século XIII carregavam com eles a batata-doce (conhecida como *kumara*), juntamente com outras culturas. No entanto, ainda não sabemos claramente como a batata-doce foi da América Central até a Polinésia oriental. Suas sementes não sobrevivem facilmente ao mar aberto, nem nos estômagos de aves e, ademais, as batatas-doces são geralmente cultivadas pelo corte de ramas, não pelas sementes (elas foram levadas para a China dessa maneira). Muitos geoarqueólogos acreditam que os polinésios chegaram, em algum momento, à América do Sul ou Central e levaram a batata-doce de volta com eles. Assim, eles se tornaram parte do que poderia ser chamado de "intercâmbio polinésio", que precedeu o intercâmbio colombiano por vários séculos. Na Nova Zelândia, os maoris adaptaram suas técnicas de horticultura para criar a batata-doce tropical em um clima mais frio; eles as plantavam em locais ensolarados, abrigando-as do vento e adaptando o solo. Quando o capitão britânico James Cook (1728-1779) chegou à Nova Zelândia em sua primeira viagem no Pacífico, em 1769, ele relatou ter visto grandes campos plantados com batata-doce, inhame (uma cultura do velho mundo, distinta da batata-doce) e taro.

A viagem de Cook foi uma de muitas viagens realizadas no século XVIII, por meio das quais grande parte do Pacífico foi explorado e mapeado por navios holandeses, franceses e britânicos. No começo, os europeus buscavam pelo imenso continente que acreditavam existir no Hemisfério Sul para equilibrar todos os continentes do Hemisfério Norte. Essa "Terra Australis" (frase que significa simplesmente "Terra do Sul") já aparecia nos mapas antes de os europeus terem o primeiro vislumbre, em 1606, do território que foi rapidamente chamado de Austrália. A Austrália era enorme, mas, ainda assim, não era suficientemente grande para ser a famosa Terra do Sul e, por isso, as expedições do século XVIII continuaram suas buscas. Os navios franceses e ingleses chegaram a Samoa, ao Taiti e a outros grupos de ilhas e, da mesma forma que Colombo, levaram de volta à Europa plantas, animais e muitas vezes alguns moradores, além de relatórios e desenhos do que tinham visto. Os naturalistas coletavam espécimes para suas coleções – chamadas de "armários de curiosidades" – ou para possíveis usos em outros lugares. Dentre essas viagens pelo Pacífico, as mais importantes foram aquelas realizadas por Cook, que desembarcou várias vezes na Austrália e comunicou-se tão

CAPÍTULO 4 – UM NOVO MUNDO DE CONEXÕES, 1500 D.C.-1800 D.C. | 247

bem com os povos indígenas que passou a adotar uma palavra aborígene para o animal mais característico visto por ele, o canguru. Na década de 1780, navios franceses e britânicos levaram a fruta-pão do Pacífico para o Caribe, esperando cultivá-la para alimentar os escravos. Um desses navios, o *Bounty*, capitaneado por um ex-oficial de Cook, William Bligh, passou por um motim que se tornou muito mais famoso que sua missão. Assim, juntamente com o intercâmbio colombiano e com o intercâmbio polinésio, houve algo que poderíamos chamar de o "intercâmbio do capitão Cook" que transportou sementes e outros produtos por todo o mundo.

O COMÉRCIO DE ANIMAIS, VIVOS E MORTOS

Enquanto as sementes e os soldados viajavam em todas as direções, os animais, assim como as doenças, viajavam principalmente do velho para o novo mundo. O único animal do novo mundo que se tornou um alimento comum na Europa foi o peru, que parece ter adquirido seu nome em inglês (*turkey*, que também é o nome da Turquia) como resultado das novas redes globais de intercâmbio, pois as aves chegavam na Inglaterra em navios que também transportavam mercadorias vindas do leste do Mediterrâneo, assim os ingleses chamavam os perus de "galinhas da Turquia". O transporte de animais na outra direção teve dramáticas consequências demográficas e sociais. Os mesmos animais levados à Hispaniola por Colombo, a saber, cavalos, gado, porcos, ovelhas, cabras e aves, foram levados para todos os outros lugares pelos europeus. Alguns desses animais conseguiam, muitas vezes, voltar à vida selvagem e prosperar. Os porcos em particular podem comer qualquer coisa e reproduzir-se rapidamente, destruindo as plantações agrícolas nativas e impossibilitando o uso dos métodos tradicionais de canteiros agrícolas sem cercados. Cortés fundou uma fazenda de gado em suas enormes propriedades mexicanas; para o trabalho, ele usou escravos africanos que tinham familiaridade com cavalos e gado, enquanto os povos indígenas que ele tinha escravizado cultivavam a terra e trabalhavam nas minas de prata que também mandou construir. Um rebanho com cem cabeças de gado, abandonado pelos espanhóis nos prados – chamados de pampas – do rio da Prata, área que hoje é a Argentina, aumentou em algumas décadas para mais de 100 mil. Africanos, indígenas e pessoas miscigenadas que fugiam das minas e plantações espanholas começaram, montados no lombo de seus cavalos, a arrebanhar esse gado, criando, assim, uma nova forma de vida pastoral nas Américas, mas comum em partes da África (e muitas outras partes do mundo). Eles, mais tarde, seriam celebrados como gaúchos, o símbolo da Argentina.

Nas planícies e nos desertos do oeste e sudoeste da América do Norte, os cavalos transformaram a economia; os nativos americanos abandonaram a agricultura sedentária e o forrageamento localizado, substituindo-os por uma existência mais nômade, caçando a cavalo vastas manadas de búfalos e outros animais. Comanches, cheienes, lakotas e outras tribos das planícies adquiriram cavalos dos colonos espanhóis – e mais tarde uns dos outros – por meio da negociação e de incursões, acumulando, assim, grandes manadas. Em meados do século XVIII, as tribos do rio Grande, ao norte do que hoje é Saskatchewan, dependiam de cavalos. Em geral, seus donos eram homens; os cavalos se tornaram tanto um item de prestígio, quanto um meio de obtenção de alimentos. Como todos os bens de prestígio, os cavalos parecem ter acentuado as hierarquias sociais e de gênero, pois os homens com mais cavalos casavam-se com mais esposas e adquiriram cativos por meio de incursões ou pela compra, em parte, para cuidar de seus cavalos. O desejo por mais cavalos incentivou a guerra entre as tribos das planícies e entre os americanos nativos e os colonos europeus, mas também serviu de motivação para o comércio. Além dos cavalos, os povos indígenas adquiriam armas, munições, tecidos de lã e algodão, cobertores, ferramentas e equipamentos de metal, miçangas, álcool e muitas outras mercadorias em uma revolução norte-americana do consumidor paralela àquelas ocorridas na Europa e no Japão. Os produtos foram integrados às formas culturais locais, como, por exemplo, as miçangas que substituíram os espinhos do porco-espinho nas roupas bordadas. Os comerciantes europeus reconheceram que os grupos de americanos nativos tinham preferências específicas por miçangas e tecidos que podiam mudar a cada ano; ao escrever aos seus fornecedores, os comerciantes solicitavam determinadas cores, padrões e níveis de qualidade, sabendo quais venderiam e quais não.

As mercadorias europeias eram trocadas principalmente por peles. Poucos animais vivos eram transportados das Américas para a Europa, mas dezenas de milhões de suas peles foram. O comércio mundial de peles modificou o estilo de vida nas áreas de floresta do leste e do norte da América do Norte, onde os cavalos não eram comuns. Claro que as peles tinham sido usadas para aquecer desde os tempos do Paleolítico; além disso as peles de determinados animais também possuíam um valor simbólico. Os guerreiros de muitas culturas usavam peles de leão, leopardo, jaguar ou de lobo sobre suas cabeças e ombros para associar-se a esses animais poderosos e denotar a sua masculinidade. Os governantes usavam capas ou casacos de peles raras, as do arminho ou da zibelina, como um sinal de *status* elevado, enquanto os nobres e outras pessoas ricas tinham jaquetas e casacos enfeitados com raposas ou linces. A pele mais macia e mais grossa vinha das áreas montanhosas ou do Norte, onde os animais desenvolviam peles mais grossas para sobreviver ao frio; na Eurásia, as vastas estepes da Sibéria geravam as peles mais valorizadas, especialmente porque o excesso de armadilhas e caça reduziu o número de peles disponíveis em outras áreas. Os comerciantes da cidade de Novgorod obtinham peles dos indígenas komi e de outras tribos da Sibéria desde o século X; a partir do século XV, o Estado russo em expansão com sua capital em Moscou conquistou grande parte da Sibéria, forçando os nativos – que eram vistos pelos russos como selvagens inferiores – a pagar-lhes tributos em peles de zibelina e espalhando a varíola. Os caçadores russos também se mudaram para a Sibéria para obter peles diretamente; em especial porque os preços aumentaram muito no século XVI, quando vestir peles se tornou ainda mais elegante e conforme os preços em geral subiram como resultado do ouro e da prata do novo mundo e de outras evoluções econômicas mundiais. As peles da Sibéria viajavam para o Sul, indo para a Pérsia e a China, bem como para o Oeste, em direção à Europa, sendo que a pele de esquilo era particularmente preferida na China porque era durável e relativamente barata. No início, os comerciantes e caçadores russos permaneciam por um ano ou dois e, então, voltavam para a Rússia, mas eventualmente alguns ficavam na Sibéria, muitas vezes, casando com mulheres das tribos locais.

Peles da Sibéria apenas não conseguiriam atender a demanda, assim, o norte da América do Norte oferecia novas oportunidades para a exploração. No início do século XVII, holandeses, franceses e ingleses estabeleceram postos de comércio de peles no interior e em povoados costeiros. Os comerciantes europeus, homens em sua grande maioria, traziam bens que interessavam a homens e mulheres: armas, rum, tecidos, chaleiras, farinha, agulhas e chá. Mas os europeus estavam interessados apenas nas peles que vinham dos animais caçados e presos pelos homens e não nos produtos que as mulheres indígenas produziam, como roupas ou culturas agrícolas. Assim, entre os americanos nativos, as atividades dos homens costumavam ser muito mais valorizadas como fonte para a aquisição de bens importados, em contraste com períodos anteriores, quando a caça dos homens e a horticultura das mulheres possuíam um valor mais equitativo.

250 | HISTÓRIA CONCISA DO MUNDO

Os exploradores franceses, os comerciantes de peles e os missionários foram, a pé e de canoa, para o interior de Quebec e fundaram fortalezas, postos comerciais e algumas pequenas missões ao longo das margens dos Grandes Lagos e do rio Mississippi. Eles não possuíam superioridade militar para exigir tributos dos povos indígenas como os russos na Sibéria, mas negociavam raposas, linces, martas e especialmente castores, cuja pele interna era valorizada pelos fabricantes europeus de chapéus porque são densas e possuem pequenas farpas, facilitando o processo de feltragem em chapéus, que, na Europa, estavam no auge da moda naquele momento (o castor europeu foi caçado quase à extinção nessa época). Como na Sibéria, os comerciantes franceses de pele – chamados *voyageurs* ou *coureurs de bois* ("corredores dos bosques") – frequentemente casavam-se com mulheres locais conforme viajavam cada vez mais para o Oeste, contando com suas esposas e com as famílias das esposas para muitas coisas.

O conflito relacionado ao comércio de peles foi uma das causas das Guerras dos Iroqueses no século XVII – também chamadas de Guerras dos Castores –; nelas, as nações da Confederação Iroquesa da região leste dos Grandes Lagos expandiram sua área de controle para o Oeste e o Sul e lutaram com os franceses e seus aliados, os hurões e os algonquinos. Os iroqueses parecem ter sido um grupo expansionista mesmo antes de o comércio de peles dar-lhes um incentivo adicional para a guerra, mas agora as apostas estavam mais altas e as armas mais mortais, pois os holandeses e, mais tarde, os ingleses lhes forneciam armas. Os iroqueses podem também ter tentado capturar indivíduos de outras tribos para substituir os muitos indivíduos de sua própria tribo que tinham morrido na guerra ou de doenças trazidas por europeus, especialmente a varíola e o sarampo. Fazer cativos era um objetivo comum nas guerras indígenas; o capturado era por vezes integrado à tribo pela adoção ou pelo casamento. Dentre os cativos incluíam-se ocasionalmente europeus capturados em fazendas ou vilas isoladas, alguns deles eram torturados, mas a maioria era simplesmente capturada e, depois, escapava ou era trocada por algum tipo de resgate. Algumas dessas pessoas contaram suas histórias em narrativas de cativeiro que foram publicadas e se tornaram *best-sellers*, moldando a visão colonial e europeia dos americanos nativos.

Com a segunda onda de colonização norte-americana na década de 1660, os ingleses assumiram o controle de todos os territórios holandeses e o rei concedeu a uma nova companhia – *The Company of Adventurers of England Trading into Hudson's Bay* [Companhia dos aventureiros da

CAPÍTULO 4 – UM NOVO MUNDO DE CONEXÕES, 1500 D.C.-1800 D.C. | 251

Inglaterra comercializando na baía de Hudson] – o monopólio de todas as peles da área drenada pelos rios e córregos que deságuam na Baía de Hudson, cerca de 3,9 milhões de km², ou quase 15 % da América do Norte. As reivindicações francesas sobre esse território e outras partes da América do Norte terminaram com uma série de derrotas para os britânicos no século XVIII; a Companhia da Baía do Hudson foi quem realmente governou grande parte desse território no século XIX, emitindo seu próprio dinheiro e decisões judiciais. No início do século XIX, o governo britânico estendeu o monopólio até os Oceanos Ártico e Pacífico. Apesar de os chapéus com feltro de castor terem saído de moda há muito tempo, as peles ainda eram lucrativas, e a empresa se esforçou para manter os colonos fora do noroeste do Pacífico com uma campanha de relações públicas que retratava a área como um local não adequado para a agricultura. Embora o casamento entre os comerciantes ingleses de peles e as mulheres indígenas fosse menos comum do que o casamento entre os comerciantes franceses e as mulheres indígenas, a companhia também baniu as mulheres europeias da maioria das áreas de comercialização de peles até a década de 1820. Ao longo da costa do Pacífico, as economias do comércio de peles da Sibéria e da América do Norte se encontraram quando os comerciantes russos de peles capturaram mulheres e crianças das aldeias dos aleútes e dos kodiak ao longo da costa do Alasca como reféns, forçando os homens a caçar lontras-marinhas, que eram vendidas pelos russos aos britânicos e aos comerciantes americanos, que as levavam para o resto do mundo.

Além das peles, os peixes também eram transportados através do Atlântico. Os peixes de água doce e de água salgada, uma importante fonte de proteínas, eram importantes itens alimentícios em todos os lugares do mundo. Na Europa, a pesca começou a ser organizada em larga escala no século XV e, após a descoberta de fontes pesqueiras incrivelmente ricas nos Grandes Bancos do Atlântico Norte, rapidamente as frotas pesqueiras passaram a viajar para a área. (Especula-se que até mesmo pescadores basco-portugueses desembarcaram no que é hoje o Canadá antes de Colombo, mas mantiveram isso em segredo para não revelar a localização de sua fonte de peixes; não há quaisquer evidências arqueológicas ou textuais que ofereçam apoio a essa hipótese, mas isso só prova a seus defensores que os pescadores portugueses foram notavelmente bem-sucedidos em guardar seu segredo.) Frotas cada vez maiores, financiadas por investidores capitalistas, capturavam centenas de milhares de toneladas de peixes por ano, em especial o bacalhau, que era vendido fresco, em conserva, salgado e defumado, tendo se tornado um alimento básico para os escravos das Américas e os trabalhadores na Europa. Os baleeiros europeus também caçavam, matavam e processavam dezenas de milhares de baleias, principalmente por seu óleo e ossos, e não pela carne, que era simplesmente descartada.

A pele de caça e a pesca oceânica e baleeira eram todas ocupações em que a grande maioria da força de trabalho era do sexo masculino. Como na guerra, essas ocupações levavam os homens para longe de suas cidades e aldeias por longos períodos; eles passavam a viver em comunidades só de homens, onde as tarefas que eram normalmente feitas por mulheres, tais como cozinhar e costurar as roupas, eram feitas por homens. Esses ambientes homossociais, sem dúvida, encorajavam o desenvolvimento de relações íntimas entre eles, mas esses relacionamentos deixaram poucos vestígios em fontes escritas, pois os homens que exerciam essas profissões eram geralmente analfabetos. Por causa da ausência dos homens, as divisões de trabalho com base no gênero também foram deslocadas; mulheres e crianças assumiram a responsabilidade pela produção agrícola e outras tarefas.

Drogas e a comercialização do lazer

As comunidades masculinas de caça, pesca e preparo de armadilhas e as vilas de mulheres e crianças que os primeiros deixavam para trás não foram os únicos tipos de novas formas sociais resultantes das conexões globais do intercâmbio colombiano. Vários tipos de produtos prazerosos e viciantes também se propagaram, muitas vezes consumidos em novas configurações sociais de comercialização do lazer. Entre esses produtos estavam as bebidas cafeinadas. O grão de cacau – que os astecas acreditavam ter trazido do paraíso – foram da Mesoamérica para a Europa, onde primeiro os espanhóis e depois os franceses e os ingleses desenvolveram o hábito de beber chocolate. O café, nativo da Etiópia e plantado comercialmente pela primeira vez no Iêmen por volta de 1400, era cada vez mais bebido em todo o mundo muçulmano, principalmente em casas de café, que serviam como locais de sociabilidade entre homens. Nessas casas, os homens se reuniam com os amigos para conversar, fazer negócios e, às vezes, ouvir música, mas os moralistas acreditavam que eles podiam estar envolvidos em jogos de azar e em outras atividades questionáveis, os líderes religiosos se questionavam se as propriedades viciantes do café podiam violar a lei muçulmana e os médicos debatiam se o café era prejudicial à saúde dos homens.

IMAGEM 25. Nesta miniatura do século XVI de uma cafeteria otomana, os clientes, incluindo alguns que parecem ser visitantes estrangeiros, bebem café, leem, conversam e jogam gamão. No canto superior esquerdo, outras pessoas fazem fila do lado de fora, esperando para entrar.

Os europeus descobriram o café em grande parte por meio do Império Otomano, mas ele continuou sendo muito caro para a maioria das pessoas até a última metade do século XVII, quando os holandeses, em suas colô-

254 | HISTÓRIA CONCISA DO MUNDO

nias da Ásia e da América do Sul, começaram a plantá-lo em maior escala. Eles forçaram os camponeses de Java, que plantavam arroz, a fornecer uma cota anual de café; e, no início do século XVIII, Java passou a fornecer grande parte do café existente em todo o mundo e também se tornou uma gíria para a bebida viciante*. Milhares de casas de café foram abertas em Veneza, Londres, Paris e outras cidades europeias, inspirando os franceses a dar início, no século XVIII, à cafeicultura em suas colônias do Caribe. De lá, o cultivo do café propagou-se para a América Central e para o Brasil e, no final do século XIX, para o leste da África, não muito longe de seu lugar de origem. Assim como no mundo muçulmano, esses cafés e casas de café eram lugares onde os homens (principalmente) se reuniram para falar de negócios, política ou qualquer outro assunto. Os governantes, desde o sultão Murad IV (r. 1623-1640) do Império Otomano até o rei Carlos II da Inglaterra (r. 1660-1685), preocupados com a sedição, tentavam fechá-los de tempos em tempos... essas medidas nunca funcionaram.

Na Europa e nas grandes cidades coloniais europeias, os cafés eram um dos tipos de novas instituições sociais e culturais para a troca de ideias, e haviam outras. Ao lado dos tradicionais centros intelectuais das cortes, igrejas e universidades, o século XVII testemunhou o desenvolvimento de sociedades literárias e científicas, jornais e revistas, bem como clubes e alojamentos, como por exemplo as sociedades de maçons cuja filiação era paga. A maioria dessas instituições eram predominantemente masculinas, mas, inicialmente em Paris e depois em outros lugares, as mulheres da elite também participavam em encontros de homens e mulheres para discussões formais e informais de tópicos escolhidos por eles; as pessoas ficavam nas salas-de-estar de suas próprias casas – *salons* em francês –, daí o nome dessas reuniões**. Sociedades eruditas, revistas, clubes, salões literários e outras novas instituições criaram algo que o filósofo e historiador alemão Jürgen Habermas chamou de "esfera pública", e ajudou a criar o que hoje chamamos de "opinião pública", uma força que se tornou mais poderosa com o passar do século XVIII.

A opinião pública e as tendências culturais eram moldadas pelos gostos das elites, mas também pelas pessoas mais comuns, que compravam certos produtos, assinavam certas revistas e jornais e frequentavam essa ou aquela casa de café. Gradualmente, grupos mais amplos de pessoas pas-

---

*   Em inglês, *java* passou a ser um termo genérico para a bebida. (N.T.)

**   *Salon* é o termo utilizado em inglês para esse tipo de reunião; "salão literário", em português. (N.T.)

CAPÍTULO 4 – UM NOVO MUNDO DE CONEXÕES, 1500 D.C.-1800 D.C. | 255

saram a determinar quais estilos artísticos e literários eram considerados louváveis e quais planos políticos e ideias deviam ser aceitas ou rejeitadas. As novas ideias científicas se espalharam para além do meio científico, chegando até um público mais amplo por meio dessas novas instituições, assim surgiu o movimento autoconsciente e intelectual do século XVIII que enfatizava o poder da razão e se intitulou de Iluminismo. Em toda a Europa foram fundados em muitas cidades – incluindo Paris, Edimburgo, Londres, Nápoles, Roma e Varsóvia e nas colônias transatlânticas dos ingleses, franceses e espanhóis – grupos que discutiam e defendiam as ideias esclarecidas do iluminismo; dentre esses grupos estavam as lojas maçônicas, as sociedades dedicadas ao "progresso" ou aos "ofícios úteis", clubes de discussão que se reuniam em tabernas, na casa das pessoas e em clubes onde as pessoas pagavam uma pequena taxa para ouvir palestras. As ideias do iluminismo fluíam não apenas do Leste para o Oeste, mas também de Oeste para Leste. Os debates sobre a escravidão e os direitos naturais que ocorriam nas ilhas do Caribe francês davam forma às discussões políticas da Europa, pois as pessoas envolvidas nesses debates e jornais que os relatavam viajavam junto com o café do Caribe para a Europa. Essas novas ideias fizeram parte das causas contextuais das revoluções atlânticas, discutidas a seguir.

A propagação do chá seguiu um caminho e uma cronologia diferentes daqueles feitos pelo chocolate ou pelo café. Embora não saibamos quando exatamente as pessoas começaram a beber chá, sabemos que o costume se originou no sudoeste da China. No século VI d.C., o chá estava sendo cultivado em muitas encostas do sul da China. Os nômades das estepes da Ásia Central ficaram tão viciados em chá que trocavam seus cavalos de guerra por chá; eles levaram a bebida para os lugares que conquistaram: Índia, Rússia e Ásia Ocidental. Os monges budistas o levaram ao Japão e à Coreia, junto com textos e objetos devocionais, e, nesses locais, o chá tornou-se uma parte de cerimônias quase religiosas, com métodos altamente ritualizados de preparação e consumo. O primeiro encontro entre os europeus e o chá ocorreu quando eles atingiram a bacia do Oceano Índico, mas eles o acharam muito amargo e medicinal, isto é, nada agradável. Beber chá não fez sucesso na Europa até o século XVIII, quando o açúcar produzido nos latifúndios do Atlântico tornou-se acessível às massas. A importação do chá na Inglaterra cresceu de um décimo de uma onça [aproximadamente 2,9 g] por pessoa para uma libra [aproximadamente 450 g] – um aumento de 40.000 % – e a combinação cafeína/açúcar do chá adoçado permitiu mais horas de trabalho, bem como novas formas de sociabilidade feminina em torno de um bule de chá, o qual muitas vezes era um produto importado ou uma reprodução local mais barata.

O chá também fazia de ocasiões sociais menos nobres que as cerimônias do budismo japonês. Durante o xogunato Tokugawa, surgiram casas de chá, teatros e tabernas nos bairros de entretenimento – denominados *ukiyo*, isto é, mundo flutuante – das grandes cidades, locais em que os samurais, *daimyos* entediados e outros residentes urbanos podiam se divertir e passar o tempo. Entre as possibilidades de diversão haviam as gueixas, mulheres jovens que por muitos anos aprendiam a cantar, a contar histórias, a dançar e a tocar instrumentos musicais. Os homens da elite sociabilizavam nas casas de chá de gueixas e pagavam grandes somas de dinheiro por seus serviços, que podiam incluir serviços sexuais, mas que, muitas vezes, limitavam-se a conversas e entretenimentos. Se eles preferissem, os homens podiam passar seu tempo com os atores masculinos que interpretavam todos os personagens nas peças do teatro kabuki, que eram extremamente populares e também podiam ser encontrados no mundo flutuante. Os xoguns toleravam tudo isso como uma forma de manter as coisas calmas, além disso, para pagar por esse entretenimento, os homens aumentavam o valor dos impostos e dos arrendamentos dos camponeses que viviam em suas terras, ou por meio de empréstimos. Os xoguns tentaram proibir os camponeses de beber chá ou fumar tabaco, pois tais ações "custavam tempo e dinheiro", mas, de qualquer forma, a maioria dos camponeses possuía pouco rendimento disponível.

Assim como as cidades japonesas, as de outros lugares durante o início do período moderno também ofereciam uma variedade cada vez mais ampla de locais para o lazer comercializado. Nas maiores cidades da China e da Europa Ocidental, as pessoas assistiam a peças de teatro, óperas e concertos em teatros permanentes, bem como malabaristas, acrobatas e contadores de histórias em palcos temporários. Um residente de Guangzhou ou Yangzhou acharia familiares muitos aspectos de Londres ou Paris, e vice-versa. Dentre as semelhanças estavam os bordéis – frequentemente perto do bairro dos teatros –, que variavam entre os baratos e rudes até os suntuosos e muito caros, às vezes autorizados e tributados pela cidade ou pelo governo regional.

Trabalho e lazer, os dois eram acompanhados por bebidas alcoólicas, pois, em algum lugar, todos os grãos básicos do intercâmbio colombiano foram transformados em álcool. Os cereais tornaram-se vários tipos de cervejas e outras bebidas feitas de arroz, cevada e trigo fermentados; já as uvas e outras frutas foram transformadas em vinhos e sidras, que eram bebidas em banquetes, tabernas, festivais, apresentações de teatro e muitos outros lugares. As pessoas também bebiam cerveja, sidra e vinho barato como parte de seu dia normal, para aumentar as calorias fornecidas por outros gêneros alimentícios, para aliviar a dor e para partilhar dos outros efeitos do álcool. Os trabalhadores das minas de prata de Potosí compravam cerveja de milho (*chicha*) e batatas para seu sustento, eles também compravam e mascavam folhas de coca – que haviam sido usadas pelos Incas em rituais religiosos e medicinais – para aliviar a fome e obter um pouco de energia para o seu trabalho esgotante. A coca mastigável não se espalhou para além dos Andes, no entanto; o sucesso dessa droga aconteceria mais tarde, depois que um cientista alemão descobriu como extrair seu princípio ativo, batizado por ele de cocaína.

As pessoas procuraram criar formas mais fortes de álcool, retirando parte do líquido ou por meio de várias fermentações. A forma mais fácil de produzir um álcool forte é pela destilação, um processo que parece ter sido inventado pelo menos duas vezes – uma na China e outra na Itália, no século XII e provavelmente em outros lugares também. Por volta do século XVI, todas as áreas vinícolas começaram a destilar conhaques e licores, o rum vinha das Índias Ocidentais e as aguardentes de frutas, como maçãs, peras, ameixas e cerejas, eram produzidas e vendidas localmente. O aprimoramento na destilação de grãos auxiliou o álcool destilado a competir com o conhaque em termos de preço; assim, o uísque, o gim e a vodca tornaram-se bebidas mais comuns, especialmente para as pessoas mais pobres. Na Inglaterra, o governo decidiu que destilar gim seria uma maneira de não desperdiçar os cereais de má qualidade, permitindo, então, sua produção e venda a qualquer um que o desejasse fazer; em 1740, a produção de gim foi seis vezes maior que a da cerveja, com milhares de lojas de gim em Londres. No entanto, beber gim era visto como a raiz do fracasso, da prostituição, da negligência das crianças e de muitos outros problemas sociais e, em 1751, o governo restringiu a venda apenas para revendedores autorizados, mas a venda e a produção ilegal não cessaram.

Cafés, clubes, tabernas e outros centros de lazer comercializado também eram lugares onde uma outra nova substância viciante era apreciada: o tabaco. Os americanos nativos já plantavam e fumavam tabaco muito antes da chegada de Colombo, que levou algumas sementes de tabaco para a Espanha com ele, onde os fazendeiros começaram a cultivá-lo para uso como um remédio que ajudaria as pessoas a relaxar. O embaixador francês em Lisboa, Jean Nicot (1530-1600) – cujo nome dá origem ao termo nicotina e também ao nome botânico do tabaco, *Nicotiana* – introduziu o uso do tabaco na França, originalmente sob a forma de rapé. No século XVIII, usar rapé indicava classe e sofisticação aos homens europeus, que levavam consigo caixas de rapé feitas de prata ou de marfim cheias de tabaco em pó para cheirar, levando a nicotina direto para sua corrente sanguínea quando espirravam em seus lenços de renda. O povo em geral fumava o tabaco em cachimbos, que também foram se tornando cada vez mais elaborados para quem quisesse pagar pela sofisticação. Os comerciantes ingleses trouxeram o tabaco do Império Otomano, e em todos os lugares os cafés se encheram com a fumaça do cachimbo. Semelhante ao que ocorreu com o café, funcionários e clérigos do mundo muçulmano passaram a debater se o tabaco deveria ser desencorajado ou até mesmo proibido pela lei islâmica e se era prejudicial ou benéfico. O sultão Murad IV baniu o fumo assim que fechou os cafés, sustentando a proibição com punições severas, mas, conforme comentou o funcionário otomano Katib Chelebi, pouco depois: os soldados "encontram uma oportunidade para fumar até mesmo durante as execuções" de outros soldados punidos por fumar; o próximo sultão acabou com o embargo, e "fumar é, na atualidade, uma prática realizada em todo o mundo habitável". O tabaco era às vezes misturado ao ópio, que tinha sido utilizado medicinalmente desde a antiguidade, mas o ópio também era fumado, ou comido, sem ser misturado. No século XVIII, para pagar os produtos chineses enviados para o Ocidente, a Companhia Britânica das Índias Orientais começou a transportar para a China grandes quantidades de ópio que era cultivado em sua colônia na Índia.

Grande parte do tabaco consumido na Europa foi cultivado nas Américas, e, durante o século XVII, a área de maré da Virgínia em torno da Baía de Chesapeake tornou-se conhecida por produzir o tabaco de melhor qualidade do mundo. Os plantadores de tabaco vendiam sua colheita para os comerciantes de Londres – e mais tarde, em Glasgow, na Escócia –, os quais emprestavam dinheiro para que eles pudessem aumentar suas plantações, comprar novas terras e bens de consumo, bem como contratar ou adquirir trabalhadores. No século XVII, os trabalhadores das plantações de tabaco incluíam servos por dívidas da Europa e africanos escravizados, mas no século XVIII um número cada vez menor de servos por dívidas e a pressão por preços mais baixos levou ao aumento do uso de escravos; a população escrava da Baía de Chesapeake aumentou dramaticamente. Apesar das terras de George Washington e Thomas Jefferson serem relativamente grandes, a maioria dos latifúndios dessa área eram pequenos em comparação com aqueles existentes no Sul. O tabaco era usado como moeda de troca na área de Chesapeake e também ao longo da costa da África Ocidental, onde era possível comprar escravos com ele.

O tabaco foi introduzido na China em meados do século XVI e foi levado a todos os cantos pelos soldados das dinastias Ming e Qing. Os ricos carregavam estojos com tabaco e cachimbos, ou então seus servos os carregavam; as mulheres usavam cachimbos muito longos e delgados, pois eram vistos como mais femininos (um julgamento estético que foi transportado para os cigarros que, no século XX, eram manufaturados especialmente para as mulheres nos Estados Unidos). As reuniões de estudiosos e aristocratas eram momentos para fumar, surgiram poemas em louvor ao tabaco que exaltavam as virtudes do "vapor do sábio" e a "fumaça de fios dourados". Por causa da alta demanda, o cultivo de tabaco era mais lucrativo do que o cultivo de trigo ou arroz e, no século XVIII, os agricultores chineses começaram a cultivar tabaco extensivamente, a despeito de ele arrancar os nutrientes do solo e só poder ser plantado por um curto período.

Açúcar e o tráfico de escravos

A cafeína e a nicotina são drogas poderosas, mas o que levou o café, o chocolate e, no século XVIII, o chá a se tornarem ainda mais populares foi outra substância viciante, importantíssima para o intercâmbio colombiano, o açúcar. A cana-de-açúcar é nativa do Pacífico Sul e foi levada para a Índia nos tempos antigos, de lá foi para o sul da China e para o Mediterrâneo. As ilhas Atlânticas da costa africana tinham um clima bem quente e úmido para o açúcar, e os portugueses que estabeleceram colônias lá no final do século XV começaram a plantar e processar a cana-de-açúcar. Para produzir açúcar é preciso máquinas caras para o refino e muitos trabalhadores para cortar e transportar a pesada cana, queimar os campos e cuidar das cubas de cozimento da cana. Isso significava que, economicamente, os pequenos produtores não conseguiriam produzir facilmente o açúcar, então, em vez disso, foram estabelecidos grandes latifúndios, cujos proprietários eram capitalistas ou investidores distantes. Os trabalhos dos primeiros latifúndios de açúcar eram realizados tanto pela mão de obra livre quanto por escravos de muitos grupos étnicos, mas na década de 1480 eles eram quase todos escravos negros trazidos da África.

Quando viveu na ilha da Madeira, Colombo viu em primeira mão as possibilidades do açúcar e, assim, em sua segunda viagem, levou mudas de cana-de-açúcar para o Caribe. O primeiro engenho de açúcar do hemisfério ocidental foi construído em 1515, no que é hoje a República Dominicana. O Brasil também possuía o clima correto e, em meados do século XVI, os investidores de toda a Europa estavam estabelecendo suas plantações de cana no país. Em 1600, o Brasil era para a Europa a maior fonte de açúcar, o qual estava se tornando parte normal da dieta de muitas pessoas na Europa e dentre os europeus do novo mundo. O consumo *per capita* na Inglaterra era de vários quilos por pessoa por ano, um consumo ainda pequeno em relação ao consumo de açúcar moderno (os Estados Unidos têm o maior consumo *per capita* de açúcar, cerca de 150 libras [aproximadamente 68 kg] por ano), mas muito mais alto do que havia sido anteriormente, quando o açúcar era tão luxuoso a ponto de ser visto pelas pessoas mais como uma droga que um alimento. De certa forma, o açúcar é uma droga: mesmo não sendo fisicamente viciante, a demanda humana por açúcar parece insaciável, contanto que o preço seja suficientemente baixo.

O preço do açúcar era mantido baixo pela escravidão e pelo transporte. Os produtores de açúcar, primeiro no Caribe e no Brasil, tentaram forçar os povos nativos a realizar o trabalho pesado exigido pelo açúcar. No Caribe, os colonos espanhóis (*encomenderos*) receberam o direito de utilizar o trabalho nativo no sistema de *encomiendas*, mas os povos nativos ou morriam ou fugiam. Poucos europeus, mesmo que fossem muito bem pagos, estavam dispostos a empunhar facões e carregar a cana sob o sol quente. A solução foi a mesma usada nas ilhas do Atlântico: importar africanos escravizados e estabelecer imensos latifúndios, onde um grande número de trabalhadores levava a cana-de-açúcar até o complicado equipamento de refino para que ele pudesse ser mantido em funcionamento o tempo todo. Os comerciantes de escravos das áreas costeiras da África Ocidental e Central começaram a adentrar mais ao interior para capturar, comprar ou trocar cada vez mais escravos. Alguns governantes tentaram limitar o comércio de escravos em suas áreas, mas outros lucravam com esse comércio e, além disso, os traficantes davam pouca atenção a qualquer tipo de lei. Eles incentivavam a guerra para conseguir cativos, ou apenas sequestravam as pessoas de suas casas e campos. O comércio de escravos cresceu de forma contínua e, inicialmente milhares e, depois, dezenas de milhares de pessoas por ano eram retiradas da África e levadas para trabalhar nos latifúndios de cana. Nos 350 anos após a viagem de Colombo,

CAPÍTULO 4 – UM NOVO MUNDO DE CONEXÕES, 1500 D.C.-1800 D.C. | **261**

mais africanos que europeus cruzaram o Atlântico; as estimativas atuais totalizam entre 10 e 12 milhões de indivíduos; sendo que outros milhões morreram no caminho. Assim, de todos os produtos do intercâmbio colombiano, o açúcar foi (e talvez ainda seja) o mais prejudicial.

O comércio de escravos teve efeitos dramáticos na África Ocidental e no oeste da África Central, incentivando a guerra e a destruição de famílias e grupos aparentados. Nessas áreas, as mulheres produziam a maior parte dos alimentos, tornando-as escravas valiosas demais para serem vendidas. Assim, dois terços dos escravos exportados para o novo mundo eram formados por homens e rapazes; as mulheres eram mantidas, em vez disso, como trabalhadoras agrícolas (e esposas). O comércio transatlântico de escravos reforçou ainda mais a participação das mulheres na produção de alimentos e também ampliou o comércio de escravos de muitas regiões da África. Os escravos também foram transportados pelo Oceano Índico, da Índia, do sudoeste da Ásia e de Madagascar para a colônia holandesa do Cabo; e da África Oriental para as plantações de açúcar e outros latifúndios nas ilhas do Oceano Índico e, até mesmo, para o Brasil. Em resposta às novas demandas de mão de obra que surgiam conforme mudavam a extração e a produção das várias *commodities*, mulheres e homens livres, ex-escravos e, ocasionalmente, até mesmo as pessoas que ainda eram escravas agiam como comerciantes de escravos na África e, por vezes, nas colônias.

A escravidão não é simplesmente um método de organização do trabalho, mas também um método de reprodução da força de trabalho. Na África, no mundo muçulmano e no sudeste da Ásia, as mulheres escravizadas muitas vezes acabavam como parte das famílias, servindo de esposas secundárias, concubinas ou empregadas domésticas. Elas, dessa forma, aumentavam a riqueza e o poder de seus maridos/proprietários por meio do trabalho e de seus filhos; os filhos, no entanto, eram livres pela lei islâmica, pois a condição jurídica das crianças seguia a condição do pai. Esse não era o caso nas sociedades escravistas das Américas, onde, conforme a lei, as crianças herdavam a "condição de servidão" de suas mães. Em algumas regiões das Américas, a reprodução não representava grande preocupação para os proprietários de escravos, pois eles simplesmente compravam novos escravos à medida que os outros iam morrendo. No Brasil, por exemplo, as circunstâncias nos latifúndios de cana-de-açúcar eram especialmente brutais, e haviam pouquíssimas escravas, assim, morriam mais escravos do que nasciam. Os proprietários de escravos notaram que a maioria dos escravos viveriam cerca de sete anos e, então, calcularam os custos da compra de novos escravos pelo preço que eles esperavam conseguir por seu açúcar. Na América do Norte, o "aumento natural" passou a ser mais importante para o crescimento da população escrava do que a importação contínua; das milhões de pessoas que foram trazidas da África para serem escravas no novo mundo, apenas 5 % foi para a América do Norte. Evidências da África, do Caribe e da América do Norte sugerem que as escravas às vezes tomavam medidas para controlar a sua fertilidade, limitando o número de partos por meio de plantas e outros produtos que diminuíam a fertilidade ou causavam abortos. Embora o número de crianças que sobreviviam até a idade adulta variasse muito, a gravidez e a mão de obra agrícola ainda eram as principais atividades de grande parte da vida das escravas.

Por si só, o comércio de escravos não rendeu lucros espetaculares, mas o sistema de latifúndios foi uma parte essencial de uma rede de negócios capitalistas que oferecia riqueza contínua e crescente aos comerciantes europeus e aos investidores, que também estabeleceram latifúndios para o cultivo do anil, do algodão, do arroz, do tabaco e de outras culturas. Em todo o mundo, a escravidão foi parte de muitas sociedades desse período – como tinha sido anteriormente –, mas a escravidão em latifúndios do novo mundo foi diferente, pois trouxe um elemento racial geralmente inexistente em outros sistemas escravistas. Ao vincular o branco à liberdade e o negro à escravidão, o sistema latifundiário reforçava as ideias que muitos cristãos europeus e muçulmanos árabes tinham sobre os africanos; eles eram vistos como inferiores, bárbaros e primitivos. Os latifundiários chegaram a ver seus escravos mais como máquinas do que seres humanos; como máquinas, os escravos sofreriam desgastes e precisariam ser substituídos. Alguns missionários cristãos opunham-se a esse tratamento, especialmente em relação aos escravos que tinham sido convertidos ao cristianismo, mas outros líderes da Igreja elogiavam a escravidão, dizendo que, embora ela pudesse tornar piores as vidas dessas pessoas na terra, a escravidão lhes oferecia a oportunidade de irem para o céu quando elas se tornavam cristãs, então, a longo prazo, suas vidas haviam melhorado.

Transformações religiosas e suas consequências

No início do período moderno, a religião servia como justificativa para a escravidão e também como uma justificativa – e motivação – para os conflitos e a colonização. Colombo escreveu o seguinte: "Deus me fez o

IMAGEM 26. Nesta gravura francesa do século XVII, escravos realizam as várias etapas do processamento do açúcar. Trabalhadores carregam a cana até o moinho na parte de trás, onde a força de um boi move os rolos verticais da moenda para esmagá-la, o suco flui para os tanques das fornalhas na parte central esquerda da imagem e, na frente (à direita), um superintendente branco inspeciona o trabalho.

mensageiro do novo céu e da nova terra de que ele falou no Apocalipse de São João", um destino que ele viu simbolizado em seu primeiro nome, "Christofero" que, em latim, significa "aquele que carrega Cristo". O ouro inspirou mais viagens e conquistas que Deus, mas os objetivos religiosos deram forma aos padrões da expansão e da construção de um império. Essa é uma verdade antiga, mas, no século XVI, as reformas e a revitalização das religiões existentes e a criação de novas fés levaram ao aumento do zelo religioso. Esses movimentos começaram e foram estendidos por indivíduos que possuíam um poderoso sentimento de vocação, os quais desenvolveram novas práticas espirituais que, segundo eles, adaptavam--se melhor à vontade divina. Eles, em última instância, ganharam muitos adeptos porque muita gente foi persuadida por suas mensagens, ou porque viram vantagens sociais, econômicas ou políticas na conversão (ou ambos os casos). Dentre os convertidos estavam os governantes que, muitas vezes, exigiam que seus súditos aderissem à mesma religião e que usavam a religião como motivo de conquista.

Os líderes e reformadores religiosos estabeleceram certos deveres cuja realização competia aos crentes, muitas vezes com distinções entre homens e mulheres. Eles viam as atividades cotidianas e a vida familiar como oportunidades para as pessoas mostrarem seus valores espirituais e morais, mas, ao mesmo tempo, criticavam as práticas religiosas quando elas eram realizadas sem a crença interior adequada, isto é, sem fé. Uma vez criadas, essas religiões novas, reformadas ou revitalizadas tornaram--se parte de tradições herdadas, pois as crianças seguiam a fé de seus pais.

Entre essas transformações, a fragmentação do cristianismo na Europa Ocidental foi a mais dramática e a maior geradora de violência. No início do século XVI, a maioria das pessoas aceitava os ensinamentos da igreja cristã e considerava relevantes as atividades religiosas, mas uma minoria significativa pedia por reformas. Eles reclamavam que a Igreja, liderada pelo Papa em Roma, estava mais preocupada com sua riqueza e poder do que com as necessidades espirituais de seus seguidores. Na década de 1520, o grupo passou a incluir Martinho Lutero (1483-1546), um professor de teologia da Universidade de Wittenberg, na Alemanha. Lutero escreveu e discursou contra os ensinamentos da Igreja; suas ideias se transformaram em um amplo movimento que ficou conhecido como a Reforma Protestante, em parte por meio da nova tecnologia: a imprensa. Juntamente com as viagens de Colombo, a Reforma Protestante é vista tradicionalmente como uma forte ruptura com o passado e o início da modernidade; mas, assim como Colombo, Lutero não parece muito moderno em várias questões.

O entendimento de Lutero sobre a doutrina cristã essencial, muitas vezes codificada como "apenas a fé, apenas a graça, apenas a escritura" afirma que a salvação vem por meio da fé, que é em si um dom imerecido de Deus, e que a palavra de Deus está revelada nas Escrituras, não nas tradições da Igreja. Lutero traduziu a Bíblia para o alemão, e ele e outros reformadores protestantes rejeitaram as práticas que eles não encontravam na Bíblia, incluindo o celibato clerical, que Lutero acreditava ter sido uma tentativa infrutífera de controlar um desejo humano natural que não trazia benefícios espirituais. Os protestantes proclamaram a vida familiar, na qual homens são maridos e pais sérios e responsáveis e mulheres são esposas e mães amorosas e obedientes: um ideal para todos os homens e as mulheres. Nessa visão, os solteiros de ambos os sexos seriam sempre suspeitos. A maioria das áreas protestantes passou a permitir, por um número limitado de razões, o divórcio e o novo casamento, embora a taxa de divórcio real tenha permanecido muito baixa, pois o casamento criava uma unidade social e econômica bastante difícil de ser rompida.

Os reformadores protestantes trabalharam com as autoridades políticas, e grande parte da Europa central e a Escandinávia romperam com a Igreja Católica e estabeleceram igrejas protestantes independentes. Os governantes reconheceram que separar-se da Igreja Católica lhes permitiria confiscar suas terras e outros bens, e lhes daria autoridade sobre a religião, bem como sobre outros aspectos da vida. Na Inglaterra, o rei Henrique VIII (r. 1509-1547) desejava ter um herdeiro homem, e isso o levou a romper com a Igreja Católica e a estabelecer uma igreja inglesa independente, ações que foram prontamente aceitas por uns e rejeitadas por outros. As autoridades políticas protestantes e católicas acreditavam que seus territórios deveriam ter uma igreja oficial, mas alguns indivíduos e grupos rejeitavam essa ideia, pois para eles a lealdade religiosa deveria ser voluntária. Esses grupos também desenvolveram ideias socialmente radicais, alguns pediam pelo pacifismo e outros pela propriedade comum dos bens; eles foram intensamente perseguidos e muitas vezes obrigados a fugir de um lugar para outro. Os camponeses que usavam as ideias luteranas para justificar suas demandas por justiça social também foram reprimidos com força, uma ação que recebeu o apoio de Lutero. A Reforma carregou consigo mais de um século de uma brutal guerra religiosa que teve início na Suíça e na Alemanha, espalhando-se depois para a França e para a Holanda no fim do século XVI.

No final da década de 1530, a Igreja Católica começou a responder mais vigorosamente aos desafios protestantes e também começou a realizar reformas internas. Esses dois movimentos foram liderados pelo papado e por novas ordens religiosas – os Jesuítas, por exemplo, foram uma ordem criada por Inácio de Loyola (1491?-1556), um cavaleiro espanhol que também acreditava que o cristianismo corria perigo, mas para ele a solução estava na obediência mais rigorosa ao Papa e às práticas existentes, não no rompimento. No final do século XVI, o cristianismo católico romano foi revigorado por um movimento chamado Reforma Católica; foram construídas igrejas impressionantes nas quais decorações extravagantes e afrescos reluzentes refletiam um novo dinamismo proselitista. Ao mesmo tempo, as ideias de João Calvino (1509-1564) inspiraram uma segunda onda de reformas protestantes, em que a ordem, a piedade e a disciplina eram vistas como sinais da graça divina que estavam, da mesma forma, refletidas na arquitetura das igrejas calvinistas: paredes brancas, janelas simples e nenhuma imagem. Também nas áreas católicas, emergiu uma ênfase na moralidade e na disciplina social, e as autoridades em toda a Europa tentavam ensinar as pessoas mais sobre sua determinada variante do cristianismo, em um processo que os historiadores denominam "confessionalização". O processo de confessionalização e a aplicação da disciplina social duraram muito além do século XVI, pois educar as pessoas e incentivá-las (ou forçá-las) a melhorar seu comportamento levou mais tempo do que esperavam os reformadores protestantes ou católicos.

As autoridades protestantes e católicas também prendiam, julgavam e executavam os indivíduos que viam como hereges ou imaginavam ter feito um pacto com o diabo, dentre elas foram julgadas entre 100 mil e 200 mil pessoas por bruxaria. Entre 40 mil e 60 mil pessoas foram executadas por bruxaria na Europa durante os séculos XVI e XVII, três quartos delas, no mínimo, eram mulheres. As ideias misóginas, as alterações legais, as tensões sociais, o zelo religioso e as preocupações sobre a ordem foram elementos que se uniram à caça às bruxas entre cultos e incultos, que só diminuiu quando os mesmos tipos de autoridades religiosas e legais que haviam tão vigorosamente perseguido as bruxas decidiram que a tortura não traria a verdade à tona e que se o diabo precisasse de ajuda, ele, provavelmente, não recorreria a mulheres velhas e pobres.

No século XVII, o protestantismo de inspiração calvinista combinou-se às injustiças sociais, políticas e econômicas na Inglaterra e levou à guerra civil. Alguns membros da nobreza mais baixa – conhecida como "pequena nobreza" – e muitos residentes urbanos queriam "purificar" a Igreja estatal inglesa, retirando algo que viam como vestígios do catolicismo. Alguns desses "puritanos", como passaram a ser conhecidos, eram membros do Parlamento inglês – o órgão de representação nacional com autoridade para aumentar os impostos – que se opunham a uma expansão do poder real. O Parlamento apelou por mudanças legais e religiosas; foram recrutados exércitos tanto pelo Parlamento quanto pelo rei Carlos I e as lutas abertas começaram em 1642. O Parlamento e seu Exército eram controlados por um carismático líder militar, Oliver Cromwell (1599-1658), que transformou o Exército em uma formidável força combatente e instituição política. Para o horror de muitos ingleses e monarcas do mundo, o Exército capturou e executou o rei. Cromwell, que se via como alguém convocado por Deus, governou pelo que era efetivamente uma lei marcial, e tentou manter a ordem e o controle em uma situação em que grupos e indivíduos estavam promovendo (ou pelo menos discutindo) mudanças sociais radicais, tais como o domínio comunal da propriedade. Com a morte de Cromwell, as facções se dividiram sobre o que fazer em seguida e, então, o Parlamento apoiou a restauração da monarquia em 1660. Mas não estava disposto a ver o retorno do catolicismo; dessa forma, quando a dinastia restaurada tornou-se católica, o Parlamento, em 1688, por sua vez, ofereceu o trono para a irmã protestante do rei católico e para o marido dela, que era um príncipe holandês: os corregentes Guilherme e Maria. Esse golpe de Estado – sem derramamento de sangue na Inglaterra, mas não na Escócia e na Irlanda –, que mais tarde recebeu o nome de "Revolução Gloriosa", confirmou o poder do Parlamento, apesar de, naquele momento, a Inglaterra ser tecnicamente uma monarquia. O golpe também assegurou o poder da pequena nobreza – 2 % da população que estava socialmente empoleirada entre o pequeno grupo da alta nobreza e o restante da população. Essa pequena nobreza, juntamente com os comerciantes e profissionais liberais (que frequentemente contraíam matrimônio com as famílias da pequena nobreza), ainda controlava as políticas e as instituições da Inglaterra no século XX.

O cristianismo não foi a única tradição religiosa em que política e religião levaram à violência ou se tornaram intimamente entrelaçadas. Em 1500, Ismail (1487-1524), um adolescente que era o líder hereditário da ordem islâmica Sufi chamada de Safávida, começou a reunir um exército, afirmar seu poder e conquistar territórios. Ele proclamou a si mesmo governante, ou Xá, e declarou que todos os seus súditos deveriam aceitar a variante do islamismo conhecida como xiismo duodecimano (ou dos doze). O xiismo duodecimano sustenta que o último imã infalível, isto é, o décimo segundo depois de Ali (primo e genro de Maomé) não morreu, mas precisou se ocultar para fugir das perseguições e poder um dia voltar e assumir a devida autoridade religiosa. Muitos dos seguidores do Xá Ismail, incluindo um grande número de nômades turcos, compartilhavam dessas esperanças messiânicas e o viam como o imã oculto, e por isso apoiavam suas decisões de forma aguerrida. Ismail e seus sucessores impuseram as crenças xiitas por meio da força e da erudição. Eles perseguiram os muçulmanos sunitas, muitos dos quais refugiaram-se no Império Otomano, mas também trouxeram os eruditas xiitas de outras partes do mundo muçulmano, estabelecendo escolas e outras instituições. Na metade do século XVIII, a invasão oriental de forças afegãs pôs fim à dinastia Safávida, mas os líderes e as instituições xiitas ficaram mais fortes. Atualmente, o Irã é o único Estado muçulmano cuja religião oficial é o islamismo xiita.

Conforme os safávidas expandiam seu império e impunham a obediência ao xiismo, o Guru Nanak (1469-1538), um mestre espiritual que vivia na região do Punjab, onde hoje é a fronteira entre a Índia e o Paquistão, acrescentou seus próprios entendimentos a elementos do hinduísmo, do islamismo e de outras tradições para fundar o que mais tarde passou a ser chamado de siquismo (ou *sikhismo*); a palavra *sikh* tem origem nas palavras sânscritas para "aluno" ou "discípulo". Os temas de suas revelações eram a unidade absoluta e a majestade de Deus. Deus é – palavras muitas vezes repetidas nos textos de Nanak – invisível, infinito, eterno, inefável e sem forma. A salvação ocorre quando a pessoa reconhece ser completamente dependente de Deus, o qual concede a graça imerecida – conceito análogo ao dos protestantes. Nanak sublinhava que a disciplina devocional apropriada poderia ser realizada por pessoas que viviam em famílias e estavam envolvidas com as coisas comuns do mundo. Na verdade, ajudar os outros seria uma parte importante da vida espiritual, e viver no mundo com uma família seria espiritualmente superior a renunciar os laços de família, uma posição muito diferente da maioria dos mestres hindus da época de Nanak.

Nanak afirmava que os seres humanos tinham dificuldade em voltar-se para Deus sozinhos e, para isso, precisavam de um mestre ou guru. Nos textos de Nanak, a palavra guru geralmente significa a própria voz de Deus, semelhante ao Espírito Santo da teologia cristã, mas a palavra passou a ser gradualmente aplicada à série de homens que sucederam Nanak, adicionaram ideias a seus ensinamentos e transformaram seus seguidores em uma comunidade. Seus seguidores espalharam a mensagem do siquismo e, embora os convertidos incluíssem muito mais hindus, os muçulmanos também foram convertidos. O terceiro guru sique, Amar Das (guru entre 1552-1574), criou um sistema para supervisionar os crentes e os líderes locais e, também, desenvolveu rituais e cerimônias ligados às principais mudanças da vida, isto é, ligados ao casamento, ao nascimento, ao óbito etc. O quinto guru, Arjan Dev (guru entre 1581-1606), compilou o Adi Granth ("primeiro livro"), uma coleção de textos sagrados do siquismo, consistindo principalmente de hinos e orações escritas pelos gurus para direcionar a devoção dos crentes. O Adi Granth contém os escritos de Nanak, escrito em Punjabi (língua falada no noroeste da Índia) e não em sânscrito (a língua dos antigos textos hindus). Como os reformadores protestantes europeus, que no mesmo período estavam pregando e tradu-

CAPÍTULO 4 – UM NOVO MUNDO DE CONEXÕES, 1500 D.C.-1800 D.C. | **269**

zindo a Bíblia, Nanak achou importante que as pessoas que não pertenciam à elite instruída tivessem acesso aos textos religiosos.

Durante a vida de Nanak e várias décadas depois, a comunidade sique era demasiadamente pequena para ser vista com muita preocupação pelas autoridades locais de Mugal, que consideravam os siques como apenas uma outra variedade de hindus ou como um dos muitos movimentos que misturavam as várias tradições comuns ao norte da Índia. No início do século XVII, isso já havia mudado, e muitas vezes irrompiam intensos conflitos. A maioria dos gurus siques posteriores eram militares bem como líderes espirituais, mas eles não deixavam de enfatizar que as práticas externas eram inúteis sem a devoção interna.

Religião e política também estavam estreitamente interligadas no Tibete, onde os nobres e os grandes mosteiros budistas eram os grandes proprietários de terras. Durante a dinastia Ming, que governou a China após a expulsão dos mongóis, no século XIV, havia relações diplomáticas entre os líderes budistas tibetanos (*lamas*) tanto com o governo imperial chinês quanto com os mongóis. Os mosteiros do Tibete seguiam várias escolas budistas que competiam entre si e, às vezes, pediam a assistência de líderes militares Mongóis contra os seus rivais ou contra-ataques vindos de fora do Tibete. Na década de 1570, Sonam Gyatso (1543-1588), o líder da nova Escola Gelug-pa, fundada no início do século XV, declarou que Altan Khan, o grande senhor Mongol da época, era uma reencarnação de Kublai Khan. Altan Khan por sua vez concedeu a Sonam Gyatso o título de "oceano cósmico", ou Dalai Lama, e declarou o budismo tibetano como a religião oficial dos mongóis. Entendia-se que a função do Dalai Lama era repassada de uma reencarnação a outra, e que os laços entre os tibetanos e mongóis teriam sido reforçados quando os oráculos e as divinações da morte de Sonam Gyatso mostraram que o próximo Dalai Lama seria um bisneto de Altan Khan. Nem todos os tibetanos ficaram felizes com um Dalai Lama não tibetano, mas havia guerra civil e ele morreu em circunstâncias misteriosas; já o quinto Dalai Lama, Ngawang Lobsang Gyatso (1617-1682), unificou o Tibete com o auxílio dos exércitos mongóis e tornou-se seu líder político e espiritual. As intrigas, a guerra civil, as rebeliões e as complexas relações envolvendo os manchus da dinastia Qing, os mongóis, vários Estados da Ásia Central, reinos do Himalaia e, eventualmente, poderes europeus continuaram a existir, mas a autoridade moral e espiritual do Dalai Lama foi sendo gradualmente aceita pela maioria dos budistas tibetanos. Muitos deles querem que o atual Dalai Lama, Tenzin

Gyatso (1935-) – que fugiu do Tibete em 1949 (quando os chineses tomaram o controle da região) e que agora vive no exílio –, também tenha autoridade política.

Nos períodos em que o Tibete era independente, as autoridades religiosa e secular estavam fundidas, esse também era o caso de alguns outros Estados do início do período moderno. Em muitos outros havia uma religião oficial, incluindo todos os Estados cristãos da Europa, a maioria das colônias católicas, a maioria dos Estados muçulmanos e, inicialmente, a maioria das colônias britânicas na América do Norte. Os governantes e funcionários desses lugares imaginavam ser essencial que todos os que viviam dentro de seu território tivessem a mesma tradição religiosa ou que, pelo menos na aparência, agissem em conformidade com ela e não se envolvessem em práticas que claramente os vinculasse a uma tradição vista como inaceitável pelo governante. Aqueles que desafiavam essas leis corriam o risco de serem penalizados por sanções impostas pelas autoridades políticas seculares – e não apenas pelos religiosos; as penas podiam variar entre multas, confiscos de propriedade e terríveis execuções. Aqueles cuja religião diferia das práticas da maioria também enfrentaram a violência da multidão, que raramente era contida pelas autoridades.

Há muitos exemplos de perseguição religiosa e violência inspirada pelas religiões. Em 1492, os exércitos do rei Fernando de Aragão e da rainha Isabela de Castela conquistaram Granada, o último Estado muçulmano da Península Ibérica, e, então, resolveram aumentar ainda mais a uniformidade religiosa: todos os judeus que não haviam se convertido deveriam deixar a Espanha. (Várias semanas mais tarde, Colombo recebeu da rainha Isabela o patrocínio que vinha buscando para a sua viagem; em troca, ele prometeu usar a riqueza adquirida na viagem para reconquistar Jerusalém dos muçulmanos.) Cerca de 200 mil judeus saíram da Espanha, muitos foram para o Império Otomano que era mais tolerante, mas, ao mesmo tempo, os judeus que viviam em algumas cidades-oásis do Norte da África foram mortos por muçulmanos, e suas sinagogas, incendiadas. Os muçulmanos sunitas do Império Otomano eram realmente tolerantes com judeus e cristãos, mas prendiam e julgavam qualquer um que fosse visto praticando rituais xiitas, acusando-os de serem simpatizantes dos xiitas safávidas, com quem estavam sempre em guerra; por outro lado, como já vimos, os muçulmanos sunitas eram perseguidos pelo Império Safávida. No Japão, em 1637-1638, houve uma revolta dos camponeses da Península de Shimabara, na ilha meridional de Kyushu, que protestavam

CAPÍTULO 4 – UM NOVO MUNDO DE CONEXÕES, 1500 D.C.-1800 D.C. | 271

contra os impostos. Muitos dos camponeses eram cristãos, e todos eles, incluindo mulheres e crianças, foram executados por uma enorme força enviada pelo governo central, que, cada vez mais, via o cristianismo como uma ameaça. O Japão havia absorvido o confucionismo, o taoísmo e o budismo, misturando-os a suas próprias tradições religiosas nativas, mas o cristianismo não se tornaria parte dessa mistura, pois, introduzida por missionários europeus, a religião exigia lealdade exclusiva. Os missionários foram expulsos, os cristãos japoneses foram torturados e executados e o cristianismo no Japão tornou-se uma religião clandestina feita de "cristãos escondidos" (*Kakure Kirishitan*) em remotas aldeias agrícolas e de pescadores, onde os líderes leigos secretamente ensinavam e batizavam; e as pessoas casavam-se dentro do grupo.

Alguns governantes e autoridades políticas optaram por não aplicar práticas religiosas específicas. Os manchus da dinastia Qing patrocinaram o budismo tibetano, bem como o confucionismo chinês, e permitiram que os missionários cristãos ensinassem e pregassem em Pequim e em outras cidades. No Império mogol, o imperador Akbar (r. 1556-1605) construiu um edifício especial, onde muçulmanos, hindus, cristãos, zoroastrianos, siques e estudiosos de outras religiões podiam discutir suas crenças e práticas. Sendo um inovador religioso, ele, mais tarde, desenvolveu o que chamou de "Fé Divina", que combinava as ideias e os rituais de muitas religiões, mas seu sistema não foi muito além de sua corte nem durou após sua morte.

O comércio de longa distância costumava reunir nas cidades portuárias ou outros centros comerciais pessoas com diferentes tradições religiosas, locais em que viviam lado a lado ou até mesmo se casavam, criando famílias com misturas religiosas e étnicas. As autoridades políticas, visando oferecer apoio aos empreendimentos mercantis e aumentar a riqueza do seu território, permitiam a diversidade religiosa, uma estratégia que funcionou bem. A República Holandesa, por exemplo, tornou-se próspera no século XVII em parte por causa de sua tolerância religiosa. Judeus fugindo da Península Ibérica, protestantes franceses buscando refúgio das guerras religiosas e religiosos radicais de toda a Europa estabeleceram-se em Amsterdã e em outras cidades holandesas, onde eles praticavam abertamente seus rituais e onde abriram lojas e fundaram empresas. Essa diversidade de ideias religiosas criou um ambiente no qual as novas ideias científicas, filosóficas e técnicas podiam ser facilmente difundidas.

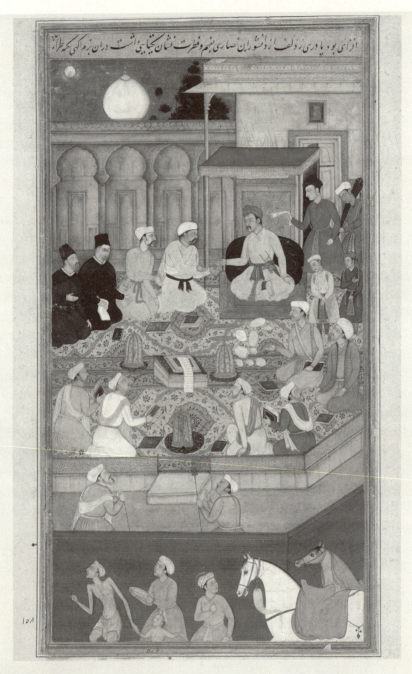

IMAGEM 27. Eruditos de muitas fés, incluindo padres jesuítas vestidos de preto, reúnem-se na corte de Akbar nesta ilustração de 1605, feita pelo artista sique Nan Singh, e retirada da história oficial do reinado de Akbar. Do lado de fora dos muros há mendigos segurando um prato de comida e um noivo com cavalos.

No entanto as pessoas que visitavam os lugares onde havia tolerância religiosa muitas vezes comentavam sobre como isso era incomum. Os governantes do reino siamês de Ayutthaya, por exemplo, eram fortes defensores do budismo teravada, mas os comerciantes europeus comentavam com surpresa que os mercadores cristãos e muçulmanos eram sempre bem-vindos, e que nunca ocorria quaisquer tentativas de convertê-los. Isso, no entanto, mudou quando os siameses descobriram que os funcionários e missionários franceses estavam planejando converter o rei Narai (r. 1656-1688) ao cristianismo e trazer soldados franceses para o país; eles expulsaram todos os franceses e passaram a ser menos abertos aos comerciantes europeus em geral.

A EXPANSÃO E A CRIOULIZAÇÃO DO CRISTIANISMO

O Sião foi apenas um dos muitos lugares onde os missionários cristãos e funcionários coloniais tentaram converter um governante local, pois, na Europa, a Reforma foi acompanhada pela expansão do cristianismo católico em todo o mundo, um processo no qual os membros de novas ordens religiosas – os Jesuítas, por exemplo – eram particularmente ativos. As forças coloniais da Espanha e de Portugal, e mais tarde da França, incluíam missionários católicos cujo trabalho era converter os povos indígenas e estabelecer igrejas e instituições eclesiásticas para os imigrantes. Eles construíram igrejas simples e catedrais opulentas, abriram conventos e mosteiros e estenderam o sistema de tribunais eclesiásticos, os quais tratavam de questões matrimoniais, morais e doutrinárias. Os missionários também viajaram para além das colônias europeias, mas conseguiram obter um número significativo de convertidos apenas no Japão e no Reino do Congo. Os colonos protestantes também levavam alguns clérigos que pregavam aos povos indígenas, mas seus números eram muito menores que entre os católicos; o trabalho missionário intenso entre os protestantes europeus começa apenas no século XIX, durante a segunda onda imperialista. Os missionários pregavam inicialmente para os povos indígenas nas línguas europeias, que poucos compreendiam, e, então, alguns missionários começaram a aprender as línguas nativas. Seguindo um padrão que permitiu que o cristianismo fosse propagado na Europa, eles costumavam primeiro converter os governantes e outros membros da elite, esperando que eles convertessem o restante da população.

Nas Américas, alguns missionários idealistas viam o novo mundo como um lugar para a renovação do cristianismo, longe do que eles entendiam como a corrupção sem esperança da cultura europeia. No entanto, as religiões nativas precisariam ser destruídas. As cerimônias foram banidas, os objetos e a estatuária religiosa esmagada, os templos e outros edifícios sagrados foram derrubados e, nos mesmos lugares, foram erguidos igrejas ou santuários católicos. Livros foram queimados pelos soldados, pelos funcionários e pelo clero, que mesmo sem conseguir lê-los os consideravam "livros de figuras do Diabo". Além de explicar os conceitos centrais do cristianismo, os missionários também tentavam persuadir – ou forçar – os possíveis convertidos a adotar práticas católicas relativas ao casamento, à moralidade sexual e ao comportamento diário. Após o batismo, seguir os padrões cristãos de casamento e comportamento pessoal eram sinais de conversão mais importantes do que a compreensão da trindade ou outros aspectos da doutrina cristã. O mesmo padrão foi seguido nas Filipinas, onde o governo colonial em Manila deu grande autoridade aos missionários. Os sacerdotes coletavam impostos e providenciavam a venda das colheitas e, assim, a igreja tornou-se rica. Em algumas partes das Américas e nas Filipinas, o clero levou os povos indígenas para aldeias compactas ou cidades (chamadas de *reducciones*) para a conversão, o pagamento de impostos e a assimilação cultural.

Muitas pessoas resistiram aos ensinamentos cristãos e continuaram a seguir suas práticas espirituais originais. Em algumas áreas, como nos Andes da América do Sul e nas Filipinas, as mulheres eram importantes líderes das religiões animistas; elas se opunham mais fortemente à conversão que os homens; esse padrão foi reforçado pelo foco dos missionários, cujos trabalhos iniciais de conversão concentravam-se nos meninos e nos homens jovens. Mais pessoas se tornaram cristãs, no entanto, incluíam as mulheres, que às vezes passavam a ser devotas fervorosas ou usavam os sacerdotes e as cortes eclesiásticas para fazer oposição a seus maridos ou a outros membros masculinos da família em questões de herança ou do casamento de crianças.

O processo de conversão costumava ser descrito pelos estudiosos como uma "conquista espiritual", em que as crenças e práticas nativas eram em grande parte dizimadas pela força e pela persuasão. A propagação do cristianismo católico é hoje vista de forma diferente, não simplesmente como conquista e resistência – embora essa fosse a verdade –, mas como um processo de negociação cultural e de síntese, durante o qual as ideias e as práticas cristãs eram adotadas de modo seletivo, misturadas às práticas existentes e rejeitadas de forma aberta, inconsciente ou furtiva, da mesma forma daquela ocorrida quando o cristianismo se propagou na Europa entre os gregos e os povos germânicos. Os estudiosos costumam referir-se a esse processo como "crioulização", da palavra *crioulo*, a mistura do português com as línguas africanas, primeiramente faladas nas ilhas do Atlânticos. No Congo, por exemplo, o rei Afonso I (r. 1509-1543) apoiou o desenvolvimento de ensinamentos e práticas cristãs que misturavam elementos da religião congolesa existente com aqueles ensinados pelos missionários portugueses. No final do século XVII, uma visionária e reformadora religiosa, Dona Beatriz Kimpa Vita, foi mais longe, dizendo que a Virgem Maria e muitos dos santos eram congoleses, e que ela própria era uma encarnação de Santo Antônio.

A crioulização supunha a criação de novos padrões sociais e conjugais. Embora os funcionários coloniais tenham tentado impor padrões católicos europeus – casamento monogâmico, domicílios com chefes homens, divórcios limitados (ou nenhum tipo) –, sempre que esses padrões entravam em conflito com os existentes, eles eram muitas vezes modificados, e o que surgia era uma mistura de práticas locais e importadas. Os homens notáveis que os missionários mais esperavam converter costumavam ter várias esposas e concubinas; os missionários argumentavam que eles tinham que desistir de todas as esposas e ficar com apenas uma antes de serem batizados ou se a prática cristã ocorresse (assim esperavam) após o batismo. Na China, o debate sublinhava os rituais que veneravam os antepassados – esses eram costumes tradicionais das famílias ou um culto pagão que venerava divindades menores? – e sobre os sacerdotes tocarem a pele das mulheres durante o batismo, especialmente porque, juntamente com o sal, o óleo e a água, isso envolvia a saliva do padre.

A síntese cultural ocorreu em todos os lugares e envolveu muitos aspectos do cristianismo; a Virgem de Guadalupe pode servir como um bom exemplo, particularmente porque ela se tornou tão importante e também tão controversa. No século XVII, os textos publicados em espanhol e náuatle falavam sobre o aparecimento da Virgem Maria em 1531 para Juan Diego Cuauhtlatoatzin, um agricultor indígena e cristão convertido, em uma colina perto de Tenochtitlán (atualmente dentro da Cidade do México). Falando em náuatle, a aparição disse a Juan Diego que uma igreja deveria ser construída naquele local e, em seguida, a imagem da santa apareceu milagrosamente em seu manto. Pouco depois foi iniciada a construção de uma igreja dedicada à Virgem de Guadalupe, nomeada em homenagem a um mosteiro espanhol onde vários milagres associados à Virgem Maria haviam sido relatados, incluindo alguns relativos às derrotas das forças muçulmanas pelos cristãos. Em pouco tempo, a Virgem de Guadalupe mexicana superou em muito a importância de sua homóloga espanhola. Pregadores e mestres interpretaram sua aparição como um sinal da proteção especial da Virgem aos povos indígenas e àqueles de ascendência mista (*mestizos*), e, assim, peregrinos de todo o México começaram a fazer a caminhada até o Santuário (ver IMAGEM 28, p. 281). A Virgem de Guadalupe tornou-se a padroeira da Nova Espanha em 1746, e sua flâmula foi carregada pelos soldados em 1810 na Guerra Mexicana da Independência e na Revolução Mexicana de 1910.

No século XX, no entanto, muitos eruditos, incluindo alguns membros do clero mexicano, chegaram a duvidar se a aparição havia ocorrido ou, até mesmo, se o próprio Juan Diego havia existido. Salientaram que os relatos escritos não foram publicados até mais de um século mais tarde e que os missionários e funcionários da Igreja ativos no México central em 1531 não fizeram qualquer menção ao evento ou a Juan Diego. Os especialistas em cultura náuatle notam que a colina da aparição original era o local de um santuário dedicado a Coatlicue, a mãe do mais poderoso deus asteca, Huitzilopochtli, e que certos aspectos da veneração da Virgem de Guadalupe também serviam para honrar Coatlicue ou outras deusas-mães da cultura asteca. Na opinião deles, a Igreja Católica colonial tinha simplesmente inventado a história como parte de seus esforços para destruir o significado original dos locais que antes eram sagrados para os astecas. A Igreja Católica tem abordado essas dúvidas de forma intensa, declarando, em 1999, Guadalupe a padroeira de todo o hemisfério americano e canonizando Diego em 2002; ele foi o primeiro santo indígena totalmente americano. Muitos mexicanos interpretaram essa canonização, assim como a da própria Virgem de Guadalupe, como um símbolo de sua herança dentro da Igreja Católica, enquanto outros consideram Juan Diego e Guadalupe como símbolos da destruição da cultura indígena. Algumas imagens mais recentes de Guadalupe, tais como aquelas da artista norte-americana de origem mexicana, Alma Lopez, que a retrata vestida apenas com fios de rosas, foram denunciadas, mas Lopez e outros artistas justificam-se ao observar que, ao longo dos séculos, as pessoas têm interpretado Guadalupe da forma considerada mais poderosa por elas. A Virgem de Guadalupe, eles argumentam, começou como um símbolo com múltiplos significados e eles estão, agora, apenas dando continuidade à tradição de síntese que começou com as primeiras conversões realizadas no novo mundo.

IMAGEM 28. O artista mexicano Luis de Mena combina uma natureza morta, pintura de castas e imagem devocional da Virgem de Guadalupe em uma única tela, pintada aproximadamente em 1750. As misturas raciais que ele retrata incluem aquelas que teriam sido raras ou inexistentes, como as do canto superior esquerdo, mostrando uma mulher de pele clara em um elaborado vestido europeu e um homem indígena vestindo uma tanga.

Famílias e raça no mundo colonial

O processo de miscigenação e crioulização que marcou o início do mundo moderno envolveu as próprias pessoas, bem como suas ideias e práticas. Toda aventura comercial, migração voluntária ou forçada, conquista ou qualquer tipo de viagem trazia pessoas que, juntas, se viam como indivíduos pertencentes a diferentes grupos. Apesar da existência de normas que prescreviam a endogamia nos grupos, as relações sexuais ocorriam, muitas das quais geraram filhos. Quando, no início do período moderno, o movimento de pessoas através de vastas distâncias aumentou dramaticamente, a escala dessa miscigenação, como tudo mais, também aumentou

Como já vimos em capítulos anteriores, desde muito cedo na história, as pessoas desenvolveram conceitos sobre grupos humanos – particularmente sobre seus próprios grupos – com base no parentesco real ou percebido e na cultura compartilhada. Eles usavam várias palavras para descrever esses grupos; em português, podemos citar tribo, povo, etnia, antepassados, raça e nação. O grupo era criado e mantido por casamentos mistos; entendia-se que a associação ao grupo estava contida no sangue e era transmitida por meio dele. A religião também foi utilizada algumas vezes como metáfora para o sangue; era possível dizer que as pessoas tinham sangue cristão, judeu ou muçulmano, e, após a reforma, sangue protestante ou católico. Quando os pais europeus escolhiam amas de leite para seus filhos, eles tinham o cuidado de verificar se ela pertencia à mesma denominação, pois, se o filho fosse católico, o sangue protestante da ama poderia transformar-se em leite protestante (os dois fluidos corporais eram vistos como fungíveis) e, assim, infectar a criança com ideias heréticas.

Ao descrever as diferenças em termos de sangue, elas foram naturalizadas, fazendo que parecessem ter sido criadas por Deus na natureza, mas as pessoas costumavam ter ideias contraditórias sobre esse tema. Assim, os mesmos reformadores religiosos que haviam advertido sobre a escolha da ama de leite incorreta também trabalhavam para realizar conversões e não cogitaram se a adoção de uma nova religião também poderia mudar o leite da mulher. As autoridades católicas das áreas coloniais somente permitiam em certos conventos a entrada de mulheres de "sangue puro", brancas ou nativas, excluindo assim as mulheres de ascendência mista, mas estavam mais dispostas a permitir que um *mestizo* de pele clara se casasse com uma pessoa de pele branca que uma pessoa de "puro-sangue" nativa se casasse com uma pessoa branca. No entanto, essas contradições geralmente não amenizavam as convicções das pessoas em relação à realidade das diferenças e hierarquias e, assim, as autoridades tinham que decidir como lidar com a situação.

Na China da dinastia Qing, inicialmente, os governantes da etnia manchu, que assumiram o poder no século XVII, incentivaram os casamentos entre as etnias manchu e han como uma maneira de misturar as duas culturas, mas em 1655 mudaram de ideia e os casamentos mistos foram proibidos; para garantir essa proibição os manchus pertencentes às oito bandeiras foram obrigados a viver em áreas muradas distintas das cidades chinesas. Ocorreram poucos casamentos, mas os manchus das oito bandeiras compravam mulheres da etnia han como concubinas e servas e, dessa forma, é certa a existência de crianças mistas.

Nas Américas, a coroa espanhola e portuguesa esperava evitar tais relações ao manter os grupos – europeus, africanos e indígenas – separados. O desequilíbrio numérico entre os sexos dos imigrantes europeus e africanos tornou essa separação impossível, e as autoridades rapidamente desistiram, mas elas ainda acreditavam na necessidade de dividir as pessoas em categorias. A cada geração, os possíveis tipos de miscigenação aumentavam, e a resposta das autoridades coloniais foi a criação de um sistema ainda mais complexo para categorizar as pessoas de ascendência mista: os sistemas de *castas*. A Igreja católica e os funcionários espanhóis e portugueses definiram e nomearam nada mais que quarenta diferentes categorias e combinações que, em teoria, tinham como base o local de nascimento, provável origem geográfica e o *status* da mãe. As diversas castas e as relações entre elas estavam claramente delineadas nos tratados e, até o século XVIII, em pinturas que mostravam cenas de pais de diferentes castas e os filhos produzidos por esses pais: *Índio + Espanhol = Mestiço; Índio + Negro = Lobo; Chamiza + Cambuja = Chino*, e assim por diante. Algumas dessas castas tinham nomes fantasiosos, ou nomes derivados de animais, tais como *coiote* ou *lobo*. O sistema de castas foi construído com base nas noções ibéricas de "pureza do sangue"; para o sistema, os descendentes de judeus e muçulmanos convertidos ao cristianismo eram vistos como impuros, pois a fidelidade religiosa dessas pessoas era carregada pelo sangue delas. Nas colônias latino-americanas, as pessoas de ascendência africana e indígena tinham uma classificação mais baixa do que aquelas de ascendência europeia, pois o sangue das primeiras era visto como menos puro. Novas leis publicadas após 1763 nas colônias do Caribe francês estabeleceram um sistema similar, com várias categorias, baseadas na suposta origem dos antepassados de cada um.

Ocorre que a determinação real da casta adequada das pessoas não era algo tão fácil quanto estabelecê-las em teoria ou em pinturas. Na prática, saber se pessoa era "mestiça", "mulata", "cabocla" ou se ela pertencia a outra categoria qualquer dependia em grande parte da aparência de cada um; as pessoas de ascendência mista com pele mais clara recebiam uma classificação mais alta do que as mais escuras, mesmo se fossem irmãos. Assim, muitos historiadores têm chamado a estrutura social que se desenvolveu na Espanha colonial e na América portuguesa – incluindo o Caribe (e mais tarde o Caribe francês) – de "pigmentocracia", baseada amplamente na cor da pele e também nas características faciais e textura do cabelo. Uma vez que a categoria em que uma pessoa estava inserida determinava sua capacidade para casar ou herdar, entrar em um convento ou sacerdócio, frequentar a Universidade, viver em certos lugares ou ter acesso a outras vantagens, os indivíduos não só tentavam passar como membros de um grupo superior, mas também compravam licenças para que fossem considerados descendentes de europeus, independentemente da sua aparência étnica particular e ascendência. Além disso, os indivíduos podiam definir-se, ou serem definidos, como pertencentes a diferentes categorias em pontos diferentes de sua vida, algo que os estudiosos têm chamado de "deriva racial" em direção ao branqueamento.

A concessão de brancura honorária e a dificuldade de atribuir castas às pessoas assinalam quão subjetivo era todo esse sistema, mas, na América Latina, o sistema era o determinante essencial da vida familiar e das normas de gênero. Para os membros da elite branca europeia, as preocupações com as linhagens de sangue e a cor da pele criaram um padrão de casamentos mistos no seio da família alargada: as mulheres mais velhas identificavam os possíveis primos distantes que seriam cônjuges favoráveis. Seguindo o padrão do sul da Europa, esses casamentos eram muitas vezes entre um homem mais velho e uma mulher mais jovem, limitando o número de cônjuges potenciais para as mulheres; muitas delas nunca se casariam. A maioria dos homens da elite se casava, e eles, muitas vezes, também tinham filhos de escravas ou servas que passavam a fazer parte do seu agregado familiar. Os povos nativos rurais também se casavam, com mais frequência dentro de seu próprio grupo; nesse caso, a família extensa ou ampliada exercia controle sobre a escolha dos cônjuges, tal como ocorria entre os brancos da elite. Para os escravos, muitas pessoas de ascendência mista e as pessoas pobres de todos os tipos, as ponderações sobre família e propriedade não entravam nas considerações conjugais e, na maioria dos casos, as pessoas simplesmente não se casavam, mas, em muitos casos, estabeleciam uniões a longo prazo, consideradas por seus vizinhos e amigos como estáveis.

Os padrões das colônias europeias estabelecidas nos séculos XVII e XVIII eram diferentes dos utilizados na América Latina e uns dos outros. Inicialmente, as autoridades francesas e as autoridades das Companhias Holandesa e Britânica das Índias Orientais incentivavam as relações sexuais e até mesmo o casamento entre homens europeus e mulheres indígenas como um meio de fazer alianças, consolidar seu poder e propagar o cristianismo. Nas Índias Orientais Holandesas, os soldados, os comerciantes e os oficiais de baixa patente casaram-se com mulheres locais, e, na América do Norte, os comerciantes de peles fizeram o mesmo. As atitudes em relação a isso começaram a mudar conforme aumentava o número de mulheres europeias que se mudava para as colônias e conforme se tornava claro que as transformações culturais costumam seguir a direção inversa: homens europeus tornando-se nativos em vez de as mulheres locais tornarem-se francesas ou holandesas. Hesitações sobre os casamentos mistos também surgiram do outro lado: em grande parte da África Ocidental, os homens portugueses não foram autorizados a casar com mulheres locais independentes, pois isso lhes daria direito para reivindicar o uso da terra, enquanto na Índia, as famílias de alta-casta não estavam interessadas em casar suas filhas com o tipo de homem europeu geralmente encontrado nas colônias. Em muitas colônias, de qualquer modo, o número de homens europeus era pequeno, então o governo europeu quase não prejudicou os padrões familiares existentes, e eles continuaram a ser modelados pelas tradições sociais e culturais existentes. No sudeste asiático, as tradições incluíam casamentos temporários em que as mulheres se casavam com homens de fora de seu grupo a fim de criar conexões e redes de obrigações. Há séculos, os comerciantes que vinham de longe ligavam-se às famílias locais por meio desses casamentos; eles acabavam quando o homem voltava para sua casa, mas eles eram casamentos e não concubinato ou algo menos formal.

Ao mesmo tempo em que as Companhias Holandesa e Britânica da Índia Oriental toleravam ou mesmo incentivavam o casamento misto, as colônias britânicas e holandesas da América do Norte os proibiam, com leis que primeiro regulamentaram as relações sexuais entre europeus e africanos e, em seguida, foram estendidas aos americanos nativos. Em 1638, a colônia holandesa de Nova Amsterdã proibiu a "fornicação" (sexo fora do casamento) entre "cristãos" e "negros", e, em 1662, a Assembleia Geral da Virgínia estabeleceu o dobro da multa normal para a fornicação que envolvesse pessoas desses dois grupos. Em uma mesma sentença, a lei da Virgínia declara que "filhos tidos por qualquer inglês de uma mulher negra... serão mantidos cativos ou livres somente de acordo com a condição da mãe". A lei não faz distinção entre os casais casados e, então, inverte a prática normal dos ingleses, na qual o *status* jurídico das crianças nascidas em um casamento seguiam o *status* do pai, e contrasta com a lei islâmica, em que as crianças de pais livres eram livres. Assim, as leis sobre mistura na América do Norte foram determinadas pela escravidão desde o início. Na Virgínia, uma lei de 1691 lidou com todas as brechas legais ao diretamente proibir o casamento entre um "inglês ou outro homem branco ou mulher branca" e um "homem ou mulher negro, mulato ou índio"; a punição era o banimento. Apesar de tais leis serem geralmente neutras em relação ao gênero, os legisladores estavam mais preocupados com aquilo que o preâmbulo da lei da Virgínia descrevia da seguinte forma: "negros, mulatos e índios casando-se com as inglesas ou outras mulheres brancas" e a resultante "miscigenação abominável e progenitura espúria". Essas leis foram aprovadas em todas as colônias do sul da América do Norte e também na Pensilvânia e em Massachusetts entre 1700 e 1750. (Elas foram derrubadas pela Suprema Corte em 1967, mas ainda permaneceram por décadas nos livros legais de alguns estados; a última lei contra a "miscigenação" foi anulada pelos eleitores do Alabama em um referendo estadual que ocorreu no ano 2000.)

O número relativamente grande de mulheres entre os colonos europeus e a diminuição do número de mulheres indígenas nas regiões costeiras onde os assentamentos estavam localizados significavam que os casamentos ou mesmo os relacionamentos sexuais de longa duração entre homens brancos e mulheres indígenas passaram a ser raros nas colônias britânicas da América do Norte. As políticas do governo em relação aos nativos americanos cada vez mais os afastavam de suas terras originais e, no século XIX, os colocaram em reservas, interrompendo a vida familiar e quaisquer outros aspectos da sociedade indígena, embora grupos de parentes estendidos tenham conseguido manter suas opiniões sempre que isso era possível. As famílias brancas, especialmente no Norte, tendiam a seguir o modelo do noroeste da Europa, com casamentos tardios e grande números de pessoas que nunca se casaram.

Até meados do século XIX, a maioria das pessoas de ascendência africana da América do Norte eram escravas. Somente na Nova Inglaterra os casamentos entre escravos eram legalmente reconhecidos, mas, assim como na América Latina, as relações familiares entre escravos foram se

CAPÍTULO 4 – UM NOVO MUNDO DE CONEXÕES, 1500 D.C.-1800 D.C. | 283

desenvolvendo ao longo do tempo; no entanto, essas relações podiam ser facilmente separadas pela decisão de um dono de escravos. Conforme aumentava a população escrava das colônias do Sul, as relações sexuais entre homens brancos e mulheres negras também aumentavam. A paternidade dos homens brancos que tinham filhos com suas escravas não era legalmente reconhecida e, em uma sociedade educada, raramente falava-se sobre o assunto em público, embora fosse algo tão comum ao longo de gerações que, por volta do século XIX, uma grande parte dos escravos norte-americanos já era mista. Em contraste à hierarquia das categorias encontradas nas colônias espanholas, portuguesas e francesas, no entanto, as colônias britânicas da América do Norte e, mais tarde, os Estados Unidos desenvolveram um sistema dicotômico, em que uma gota de "sangue negro" tornava a pessoa negra, embora os indivíduos de ascendência mista e de pele mais clara conseguissem, na prática, fazer parte do mundo dos brancos sem serem notados.

As leis e as normas sobre relações sexuais e os padrões de família que resultaram delas foram todos moldados por ideias sobre as diferenças entre os grupos humanos. O sistema espanhol baseava-se aproximadamente no continente de origem, um esquema que foi adotado mais tarde por cientistas europeus, incluindo o naturalista sueco e explorador Carlos Lineu (1707-1778), que definiu as regras que ainda são usadas para nomear e classificar todos os organismos vivos. Lineu classificou os humanos em *Americanus, Europaeus, Asiaticus* e *Africanus,* com base nos continentes então conhecidos e também na cor da pele, e em algo que ele via como comportamento e temperamento dominante. As potências coloniais também começaram a usar cada vez mais a cor da pele como determinante classificatório. As primeiras leis de Nova Amsterdã e da Virgínia que proibiam as relações sexuais já mencionadas, por exemplo, faziam a distinção entre "cristãos" e "negros", mas em 1691, a Virgínia distinguia entre homens e mulheres "brancos" e aqueles que eram "negros, mulatos ou índios". Ao usar a palavra "branco", a Virgínia empregou uma linguagem utilizada pela primeira vez em 1661 no censo das Índias Ocidentais Britânicas e mais tarde a linguagem espalhou-se pelas colônias britânicas. Surgiram outras designações de cor e, no século XVIII, os cientistas naturais da Europa tentaram desenvolver um sistema único que explicasse as diferenças humanas com fundamento no conceito de "raça" para descrevê-las; Immanuel Kant, o filósofo alemão do Iluminismo, as descreveu em *Sobre as diferentes raças humanas* (1775). Os historiadores intelectuais discordam sobre exatamente quem foi o primeiro a usar a palavra "raça" em seu significado moderno, mas Kant é um dos candidatos e, assim, a partir do século XIX, "raça" passou a ser o principal termo para a discussão sobre as variedades humanas. Atualmente, os biólogos e outros que estudam a espécie humana como um todo evitam o uso do termo "raça", pois carece de sentido científico, mas, assim como o nome "América" de Vespúcio, é uma ideia incorreta que se consolidou.

Revoluções, revoltas e protestos sociais

Algumas famílias e indivíduos tornaram-se fabulosamente ricos – Jacob Fugger não foi o único a ganhar o apelido "o rico" nesta época – graças às empresas capitalistas, às redes globais de comércio e à colonização, as quais também causaram perturbações. O comércio de longa distância que trazia bens estrangeiros ofereceu lucro aos comerciantes individuais e reduziu os preços aos consumidores, mas também pôs os artesãos locais em risco, o mesmo fez a produção local em maior escala organizada pelos empresários capitalistas, por meio da qual os bens eram produzidos por um valor mais barato. O capitalismo, portanto, deu origem a uma variedade de protestos sociais. Fugger, por exemplo, estabeleceu no Tirol, na Hungria e na Eslováquia o monopólio da mineração de prata e de cobre, empregando milhares de trabalhadores, incluindo homens que trabalhavam em minas subterrâneas e suas esposas, irmãs e filhos, que fragmentavam e lavavam o minério. Em 1525, mineiros descontentes com a redução de seus salários em uma época de aumento de preços revoltaram-se e atacaram os funcionários da empresa. Fugger trouxe canhões feitos com o cobre de suas minas, derrotou os trabalhadores, e seus líderes foram presos e executados. Na Inglaterra, o cerco e, às vezes, até mesmo o boato de cerco iminente provocava protestos, ameaças e, ocasionalmente, motins.

A fome e a escassez de alimentos também foram importantes causas de distúrbios e outros tipos de protestos sociais, que ocorreram aos milhares no início da era moderna. Muitos desses ocorreram no lado do país onde viveu a maior parte das pessoas. Durante anos de quebras de safra, as multidões rurais tentaram impedir que as sementes fossem levadas para as cidades vizinhas, bloqueando estradas ou vias navegáveis. Isso aconteceu nas regiões que abasteciam Londres na década de 1630 e naquelas que abasteciam Roma na década de 1640; no último exemplo, a multidão ficou muito violenta, matando o governador papal local e queimando sua residência. Os protestos sociais das cidades muitas vezes tinham os preços dos alimentos como foco. Em 1775 – um ano de péssimas safras em muitas partes da França – as multidões que protestavam contra o aumento dos preços reuniram-se em centenas de cidades. Eles apreenderam trigo, farinha e pão, às vezes para seu próprio uso e, por vezes, para forçar a venda a preços que imaginavam ser "justos" – ou seja, mais baixos; a prática ficou conhecida como *"taxation populaire".* Essas ações violentas, mais tarde chamadas de Guerra da Farinha, foram eventualmente reprimidas somente quando a monarquia francesa trouxe seus soldados. Em 1787, um ano de falta de alimentos no Japão, as pessoas pobres de Edo destruíram lojas e tomaram o arroz que estava sendo vendido a preços elevados ou sendo jogado fora; em resposta, o governo prendeu os trabalhadores por jornada que não tinham família na cidade e os transportou para trabalhar nas minas de ouro, onde a maioria morreu.

A resistência aos movimentos dos proprietários de terras ou do governo também podiam ser menos dramáticas que um motim ou uma revolta. O cientista político James C. Scott assinalou que a lentidão, os furtos de pequenas quantidades de mercadorias, os incêndios, a deserção, o fingir ignorância e a sabotagem são "as armas dos fracos", utilizadas pelos pobres contra as elites ou o Estado. Essas ações não deixam tantos vestígios nas fontes como as formas violentas de protesto social, mas no início do período moderno começamos a encontrar evidências que nos permitem ver como as pessoas comuns tentaram moldar suas próprias circunstâncias em um período de rápidas mudanças sociais e econômicas.

Na Europa, os motins de subsistência eram frequentemente instigados e liderados por mulheres, pois elas acreditavam que garantir alimento para suas famílias era parte de seu papel como mães, mas envolviam-se em ações que geralmente não eram vistas como femininas: elas gritavam, batiam tambores, carregavam armas e atiravam pedras. As mulheres que lideravam essas revoltas eram geralmente mais velhas, conhecidas por sua força e conexões com outras mulheres de seus bairros. As autoridades costumavam hesitar mais em usar a força contra as mulheres do que contra os homens e, em alguns casos, os homens que participavam dos motins passaram a se vestir como mulheres. As mulheres também participavam de outros tipos de rebeliões e ações coletivas populares, mas isso ameaçava as autoridades masculinas, e a resposta podia ser particularmente brutal. Por exemplo, os homens ingleses ficaram horrorizados com o apoio das mulheres irlandesas nas revoltas contra o domínio inglês da Irlanda durante o século XVI; e viam a influência das mulheres sobre seus maridos como mais um sinal da inferioridade irlandesa, junto com sua religião católica e seus costumes "bárbaros e brutais". As ações militares dos ingleses contra os irlandeses foram especificamente dirigidas às mulheres, bem como aos homens, e incluíam a tática de terra arrasada, que destruía as colheitas e as aldeias. Em outros lugares, as mulheres também não eram imunes às represálias. No Japão, as mulheres (e as crianças), bem como os homens, foram executados como parte da resposta do governo à rebelião de Shimabara de 1637-1638. Tal resposta despovoou a Península de Shimabara, e, então, o governo central deu a terra para os seus seguidores leais e levou imigrantes de outras partes do Japão para cultivá-la.

Um aumento nos aluguéis, medidas do governo para impor impostos mais elevados ou novos e o aquartelamento dos soldados também provocou motins e verdadeiras revoltas. No sul da China, por exemplo, uma série de quebras da produção agrícola na década de 1560 e novamente em 1640 levou a ataques aos senhorios, recusa de pagar impostos e aluguéis, um aumento das rebeliões camponesas e de algo que era chamado pelos funcionários do governo de "criminosos itinerantes", que perambulavam por ruas e rios. Esses movimentos culminaram na tomada de Pequim por uma coalizão de forças rebeldes liderada por Li Zicheng e no término, em 1644, da dinastia Ming, embora os rebeldes tenham sido derrotados pelas forças manchus vários meses mais tarde, resultando na instalação da nova dinastia Qing. Ordens governamentais exigindo que os soldados fossem abrigados e alimentados pelos aldeões levaram, em 1640, a revoltas na Catalunha, no norte da Península Ibérica e em Ulster, na Irlanda do Norte. O México colonial passou por centenas de rebeliões aldeãs no século XVIII, e as mudanças das políticas fiscais espanholas no final do século XVIII provocaram revoltas no norte da América do Sul.

Nas últimas décadas do século XVIII, uma série de revoltas no mundo Atlântico tornaram-se verdadeiras revoluções, depondo ou derrubando governos. Seus líderes foram inspirados pelas ideias do Iluminismo relativas à liberdade e aos direitos, que, a partir das novas instituições da esfera pública, circularam para todas as direções; também foram motivados pelas condições sociais e pela incapacidade dos governos existentes para lidar com as crises econômicas. Em termos políticos, elas representaram uma ruptura distinta – alguns veriam as revoluções atlânticas como criadoras do mundo político moderno –, mas em muitos aspectos elas estão dentro dos padrões de protestos sociais existentes na época.

CAPÍTULO 4 – UM NOVO MUNDO DE CONEXÕES, 1500 D.C.-1800 D.C. | 287

Na América do Norte, os colonos britânicos estavam irritados com os aumentos dos impostos e com as mudanças no comércio de chá e tabaco, então, revoltaram-se e declararam sua independência em 1776, com discursos e documentos que proclamavam ideais de liberdade e igualdade. Eles criaram novos ideais de masculinidade patriótica, contando e recontando histórias sobre colonos – que vestiam camisas simples e jaquetas de camurça – em busca da liberdade e atirando por de trás das árvores, enquanto os "casacas vermelhas" (britânicos) e os mercenários alemães ficavam estupidamente em linhas retas. (Do ponto de vista britânico, os colonos eram vândalos ingratos e sonegadores; já os soldados britânicos eram modelos da correta disciplina militar.) França e, posteriormente, Espanha e Holanda entraram na Revolução Americana do lado dos colonos. Os combates ocorreram no Caribe e na Índia, bem como na América do Norte, limitando a capacidade britânica de manter o território após as vitórias militares ou de fornecer os suprimentos necessários. A vontade britânica de se envolver em uma dura repressão como havia ocorrido na Irlanda e como aconteceria mais tarde em outros lugares ficou restrita pelo fato de que os revolucionários e legalistas vinham das mesmas comunidades – e às vezes das mesmas famílias –, e que nem etnia, nem religião separavam um lado do outro. As doenças também desempenharam um papel fundamental: surtos de varíola convenceram o General George Washington (1732-1799) a inocular os novos soldados de seu exército e, assim, protegê-los por meio das técnicas de variolação. As tropas britânicas permaneceram vulneráveis às doenças, especialmente à malária, que foi contraída quando eles se mudaram para as colônias do Sul, deixando muitos deles demasiadamente fracos para lutar. Em 1781, as tropas britânicas do General Cornwallis se renderam em Yorktown, na Virgínia, para um exército de americanos e franceses, que era duas vezes maior e mais saudável. Dois anos mais tarde, A Grã-Bretanha reconheceu a independência das treze colônias revoltosas da América do Norte. As doenças trazidas do velho mundo como parte do intercâmbio colombiano deram forma aos conflitos do novo mundo, mesmo quando a maioria dessas lutas eram realizadas por nativos do velho mundo ou seus descendentes.

Na França, as enormes despesas da Revolução Americana endividaram o governo ainda mais, forçando o rei Luís XVI (r. 1774-1792) a convocar, em 1789, o órgão de representação nacional, os Estados Gerais, para tentar evitar a falência por meio de reformas tributárias. No entanto, muitos representantes da classe média viam o fato de os nobres e o clero terem a maior parte dos votos na Assembleia dos Estados Gerais como algo desatualizado. Eles formaram uma nova Assembleia Nacional, que o rei pretendia dissolver pela força. Mas a colheita agrícola de 1788 havia sido pequena, então os preços do pão subiram, muitas pessoas estavam sem trabalho e os motins eclodiram em muitas cidades. O motim mais dramático ocorreu em Paris, onde em 14 de julho de 1789, multidões de homens e mulheres invadiram a Bastilha – uma fortaleza e uma prisão no centro da cidade – à procura de armas com as quais poderiam opor-se ao rei. Ao mesmo tempo, na zona rural, os camponeses saqueavam as casas de seus senhorios nobres, queimavam documentos que registravam seus impostos e obrigações e reocupavam a terra comum que havia sido cercada. A Assembleia Nacional suspendeu as obrigações que os campo-neses deviam à nobreza e emitiu uma comovente Declaração dos Direitos do Homem e do Cidadão, mas havia pouco que ela podia fazer em rela-ção às crises financeira e alimentar. Em outubro, milhares de mulheres armadas com lanças e bastões marcharam de Paris para o palácio real em Versalhes, exigindo que o rei e sua família voltassem para Paris. O rei vacilou e a revolução foi se tornando cada vez mais radical. Os líderes depuseram o rei e, então, o executaram junto com sua esposa, enviaram exércitos contra a Áustria e a Prússia e declararam o país uma República na qual todos os homens maiores de vinte e um anos poderiam votar. As mulheres tiveram um papel ativo durante a revolução, elas preparavam as listas oficiais de reclamações e formavam seus próprios grupos políticos, além de terem se engajado nos protestos, mas a politização das mulheres chocou tanto os conservadores quanto os revolucionários, e nenhuma das várias Constituições elaboradas durante a revolução permitiu que as mulheres votassem, embora tenham lhes permitido alguns direitos civis, tais como o divórcio e a propriedade (esses direitos foram cancelados mais tarde, quando Napoleão chegou ao poder).

Os trabalhadores pobres de Paris – conhecidos como os *sans-culottes* ("sem culotes", uma espécie de calça amarrada abaixo dos joelhos), pois os homens do grupo usavam calças compridas em vez dos culotes dos ricos – exigiam uma ação radical que garantisse a entrega de alimentos. Como na guerra da independência americana, os revolucionários eram vistos de maneiras contraditórias: como pessoas trabalhadoras em busca de comida para seus filhos, ou como sanguinários que gritavam "viva a guilhotina!". Em Paris, o governo fixou o preço do pão em um valor acessível às pessoas, e mobilizou recursos humanos e materiais para lutar contra os inimigos da França por meio da construção de um sentimento de missão patriótica

CAPÍTULO 4 – UM NOVO MUNDO DE CONEXÕES, 1500 D.C.-1800 D.C. | **289**

e virtude revolucionária. O governo também aprisionou e matou seus inimigos durante o Reino do Terror, que, em 1794, provocou uma reação; os novos líderes da classe média rejeitaram o radicalismo dos *sans-culottes*, restringiram as organizações políticas locais, chamaram o Exército para reprimir os protestos e limitaram o direito de voto dos homens. O rei já não existia mais, mas a fome persistia.

Na América Latina e no Caribe, a repressão aos povos indígenas e escravos aliada à desigualdade social e a disseminação de novos ideais de liberdade também levaram a revoltas. Até o século XVIII a maioria da população do Caribe era de escravos africanos, haviam frequentes revoltas de escravos. Uma delas, a Revolução Haitiana de 1791, liderada por um escravo liberto, Toussaint l'Ouverture (1746-1803), pôs fim à escravidão e estabeleceu uma nação independente, apesar de Toussaint ter sido capturado no decurso da revolução e ter morrido em uma prisão francesa. O Haiti tornou-se a segunda nação independente das Américas, mas a primeira nação independente – os Estados Unidos – recusou-se a reconhecer diplomaticamente a independência do Haiti, pois o Presidente dos EUA, Thomas Jefferson, ele próprio um proprietário de escravos, temia que a revolta dos escravos se espalhasse.

O governo colonial espanhol foi pontuado por uma série de revoltas. Na região andina, 90 % da população era indígena no século XVIII; os nativos deveriam trabalhar nas fazendas e minas dos europeus, caso contrário eram tributados pesadamente. Após um grande aumento dos impostos devidos ao governo espanhol, Tupac Amaru II (1740-1781), um homem rico e bem-educado que alegava ser descendente do último rei inca, liderou junto com sua esposa a revolta de uma coalizão de grupos que por um breve período conseguiu tomar várias províncias do Peru. Ambos foram executados de forma terrível por soldados espanhóis e, assim, os rebeldes foram derrotados. Uma vez que a insurreição se identificava com os incas, o vestuário, a linguagem e outras tradições culturais incas foram banidas, mas as revoltas continuaram e se tornaram parte de um amplo movimento pela independência da Espanha que se estendia desde o México até a Patagônia. O movimento foi liderado por homens nascidos localmente, mas com antepassados europeus, os crioulos; dentre eles estavam Simón Bolívar (1783-1830) e José de San Martin (1778-1850), que conseguiram expulsar os espanhóis no início do século XIX, mas não foram capazes de formar governos representativos ou de incorporar os nativos às instituições que criaram.

Os primeiros modernos
e o verdadeiramente moderno

Historiadores de várias regiões do mundo começam seus relatos sobre os séculos abordados neste capítulo em pontos ligeiramente diferentes – a conquista otomana de Constantinopla em 1453, a tomada do poder na Pérsia pela dinastia Safávida xiita em 1501, a primeira crítica pública de Lutero à Igreja Católica em 1517, a expansão mogol na Índia em 1520, o início do reinado de Ivan IV (conhecido como "o Terrível") na Rússia em 1533, a criação do Xogunato Tokugawa em 1603. Em termos globais, no entanto, 1492 tem poucos concorrentes como uma linha divisória clara. Embora o impacto total das viagens de Colombo só fosse vir a ser percebido séculos mais tarde, as doenças, as plantas e os animais começaram a atravessar o Atlântico imediatamente, transformando os mundos naturais e humanos de ambos os lados.

Em grande parte das regiões centrais e meridionais do novo mundo, as populações miscigenadas de africanos, europeus e indígenas trabalharam nas minas de metais preciosos e nas culturas agrícolas que seriam exportadas, enquanto na parte setentrional das Américas, números menores de pessoas menos miscigenadas plantavam, caçavam, faziam armadilhas e pescavam, fornecendo produtos para o consumidor de mercados longínquos. A maioria dos milhões de pessoas que atravessaram o Atlântico nesses séculos veio da África, onde o comércio de escravos havia desestabilizado os Estados e as sociedades, mas os barcos que os levaram, juntamente com produtos que eles e outros faziam, eram propriedade dos europeus, alguns dos quais obtiveram enormes lucros desse comércio. Os navios também transportavam funcionários e missionários cristãos e, assim, o cristianismo tornou-se uma religião global, embora tenha se dividido na Europa em consequência da Reforma Protestante e, em todos os outros lugares, tenha incorporado práticas e tradições locais. As ideias também cruzaram o Atlântico em todas as direções, sendo discutidas dentro das novas configurações sociais urbanas e instituições culturais, incluindo sociedades científicas, revistas impressas e jornais de notícias, clubes e salões.

Longe do Atlântico, pessoas e produtos também estavam em movimento. Com a expansão do império Qing, os chineses da etnia han estabeleceram-se na Ásia Central; eles plantavam batata e batata-doce; os comerciantes russos de peles foram para a Sibéria, para caçar a zibelina e a marta (ou visom); os comanches, lakotas e cheienes espalharam-se pelas planícies do oeste e sudoeste da América do Norte, montados a cavalo, eles caçavam búfalos; os otomanos expandiram-se para a Europa e em torno do Mediterrâneo, e os mugais foram para o sul da Ásia, espalhando o islã e criando novas instituições de governança; os comerciantes holandeses e britânicos mudaram-se para a bacia do Oceano Índico, gradualmente assumindo cada vez mais o comércio da região. Chocolate, café, chá, tabaco e açúcar estavam cada vez mais disponíveis nas cidades e nas maiores vilas distantes da costa, a preços que até os servos às vezes podiam pagar. Esses produtos podiam ser pagos com pesos mexicanos de prata, que circulavam globalmente e eram especialmente populares na China, onde as pessoas achavam que os governantes robustos retratados nelas se pareciam com Buda.

Em todas as migrações, espontâneas ou coagidas, as pessoas levavam seus costumes, línguas, crenças religiosas, hábitos alimentares e outros aspectos de sua cultura com elas; em muitos lugares, esses aspectos, ao se misturarem, transformavam-se em novas formas híbridas. Os próprios grupos se miscigenavam por meio de casamentos mistos e outros tipos de relacionamentos heterossexuais, mesmo que as autoridades conquistadoras e colonizadoras tentassem, muitas vezes, impedir a mistura. Essas autoridades criaram sistemas para definir e regulamentar as diferenças; dentre eles, o sistema hierárquico baseado na "raça" tornava-se cada vez mais dominante.

No entanto, alguns aspectos da vida mudaram pouco naqueles séculos. Enquanto as pessoas e as mercadorias movimentavam-se regularmente ao redor do mundo por via hídrica, o transporte terrestre de mercadorias volumosas manteve-se difícil e bastante local e, assim, os períodos de falta de alimentos persistiram, contribuindo para a mortalidade infantil, a qual continuava a ser alta. As guerras também eram uma constante, mas agora eram combatidas com armas de pólvora em muitos lugares e continuavam levando doenças, fome e brutalidade com elas. As tradições culturais e ideias religiosas ainda eram ensinadas principalmente pela palavra falada. A riqueza criada pelo comércio permitiu que alguns indivíduos e algumas famílias elevassem seu *status* social, mas não perturbou a hierarquia na qual nascer em uma elite fundiária era a melhor garantia de poder e prosperidade. Hierarquias de riqueza e *status* herdado ainda se cruzavam com as hierarquias de gênero, pois nascer homem ou mulher era a condição que moldava todas as experiências de vida e todas as suas fases.

A linha que indica o fim do início do período moderno – e, assim, o começo do que poderíamos chamar de "verdadeiramente moderno" – da história do mundo não é algo tão claro quanto definir o seu começo.

O ano convencional é 1789, mas esse ano privilegia a história política da Europa Ocidental. Talvez deveria ser 1787, quando a primeira frota de condenados zarpou da Grã-Bretanha para a Austrália, carregando milhares de pessoas para uma nova colônia em que ainda não era chamada de continente (isso somente ocorreria cerca de cem anos mais tarde). Ou então 1791, o início da Revolução Haitiana, a única grande revolução de escravos da história a ser bem-sucedida. Ou 1792, com a publicação do livro *Reivindicação dos direitos das mulheres*, de Mary Wollstonecraft*, o primeiro apelo explícito para que os direitos políticos fossem estendidos à metade feminina da população. Mas 1789 foi também a data em que o inventor inglês Edmund Cartwright patenteou seu segundo tear mecânico. Embora o tear tivesse sérios problemas mecânicos e os credores tenham retomado sua fábrica de algodão, outros inventores rapidamente aprimoraram o projeto de Cartwright, e logo em seguida foram inauguradas fábricas lotadas de teares mecânicos em várias partes da Grã-Bretanha. A industrialização que se iniciou com esses moinhos criou o mundo moderno e, assim, 1789 talvez seja o melhor marco.

---

* Obra publicada pela Edipro: WOLLSTONECRAFT, Mary. *Reivindicação dos direitos das mulheres: o primeiro grito feminista*. São Paulo: Edipro, 2015. (N.E.)

capítulo 5

Industrialização, imperialismo e desigualdade, 1800 d.C.-2015 d.C.

Escrevendo das prisões da Índia britânica, onde foi preso por suas atividades políticas no início da década de 1930, o líder da independência da Índia, Jawaharlal Nehru (1889-1964), enviou cerca de duzentas longas cartas para sua filha adolescente Indira, na qual ele oferecia a ela uma visão abrangente da história do mundo. Reunidas em 1934 com o título *Glimpses of World History* [Vislumbres da História do Mundo], as cartas vão desde o surgimento das primeiras cidades até os tempos em que o próprio Nehru estava vivo. Pouco antes da metade do livro, há uma carta intitulada "A vinda da grande máquina", em que Nehru comenta que, mais do que qualquer outra coisa, ele escrevia sobre como a industrialização "havia mudado a vida... Era uma revolução que afetava todas as classes e, na verdade, todas as pessoas. Ela tornou a diferença entre o luxo dos muito ricos e a pobreza dos pobres ainda maior do que havia sido no passado". Esses efeitos foram sentidos em todo o mundo, diz Nehru, pois "a indústria capitalista levou inevitavelmente a um novo imperialismo, pois havia uma grande demanda em todos os lugares por matérias-primas para a fabricação e mercados para os novos produtos manufaturados... Então, houve uma corrida selvagem por novos territórios entre os países mais poderosos... [e então] um novo tipo de império econômico invisível que explora e domina sem quaisquer sinais externos óbvios".

Quase um século mais tarde, os historiadores, em geral, concordam com Nehru que a industrialização criou o mundo moderno, não só o de sua época, mas o nosso mundo atual também. O uso de combustíveis fósseis – primeiro o carvão e, em seguida, também o petróleo e o gás – permitiu que houvesse um aumento dramático da produtividade, conforme a energia armazenada durante centenas de milhões de anos era tirada do solo e realocada para a utilização humana. A indústria causou transformações políticas, econômicas, sociais e físicas no mundo, além disso, permitiu que, em uma nova onda de imperialismo, as nações industrializadas dominassem aquelas que não haviam feito o mesmo, por meio da conquista militar que teve início no século XIX. O império econômico invisível aludido por Nehru, muitas vezes chamado de neocolonialismo ou imperialismo leve, também se expandiu por todo o mundo. Nessa nova forma de império, corporações multinacionais e agências internacionais eram muitas vezes mais importantes do que os Estados, dando forma à sociedade e à cultura, bem como à economia. Juntos, indústria e imperialismo (tanto o pesado quanto o leve) foram facilitadores de uma maior desigualdade, tanto dentro de um país ou região quanto entre eles.

A partir da enorme quantidade de informações disponíveis sobre o mundo desde 1800, este capítulo centra-se nestes três temas: industrialização, imperialismo e desigualdade. O capítulo começa com o início da industrialização, que ocorreu na Inglaterra, e examina a desigualdade da distribuição industrial ao redor do mundo. A crescente desigualdade dentro e entre as sociedades foi acompanhada pelo crescimento de movimentos que clamavam por mudanças sociais, alguns com objetivos igualitários, incluindo o fim da escravidão e os movimentos pelos direitos das mulheres, mas outros defendiam a segregação, a exclusão racial e até mesmo a reprodução seletiva. A indústria facilitou a migração de longa distância em grande escala, bem como as conquistas imperiais, que simultaneamente desafiavam e reforçavam as hierarquias sociais e os padrões culturais existentes. Em direção ao século XX, o capítulo examina o impacto da guerra total na cultura e na sociedade modernas; o capítulo também segue os processos de descolonização, juntamente com as lutas de liberação social e política que marcaram as décadas do pós-guerra. As circunstâncias que faziam diminuir algumas formas de desigualdade eram contrabalançadas por medidas econômicas que causavam aumentos das disparidades da riqueza, enquanto, na rede cada vez mais conectada do capitalismo global, os empregos industriais e pós-industriais aderiam aos baixos salários em todo o mundo. As pessoas continuaram a movimentar-se, transformando, assim, cidades em megacidades e aumentando a diversidade religiosa, linguística, social e étnica, bem como a miscigenação, apesar dos esforços dos fundamentalistas religiosos, dos conservadores culturais e de alguns líderes políticos para combater tais misturas. O capítulo termina com uma breve discussão sobre um terceiro milênio, com a população mundial passando a casa dos 7 bilhões e com o aumento da pobreza e da prosperidade.

ALGODÃO, ESCRAVOS E CARVÃO

Tendo em vista que a industrialização subjaz o poder econômico e político da Inglaterra e o crescente domínio ocidental sobre grande parte do mundo no século XIX, então, saber por que a Inglaterra se industrializou antes dos outros torna-se uma questão fundamental para a história do mundo. A industrialização teve início com a produção de algodão, então algumas respostas são específicas ao algodão. A tecnologia faz parte dessa história, mas também o fazem a organização social da produção têxtil e os novos padrões de consumo que resultaram do comércio global, conforme descrito no CAPÍTULO 4.

Em algumas partes do mundo, no século XVII, a produção de tecidos em algumas partes do mundo estava cada vez mais comercializada, mas sua organização possuía ligeiras variações. Na China e no Japão, as famílias camponesas criavam seda e plantavam algodão, que as mulheres fiavam e os membros da família transformavam em tecido para ser vestido pela própria família, usado para pagar impostos ou ser vendido pelas redes de comerciantes. Mais da metade das famílias rurais da China tinham um tear. Na Índia, o algodão e as misturas de algodão com seda eram produzidas em aldeias especializadas em tecelagem por castas específicas; geralmente as mulheres fiavam, os homens teciam e ambos os sexos finalizavam o tecido e vendiam para um comerciante os tecidos que a família não iria usar. Na zona rural da Europa ocidental, os comerciantes organizavam para que lãs e linho e, em alguns lugares, algodão e seda, fossem distribuídos às famílias; as mulheres dessas famílias cuidariam da fiação e, em seguida, os comerciantes levavam para outras famílias para ser tecida e finalizada e, então, voltava aos comerciantes que cuidavam do transporte e da venda. Os historiadores da economia vêm dando vários nomes diferentes a esse sistema, dentre eles, "indústria caseira", "sistema de produção domiciliar (*putting out system*)" "indústria doméstica" e "protoindústria". No século XVII, em todas essas áreas – China, Japão, Índia e Europa Ocidental – e talvez em outros lugares menos bem estudados, as famílias rurais intensificaram seu trabalho para produzir mais tecido, movimento chamado pelo historiador econômico Jan de Vries de "revolução industriosa".

Mesmo que a seda tenha mantido seu *status* de tecido mais luxuoso, o algodão indiano era o mais comumente comercializado, trocado por escravos na costa ocidental da África, por ouro e prata na América do Sul, por especiarias no sudeste asiático e por outros bens em outros lugares. Quando as Companhias Holandesa e Britânica das Índias Orientais começaram a importar o tecido de algodão da Índia para a Europa no final do século XVII, os consumidores foram lentamente aprendendo sobre seus benefícios: era leve, dava uma sensação de toque agradável na pele e podia ser tingido, impresso ou pintado com cores vívidas. Os observadores contemporâneos diziam que a demanda por têxteis indianos havia se transformado na "febre da chita", e queixavam-se que as mulheres de todas as classes estavam se vestindo ou decorando suas casas com o tecido e, por isso, as diferenças entre as classes sociais deixavam de ser tão evidentes. Os debates desenrolavam-se nos cafés e nos novos locais de impressão – tais como os jornais que influenciavam a opinião pública –; a questão era saber se o algodão indiano incentivava as pessoas mais pobres – especialmente as mulheres – a gastar dinheiro com frivolidades importadas. Os tecelões londrinos protestaram: atacaram o quartel-general da companhia inglesa das Índias e rasgaram as roupas de algodão das mulheres nas ruas ou jogaram ácido nelas. Entre as décadas de 1680 e 1720, os governos inglês, francês, espanhol e prussiano limitaram ou proibiram a importação e o uso do tecido de algodão asiático. No entanto, a aplicação dessas leis foi fraca e, tendo em vista não terem também proibido a reexportação do algodão indiano para os mercados coloniais ou africanos, eles não fizeram esforços para diminuir seu comércio.

Esse padrão global não foi modificado pela melhor aplicação da lei, mas pelo processo de substituição da importação (e reexportação) por meio da imitação, dos empréstimos, da experimentação e da mecanização, primeiro da impressão sobre os tecidos de algodão e depois da fiação e tecelagem. Os artesãos armênios aprenderam a estampar tecidos na Índia e levaram a técnica para a Europa; os armênios e os artesãos locais abriram grandes "*manufactories*" ("manufaturas", mais tarde as fábricas seriam chamadas de "*factories*"), nas quais centenas de trabalhadores, homens e mulheres, usavam ferramentas manuais ou máquinas para fazer estampas. Empresários e funileiros, buscando aumentar a produção de tecido, fizeram experimentos com máquinas que permitiam que as mulheres tecessem mais de um fio por vez, às vezes pela aplicação de princípios mecânicos que tinham aprendido a partir da leitura de trabalhos científicos.

CAPÍTULO 5 – INDUSTRIALIZAÇÃO, IMPERIALISMO E DESIGUALDADE, 1800 D.C.-2015 D.C. | **297**

Na década de 1760 vários tipos de máquinas eram capazes de produzir fios suficientemente fortes e finos para, enfim, produzir um tecido de algodão aceitável. Algumas dessas máquinas podiam receber alimentação manual, mas outras precisavam de uma fonte de alimentação externa, gerada pela queda d'água; o número de fábricas de fiação com moinhos cresceu ao longo dos córregos e rios, primeiro nos campos da Inglaterra e depois em outras partes da Europa e da América do Norte.

As máquinas e seus inventores costumam dominar a história da Revolução Industrial, mas os padrões de casamento e as normas de gênero também foram fatores importantes. O noroeste da Europa possuía um padrão distinto de casamento, homens e mulheres costumavam esperar até meados ou final de seus vinte anos para se casar e, então, logo após o matrimônio, em vez de viver em uma família extensa ou ampliada, estabeleciam uma nova família independente. Para as mulheres, o casamento em idade mais avançada era algo especialmente incomum, pois, nesse caso, ela estaria muito distante da idade da maturidade sexual que, em geral, era vista como a idade adequada para que as mulheres se casassem. As próprias mulheres contribuíam com os salários que tinham guardado ou com bens que tinham feito para estabelecer o agregado familiar, muitas vezes trabalhando longe da supervisão de seu pai ou de outro membro masculino da família, algo culturalmente inaceitável em muitas outras partes do mundo. Muitas pessoas nunca se casaram – entre 10 % e 15 % da população e, em alguns outros lugares, esse valor podia atingir até 25 % das pessoas. No século XVII, as inglesas solteiras adquiriram um apelido que também revelava a ocupação mais comum dentre elas: *spinster**. Assim, quando as fábricas de fiação foram abertas, as jovens mulheres eram normalmente as primeiras a serem contratadas, pois elas já trabalhavam com fiação e também porque elas eram vistas como mais complacentes, dispostas a aceitar salários mais baixos e mais capazes de realizar as tarefas repetitivas requeridas pelas máquinas.

A fiação mecanizada permitiria eventualmente que uma jovem ou uma menina pudessem fiar cem vezes mais do que seria possível fazer manualmente; os inventores, então, voltaram sua atenção para os teares mecânicos, que se tornaram funcionais nas primeiras décadas do século XIX. Os ativistas anti-industrialização conhecidos como luditas, em sua maioria

---

* Originalmente o termo designava uma fiandeira, mas com o tempo também ganhou o significado de solteirona. (N.T.)

tecelões qualificados, em seus protestos, destruíram máquinas em massa, mas, como acontece com muitos outros protestos sociais, eles foram reprimidos pelo Exército, e destruir máquinas tornou-se um crime capital. As cidades localizadas em áreas com sistemas fluviais favoráveis tornaram-se centros têxteis e, assim, os resultados dispararam; em 1750, a Grã-Bretanha produziu cerca de 50 mil folhas de chita estampada (uma folha possuía aproximadamente 25 metros) e em 1830, cerca de 8 milhões. As populações urbanas também dispararam: Manchester, no noroeste da Inglaterra, por exemplo, um dos principais centros de produção de algodão britânico, cresceu de 17 mil habitantes em 1760 para 180 mil em 1830. As condições de trabalho das fábricas eram desagradáveis e insalubres, pois as fibras dos tecidos congestionavam o ar e o dia de trabalho durava entre treze e catorze horas, seis dias por semana. Dentre os trabalhadores haviam migrantes do campo e imigrantes de pontos mais longínquos. Muitos destes últimos vinham da Irlanda, onde o crescimento demográfico e o agravamento das condições econômicas levaram muitos jovens a buscar emprego em outro lugar. Quando, em 1840, uma praga destruiu a lavoura de batata e mais de 1 milhão de pessoas morreram de fome e doenças, ainda mais irlandeses mudaram-se para cidades industriais inglesas ou para as cidades do norte dos Estados Unidos que também estavam sendo industrializadas.

A industrialização britânica, portanto, dependia do trabalho dos migrantes e não apenas dos próprios britânicos. A explosão na produção requeria uma oferta muito maior de matérias-primas, que não seria possível com linho ou lã, pois seria necessário muito mais terras do que as existentes na Grã-Bretanha com dedicação exclusiva à plantação de linho ou criação de ovelhas. (As famílias dos camponeses chineses plantavam seu próprio algodão e, por esse motivo dentre outros, as grandes máquinas não fizeram sucesso no país.) Mas o algodão era importado e, para poder cultivar seu próprio algodão, no final do século XVII e no século XVIII a Grã-Bretanha obteve colônias no Caribe e na América do Norte. Já havia organização preparada para isso: os latifúndios discutidos no CAPÍTULO 4 trabalhados por escravos africanos. Foram estabelecidos novos latifúndios em todo o Caribe, atraindo capital e pessoas (escravas e livres). Mas o algodão prejudica bastante o solo e, dessa forma, a terra esgotou-se rapidamente com o tipo de ciclo de expansão e contração que era comum na exploração econômica das culturas agrícolas e dos recursos naturais. A produção de algodão deslocou-se, especialmente para o sul dos Estados Unidos, onde

CAPÍTULO 5 – INDUSTRIALIZAÇÃO, IMPERIALISMO E DESIGUALDADE, 1800 D.C.-2015 D.C. | **299**

a invenção da máquina manual de beneficiamento do algodão* em 1794 havia acabado de conseguiu reduzir substancialmente a quantidade de trabalho necessário para limpar o algodão.

A escravidão expandiu-se geográfica e numericamente com o algodão. Na década de 1790 havia talvez 700 mil escravos no sul da América do Norte, a maioria em Maryland e na Virgínia, e alguns observadores previam que a escravidão poderia acabar, pois ela não era economicamente viável. Em 1850, em vez disso, o número de escravos aumentou para 4 milhões, a maioria deles situada nos novos Estados do Alabama, Mississippi, Tennessee e Louisiana, onde quem mandava era o "rei Algodão". Eles produziam quase dois terços da produção mundial de algodão, responsáveis por 50 % do valor de todas as exportações dos EUA. As pessoas escravizadas trabalhavam sob condições mais duras nas plantações de algodão do que haviam trabalhado anteriormente, com mais horas de trabalho diário e em grupos de trabalho que se movimentavam pelos vastos campos de monoculturas de algodão em linhas, em vez de cuidarem de várias culturas. (O dia de trabalho era ligeiramente mais curto do que o dia de trabalho das fábricas de têxteis, mas mais do que a jornada de trabalho normal dos camponeses.) Assim como os operários das fábricas, os escravos tinham um ano contínuo de trabalho intenso, pois o algodão era retirado três vezes por ano, era limpo e processado durante o inverno e, além disso, os escravos também adubavam os campos e derrubavam florestas para as novas áreas de plantio. Os EUA proibiram a importação de escravos no início do século XIX; dessa forma, os estados escravistas mais antigos os forneciam por meio de uma rede de empresas e comerciantes independentes. Centenas de milhares de pessoas migraram à força, geralmente sem qualquer preocupação com as relações familiares; a ameaça de ser vendido a um estado algodoeiro servia como forma de controlar o comportamento dos escravos de toda a América do Sul.

A produtividade crescente do trabalho escravo, juntamente com a diminuição do valor do transporte por causa dos navios a vapor e dos melhores métodos de empacotamento, manteve baixo o preço do algodão cru dos EUA. Exceto por um breve período durante a Guerra Civil americana (1861-1865), quando centenas de fábricas britânicas fecharam porque não tinham como obter o algodão cru, o algodão dos EUA dominou o mercado. O algodão escolhido e lavado por escravos americanos (ou, depois da Guerra

---

* Chamada de *cotton gin*, onde *gin* é a abreviatura de "engine", isto é, máquina. (N.T.)

Civil, por ex-escravos, que agora eram meeiros e rendeiros), comprado, vendido, e financiado nas bolsas de mercadorias em Nova York, Nova Orleans, Londres e em outras cidades e, depois, fiado, tecido, e finalizado nas fábricas europeias (principalmente britânicas) vestiu o mundo. Durante a guerra de 1812 entre a Grã-Bretanha e os Estados Unidos, as campanhas patrióticas nos EUA promoviam a produção e a utilização de produtos nacionais, mas o tecido manufaturado britânico era mais barato e melhor e, desse modo, manteve-se como um item padrão para os lojistas das cidades e para os vendedores ambulantes da fronteira, era vendido para os nativos americanos e para os imigrantes. Em 1850, a Grã-Bretanha produzia a metade dos tecidos de algodão de todo o mundo e exportava mais da metade de sua produção, inclusive para a Índia. Milhões de indianos perderam seus meios de subsistência, e, de 1750 até 1850, o tamanho das cidades manufatureiras, como Calcutá, encolheu, pois as pessoas estavam migrando para as aldeias em um processo de desurbanização. O algodão industrializado, portanto, passou a se amoldar à vida familiar dos tecelões indianos, assim como fez com os operários na Grã-Bretanha e os escravos nos Estados Unidos.

Inicialmente a energia da industrialização vinha da água, mas porque as máquinas movidas a água podiam ser interrompidas pela seca ou pelo congelamento e, também, por ser uma fonte geograficamente limitada, surgiu um forte impulso para a procura de outras fontes de energia que também pudessem, em grandes cidades como Londres, atender a escassez de madeira para o aquecimento e cozimento. A solução foi o carvão, que estava disponível em certas partes da Europa e era abundante na Inglaterra e no país de Gales. Engenheiros e ferramenteiros britânicos inventaram e depois melhoraram os motores a vapor para bombear água das minas de carvão, que estavam cada vez mais profundas. Carrinhos cheios de carvão eram empurrados e puxados ao longo de trilhos, no início pela energia humana e animal e, depois, por motores a vapor alimentados por carvão. A tecnologia do vapor propagou-se dos campos de carvão para os navios a vapor, locomotivas a vapor que corriam sobre trilhos de ferro e outros usos. O transporte a vapor permitiu o movimento mais rápido e barato de pessoas, mercadorias e ideias, engrossando assim as redes de conexão.

Carvão e ferro caminhavam juntos. A disseminação das armas de pólvora aumentou de forma astronômica a demanda por ferro e, no início do século XIX, os ferreiros britânicos desenvolveram máquinas movidas a carvão para a produção de vapor e outros equipamentos que lhes permitiam utilizar novos processos para a manufatura de ferro e de aço. Mui-

CAPÍTULO 5 – INDUSTRIALIZAÇÃO, IMPERIALISMO E DESIGUALDADE, 1800 D.C.-2015 D.C. | 301

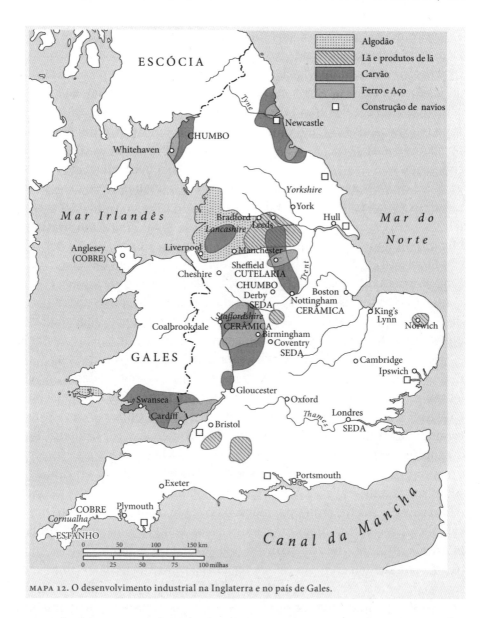

MAPA 12. O desenvolvimento industrial na Inglaterra e no país de Gales.

tas máquinas e peças de máquinas que anteriormente eram construídas com madeira, agora eram cada vez mais feitas de ferro ou aço, que eram muito mais duráveis, e, desde então, o ferro começou a substituir a pedra como material de construção. Segundo a periodização da história humana – que foi desenvolvida aproximadamente nesta época –, a Idade do Ferro começou no segundo milênio a.C., mas em termos de impacto na vida cotidiana, o verdadeiro início da Idade do Ferro foi no século XIX.

Os primeiros motores a vapor desperdiçavam tanta energia que só faziam sentido econômico nos locais em que o combustível fosse barato e não precisasse ser transportado para muito longe, desse modo a indústria do ferro cresceu nas regiões em que haviam minas de carvão, e cidades como Newcastle e Liverpool expandiram a um ritmo incrível. Elas eram sujas e nelas faltava moradia, água limpa e serviços de saneamento para seus moradores; doenças como o tifo e a tuberculose podiam espalhar-se com facilidade. O trabalho estava estruturado pela necessidade de usar o maquinário de maneira eficiente, então as tarefas tornaram-se mais rotinizadas e o dia de trabalho ainda mais longo e mais arregimentado nas fábricas a carvão do que tinham sido naquelas que dependiam da água hídrica, e muito mais do que nas formas domésticas de produção. Os salários eram baixos, mas muitas vezes maiores do que aqueles da zona rural, e as oportunidades para escapar do controle dos pais e familiares eram maiores; dessa forma, as novas cidades industriais sugavam os jovens para dentro delas, como sempre o fizeram as cidades em geral. O Estado britânico sustentava a indústria por meio de políticas fiscais que favoreciam os investidores, de tarifas elevadas ou proibições definitivas de bens manufaturados de outros países e de seu poder naval, que poderia impor leis exigindo que as colônias tivessem relações comerciais somente com a Grã-Bretanha. Em 1750, a Grã-Bretanha representava menos de 2 % da produção mundial, já em 1860 sua participação era mais que 20 %, incluindo dois terços do carvão mundial e mais da metade do ferro.

Assim, muitos fatores, alguns locais e outros globais, levaram a indústria a ser desenvolvida primeiro na Grã-Bretanha: o estímulo oferecido pelo algodão indiano; uma população crescente e geograficamente móvel, que oferecia um amplo mercado para os bens de consumo; padrões matrimoniais e normas de gênero que forneciam uma força de trabalho barata, já habituada à produção de tecidos; acesso a matérias-primas essenciais e mercados para os produtos manufaturados garantidos por suas possessões coloniais, que ficavam cada vez maiores com as guerras; uma matéria-prima produzida em outro lugar e, assim, os efeitos sociais e ambientais da intensa monocultura não eram sentidos localmente; rios navegáveis e abundantes recursos naturais, como carvão e minério de ferro localizados em locais de fácil acesso; uma cultura de inovação na qual artesãos empreendedores conseguiam às vezes lucrar com suas invenções; um sistema político com base relativamente ampla, que apoiava os interesses comerciais e a inovação; a inexistência de guerras na Grã-Bretanha em si, em uma época em que a Europa continental foi interrompida pela Revolução Francesa e as conquistas de Napoleão. A interdependência e a interação coincidentes desses fatores puseram a Grã-Bretanha naquilo que o historiador econômico Joel Mokyr chama de um "caminho peculiar" em direção à industrialização. Está claro que suas implicações finais não foram previstas por algumas pessoas com uma visão telescópica do futuro, mas reconhecidas apenas mais tarde. Ninguém decidiu começar a desenvolver uma sociedade industrial, porque em 1750 ninguém sabia o que isso significava.

A EXPANSÃO E A TRANSFORMAÇÃO DA INDÚSTRIA

Depois de a Europa voltar a uma paz relativa com a derrota final de Napoleão em 1815, outros países tentaram seguir o mesmo caminho dos ingleses. Embora a Grã-Bretanha tenha proibido a exportação de maquinário e de seus trabalhadores qualificados, muitos saíram clandestinamente e introduziram os novos métodos no exterior. Os espiões industriais do continente europeu e da América recebiam prêmios de seus governos quando voltavam para casa após terem percorrido a Inglaterra, memorizando os planos de máquinas e técnicas. Os governos da França e da Prússia ajudaram a pagar pelas ferrovias e estabeleceram barreiras tarifárias protecionistas contra os produtos britânicos para que suas indústrias nascentes pudessem se desenvolver. Para a tomada dessas medidas, eles foram motivados pelo nacionalismo, uma nova ideologia construída sobre uma ideia muito antiga (discutida no CAPÍTULO 1), em que cada povo tem sua própria cultura e identidade, expressada por meio da linguagem e reforçada por matrimônios intragrupo. Os nacionalistas europeus – e mais tarde os nacionalistas ao redor do mundo – buscaram coincidir o território de cada povo com as fronteiras de um Estado-nação independente. Eles desenvolveram símbolos e cerimônias que exteriorizavam essa identidade comum e consciente, tais como festivais étnicos, bandeiras, alimentos, roupas e desfiles. Alegavam que muitas dessas expressões foram extraídas de formas étnicas tradicionais, mas na verdade foram inventadas no século XIX.

Os líderes políticos nacionalistas também começaram a espalhar idiomas nacionais padronizados por meio da educação em massa. A educação em massa surgiu primeiro na Prússia e na Suécia, onde estava explicitamente ligada à obediência às autoridades políticas, à ortodoxia religiosa e ao desenvolvimento de um exército moderno, no qual os soldados não só tinham a experiência técnica para lidar com as armas modernas, mas também aprendiam desde cedo a seguir instruções e ordens sem questionar. A industrialização inicial não exigia escolaridade formal e, de fato, muitas vezes dependia do trabalho de crianças, mas conforme os processos industriais tornavam-se mais complexos, os países que mais se beneficiaram foram aqueles com maiores taxas de alfabetização. No século XIX, foram abertas mais escolas para meninos do que para meninas, mas os reformistas educacionais consideravam importante a escolarização das meninas, pois elas se tornariam mães e seriam, portanto, responsáveis pela educação precoce dos futuros soldados e trabalhadores. A educação das mulheres também foi vinculada ao bem do Estado, parte da criação de uma nação forte, em que as pessoas entendem os papéis adequados a elas.

No século XIX, o nacionalismo, às vezes, ligava-se ao liberalismo: uma ideologia que surgiu com as revoluções do século XVIII e que defendia a liberdade individual, a igualdade política, a democracia representativa e os direitos individuais. Ou então se ligava ao socialismo, uma ideologia que defendia maior igualdade econômica e social e a posse comum ou pública das instituições. O nacionalismo também foi se tornando cada vez mais agressivo, conforme os nacionalistas sublinhavam a superioridade de sua nação e a inferioridade de todas as outras e, além disso, construíam exércitos que poderiam – e o fizeram – impor essa superioridade por meio da guerra na Europa e a construção de um império na África e na Ásia. Todos os tipos de nacionalistas consideravam o crescimento econômico como essencial para uma nação forte, pois era essencial para o desenvolvimento da indústria.

Do outro lado do Atlântico, os novos Estados Unidos cresciam sem parar: eles compraram terras de alguns países e com outros travaram guerras, aliado a isso, manipularam, roubaram, fraudaram e provocaram violência contra os nativos americanos (e contra os bisões-americanos, pois alguns nativos dependiam deles). A população nativa americana dos Estados Unidos foi reduzida para pouco mais de 200 mil habitantes em 1900. O mesmo aconteceu no Canadá, que se tornou uma nação autônoma em 1867: comprou o vasto território da Companhia da Baía do Hudson e, logo após, anexou outras províncias para que o país se estendesse de costa a costa. A versão de nacionalismo dos EUA foi o "destino manifesto", uma frase inventada por um editor de jornal para transmitir a ideia de que Deus havia predestinado os Estados Unidos a crescer e governar todo o continente. Tanto a expansão territorial quanto o crescimento industrial receberam apoio do governo, que construiu um sistema ferroviário fortemente subsidiado, ligando todas as partes da nação; a estrada de ferro foi construída em grande parte por imigrantes europeus, mexicanos e chineses. A expansão em direção ao Oeste fez aumentar as tensões entre o norte e o sul dos Estados Unidos para saber se a escravidão seria permitida nos novos territórios; o cume dessa tensão foi a Guerra Civil (1861-1865), que terminou com a vitória do Norte e a proibição da escravidão nos Estados Unidos, mas essa proibição ficou muitíssimo aquém de criar igualdade para as pessoas de ascendência africana.

A partir da década de 1870, os Estados Unidos (recentemente reunidos) e uma Alemanha recém unificada juntaram-se à Grã-Bretanha na liderança de algo que passou a ser chamado de "Segunda Revolução Industrial". Produtos químicos, elétricos e farmacêuticos, alimentos, tecnologia militar e o automóvel uniram-se aos têxteis e ao ferro como os principais produtos industriais e, ademais, a produção industrial ganhou velocidade com o uso da linha de montagem. A indústria era cada vez mais dominada por gigantescas empresas e conglomerados comerciais, tais como as empresas da família Krupp, na Alemanha, ou dos Rockefeller, nos Estados Unidos, que podiam pagar pelos enormes investimentos de capital necessários para abrir uma fábrica usando a tecnologia mais recente, e podiam aguentar a expansão e contração dos ciclos econômicos. Dentre os ciclos, houve uma severa depressão econômica na década de 1890, em que a fábrica politicamente influente e os donos de minas cortavam salários, demitiam operários e lutavam contra a organização dos sindicatos, muitas vezes contratando soldados privados para fazer cumprir seus objetivos. Nos Estados Unidos, a agência de Detetives Particulares Pinkerton era a mais utilizada e, na virada do século XX, tinha mais funcionários do que havia soldados no Exército americano.

A industrialização mais rápida fora da Europa Ocidental e dos Estados Unidos ocorreu no Japão, onde uma longa crise política iniciada na década de 1850 foi terminada com a tomada de poder pelos aristocratas locais com mente reformadora (samurais) em nome do Imperador (a "Restauração Meiji"). Eles decidiram fazer do Japão um "país rico, com um exército forte", seguindo os modelos ocidentais. Vários privilégios de classe foram abolidos, os direitos de propriedade e o regime fiscal foram radicalmente alterados, e os plebeus foram recrutados para um novo exército nacional. Abriram-se milhares de escolas em que, além da alfabetização e da aritmética, os estudantes deveriam aprender disciplina e patriotismo; em 1910, 98 % das crianças em idade escolar estavam matriculadas na escola primária. Os reformadores do período Meiji rejeitaram de forma explícita o modelo político e cultural da China e encorajaram os japoneses a se ocidentalizarem, ou a combinar valores ocidentais e japoneses em uma síntese nova e mais poderosa. Os homens e algumas mulheres começaram a usar roupas ocidentais, comer carne bovina, que estava cada vez mais disponível nos restaurantes e era chamada de "príncipe dos alimentos" e vista como responsável pelo sucesso ocidental. Usando os impostos adquiridos da agricultura, o governo investiu em ferrovias, minas e fábricas; mas grande parte das fábricas foi posteriormente privatizada.

A partir da década de 1880, o governo japonês passou a modificar os modelos ocidentais de industrialização com maior foco no capital para a situação japonesa e, desse modo, desenvolveu um tipo de industrialização com maior foco no trabalho, fundamentado em uma menor substituição do trabalho humano por máquinas, mas que, frequentemente, combinava a produção humana e a realizada por máquinas. Rapidamente, a indústria leve (por exemplo, têxteis e, mais tarde, brinquedos) tornou-se mundialmente competitiva. Em 1933, o Japão era o maior exportador mundial de produtos têxteis de algodão, e uma nova rede de expansão da agricultura ajudou a seda (o maior produto de exportação do Japão até uma boa parte do século XX) a prosperar. Mas a indústria pesada, como a do aço e de produtos químicos, que exigia mais capital e energia e era capaz de utilizar a barata mão de obra rural, permaneceu pouco competitiva e dependia pesadamente de vínculos com o governo, especialmente os militares. Em uma extremidade da economia japonesa, grandes conglomerados (*zaibatsu*), com fortes laços políticos, predominavam, em um padrão existente até hoje. Na outra extremidade, havia empresas pequenas, muitas vezes familiares, que dependiam do trabalho barato, mas relativamente qualificado; essas empresas desenvolveram redes recíprocas para duplicar algumas das economias de escala criadas pelas grandes empresas de outros lugares, sustentando um nível muito maior de autoemprego do que em qualquer país ocidental, com um nível semelhante de renda e de industrialização. A distinção entre gestão e trabalho era menor do que a existente nas grandes empresas ocidentais, pois um maior número de membros (homens) da empresa mantinha os aspectos gerenciais de seu trabalho.

No século XIX, os líderes políticos e os empresários ambiciosos de vários outros Estados – incluindo a Rússia, o Egito, a Pérsia, o Império Otomano e os novos países da América Latina – também buscaram promover a indústria no século XIX, mas com menos sucesso. Não havia como competir com os produtos importados e mais baratos da Europa ou dos EUA e, além do mais, os governos não eram suficientemente poderosos para impor tarifas elevadas, como aquelas que haviam protegido as indústrias dos EUA e da Alemanha logo no início de suas respectivas industrializações. Os governos da Europa e dos EUA agiram de forma a manter os mercados abertos para seus produtos industrializados e para garantir o fluxo constante de matérias-primas e produtos agrícolas dos países mais fracos.

IMAGEM 29. Mulheres bobinam seda usando grandes máquinas em uma fábrica de seda japonesa, 1921. A escolha e o desenrolar dos casulos eram feitos à mão na mesma fábrica e, às vezes, a tecelagem também era feita à mão no padrão japonês de industrialização com maior foco no trabalho.

Na América Latina e no Caribe, os povos indígenas não foram retirados de suas terras como nos Estados Unidos e no Canadá, mas, em vez disso, foram mantidos no mesmo lugar, e suas terras foram tiradas deles por meio de leis que favoreceram a pequena elite de proprietários ricos. Grandes porções de terras passaram a ser possuídas por alguns poucos indivíduos que não pagavam seus trabalhadores em dinheiro, mas em vales resgatáveis apenas em certas empresas. Essas lojas usavam os preços elevados e a trapaça para manter os trabalhadores permanentemente endividados, um sistema de servidão por dívida que também era comum nos latifúndios de culturas comerciais, minas e indústrias extrativistas (a madeireira, por exemplo) de outras partes do mundo. Na segunda metade do século XIX, os empresários e banqueiros da Europa e dos Estados Unidos estabeleceram ou expandiram os latifúndios na América Latina que possuíam culturas comerciais para exportação, incluindo o café, o cânhamo, o açúcar, o algodão, a banana, a carne bovina e a borracha, junto com as de estanho, cobre, nitrato (utilizado em fertilizantes, explosivos e produtos farmacêuticos) e outros minerais utilizados em processos industriais. Os governos da Europa e dos EUA usaram investimentos, empréstimos, tecnologia e ações militares para sustentar esse sistema neocolonial de dominação econômica ocidental e para a manutenção de governos amigáveis. A agricultura comercial para exportação e a mineração empregavam um número muito maior de homens do que de mulheres; os homens migravam para os grandes latifúndios, cidades ou até mesmo para outros países em busca de trabalho remunerado e as mulheres permaneciam nas aldeias para cuidar das crianças e dos idosos, bem como para empenhar-se no trabalho agrícola não remunerado, ou ainda viajavam para as cidades e áreas de mineração para que pudessem trabalhar como garçonetes, lavadeiras e prostitutas. O empobrecimento rural levou a protestos sociais e revoltas locais, por exemplo, a revolta em Cuba contra o governo colonial espanhol em 1895 e a Revolução Mexicana em 1911-1920. No entanto, a maioria das pessoas continuaram pobres. As economias da América Latina cresceram um pouco no início do século XX como resultado da industrialização, mas as desigualdades sociais também cresceram e a dependência da região em indústrias extrativistas e monocultura a deixou economicamente vulnerável e ambientalmente degradada à medida que as florestas nativas eram derrubadas por sua madeira ou para abrir caminho para latifúndios e ranchos.

A industrialização foi, portanto, um processo desigual. Em muitas partes do mundo, a agricultura de subsistência continuou sendo o principal meio de sustento das famílias até boa parte do século XX, e mesmo nos países mais industrializados, o trabalho artesanal foi importante durante todo o século XIX. Na década de 1880, apenas 44 % da força de trabalho britânica, 36 % da alemã e 20 % da dos EUA estava empregada na indústria. Mas, aproveitando a energia das máquinas – que não era

CAPÍTULO 5 – INDUSTRIALIZAÇÃO, IMPERIALISMO E DESIGUALDADE, 1800 D.C.-2015 D.C. | 309

produzida por seres humanos, animais, vento ou água – a produção industrial permitiu que os trabalhadores produzissem muito mais do que conseguiriam sem elas, criou oportunidades de riqueza para os donos da produção e eventualmente criou o padrão de vida da maioria das pessoas dos países industrializados quando comparado com aqueles que viviam em países não industrializados. De 1820 até 1913, a participação da Ásia no PIB (produto interno bruto) mundial diminuiu de 60 % para 25 %, enquanto a da Europa Ocidental aumentou de 20 % para 31 % e a da América do Norte, de 2 % para 20 %.

A industrialização também ofereceu estimulo às novas tecnologias, como o navio a vapor e a estrada de ferro, as quais permitiam o domínio do mercado global e o transporte dos produtos a longas distâncias de forma razoavelmente barata. Dentre as novas ferramentas, podemos citar as novas armas, incluindo o fuzil de repetição e a metralhadora, por meio dos quais alguns Estados industriais foram capazes de conquistar muitos outros. Assim como o aumento da produtividade, resultante da domesticação de culturas agrícolas no Neolítico, permitiu que os agricultores dominassem seus vizinhos não agrícolas – embora os mongóis sejam um contraexemplo importante –, o mesmo ocorreu com a explosão da produtividade criada pelo aproveitamento dos combustíveis fósseis, o que permitiu que os Estados industrializados impusessem seus governos sobre grande parte do mundo, diretamente por meio de impérios globais e que também dominassem o restante do mundo pelo controle que exerciam sobre a economia.

Em uma conceitualização muito influente, o sociólogo Immanuel Wallerstein denominou o conjunto hierárquico de relações globais que foram desenvolvidas no século XIX de "sistema-mundo moderno", em que o crescimento econômico da Europa Ocidental e dos EUA (o núcleo) foi alcançado pelo domínio de Estados independentes parcialmente industrializados (a semiperiferia) e especialmente pelo uso – e exploração – das matérias-primas e pessoas das áreas coloniais e de outras áreas não industrializadas (a periferia). A teoria do sistema-mundo tem sido criticada como excessivamente monolítica e materialista e por colocar demasiada ênfase sobre o Oeste, ignorando as atividades das pessoas em outros lugares, especialmente na Ásia. Até mesmo seus críticos, no entanto, veem a industrialização como o fundamento daquilo que o historiador Kenneth Pomeranz chamou de a "grande divergência" – a lacuna de renda e bem-estar material entre o Ocidente e o restante do mundo que pontuou (e continua a pontuar) o mundo moderno.

Classe, gênero, raça e trabalho nas sociedades industriais

Apesar de a industrialização ter sido facilitada pelas estruturas sociais e de gênero existentes, ela as modificou de forma significativa logo em seguida, e foi a causadora de novas compreensões sobre o funcionamento da sociedade. As aristocracias hereditárias não desapareceram (exceto por meio de revoluções políticas em que elas foram expulsas), mas as elites sociais passaram a incluir cada vez mais as famílias que haviam se tornado ricas não pela posse de terras, mas por meio da produção, dos bancos e do comércio. Eles se viam como a "classe média", diferentes daqueles que estavam abaixo deles pela educação, cultura e hábitos. Aqueles abaixo deles incluíam não apenas o habitante da zona rural – que continuou sendo a maior parte da população ao longo do século XIX, mesmo em países industrializados –, mas também um novo grupo social criado pela industrialização, a "classe operária", composta de trabalhadores assalariados. Assim, juntamente com o sentimento de coesão de grupo (e distinção dos outros) por causa de fatores como o idioma, a etnia, a nação, a raça e a religião, a industrialização criou um novo tipo de identidade e consciência de grupo: a classe.

Ao refletir sobre o que via em seu entorno, o filósofo alemão Karl Marx (1818-1883) teorizou que toda a história era uma luta de classes e que, assim como a classe média industrial – a burguesia – havia triunfado sobre a aristocracia, no futuro, a classe operária – o proletariado – conquistaria a burguesia em uma revolução violenta, depois da qual todos compartilhariam a riqueza, e seria o fim da exploração. Marx acreditava que tudo na sociedade havia surgido a partir de condições materiais, incluindo a religião, as leis, as relações familiares, as ideias e a cultura. Ele criticava o capitalismo pelos extremos de riqueza e pobreza que ele havia criado e pela segregação entre os trabalhadores e a posse dos meios de produção; ele se opunha ao nacionalismo, afirmando que todos os trabalhadores do mundo tinham interesses em comum.

As ideias de Marx deram forma ao socialismo (embora ele se intitulasse comunista e não socialista, pois ele via o socialismo como algo ingênuo e utópico) e atraíram um grande número de seguidores. O socialismo foi muito importante para uma série de revoluções populares (sem sucesso) que varreram a Europa em 1848. No final do século XIX, os socialistas fundaram partidos políticos, que cresceram e atingiram milhões de membros; esses partidos estavam mais focados nas melhorias das condições de trabalho por meio de sindicatos, eleições e leis do que na revolução.

As ideias comunistas mais radicais não causariam uma revolução social nos países industrializados como Marx esperava, mas nas grandes sociedades agrícolas, a saber, Rússia e China.

As pessoas que consideravam Marx e o socialismo como uma ideia perigosa e equivocada também possuíam ideias sobre o poder da distinção de classes. Nos países industrializados, os empresários bem-sucedidos e suas esposas – e aqueles que esperavam se tornarem iguais a essas pessoas – criaram normas de vestuário, mobiliário doméstico, cozinha, decoro e comportamento que os distinguia como classe média. Ironicamente, mas não surpreendentemente, muitas dessas distinções vinham das antigas convenções aristocráticas de comportamento, pois agora esperava-se que as pessoas da classe média se comportassem como damas e cavalheiros e empregassem pelo menos um serviçal caso pudessem pagar pelos serviços dele. A classe média era extremamente diversa, contava com industrialistas ricos e proprietários de pequenas lojas, mas todos eles compartilhavam um código de conduta que, para os homens, envolvia o trabalho duro e a disciplina e, para as mulheres, a gentileza de uma dama. A respeitabilidade impunha refeições mais elaboradas, compostas por vários pratos, os quais eram diferentes de acordo com a hora do dia, muitas vezes usando produtos industrializados. No Japão, por exemplo, o missô industrializado, o macarrão de trigo e o arroz branco permitiram que as mulheres da classe média passassem mais tempo envoltas com outros aspectos da refeição, incluindo a apresentação elaborada. Na Europa e entre as pessoas de ascendência europeia em outros lugares, as mulheres usavam livros de receitas ou revistas femininas que ensinavam a fazer bolos doces e pudins com farinha produzida em massa, açúcar de beterraba e leite condensado enlatado. O enlatamento foi inventado no início do século XIX para prover alimentos para os Exércitos e as Marinhas, pois, dessa forma, os homens simplesmente abriam as latas com suas facas e baionetas. Após a melhoria da segurança e a confiabilidade dos processos industriais de produção das conservas e a invenção do abridor de latas em 1870, as famílias urbanas começaram a usar alimentos enlatados, aumentando dramaticamente a gama de gêneros alimentícios disponíveis.

No final do século XIX, os formadores de opinião, incluindo algumas mulheres, assinalavam a adequação para as famílias de classe média sobre uma distinção entre o mundo "privado" do lar e da família e o mundo "público" do trabalho e da política, que ficou conhecido como a doutrina das "esferas diversas" (ou dicotomia público-privado). As mulheres casadas eram encorajadas a evitar o trabalho fora do agregado familiar e a fazer de suas casas o "refúgio do mundo sem coração" do industrialismo e dos negócios. Europeus e americanos costumavam criticar as sociedades colonizadas por eles, pois essas exigiam a reclusão das mulheres em casa, mas, ao mesmo tempo, eles criaram em suas próprias sociedades um ideal de vida doméstica mais forte para as mulheres. Os reformadores Meiji do Japão, da mesma forma, salientavam a importância da vida doméstica das mulheres; "boa esposa, mãe sábia" (*ryosai kenbo*) tornou-se um slogan padrão do governo, que definia os papéis apropriados das mulheres.

Os ideais da classe média sublinhavam o vínculo entre mãe e filho e, também, acentuavam a importância das crianças em geral; alguns historiadores apelidaram isso de a "descoberta da infância". Ao mesmo tempo, no entanto, as crianças da classe trabalhadora eram contratadas ainda muito jovens para trabalhar nas fábricas e minas, e as crianças rurais trabalhavam assim que pudessem. As preocupações relacionadas aos efeitos do trabalho fabril à saúde das crianças, a abertura de escolas públicas gratuitas e o cumprimento às leis de educação obrigatória começaram a reduzir o trabalho infantil nas fábricas de alguns países industrializados no início do século XX, mas as crianças continuaram a trabalhar nas produções caseiras e nas plantações e fazendas que produziam matéria-prima para a indústria. Em todo o mundo, crianças continuaram a trabalhar no campo e nas empresas familiares urbanas, assim como já ocorria há milênios, pois o trabalho delas era vital para a sobrevivência familiar, e trabalhar ao lado dos pais, parentes ou irmãos mais velhos era a forma como as crianças aprendiam as habilidades necessárias.

As mulheres também continuaram a ser uma parte significativa da força de trabalho em muitas indústrias, apesar da ideologia das esferas distintas (dicotomia doméstico/privado). No Japão, por exemplo, embora as mulheres fossem instadas a ficar em casa como "boas esposas e mães sábias", seus salários mais baixos tornavam-nas atraentes para os donos de fábricas; em 1909, 62 % da força de trabalho das fábricas era feminina, principalmente na produção da seda. Nos Estados Unidos, mais de 1 milhão de mulheres trabalhavam nas fábricas em 1900; os números eram similarmente grandes em outros lugares. A maioria das mulheres era solteira, pois a separação entre o local de trabalho e o lar dificultava que as mulheres com bebês ou crianças pequenas conseguissem combinar o trabalho na fábrica com suas responsabilidades de alimentação, vestuário e cuidados com a família. Elas, no entanto, costumavam continuar a exercer trabalho remunerado em casa, costurando roupas, fazendo chapéus ou realizando outros tipos de trabalho por tarefa com salários muito baixos, o que é normalmente conhecido como exploração intensiva do trabalho, ou, então, elas passavam a aceitar pensionistas em suas casas. Para as mulheres casadas da classe trabalhadora, o lar era um local de trabalho, não um paraíso.

IMAGEM 30. *Breaker boys*, meninos cujo trabalho era quebrar o carvão em pedaços uniformes e recolher as impurezas, trabalhando na mina de carvão Kohinore, em Shenandoah, Pensilvânia (EUA), 1891; a maioria deles trabalhava dez horas por dia, seis dias por semana. As melhorias tecnológicas, a aplicação das leis do ensino obrigatório e as ações dos sindicatos levaram ao declínio do trabalho infantil nas minas europeias e americanas em 1920.

As posições de supervisão nas fábricas de todos os lugares estavam reservadas aos homens mais velhos, que às vezes deviam supervisionar o moral e as atividades de lazer de seus trabalhadores como se fossem seus pais. Os agentes da classe média estavam preocupados com a promiscuidade entre os jovens independentes que trabalhavam juntos; e essa situação, combinada com a sensação de que as minas em particular eram locais perigosos para a saúde das mulheres, levaram à publicação de leis que proibiam as mulheres de realizarem trabalhos subterrâneos nas minas e, mais tarde, leis que restringiam as horas de trabalho das mulheres nas fábricas. Em algumas indústrias pesadas, como na siderurgia e na produção de máquinas, quase todos os trabalhadores eram homens; o trabalho foi, portanto, segmentado por sexo dentro das fábricas e em todas as indústrias. Em algumas áreas, a segmentação por raça ou origem nacional foi acrescentada à separação por gênero e estado civil; na década de 1880, na indústria de tabaco da Carolina do Norte, por exemplo, os homens negros lidavam com os fardos de tabaco, as mulheres negras removiam o talo das folhas de tabaco, as mulheres brancas operavam as máquinas de fazer cigarro e os homens brancos reparavam as máquinas e supervisionavam toda a operação. Nas minas de ouro e diamantes da África do Sul, onde após a década de 1880 eram necessárias máquinas pesadas e uma gigantesca força de trabalho para extrair os depósitos profundos, os homens brancos detinham todas as funções qualificadas e viviam com suas famílias em habitações subsidiadas, enquanto os homens africanos realizavam todo o verdadeiro trabalho de mineração e viviam em dormitórios vigiados por policiais. A segmentação da força de trabalho limitou a gama de postos de trabalho disponíveis e ajudou a manter os salários baixos. Com o crescimento das cidades, a prostituição aumentou, o salário das mulheres continuou baixo e as doenças sexualmente transmissíveis, especialmente a sífilis e a gonorreia, espalharam-se rapidamente.

A industrialização envolvia a "des-qualificação", pois o trabalho que era tradicionalmente realizado por artesãos qualificados e socialmente reconhecidos foi subdividido e tornou-se mais monótono com a adição das máquinas; e, assim, foi redefinido como trabalho "não qualificado" com uma consequente e dramática queda de seu reconhecimento social e remuneração. Alguns casos realmente envolviam menos qualificações, mas a definição de "qualificação" (ou habilidade) costumava orientar-se em função do gênero e da raça. Por exemplo, as mulheres foram excluídas de determinados ofícios, tais como o corte de vidro, porque elas eram consideradas desajeitadas ou "não qualificadas", no entanto, essas mesmas mulheres faziam renda, uma tarefa que exigia um nível ainda mais elevado de destreza e concentração do que o corte de vidro. Assim, em um processo circular, os postos de trabalho no qual as mulheres vieram a predominar eram vistos como menos qualificados e de menor valor social e, consequentemente, mais baratos, o que significava que os homens, sempre que podiam, evitavam essas funções, reduzindo ainda mais o valor social e financeiro desses postos. Isso aconteceu com a tecelagem, com o setor de calçados e também em relação ao trabalho fora das fábricas. No final do século XIX, com a introdução da máquina de escrever, o trabalho de secretariado deixou de ser uma profissão masculina e passou a ser um trabalho feminino, o mesmo vale para o trabalho de professor, com a implementação da escolaridade obrigatória, pois os governos reconheceram que as professoras trabalhariam por salários muito mais baixos que aqueles pagos aos homens. O magistério veio a ser visto primariamente como uma ocupação para as mulheres jovens; embora os professores pudessem se casar, as professoras que se casavam eram despedidas, uma prática que continuou a ser implementada até meados do século XX em muitas áreas. Os defensores dessa prática argumentavam que os ensinamentos de uma mulher tinham segmento, claro, depois do casamento, com os alunos mais preciosos de todos – seus próprios filhos. Foram oferecidos livros de instruções para as mães com base em teorias educacionais contemporâneas, algo que alguns historiadores chamam de "profissionalização da maternidade".

A Segunda Revolução Industrial criou tecnologias de comunicação, transporte e computação, incluindo a máquina de escrever, o telefone, o telégrafo, o ditafone, o automóvel, o avião e a máquina de somar; essas tecnologias permitiram o desenvolvimento de um novo setor econômico nas cidades do início do século XX que é frequentemente denominado de "pós-industrial". No setor pós-industrial, os serviços, as vendas e a transferência de informações desempenhavam um papel mais importante do que a produção; a loja ou o escritório, e não a fábrica, passaram a ser o principal local de trabalho. Esperava-se que os funcionários mantivessem certos padrões de vestimenta e decoro; seus trabalhos eram de "colarinho branco", mas muitas vezes a única forma dos colarinhos (e punhos brancos) poderem continuar limpos era tornando-os destacáveis para que pudessem ser lavados após cada uso. O trabalho de colarinho branco tornou-se uma marca de reconhecimento social da classe média, embora muitos desses trabalhos pagassem bem menos que os trabalhos realizados nas fábricas (de colarinho azul) ou por comerciantes qualificados. Os locais de trabalho pós-industriais também tinham suas próprias expectativas de gênero: vendedores e gerentes homens eram vistos como competitivos e bons para o trabalho em equipe, enquanto as mulheres eram contratadas por sua aparência e comportamento agradável, bem como por suas habilidades.

No final do século XIX, os sindicatos e os reformistas sociais tiveram sucesso em diminuir o dia e a semana de trabalho em muitos lugares, e as cidades industriais tornaram-se locais de lazer, bem como de trabalho. Lojas de departamento no centro, a primeira foi o Bon Marché em Paris, que ofereciam uma surpreendente variedade de bens de consumo com preços fixos e visíveis, além de políticas de devolução e troca gratuitas, eram práticas completamente novas no comércio varejista. Para atrair clientes, as lojas de departamento gastaram milhões em propagandas com desenhos nos jornais, mostrando os bens que eram inovações elegantes e chiques, como a iluminação elétrica, as escadas rolantes e elegantes acessórios e decorações. As lojas contratavam vendedoras para que atraíssem as mulheres da classe média até o centro da cidade e porque seus salários eram inferiores aos dos homens que praticavam a mesma função. De Buenos Aires a Tóquio, fazer compras tornou-se tanto um passatempo quanto uma necessidade. Homens e mulheres urbanos da classe média também participavam de concertos, peças de teatro e óperas, frequentavam os cafés, as lojas de chá, os museus e, em muitas cidades, cervejarias ao ar livre, onde eles bebiam a cerveja *lager* fabricada em cervejarias industriais e fundadas por imigrantes alemães. Os homens da classe operária (e algumas mulheres) passavam o tempo em bares e tabernas, assistiam a eventos esportivos, como futebol e corrida, e frequentavam as salas de música e os teatros de vaudeville. As famílias da classe trabalhadora raramente tinham muito espaço na cozinha e, então, compravam alimentos prontos feitos nas lojas e por vendedores ambulantes. Na Europa e entre os imigrantes europeus o alimento era basicamente o pão branco, junto com comidas quentes para viagem como a salsicha tipo vienense (servida no pão), tortas de carne e nas Ilhas Britânicas peixe e batatas fritas, servidas com ervilhas pastosas em lata. Na década de 1920, havia 30 mil restaurantes de peixe e batatas na Grã-Bretanha; eles utilizavam metade dos peixes capturados em águas britânicas.

Muitas pessoas da classe média e da classe trabalhadora também frequentavam a igreja, mas devemos notar que nos países protestantes ou de maioria protestante as igrejas estavam cada vez mais divididas por classe social, e nos Estados Unidos também por raça. O século XIX é frequentemente descrito como um momento de crescente secularismo, em que a religião torna-se menos importante para a vida das pessoas nas regiões cristãs. Isso é verdade para alguns indivíduos, especialmente entre as elites educadas, mas para muitas pessoas a religião se tornou *mais* importante, algo a ser manifestado por ações individuais diárias e não apenas a veneração comum. O reformista religioso e carismático John Wesley (1703-1791), por exemplo, defendia a regeneração pessoal e a santificação por meio do estudo, da oração e da leitura da Bíblia. Seus seguidores, conhecidos como metodistas, tornaram-se a maior denominação protestante no mundo anglófono, e ofereciam um forte apoio para os missionários ativos em todo o mundo, os quais construíam igrejas, escolas e buscavam por convertidos. Alguns líderes sindicais opunham-se aos metodistas e a outros protestantes evangélicos que em vez de enfatizarem as mudanças sociais, sublinhavam a santidade e a moralidade pessoal; os sindicalistas achavam que isso era tratar os trabalhadores de forma apaziguadora e paternalista, mas muitos metodistas também ofereceram apoio humanitário às causas sociais, incluindo a abolição da escravatura, o movimento da temperança, a reforma prisional e a educação pública.

Movimentos pela mudança social

Os problemas criados pelo crescimento da indústria misturaram-se às ideologias liberais e socialistas que pediam por maior igualdade política e social e inspiraram movimentos de mudanças sociais. Nas superlotadas cidades industriais, os trabalhadores viviam em casas estreitas, construídas de parede a parede, sempre muito próximas das fábricas, separadas por ruas e vielas e com esgotos e drenos abertos. Em muitas cidades asiáticas, excrementos humanos e animais eram usados como fertilizantes nos campos e, assim, eram retirados da cidade rapidamente por um sistema organizado de coletores, mas na Europa o excremento humano nunca foi usado dessa forma e ficava amontoado em edículas comunais até que transbordassem e se juntassem ao restante do esterco de animais e lixo nas ruas. Os médicos sanitaristas cada vez mais afirmavam que essa imundice era fonte de doenças, e defendiam a construção de sistemas de esgoto e água limpa, voltando, assim, às ideias que haviam sido praticadas há milênios, na antiga cidade indiana de Mohenjo-Daro e na Roma clássica. No final do século XIX, foram formados Conselhos de Saúde Pública e construídos sistemas sanitários em muitas cidades da Grã-Bretanha, da França, da Alemanha e dos Estados Unidos. A taxa de mortalidade diminuiu drasticamente assim que os surtos de tifo, febre tifoide, cólera, disenteria e outras doenças diminuíram. Em Paris, as habitações de qualidade inferior das favelas foram demolidas, e novas ruas mais amplas foram construídas, com parques, espaços abertos, esgotos e encanamento de água limpa. Paris tornou-se o modelo para outras cidades, incluindo a cidade do México. Por causa da destruição das habitações, os trabalhadores tiveram que se mudar para longe das fábricas, mas o transporte público de massa facilitou essa transição: os primeiros bondes puxados por cavalos que se moviam sobre trilhos de aço e depois, na década de 1890, os bondes elétricos, movimentados por centrais elétricas alimentadas a carvão. As centrais elétricas só fizeram aumentar a quantidade de fumaça de carvão no ar; as cidades ficavam frequentemente enegrecidas pela poluição atmosférica, mas fora isso, elas foram lentamente se tornando lugares mais saudáveis para se viver.

As condições de trabalho do início da industrialização eram horrendas, com 12 horas por dia de trabalho, máquinas perigosas e produtos químicos. Essas condições levaram os trabalhadores, a partir da década de 1820, a formar organizações de trabalho que buscavam reduzir as horas de trabalho, melhores salários e condições de trabalho mais seguras. Inicialmente os governos proibiram os sindicatos e as greves, mas os trabalhadores se organizaram mesmo assim e deram início a ações e negociações coletivas. Os sindicatos e outras organizações trabalhistas defendiam o dia de trabalho de oito horas e a semana de cinco dias para substituir o dia de 12 horas e a semana de seis dias; o dia de oito horas tornou-se lei em países mais industrializados no primeiro quarto do século XX. Os sindicatos também pediam a expansão do direito de votar, pois o sufrágio era restrito e condicionado aos bens imóveis das pessoas e, dessa forma, em 1914 o sufrágio universal masculino entre os homens brancos era a norma na maioria dos países que escolhia seus líderes por meio do voto. (No Canadá, os povos indígenas obtiveram o direito de votar somente em 1960; e os povos aborígines da Austrália, somente em 1962; e em muitos lugares certos grupos foram mantidos longe do voto por meio de práticas discriminatórias ou violência muito tempo depois de terem conseguido obter oficialmente o direito de votar.)

Os sindicatos eram organizações predominantemente masculinas. Era mais difícil organizar as mulheres em sindicatos do que os homens, pois os salários delas eram muito baixos para que pudessem pagar as mensalidades, suas responsabilidades familiares as impediam de participar das reuniões sindicais, e elas tinham sido socializadas para ver seu trabalho como algo temporário, e não para desafiar as autoridades masculinas. A porcentagem de mulheres filiadas aos sindicatos era muito menor que a porcentagem pertencente à força de trabalho, mas, mesmo assim, elas costumavam participar, junto com os homens, das greves, das manifestações e dos protestos por melhores condições, mesmo não sendo filiadas, assim como haviam feito anteriormente nos motins da fome. No entanto, em alguns países, foram fundados sindicatos somente para as mulheres; em 1900, por exemplo, no México e em Porto Rico, os sindicatos de mulheres das indústrias de tabaco, café e têxteis estavam exigindo reconhecimento e direito à negociação coletiva.

CAPÍTULO 5 – INDUSTRIALIZAÇÃO, IMPERIALISMO E DESIGUALDADE, 1800 D.C.-2015 D.C. | 319

Assim como os trabalhadores homens, as mulheres também começaram a exigir o direito de votar. A "questão feminina" foi um problema internacional no final século XIX e no início do século XX, embora tivesse ênfases diferentes em diferentes partes do mundo. Reformistas indianos clamavam pelo fim do infanticídio feminino, da proibição do casamento de viúvas e da prática do *sati*, a autoimolação de uma viúva na pira funerária do marido; já os europeus trabalhavam pelos direitos de as mulheres poderem ser proprietárias e controlar seus próprios salários; e os reformistas dos Estados Unidos trabalhavam pela movimento de temperança e pelo maior acesso das mulheres à educação; enquanto os da América Latina buscavam melhorias das condições de trabalho e uma reestruturação dos Códigos Civis que restringiam a posse de terras e os direitos econômicos das mulheres. Na maior parte do mundo, os reformistas não contestavam as ideias sobre a centralidade do casamento e da maternidade para a vida da maioria das mulheres, mas usavam a própria noção de responsabilidade feminina pelo lar e pela família como razão para que as mulheres pudessem ter uma voz igual à dos homens e, normalmente, misturavam isso às ideias sobre o que poderia tornar sua nação mais forte. As mulheres, eles argumentavam, precisam votar para garantir o bem-estar de suas famílias e filhos e, além disso, elas se livrariam dos políticos corruptos da mesma forma que se livram da sujeira em suas casas. Uma canção sufragista japonesa do início do século XX convoca as mulheres, dizendo que elas deveriam "ser mães e irmãs sábias ao nosso povo e espalhar o amor das mulheres sobre toda a terra. Varramos a antiquíssima corrupção da política feita por homens e para os homens".

Os Grupos dedicados especificamente aos direitos políticos das mulheres começaram a se estabelecer em muitos países do mundo; eles organizaram assinatura de petições, campanhas de envio de cartas, manifestações, marchas e greves de fome, comunicando-se uns com os outros por meio de algo que se tornou um movimento feminista internacional. As sufragistas foram inicialmente ridicularizadas e atacadas fisicamente e, em muitos países, foram estabelecidos grupos antissufragistas cujas táticas caminhavam em paralelo àquelas dos grupos sufragistas; tais grupos incluíam mulheres e homens, pois, na história, as mulheres são o único grupo a se mobilizar tanto a favor quanto contra a sua própria emancipação. Os esforços das sufragistas – combinados com eventos internacionais, como a Primeira Guerra Mundial – foram finalmente bem-sucedidos e, então, os direitos de sufrágio foram gradualmente estendidos às mulheres ao longo do século XX.

IMAGEM 31. Uma mulher domina seu marido minúsculo (e bêbado) neste cartão-postal antissufragista da Inglaterra no início do século XX. As sufragistas e seus oponentes travaram suas batalhas em todos os meios disponíveis.

CAPÍTULO 5 – INDUSTRIALIZAÇÃO, IMPERIALISMO E DESIGUALDADE, 1800 D.C.-2015 D.C. | 321

Homens e mulheres se envolveram em movimentos por outros tipos de mudanças sociais liberais, juntamente com aqueles por melhores condições de trabalho e direitos políticos mais amplos, incluindo a reforma prisional, o movimento de temperança, a extensão do ensino público gratuito e a proteção dos animais. O movimento abolicionista – inspirado nos textos e discursos publicados por ex-escravos como Olaudah Equiano (1745-1797) e liderado por ativistas em igrejas cristãs e defensores dos direitos humanos – pedia pelo fim da escravidão e do tráfico de escravos. Os governos revolucionários da França e do Haiti proibiram a escravidão, apesar dos Estados Unidos não terem feito o mesmo. A Grã-Bretanha e os Estados Unidos proibiram o comércio transatlântico de escravos em 1807, mas a Grã-Bretanha só acabou com a escravidão de suas próprias colônias em 1833 e os EUA, em 1865, como resultado da Guerra Civil. As novas nações independentes estabelecidas na América Latina no início do século XIX proibiram a escravidão, assim como o fez a França em suas colônias em 1848 e, finalmente, Cuba e o Brasil na década de 1880.

No entanto, o fim da escravidão não causou mudanças dramáticas para a maioria das pessoas de ascendência africana nas Américas. Na América Latina e no Caribe, as hierarquias de múltiplas categorias raciais que se desenvolveu no período colonial ofereceu certa mobilidade social e econômica para as pessoas miscigenadas com pele mais clara. Aquelas com pele mais escura permaneceram na parte inferior da hierarquia. Os ex-escravos, assim como o povo indígena, geralmente tornaram-se meeiros, rendeiros ou trabalhadores nas minas e fábricas. Nos Estados Unidos, depois de um breve período após a Guerra Civil no qual os ex-escravos puderam votar e alguns poucos foram até eleitos, os sulistas brancos reafirmaram seu poder, passando as chamadas leis de Jim Crow para impedir o sufrágio aos negros por meio de testes de alfabetização, impostos independentes de renda (*poll tax*), restrições de propriedade e reforçando a rígida segregação racial nas escolas, na habitação, no emprego e em todos os outros aspectos da vida. A maioria dos ex-escravos tornaram-se meeiros, em terrenos de propriedade de brancos, pagando aos proprietários cerca de metade de sua safra anual em troca de sementes, mulas, uma cabana e ferramentas. Os empregados domésticos negros eram encontrados em muitas famílias brancas, mas, por outro lado, até mesmo os bordéis, as tabernas e as casas de banho deveriam ser racialmente segregadas. No sistema racial dicotômico desenvolvido nos Estados Unidos, a pessoa era negra até mesmo se tivesse uma pequena quantidade de "sangue negro", uma ideia reafirmada com uma vingança em 1896, no caso Plessy *vs.* Ferguson do Supremo Tribunal dos EUA, que confirmou uma ação decidida por um tribunal inferior, exigindo que um homem de Nova Orleans, que era um oitavo negro, tivesse que andar no vagão das pessoas "de cor". A doutrina do "separados, mas iguais" tornou a segregação racial legal e foi aplicada em todos os Estados do sul dos EUA; na realidade, as escolas e outros estabelecimentos segregados nunca foram iguais.

A segregação racial e a discriminação do final do século XIX e do século XX tiveram o apoio de novas ideias sobre as razões para as diferenças entre grupos de pessoas; acreditava-se que essas ideias tinham fundamento científico. Em seu livro *Sobre a origem das espécies por meio da Seleção Natural* (1859)*, o cientista britânico Charles Darwin propôs que toda a vida evoluiu a partir de uma origem comum pelo processo de seleção natural, por meio do qual pequenas diferenças acumuladas nos indivíduos de uma espécie lhes garantiam vantagens, permitindo que obtivessem mais alimentos ou melhores condições de vida. Essas vantagens lhes garantiam uma reprodução mais bem-sucedida e permitiam que eles passassem seu material genético para a próxima geração. Embora hoje a evolução por seleção natural seja um dos princípios fundamentais da biologia, essa ideia provocou uma furiosa controvérsia, porque Darwin incluiu os seres humanos em sua conceituação. O filósofo inglês Herbert Spencer (1820-1903) e outros aplicaram o pensamento evolutivo à sociedade humana, argumentando que a história se resumia à "sobrevivência do mais apto"; os fortes, assim, estavam destinados a triunfar e prosperar e os fracos, a serem conquistados ou permanecerem pobres. Esse "darwinismo social" – um termo inventado mais tarde por seus oponentes – foi construído em cima de ideias que já existiam sobre certas qualidades que seriam repassadas pelo sangue e sobre a superioridade étnica, ideias que estavam sendo reforçadas naquele exato momento com o crescimento do nacionalismo. A "sobrevivência do mais apto" foi aplicada a todos os tipos de diferença: nação, etnia, raça, sexo, classe. Cientistas europeus e americanos, médicos e acadêmicos de novas áreas, tais como a antropologia e a psicologia, procuravam comprovar essas diferenças medindo crânios, cérebros, ângulos faciais, altura da testa (a origem do intelectual dos termos *highbrow*, *middlebrow* e *lowbrow*)** e outras características, publi-

---

* Obra publicada pela Edipro: DARWIN, Charles. *A origem das espécies*. São Paulo: Edipro, 2018. (N.E.)

** Literalmente, testa alta, média e baixa, que passaram a significar culto, normal e inculto. (N.T.)

CAPÍTULO 5 – INDUSTRIALIZAÇÃO, IMPERIALISMO E DESIGUALDADE, 1800 D.C.-2015 D.C. | 323

cando seus achados em periódicos acadêmicos e profissionais e em livros e artigos para um público mais popular. Como já esperado, seus achados apoiavam a ideia de que os brancos eram mais inteligentes do que as outras raças, algo que o historiador e ativista negro dos EUA W. E. B. Dubois (1868-1963) chamou, em 1910, de a "nova religião do branqueamento". No entanto, a brancura era também segmentada por graus de aptidão; cientistas, pensadores e líderes políticos procuravam provar a existência de uma "raça nórdica" do norte da Europa, ou "raça ariana", superior aos europeus do Sul, identificando os judeus como uma "raça semita" separada e afirmando que os criminosos e os pobres eram anatomicamente diferentes.

Essas ideias levaram a apelos por mudanças políticas e sociais; nesta época, os grupos que pediam por mudanças incluíam muitos que desejavam menos igualdade, não mais. No oeste dos Estados Unidos, a hostilidade contra os trabalhadores chineses conduziu a motins e outros tipos de violência e de restrições à imigração por lugar de origem. Essas ações começaram com a Lei de Exclusão Chinesa de 1882, proibindo a entrada de trabalhadores chineses no país e proibindo aqueles que já viviam nos EUA de se tornarem cidadãos. O mundo estava dividido, como disse um senador dos EUA, entre os homens comedores de carne e os homens comedores de arroz, sendo que os homens comedores de carne precisavam proteger-se do que era comumente chamado em todo o mundo anglófono de "perigo amarelo". No leste dos Estados Unidos, a preocupação centrava-se nos imigrantes do Sul e do Leste europeu, muitas vezes católicos ou judeus, os quais foram descritos pelo Senador Henry Cabot Lodge, líder do Senado e amigo íntimo do Presidente Theodore Roosevelt, como "distantes de nós na raça e no sangue". (Por "nós" ele queria dizer os anglo-saxões, que também eram vistos como uma raça nessa época.) Em 1894, três recém-formados pela Universidade de Harvard estabeleceram a Liga de Restrição à Imigração, a qual defendia os testes de alfabetização como requisito para a imigração; os testes passaram a fazer parte de uma abrangente Lei de Imigração de 1917. A lei também bania "homossexuais, idiotas, débil mentais, criminosos, mendigos profissionais" e outros julgados "mental ou fisicamente defeituosos", além de qualquer imigração da "zona asiática de exclusão", que se estendia da Turquia até a Nova Guiné. A subsequente Lei de Imigração de 1924 não se desfez dessas proibições e procurou congelar a distribuição étnica existente por meio da introdução de cotas de nacionalidade definidas de acordo com o censo de 1890, isto é, antes de a maioria dos europeus do Leste e do Sul terem imigrado. As cotas nacionais continuaram sendo a base da política de imigração dos EUA até 1965. Na Austrália, que se tornou autônoma na década de 1850, a Lei de Imigração da Comunidade das Nações Britânicas de 1901 barrou totalmente a imigração de asiáticos e estabeleceu uma "política da Austrália branca", que permaneceu ativa até a década de 1970. Na década de 1920, foram tomadas medidas semelhantes na Nova Zelândia e no Canadá. Os governos dos países industrializados realizaram essas ações para garantir o livre fluxo de capital e produtos, proibindo, no entanto, o de pessoas.

No Brasil e em Cuba, surgiram leis para incentivar a imigração da Europa, não só para trazer mão de obra para os latifúndios e fábricas, mas explicitamente para "branquear" a população por meio de casamentos mistos com pessoas que já estavam no país. Em muitas partes do mundo, linhas de cores eram desenhadas nos territórios, distritos e vizinhanças para separar os brancos dos não brancos. Documentos foram criados (e eram requisitados) para identificar o local de nascimento, os pais e outras características pessoais, como parte da supervisão e administração cada vez maior da vida humana que o teórico social francês Michel Foucault chamou de "biopoder".

Para alguns, a "sobrevivência do mais apto" não deveria ser responsabilidade apenas da seleção natural ou das restrições imigratórias, mas deveria ser moldada pela reprodução seletiva intencional de certos tipos de pessoas e a prevenção da reprodução entre não aptos. Essa ideia foi promulgada no movimento de eugenia, que ganhou ampla aceitação em todo o mundo no primeiro terço do século XX, com apoio financeiro de governos, universidades, fundações fundadas por grandes industrialistas, como as Fundações Carnegie e Rockefeller, bem como grupos cívicos. Leis que ordenavam a esterilização de criminosos, das pessoas de "mente fraca" ou outros vistos como geneticamente indesejáveis foram aprovadas nos Estados Unidos, Canadá, Japão, Brasil e na maioria dos países da Europa e, assim, dezenas de milhares de pessoas foram esterilizadas. As certidões de casamento passaram a requerer certificação médica e às leis foram acrescentados termos sobre eugenia relativos a "integridade racial" e "higiene racial", no que diz respeito à proibição de casamento entre certos grupos. Também foram adotadas várias medidas positivas, incluindo pagamentos ou benefícios fiscais para os casais que tivessem o tipo adequado de crianças, além de concursos "*better baby*" (melhor bebê) e "*fitter family*" (família mais apta), que ofereciam prêmios para as crianças e famílias com certas características físicas e comportamentais. Tanto as medidas negativas quanto as positivas utilizadas em outros lugares foram adotadas pela Alemanha nazista e levadas a extremos conforme centenas de milhares de pessoas, vistas como sendo física ou mentalmente não aptas, eram esterilizadas à força ou simplesmente mortas, conforme experimentos eram realizados em crianças para testar as teorias genéticas, casamentos entre "arianos" e "não-arianos" eram declarados como "imundíce racial" (*Rassenschande*) e proibidos e, por fim, mulheres que tivessem muitas crianças "arianas" ganhavam prêmios. A eugenia foi desacreditada por sua associação com a ideologia racial nazista, mas, mesmo assim, os programas de esterilização obrigatória de indivíduos deficientes mentais continuaram a ser realizados pelo menos até a década de 1960 e talvez até mais tarde.

IMAGEM 32. Concurso *Better Baby*, patrocinado pela loja maçônica Kallpolis Grotto, Washington, DC, 1931. A legenda original do jornal dizia que uma equipe de 40 médicos e enfermeiras estavam "perante a tarefa estupenda de examinar 983 crianças entre as idades de 2 meses e 5 anos", e que "pelo menos 8 horas seriam necessárias para inspecionar todas as crianças".

Migração e crescimento populacional

A eugenia e outras ideologias raciais desenvolveram-se em um mundo em que não eram apenas os mais aptos que estavam sobrevivendo. Como espécie, os seres humanos mostravam-se como um incrível sucesso evolucionário, reproduzindo muito bem o seu material genético para a próxima geração. Apesar dos períodos de falta de alimentos, das guerras e epidemias, a partir de 1700 a população global começou a aumentar, e a crescer em velocidade acelerada após 1750. Sem imigrações significativas de outras partes do mundo, e apesar da emigração razoavelmente grande para as Américas, a população da Europa quase dobrou entre 1750 e 1850, passando de 140 milhões para aproximadamente 270 milhões; a população da Inglaterra triplicou. Um fator importante foram as medidas de saúde pública, especialmente os sistemas de água e esgoto, que causaram o abrandamento das doenças contagiosas e intestinais. As doenças contagiosas tendem a atacar crianças e lactantes de forma particularmente forte, assim, uma ligeira redução de sua ocorrência leva a uma diminuição da mortalidade infantil mais veloz do que a mortalidade de adultos, causando um efeito multiplicador, pois essas crianças que sobreviveram crescem para ter suas próprias crianças. A drenagem de pântanos e charcos – realizada para aumentar as terras agrícolas e não como uma medida de saúde pública – reduziu a população de mosquitos e moscas, diminuindo os surtos de malária e outras doenças transmitidas por insetos. As condições climáticas melhoraram ligeiramente após o resfriamento no século XVII, causando aumentos na produção de alimentos e um menor número de menos colheitas desastrosas. Os alimentos podiam agora ser transportados por canais e pelo sistema ferroviário, diminuindo as fomes localizadas. Os exércitos dos séculos XVIII e XIX estavam maiores, e suas armas, mais mortais, mas eles recebiam provisões e não precisavam se sustentar a partir da terra, então eles confiscavam menos alimentos e suprimentos que os exércitos de épocas passadas. Os demógrafos e historiadores debatem exatamente qual desses fatores foi o mais importante, mas não há nenhum debate sobre as tendências reais.

Na Europa, o declínio da taxa de mortalidade e o consequente crescimento populacional acompanhou a industrialização, algo que também aconteceu no Japão, onde a população aumentou de 33 milhões na época da restauração Meiji, em 1872 (mais ou menos a mesma população do Reino Unido na época e um pouco menos do que a população dos Estados Unidos ou da França), para 69 milhões, em 1935. Nessa altura, cerca de um terço dos japoneses vivia nas cidades, 6 milhões somente em Tóquio. A produção de arroz aumentou com o uso de novas variedades e técnicas; as medidas de saúde pública melhoraram o saneamento e o abastecimento de água. As ferrovias construídas na última parte do século XIX levavam

CAPÍTULO 5 – INDUSTRIALIZAÇÃO, IMPERIALISMO E DESIGUALDADE, 1800 D.C.-2015 D.C. | 327

o arroz e outros alimentos das áreas rurais para as cidades em crescimento, e os navios traziam comida do exterior.

Em outros lugares, o declínio da taxa de mortalidade ocorreu sem os altos níveis de industrialização. Na China, a população começou a crescer constantemente no século XVIII, também em parte por causa do aumento do fornecimento de alimentos causado pelas culturas do novo mundo – o milho e a batata-doce, por exemplo –, mas também por causa das medidas tomadas pelo governo Qing para melhorar as redes de transporte e distribuição de alimentos ou ajustar a tributação (paga em grãos) durante os períodos de escassez. A população chinesa é estimada em 150-200 milhões em 1700 e 400 milhões em 1900. Na Índia, a população cresceu de aproximadamente 100 milhões em 1700 para 300 milhões em 1900, auxiliada pelos sistemas de irrigação expandida e uma rede ferroviária que levava comida para as áreas afetadas pela fome.

Além de aumentar a população total, a diminuição da taxa de mortalidade teve outras consequências. Ela regularizou de forma gradual o processo da vida e, assim, a morte passou a estar associada ao envelhecimento, e não a algo que ocorria aleatoriamente. A mortalidade infantil decresceu lentamente, assim que os anos mais perigosos da vida – o período em que a maior percentagem da população morria – já não eram os primeiros cinco. Ainda mais dramática foi a diminuição da mortalidade entre as crianças mais velhas e os adolescentes. Em 1750, uma criança francesa de 10 anos tinha uma chance em quatro de morrer antes de sua mãe; já em 1850, esse valor declinou de forma significativa (e hoje é cerca de uma chance em sessenta).

A maioria dos líderes e formadores de opinião que estavam cientes do crescimento populacional de suas próprias nações nos séculos XVIII e XIX viram isso como um motivo de comemoração, pois acreditavam que um país forte deveria ter uma população grande. No entanto, alguns temiam que o crescimento da população poderia superar os excedentes. O estudioso Qing Hong Liangji (1746-1809) e o clérigo inglês e economista Thomas Malthus (1766-1834) alegavam que, enquanto a população aumentava geometricamente, o suprimento de alimentos aumentava em proporção aritmética e, dessa forma, a população sempre superaria a oferta de alimentos. Estudando a história e os modelos matemáticos, eles observaram que muitas vezes a fome, as doenças e as guerras serviam como fator de restrição para o crescimento da população. Eles se questionavam sobre o momento em que suas sociedades atingiriam o que os economistas posteriormente chamariam de "limite malthusiano" e entrariam em um colapso catastrófico, e também sugeriam medidas (a emigração, por exemplo) para protelar o acontecimento. Malthus também sugeriu que a restrição moral poderia diminuir a taxa de natalidade, o mesmo valia para aquilo que ele chamava de "vício", isto é, os métodos contraceptivos.

Para as famílias da classe trabalhadora, a baixa mortalidade infantil era tão feliz quanto onerosa, e, então, a demanda por contraceptivos aumentou no final do século XIX. No entanto, os mesmos líderes que descreveram a família como um refúgio privado viam o controle de natalidade como uma questão altamente pública, aprovando leis que proibiam a distribuição de dispositivos de controle de natalidade e prendendo aqueles que disseminavam informações sobre o controle, especialmente quando o controle se dirigia às mulheres da classe trabalhadora. As autoridades religiosas também fizeram pronunciamentos sobre a questão; o Papa Pio IX, por exemplo, declarou em 1869 que o feto adquire uma alma já na concepção, e não nos primeiros movimentos do feto, o que havia sido a opinião ocidental padrão até aquele momento. (Chamado de *quickening* em inglês, é o momento em que a mãe sente os primeiros movimentos do feto, geralmente no terceiro ou quarto mês; *quick* é uma antiga palavra inglesa que significa "vivo", como na frase *the quick and the dead* [os vivos e os mortos].) Quaisquer métodos contraceptivos seriam, então, vistos como aborto, considerando que até esse ponto a contracepção era vista apenas como um pecado menor. A taxa de natalidade realmente começou, durante a primeira metade do século XX, a cair ligeiramente nos países industrializados, mas as famílias não seriam menores até a década de 1960, quando o controle de natalidade tornou-se culturalmente aceito, mais confiável e mais disponível.

A outra opção sugerida por Malthus e Hong Liangji para a superpopulação – a saber, a migração – era uma solução muito mais comum do que a contracepção para as pressões populacionais, mas também para a pobreza, para a perseguição religiosa, a guerra, a agitação política, as tensões familiares e outros problemas que levavam as pessoas a deixarem seus países. Os migrantes eram atraídos para certas partes do mundo pela esperança de uma vida melhor, muitas vezes influenciados por agentes, corretores trabalhistas e propagandas que prometiam terra, salários mais altos ou riqueza fácil. A histeria causada pelos imigrantes no início do século XX foi alimentada pelo racismo, mas também pelo fato de que os navios a vapor haviam facilitado e tornado mais barata a migração de longa distância, movimentando milhões de pessoas.

No século antes da eclosão da Primeira Guerra Mundial em 1914, 50 a 60 milhões de europeus emigraram, a primeira década do século XX testemunhou o pico dessa emigração. Alguns desses emigrantes acabaram voltando para a Europa – não há estatísticas da migração de retorno, por isso é impossível saber quantos fizeram essa segunda viagem –, mas a maioria permaneceu no país emigrado. Mais da metade foi para os Estados Unidos, incluindo 4 milhões de irlandeses o que, juntamente com a fome da batata, fez que a população irlandesa fosse cortada pela metade. Dois milhões de britânicos e irlandeses foram para a Austrália e para a Nova Zelândia a partir de 1787, quando mil prisioneiros foram enviados para uma colônia penal estabelecida na Baía Botany (atual Sydney), pois após a Guerra de Independência Americana, o transporte de prisioneiros britânicos para a América do Norte deixou de ser viável. A Austrália tinha, então, uma população de 300 mil a 800 mil aborígenes, mas os britânicos simplesmente ignoraram o fato, declarando a terra como vaga. A população branca da Austrália – em sua maioria, na verdade, migrantes voluntários e não degredados – manteve-se pequena até a descoberta de ouro, em 1851, quando o país inchou; algumas pessoas vinham da Califórnia que, dois anos antes, tinha passado por uma corrida do ouro semelhante. A corrida do ouro também trouxe trabalhadores chineses, que, como nos EUA, construíram ferrovias, as quais transportavam os trabalhadores para dentro e as lãs e trigo das fazendas e ranchos australianos para fora. Também, assim como nos EUA, as hostilidades racistas aos asiáticos levaram a distúrbios e leis que limitavam cada vez mais a imigração asiática.

Muitos europeus do Sul mudaram-se para a América do Sul, onde passaram a formar a maioria da população em rápido crescimento de cidades como Buenos Aires e Rio de Janeiro. Eles trabalhavam 12 horas por dia na embalagem de carnes, no processamento de alimentos, na produção de lã e em outras indústrias que processavam a matéria-prima da América do Sul, mas suas chances de crescer eram maiores do que na Europa e, aos poucos, passaram a dominar certas indústrias e a ascender socialmente para a classe média. Em contraste com os imigrantes europeus para a América do Norte, que geralmente eram formados por grupos familiares, a maioria dos imigrantes europeus para a América Latina e o Caribe eram de homens jovens e solteiros. Eles se casavam com mulheres nativas, de ascendência africana ou mestiças, aumentando ainda mais a mistura étnica e cultural. Esse padrão agora pode ser rastreado pelas evidências genéticas. No Brasil, por exemplo, cerca de 75 % a 80 % do patrimônio genético no início do século XX vinha da Europa, cerca de 15 %, da África e aproximadamente 10 % era indígena, sendo que a maioria das pessoas são uma mistura de todas essas origens, independentemente do que diga a classificação nacional do recenseamento ou a aparência externa; quase todo o material genético africano e indígena tem origem materna. Essa mistura refletiu-se nas novas formas musicais, que misturavam tradições africanas e europeias, incluindo o tango, na Argentina, e o samba, no Brasil, que, em seguida, foram levados para todo o mundo por novas imigrações ou por bandas e cantores itinerantes que entretinham clubes e salões de baile. Em parte para contrariar as ideias eugenistas sobre "higiene racial" que começavam a ganhar fãs no Brasil, o sociólogo brasileiro Gilberto Freyre (1900-1987) desenvolveu a ideia de que a mistura deu ao Brasil uma vantagem econômica e cultural. Essa ideia foi mais tarde estendida a Portugal e a todas as suas colônias em uma ideologia conhecida como lusotropicalismo, embora Freyre tenha sido criticado por ignorar as hierarquias raciais e sociais que eram muito reais no Brasil, criando o mito da harmonia racial e democracia.

Os asiáticos também migraram em números sem precedentes no século XIX e início do século XX. Os chineses já haviam há tempos emigrado das regiões costeiras do sul para o sudeste da Ásia, onde estabeleceram comunidades mercantis, às vezes, casando-se com mulheres locais em casamentos temporários de longo prazo e às vezes formando territórios étnicos isolados. Quando essas áreas passaram a ser parte das colônias imperiais da Europa, houve um aumento da imigração chinesa, que incluía desde comerciantes ricos que abriram minas de estanho até trabalhadores sem um tostão que trabalhavam nelas, ou nos latifúndios de açúcar, tabaco, cacau, arroz, chá e de borracha, juntamente com a população local. Os contratantes viajavam até a China para recrutar trabalhadores para as minas e plantações de outros lugares também, incluindo o Havaí, a África do Sul, o Brasil e o Caribe, onde o fim do comércio de escravos havia criado uma escassez de mão de obra. A maioria deles realizava trabalhos forçados; eram contratados por cinco ou oito anos, recebiam quase nada, eram mal alimentados e colocados em celas quando tentavam fugir. Os japoneses migraram para o Havaí, a Califórnia, o Peru e o Brasil para trabalhar nos latifúndios e nas fazendas de legumes e hortaliças. Os EUA

IMAGEM 33. Indianos chegam em Port of Spain, Trinidad, em 1891, para realizar trabalhos forçados nas lavouras. Mais de 130 mil imigrantes foram da Índia para Trinidad entre 1845 e o fim oficial do sistema de contrato de trabalho, em 1917; muitos deles ficaram lá.

proibiram novas imigrações japonesas em 1924, um movimento que os políticos brasileiros também defendiam, pois os japoneses e outros asiáticos não se encaixavam em sua política de branqueamento racial. Também foram recrutados trabalhadores forçados na Índia, e centenas de milhares migraram para as Ilhas Maurício do Oceano Índico, para o sul e leste da África, Malásia, Fiji, Guiana inglesa (agora Guiana) e a Guiana holandesa (atual Suriname), no norte da América do Sul, e para o Caribe, especialmente Trinidad; eles trabalharam nos latifúndios, construíram ferrovias e abriram lojas. Alguns indianos voltaram para casa, mas muitos ficaram e, assim, o comércio, os negócios e as redes sociais se expandiram com base em laços de família e castas ao redor do mundo em uma diáspora global. A primeira onda de migrantes indianos era frequentemente formada por homens jovens e solteiros, mas eles tendiam a fazer arranjos para que lhes fossem enviadas mulheres indianas para casar, em vez de se casar com as

O NOVO IMPERIALISMO

mulheres locais. Hoje, as pessoas de ascendência indiana ou mista perfazem pelo menos metade da população em Fiji, nas Ilhas Maurício, em Trinidad, na Guiana e no Suriname, e são minorias significativas no Quênia, na África do Sul, em Myanmar, na Malásia e em Singapura.

O NOVO IMPERIALISMO

Os padrões de migração e sistemas sociais do século XIX e início do século XX foram moldados pelo aumento da população e pelas ideologias raciais, bem como pelo estabelecimento de impérios europeus globais, os quais se tornaram possíveis, como afirmou Nehru, por meio das tecnologias industriais. Geralmente, cresciam a partir de impérios comerciais informais comandados por empresas (ou começavam a existir dessa forma) e, em seguida, tornavam-se impérios políticos formais dirigidos por servidores civis ou militares. As estruturas sociais desses impérios eram diferentes das estruturas dos impérios do início do período moderno: gradualmente mais mulheres se juntavam a seus maridos e pais, e as relações sexuais envolvendo homens europeus e mulheres locais não eram mais vistas como matrimônio ou outros tipos reconhecidos de relacionamento, mas eram geralmente vistas como prostituição. As famílias europeias tentaram recriar a vida "em casa" tanto quanto possível, comendo alimentos industrializados importados e vestindo roupas ditadas por normas e climas europeus. Dentre as famílias europeias estavam as famílias dos missionários cristãos, mas agora podiam ser tanto protestantes quanto católicas, que tentavam modelar uma vida familiar adequada, bem como converter e "civilizar" o povo em seu entorno.

O poder imperial estava explícita e implicitamente ligado às construções culturais de masculinidade e feminilidade para colonizadores e colonizados. Os servidores, comerciantes e missionários europeus (e, mais tarde, os americanos) costumavam ver as vestimentas menos restritas das mulheres em áreas tropicais como um sinal de frouxidão sexual; para os homens, a falta de barba e calças, como um sinal de efeminação; e qualquer padrão conjugal além da monogamia permanente, como um sinal de inferioridade. Eles tentaram impor seus próprios pontos de vista sobre as relações de gênero adequadas em suas distantes colônias, abrindo escolas para ensinar valores ocidentais e usando os impostos, as autorizações e os documentos de registro para impor as estruturas familiares ocidentais.

No sul da Ásia, os governadores regionais extremamente independentes e os inimigos externos enfraqueceram o império Mugal no século XVIII e a

Companhia Britânica das Índias Orientais (EIC, na sigla em inglês) passou a governar cada vez mais territórios em aliança com os príncipes locais. A EIC exportava algodão indiano aos montes, mas havia pouca demanda para esse produto na China, ou para qualquer outra coisa levada pela EIC que não fosse a prata. Isso tudo mudou quando os comerciantes ingleses começaram a contrabandear grandes quantidades de ópio cultivado na Índia para a China. Quando, em 1839, o governo chinês tentou acabar com a importação de ópio para travar a propagação do vício, os britânicos responderam com violência e navios de guerra, eles tomaram as principais cidades costeiras e forçaram os chineses a concordar em abrir as portas para o comércio europeu (incluindo o ópio). Isso ainda não foi suficiente para resolver a crescente dependência europeia do chá naquele período da industrialização. A EIC mandou um botânico para a China, ele roubou plantas de chá e as técnicas de seu processamento. A plantação de folhas de chá foi introduzida no Ceilão britânico, na Java holandesa e em Assam, uma região florestal pouco povoada no nordeste da Índia. Os agricultores europeus que prometeram cultivar chá receberam terras para plantar, e a população indígena foi forçada a sair da região ou a trabalhar nas plantações europeias por meio de métodos semelhantes aos usados nos Estados Unidos e no México, incluindo a força militar, a dívida como instrumento de servidão e a criminalização da caça e da coleta.

Embora o governo britânico tenha regularmente apoiado a EIC, ele também começou a ver gradativamente que a empresa era corrupta e, em 1857, decidiu governar a Índia diretamente pelo serviço civil, transformando o império informal em um império formal. Os escalões superiores do serviço civil eram compostos por brancos que criaram um estilo de vida mais luxuoso do que teria sido possível na Inglaterra, possuíam cozinheiros, motoristas, jardineiros e empregadas em vez de, como era comum para a maioria das famílias de classe média, terem apenas uma única servente. Porque havia apenas alguns milhares para governar uma população de muitas centenas de milhões, os ingleses dependiam dos servidores e burocratas indianos. Missionários e reformistas sociais abriram milhares de escolas de ensino da língua inglesa, onde os hindus de alta-casta e os muçulmanos ricos estudavam a partir de currículos ocidentais; muitos frequentaram faculdades e universidades para estudar Direito e outros temas avançados. Os britânicos construíram ferrovias e sistemas de irrigação para ajudar a agricultura a se expandir, particularmente as monoculturas latifundiárias de cultivos como o café, o açúcar, o algodão, o chá e o ópio.

Na última metade do século XIX, os britânicos expandiram seu território e a ele incluíram Myanmar, a Malásia e partes de Bornéu; o trabalho de servidão contratada (*indenture*) era realizado por indianos e chineses que colhiam a madeira, trabalhavam nas minas de estanho e plantavam borracha e arroz. Ao mesmo tempo os franceses tomaram o Vietnã e, em seguida, Laos e o Camboja, formando a Indochina francesa em 1887, enquanto o governo holandês assumia o controle direto em Java e em outras ilhas da Companhia Holandesa das Índias Orientais; o Sião foi o único Estado do sudeste da Ásia que permaneceu independente. Os regimes coloniais geralmente precisavam de uma população rural que não pudesse pagar impostos e se visse obrigada a trabalhar nas plantações ou em minas, ou comprar certos itens dos monopólios do governo. No Vietnã, por exemplo, as autoridades francesas precisavam que todas as aldeias comprassem uma quantidade designada de ópio e álcool das autoridades governamentais, ação que promoveu o aumento do vício em ópio e o alcoolismo.

O imperialismo seguiu um caminho diferente na África. O comércio transatlântico de escravos declinou lentamente no início da década de 1830 e começaram a surgir em Serra Leoa e na Libéria pequenos povoados de escravos libertos vindos de colônias britânicas e dos EUA. As colônias europeias tomaram pequenas áreas ao longo da costa, pois a malária e outras doenças matavam os europeus que se aventuravam ao interior do continente. Em busca de um bom produto de exportação para substituir os escravos, a Inglaterra, os EUA e os comerciantes locais estabeleceram latifúndios de dendezeiros* na África Ocidental, onde os trabalhadores colhiam o óleo de palma para a lubrificação de máquinas e para a fabricação de cosméticos e sabão. (A marca Palmolive é um vestígio desse uso, embora sabões e detergentes sejam atualmente fabricados com produtos petrolíferos.) Esses latifúndios, em vez de acabarem com a escravidão, a encorajaram, pois os caudilhos locais continuaram fazendo incursões por escravos, mas agora enviavam os homens que haviam capturado para trabalhar nas plantações, minerar ouro e transportar mercadorias localmente (e não mais na América), enquanto as mulheres eram retidas como trabalhadoras e esposas secundárias, isto é, nada mudou para elas.

---

*   *Elaeis guineensis*, também conhecida como palmeira-de-dendê, palmeira de óleo africana, palma de guiné, palma etc. (N.T.)

CAPÍTULO 5 – INDUSTRIALIZAÇÃO, IMPERIALISMO E DESIGUALDADE, 1800 D.C.-2015 D.C. | 335

Alguns desses latifúndios situavam-se em Estados como Sokoto (parte da atual Nigéria), nos quais os líderes religiosos muçulmanos e carismáticos haviam atraído recentemente um grande número de seguidores ao clamar por um islã mais puro, livre das práticas animistas e costumes locais. Um islamismo mais ortodoxo, incluindo o culto regular e o véu das mulheres, foi se tornando uma força cultural vital, mas isso também contribuiu para a continuidade da escravidão, pois o islã permitia a escravidão de não muçulmanos. A escravidão foi mantida no leste da África, enquanto os árabes construíam uma rede comercial centralizada na ilha de Zanzibar, transportando através do Oceano Índico escravos, marfim e outros produtos naturais extraídos do interior do leste da África.

Esses padrões mudaram abrupta e drasticamente no período que vai de 1880 até 1914, momento em que Grã-Bretanha, França, Alemanha, Bélgica, Espanha e Itália corriam para pegar, segundo as palavras do rei Leopoldo II da Bélgica, "um pedaço desse magnífico bolo africano". Os exércitos europeus expandiam-se insistentemente para o interior africano e, em 1914, controlavam o continente, exceto a Etiópia e a Libéria. Tal como as causas da Revolução Industrial, as causas desse novo imperialismo entrecruzavam-se, e muitas delas estavam diretamente relacionadas à industrialização. As empresas europeias buscavam acesso direto às matérias-primas e aos produtos agrícolas, pois não desejavam lidar com os intermediários africanos. Assim que uma nação começava a tomar um território, as outras, preocupadas com a imposição de barreiras tarifárias e a diminuição das oportunidades futuras, também tomava seus próprios territórios. As armas produzidas de forma industrial – especialmente a arma conhecida como "Gatling gun", uma metralhadora baseada em um sistema de manivelas que conseguia lançar 1.000 balas por minuto e a "Maxim gun", uma metralhadora automática que utilizava a energia de recuo da arma – permitiram o abate fácil e a derrota de pessoas armadas com lanças, espadas ou, na melhor das hipóteses, fuzis. No poema "The Modern Traveller" [Viajante Moderno], Hilaire Belloc (1870-1953), escritor anglo-francês, soldado e historiador, utiliza a voz do sangue e diz: "Seja lá o que aconteça, temos / a Maxim gun e eles não" [em tradução literal]. O recém-descoberto quinino mostrou-se eficaz para o controle da malária, e os navios a vapor e, logo em seguida, as ferrovias permitiram que remédios, recursos humanos, armas e suprimentos fossem rapidamente entregues. Para não desperdiçar recursos humanos em guerras, os agentes dos governos europeus preferiam adquirir terras por meios pacíficos, tais como tratados e subornos, mas os líderes africanos sabiam que qualquer resistência teria a força como resposta.

336 | HISTÓRIA CONCISA DO MUNDO

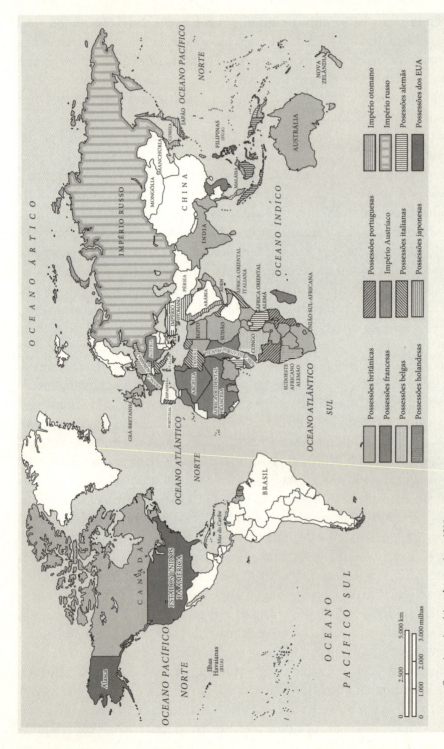

MAPA 13. Os maiores impérios ultramarinos, 1914.

CAPÍTULO 5 – INDUSTRIALIZAÇÃO, IMPERIALISMO E DESIGUALDADE, 1800 D.C.-2015 D.C. | 337

Apesar disso, a resistência política e militar atenuou o processo de conquista; a resistência era às vezes comandada por líderes religiosos muçulmanos ou animistas em Sokoto, no império Ashante (atual Gana), entre os mandingas do Sudão ocidental e os shona e ndebele no sul da África.

Tanto as ideias quanto as tecnologias desempenharam um papel importante no imperialismo. Em uma atmosfera de rivalidade nacionalista e "sobrevivência do mais apto", nenhuma nação queria parecer fraca ou pouco viril. Os jornalistas e líderes políticos levantavam maior apoio popular para as conquistas, argumentando que as colônias beneficiavam tanto as populações locais, quanto os latifúndios europeus e os donos de minas. Os missionários cristãos publicaram relatos sobre os horrores do comércio de escravos e, então, europeus e americanos passaram a acreditar que tinham uma missão sagrada de levar "o comércio, o cristianismo e a civilização", nas palavras do missionário, médico e explorador escocês David Livingstone, até os "confins mais escuros da África". O poeta e oficial inglês Rudyard Kipling chamou isso de "o fardo do homem branco", uma frase que mais tarde foi usada para vender o sabão da marca Pears, que, em suas propagandas, via-se como "um elemento poderoso para iluminar os cantos mais escuros da terra à medida que a civilização avança". Havia críticos do imperialismo na Europa e nos EUA, mas eles eram poucos.

Esse novo imperialismo causou mudanças drásticas à África. As autoridades governamentais e as empresas privadas usaram a violência para se apropriar de terras, manter o controle e forçar os africanos a trabalhar longas horas em empregos exigentes e perigosos. As potências europeias estabeleceram um forte controle autoritário em nome do "bom governo", montando exércitos e forças policiais de africanos para proteger a propriedade e sufocar revoltas e instituindo burocracias para a cobrança de impostos. No início do século XX, eles construíram ferrovias para levar matérias-primas do interior até os portos e, depois, estradas para os caminhões. A escravidão acabou lentamente, substituída em muitos lugares por um sistema de trabalho forçado, em que os africanos trabalhavam por salários ou trocavam seu trabalho diretamente por mercadorias ou para pagar os impostos. A agricultura comercial de exportação e a mineração empregavam muito mais homens que mulheres e, ao mesmo tempo, os homens deixaram suas aldeias por anos para plantar cacau, trabalhar nas minas de diamantes ou ouro, ou construir estradas de ferro, deixando o trabalho de agricultura de subsistência para as mulheres; esse padrão de trabalho separado por gênero assemelhava-se ao que ocorria na América Latina. Em locais de clima mais ameno – na África Oriental Britânica (o atual Quênia) e na África do Sul, por exemplo – os colonos da Europa e da Índia imigraram em grandes números e passaram a formar a maior parte da classe profissional e mercantil urbana. Em outros lugares, tais como a Costa do Ouro (atual Gana), a imigração foi menor e, assim, uma elite africana ocidentalizada de advogados, empresários, funcionários públicos e profissionais educados em escolas missionárias e, às vezes, universidades europeias obtiveram certo controle sobre os recursos econômicos. Assim como no sul da Ásia, o poder imperial foi mantido pelo oferecimento de privilégios especiais a alguns indivíduos e grupos da população subordinada, convencendo-os de que o novo sistema era bom ou preferível, um sistema chamado de hegemonia.

Embora os EUA e o Japão tenham adquirido territórios ultramarinos e seus formadores de opinião tenham afirmado que a expansão era essencial para que uma nação fosse forte e viril, o novo imperialismo do final do século XIX e início do século XX foi um empreendimento essencialmente europeu. Os colonos americanos liderados por plantadores de açúcar junto com os soldados dos EUA derrubaram a rainha governante do Havaí em 1893 e as ilhas foram anexadas aos EUA como um território. Na guerra hispano-americana (1898-1902), os EUA cooptaram revoluções contra o domínio espanhol em Cuba e nas Filipinas, transformando essas áreas, bem como Guam e Porto Rico, em colônias formais ou colônias efetivas. Com sucesso, o Japão lutou contra a China para poder obter influência na Coreia e em Taiwan; em 1910 assumiu as duas nações como colônias definitivas. A oposição ao governo japonês e as tentativas de assimilação cultural na Coreia assumiram formas extremamente diferentes, incluindo manifestações políticas, conversão ao cristianismo e o crescimento de um forte nacionalismo étnico ressaltando a pureza da "raça" ou a linhagem coreana (*minjok*, em coreano).

Guerra total e cultura moderna

O nacionalismo levou os países europeus a uma corrida frenética para fincar suas bandeiras no maior número possível de áreas do globo e também levou a uma guerra de alcance nunca visto antes; fatos que fortaleceram o nacionalismo anti-imperialismo ao redor do mundo, mas também estimularam a criação de regimes autoritários que buscavam criar tipos completamente novos de sociedades. A Primeira Guerra Mundial (1914-1918) foi provocada por nacionalistas na península balcânica que almejavam criar seus próprios países a partir dos impérios multiétnicos austro-húngaro e otomano, assim, a primeira guerra foi precedida pelas guerras dos Balcãs. Após um certo tempo, ela acabou colocando os países europeus (a maioria deles, incluindo a Rússia) uns contra os outros em uma guerra gigantescamente destrutiva. A propaganda nacionalista incentivava os jovens a se alistar e provocava maior apoio ao retratar o início da guerra como um grande momento heroico em que "o brilho da espada desembainhada" faria que os homens deixassem de lado seu "desejo por indulgência e sensibilidade miserável". Ambos os lados levaram enormes exércitos que lutaram nas trincheiras ou em campos de batalha; milhões foram mortos, feridos ou feitos prisioneiros. Suas armas e suprimentos incluíam todos os produtos mais recentes da indústria: artilharia pesada, gigantescos navios de guerra, gás venenoso, comida enlatada, uniformes produzidos em massa e borracha sintética. O poeta britânico Wilfred Owen, que foi morto em batalha uma semana antes do fim da guerra, capturou os efeitos do gás sobre um soldado que não conseguiu vestir sua máscara de gás a tempo: "Turvo, os vidros enevoados e o espesso brilho verde, / sob um mar verde, eu o vi se afogando / ...os olhos brancos, contorcendo-se em seu rosto, / ...o sangue vem em gargarejos dos pulmões corroídos pela espuma". As nações mobilizaram suas populações para que fizessem parte do esforço de guerra, racionando alimentos e outros bens, organizando a produção, alocando a mão de obra, estabelecendo taxas salariais por hora de trabalho (ou por unidade de produção) e encorajando as mulheres – com, por exemplo, creches para as crianças – a participarem da força de trabalho remunerado. Mais de 1 milhão de soldados conscritos ou recrutas das colônias lutaram na Europa e nas colônias europeias ao redor do mundo, muitas vezes com êxito, destruindo a impressão de que os europeus eram de alguma forma superiores e criando ressentimentos pelas dezenas de milhares de vidas desperdiçadas.

Após três anos de morticínio na frente oriental, uma revolução de soldados, camponeses e moradores das cidades derrubou o governo czarista da Rússia em 1917, e, na desordem que se seguiu, os bolcheviques comunistas sob a liderança de Vladimir Lenin (1870-1924) tomaram o poder. Após renomear sua nação, que agora passava a se chamar União das Repúblicas Socialistas Soviéticas, Lênin e outros líderes do partido comunista afirmaram que o imperialismo era o resultado direto do capitalismo industrial e que a revolução comunista daria um fim à exploração colonial, uma ideia que se mostrou bastante atraente em todo o mundo, mas também provocou períodos de repressão anticomunista, as "Red Scares" [Ameaça Vermelha], do governo contra os líderes trabalhistas, os imigrantes e os defensores dos direitos civis.

Os Estados Unidos entraram na guerra pouco antes da Rússia tê-la deixado, fato que desequilibrou o poder a favor dos aliados. O Tratado de Versalhes, negociado em Paris em 1919, declarou a Alemanha e a Áustria responsáveis pela guerra e exigiu que elas pagassem indenizações e, além disso, as colônias alemãs foram transferidas para a França, a Grã-Bretanha e o Japão (aliado da Grã-Bretanha), negando, assim, um império para a Alemanha. Os impérios austro-húngaro e otomano foram dissolvidos e a Liga das Nações foi estabelecida como uma tentativa de prevenir futuras guerras, apesar de os EUA terem se recusado a juntar-se e recuado para o isolacionismo político formal. A Primeira Guerra Mundial possibilitou que os EUA passassem à frente da Europa em termos econômicos, e em 1919 o país já produzia 42 % da produção mundial, mais do que toda a Europa combinada.

A Grã-Bretanha e a França haviam feito promessas vagas sobre autonomia, independência, terras e empregos para conseguirem apoio bélico de seus súditos coloniais, mas na Conferência de Paz de Paris não quiseram nem mesmo ouvir as propostas relacionadas à autodeterminação nacional de certos indivíduos, como, por exemplo, o líder vietnamita que mais tarde adotaria o nome de Ho Chi Minh (1890-1969) (isto é, aquele que ilumina). Os aliados vitoriosos formaram nações independentes a partir dos territórios dos impérios austro-húngaro e otomano na Europa, mas se recusaram a estender a cortesia à Ásia ou à África, pois os definiam como "povos incapazes de governar a si próprios". Em vez disso, o "bem-estar e desenvolvimento desses povos" seria assegurado pelas "nações desenvolvidas" até algum ponto futuro não especificado. Desiludido com a democracia, Ho tornou-se um dos fundadores do Partido Comunista Francês e do Partido Comunista da Indochina.

No antigo império otomano, a França governou o Líbano e a Síria sob um sistema de mandato; a Grã-Bretanha governou a Jordânia, o Iraque e a Palestina, onde ela havia prometido estabelecer uma pátria nacional judaica. Muitos judeus europeus migraram para a Palestina. Os árabes foram gradualmente ganhando controle sobre os assuntos políticos internos, mas as potências ocidentais mantiveram o controle de grande parte da economia, incluindo os recém-descobertos campos de petróleo. Os europeus também ocuparam partes da Turquia, mas uma revolução

CAPÍTULO 5 – INDUSTRIALIZAÇÃO, IMPERIALISMO E DESIGUALDADE, 1800 D.C.-2015 D.C. | 341

liderada por Mustafa Kemal (1881-1938) os colocou para fora, depôs o sultão otomano e um estado secular, no qual os códigos de leis, influenciados pelos modelos ocidentais, substituíram a Lei islâmica (incluindo a Lei sobre matrimônios) e, além disso, a taxa de alfabetização, que agora utilizava um novo alfabeto turco, e não mais o árabe, aumentou após o estabelecimento de escolas seculares. Assim como no Japão da restauração Meiji, as vestimentas foram ocidentalizadas, os servidores do governo foram obrigados a usar ternos e as mulheres, a aparecer em público sem os seus véus. A Arábia caminhou na direção contrária no momento em que o poderoso líder tribal Abdul Aziz Ibn Saud (1902-1969), cujas forças estavam conquistando a Península arábica, aceitou a versão puritana e antiocidental do islã conhecida como wahabismo. As autoridades sauditas aplicaram de forma estrita leis que viam como uma versão não corrompida do islã, proibindo o álcool, o tabaco, e as mulheres de aparecerem em público sem o véu ou desacompanhadas de um homem, mas aceitaram certas inovações matrimoniais, especialmente úteis para a família real e seus aliados depois da descoberta, em 1935, das reservas de petróleo mais ricas do mundo na Arábia Saudita.

No sul e no sudeste da Ásia, as elites educadas exigiam cada vez mais a autonomia alegada pelos nacionalistas na Europa, juntamente com os direitos políticos que os homens da classe operária tinham ganho por meio do ativismo sindical. Mohandas Gandhi (1869-1948) foi uma dessas pessoas, ele estudou Direito na Inglaterra, liderou uma campanha pelos direitos dos imigrantes indianos em Natal, na África do Sul, e em seguida, em 1920, lançou uma campanha não violenta contra o domínio britânico na Índia que, entre outras coisas, estimulava as pessoas a fiar e tecer suas próprias roupas e a não comprar os produtos britânicos importados. O movimento nacionalista de independência tornou-se um movimento de massas, apoiado por pessoas de todas as castas, bem como pelos proscritos "intocáveis", que foram bem recebidos por Gandhi. Gandhi e outros líderes, incluindo Nehru, foram detidos e encarcerados múltiplas vezes nas décadas de 1920, 1930 e durante grande parte da Segunda Guerra Mundial por conspiração e por fomentar a rebelião, mas, por fim, os ingleses começaram a negociar. Na Indochina francesa, as autoridades coloniais reprimiram todos os grupos nacionalistas na década de 1930 e só os comunistas mantiveram-se ativos. No Vietnã, a luta foi contra os franceses, contra os ocupantes japoneses durante a Segunda Guerra Mundial e, finalmente, contra os EUA; as pessoas viam-se refletidas em poemas, canções, discursos e imagens das longas tradições de resistência vietnamita aos conquistadores estrangeiros. Nas Índias Orientais Holandesas, os líderes nacionalistas tentaram libertar-se do controle holandês, transformando o idioma malaio, que havia sido uma língua de comércio em grande parte dessa enorme área culturalmente diversificada, em uma língua nacional unificadora, que eles chamaram de indonésio. Alguns adotaram um ramo mais conservador do islamismo e queriam livrar a Indonésia de qualquer coisa que fosse anti-islâmica, fossem as tradições ocidentais ou as locais pré-muçulmanas, enquanto outros adotaram ideias marxistas, ou misturaram tudo isso a um distinto nacionalismo indonésio.

A Primeira Guerra Mundial provocou o nacionalismo cultural e político nas áreas coloniais e, no Ocidente, levou a mudanças dramáticas. Os jovens passaram a rejeitar algo que viam como os valores de uma geração mais velha que havia levado à carnificina sem precedentes da guerra industrial. Eles ouviam novos tipos de música, incluindo o jazz, fosse ao vivo ou em fonógrafos a corda, usavam roupas menos moderadas e, nos cinemas nas cidades, assistiam a filmes com estrelas internacionalmente conhecidas, como Charlie Chaplin ou Rudolph Valentino. Rejeitavam até mesmo a noção de seus pais sobre o tipo ideal de corpo; riqueza e proeminência social seriam agora exibidos por meio de um corpo delgado, e não mais pela figura volumosa de antes da guerra, os "homens de substância". As bicicletas permitiram que os jovens, incluindo as mulheres, saíssem sem a supervisão parental e, em meio aos mais ricos, os automóveis aumentaram ainda mais a mobilidade para o trabalho e o lazer. Escritores e artistas criativos passaram a rejeitar as antigas formas e valores em favor de outras feitas para chocar, desafiar e talvez fomentar uma mudança social radical, mas também para despir as coisas de seus excessos, um movimento que veio a ser chamado de "modernismo". A arquitetura e o mobiliário modernos usavam linhas retas, sem quaisquer ornamentações; a arte, a música e a literatura modernas buscavam expressar ansiedade, multiplicidade, ironia e dissonância em vez de heroísmo, glória, harmonia e unidade, uma vez que estas últimas pareciam absurdas. A arte, em particular, costumava incorporar a crescente familiaridade europeia com a arte não ocidental, conforme os artistas viajavam pelos impérios coloniais ou objetos eram levados aos museus europeus para serem exibidos. Em Paris, por exemplo, o artista espanhol Pablo Picasso (1881-1973), para criar as formas com cubistas de linhas em ziguezague e planos sobrepostos em ângulos, usou como referência as formas com que as máscaras africanas retratavam rostos. Artistas e escritores também foram influenciados pelas ideias de Sigmund Freud (1856-1939) – médico neurologista austríaco e inventor da psicanálise; ele afirmava que o comportamento humano é guiado em parte pela razão, mas também por poderosos desejos subconscientes, tais como a agressão e a busca pelo prazer, que são reprimidos pelas pessoas a fim de poderem viver pacificamente em sociedade.

IMAGEM 34. Cartaz da empresa francesa de bicicletas Dion-Bouton, 1921. As propagandas de bicicletas, carros e outros bens de consumo na década de 1920 costumavam mostrar jovens em roupas modernas e enfatizavam a mobilidade e a liberdade.

As ideias de Freud eram uma parte importante do que os historiadores têm chamado de sexualidade "moderna", isto é, a sexualidade ocidental moderna. Os desejos sexuais e as atividades que desviavam da norma esperada eram cada vez mais vistos não como um pecado, mas como uma "degeneração" ou como uma "perversão" que deveria ser corrigida ou impedida por profissionais com formação científica, especialmente por médicos. Os observadores do período usavam com frequência metáforas industriais ou mecânicas quando falavam sobre sexo. Descreviam os desejos sexuais como algo que emerge no corpo da mesma forma que o vapor pelos motores ou da água que atravessava a tubulação em um "modelo hidráulico" do sexo. Os líderes ocidentais buscavam promover uma sociedade saudável, como forma de construir sua força nacional, e qualquer coisa que se afastava disso virava uma questão de preocupação oficial e, muitas vezes, pública. Robert Baden-Powell (1857-1941), oficial do exército britânico que serviu na África e na Índia, foi fundador dos escoteiros em 1908, explicitamente para ensinar a meninos britânicos aquilo que ele considerava como virtudes viris corretas e para afastá-los da masturbação, da efeminação, da fraqueza física e da homossexualidade, que ele via como especialmente prevalentes entre os súditos homens não brancos do império britânico e os ingleses que viviam nas cidades. Foram realizados esforços para "curar" a homossexualidade e outros tipos "desviantes" de comportamento sexual das pessoas por meio de drogas, cirurgias ou tratamentos psicológicos. Ao mesmo tempo, no entanto, o desejo homossexual tornou-se algo que unia os indivíduos em subculturas e comunidades homossexuais, uma questão de identidade, não simplesmente de ações. A "heterossexualidade" também se tornou uma identidade, e a ideia de que as pessoas possuíam uma "orientação sexual" permanente tornou-se, por fim, parte central das noções ocidentais modernas sobre o "self".

As experimentações da década de 1920 também incluem a especulação financeira. Banqueiros, investidores e até mesmo as pessoas com recursos modestos compravam ações com dinheiro emprestado, criando uma bolha especulativa e, em 1929, a quebra (*crash*) do mercado de ações de Nova York, que desencadeou uma crise financeira global, a qual levou ao declínio da produtividade, à queda dos negócios, ao desemprego em massa e a uma longa e severa depressão econômica. A grande depressão despedaçou a frágil estabilidade política da Europa e, em muitos lugares, deixou as pessoas dispostas a confiar em líderes autoritários. Eles surgiram na Alemanha, na Itália, na Espanha, em Portugal, na União Soviética, em grande parte da Europa Oriental, na América Latina e no Japão, convertendo-se, em muitos lugares, em regimes totalitários que reivindicavam a propriedade completa sobre a vida de seus cidadãos e exigia o apoio popular para seus objetivos ambiciosos, os quais seriam atingidos, assim esperavam, apenas pela guerra.

Na União Soviética, Joseph Stalin (1879-1953) triunfou após uma luta de poder intensa durante a década de 1920 e, sob sua direção, o partido comunista iniciou uma série de planos quinquenais que buscavam expandir e transformar a economia soviética de camponeses para uma economia de agricultura e indústria controladas pelo Estado. Os camponeses foram obrigados a abandonar suas terras e animais e a se tornarem membros das fazendas coletivas; quando resistiam, eram presos e enviados para campos de trabalhos forçados; milhões foram enviados junto a outros oponentes de Stalin, incluindo artistas, intelectuais, jornalistas, sindicalistas, oficiais do Exército e servidores de partidos menores. Hipoteticamente, as fazendas coletivas deveriam aumentar a produção, mas não o fizeram, e a fome em massa se espalhou, particularmente na Ucrânia, onde Stalin usou a coletivização forçada como uma ferramenta para destruir a oposição ucraniana ao governo soviético. Os camponeses também foram enviados para as fábricas – abertas como parte dos planos quinquenais – ou acabavam indo trabalhar nas cidades; durante a década de 1930, mais de 25 milhões de pessoas tornaram-se trabalhadores industriais na União Soviética, aumentando cerca de quatro vezes a produção industrial do país. O partido abriu escolas e universidades para treinar engenheiros, trabalhadores qualificados e gerentes, formando, assim, uma elite técnica. A propaganda estalinista – realizada por meio de cartazes, músicas e arte encomendadas pelo governo – e a imprensa controlada pelo Estado proclamavam constantemente a superioridade do comunismo ao capitalismo ocidental e sublinhavam as realizações socialistas.

Em um Japão densamente povoado, conforme a economia entrava em colapso, as necessidades, como alimentos e combustíveis, tornaram-se ainda mais escassas e a liderança, cada vez mais agressiva. Seguindo um padrão de expansão imperial iniciado várias décadas antes, o Japão invadiu em 1931 a província chinesa da Manchúria para obter carvão, ferro, terras e, depois, assumiu a China Oriental por meio de conquistas brutais, que envolviam assassinatos em massa. Os militares impuseram um governo autoritário, reprimindo a dissidência, organizando a produção, glorificando a honra marcial e o sacrifício e produzindo ideias sobre as origens sagradas do imperador e do povo japonês. Na Alemanha, Adolf Hitler (1889-1945) e o partido nazista usaram o descontentamento gerado pela humilhação na Primeira Guerra Mundial e no Tratado de Paz de Versalhes, combinando-o com a insegurança econômica, a propaganda constante e os sentimentos racistas para desenvolver uma ampla base de apoio popular e assumir o controle do governo. Hitler apoiou o ataque da Itália fascista na Etiópia – o último Estado independente da África – em 1935 e enviou tropas para ajudar as forças fascistas da Espanha.

No início, Hitler camuflou seus planos de expansão em declarações sobre os direitos dos alemães étnicos que viviam em Estados não alemães, mas em 1939 seu ataque à Polônia esclareceu suas verdadeiras intenções; britânicos e franceses declararam guerra. Os exércitos nazistas tomaram a Bélgica, a Holanda e a França; em seguida, voltaram-se para o Leste e atacaram a União Soviética. Ele pretendia criar uma nova ordem em toda a Europa, com base no imperialismo racista, no qual uma "raça superior" de alemães "arianos" governaria os inferiores latinos e os ainda mais inferiores eslavos; além disso, os judeus e outros – testemunhas de Jeová, roma (ciganos), socialistas e comunistas – foram declarados pelos nazistas como povos indesejáveis, e deveriam ser mortos. O extermínio sistemático começou em 1941 assim que os nazistas passaram a realizar o que Hitler chamou de "a solução final para a questão judaica", resultando na deportação em massa para os campos de concentração, onde os judeus e outros foram baleados ou mortos por gás venenoso. Cerca de 6 milhões de judeus foram assassinados nesse Holocausto, juntamente com milhões de outros, em um processo que envolveu a cooperação de muitos servidores alemães e não alemães, bem como de pessoas comuns, e que provocou pouquíssimo protesto dentro ou fora do império nazista.

O Japão aliou-se à Alemanha e à Itália, invadiu o sudeste da Ásia (Península indochinesa e suas ilhas), alegando que estava criando uma esfera de co-prosperidade da Grande Ásia Oriental, mas na realidade estava confiscando matérias primas e recrutando o povo local para o serviço militar e para trabalhos manuais, incluindo "mulheres de conforto", que eram forçadas a oferecer sexo aos soldados japoneses. Em 1941, o Japão atacou a base naval americana de Pearl Harbor e os Estados Unidos entraram na guerra. A capacidade industrial e a grande base populacional dos EUA, combinada com a capacidade da União Soviética, da Grã-Bretanha e dos outros aliados conseguiram, finalmente, derrotar a Alemanha e o Japão, o último por causa, em parte, do uso da bomba atômica, fruto da Segunda Revolução Industrial. Assim, as necessidades das Forças Armadas serviram como um importante impulso para a Revolução Industrial, e a expansão do industrialismo determinou, em última instância, o resultado da guerra mais mortal da história do mundo, com 50 milhões de soldados e civis mortos.

A Segunda Guerra Mundial foi uma guerra total, tal como havia sido a Primeira Guerra Mundial. Nos regimes totalitários, os governos comandavam a economia e intervinham na educação, na cultura e na vida familiar, mas isso também estava acontecendo nas democracias. Eles usaram novos meios de comunicação de massa, especialmente o rádio e os filmes, como ferramentas para reforçar o apoio à guerra, transmitiram discursos pelo rádio e enviaram diretores para filmar as batalhas reais para os noticiários, documentários e longas-metragens. Os nazistas eram particularmente hostis à arte moderna, pois diziam ter influência judia e ser "degenerada" e, em alguns casos, eles a destruíam. Eles (e também seus inimigos soviéticos) gostavam do realismo heroico, no qual soldados, trabalhadores e mães olhavam ao longe para um futuro melhor. Na Alemanha, na Itália e no Japão, o controle de natalidade foi proibido e, entre os grupos julgados desejáveis, as famílias numerosas eram recompensadas; entre os grupos indesejáveis, eram esterilizadas ou executadas. Entre os Aliados, as mulheres foram recrutadas para trabalhar nas fábricas de munições e aeronaves, juntar-se ao grupo de enfermeiras do Exército ou às Forças Armadas auxiliares, arrecadar dinheiro para títulos financeiros de guerra e plantar "jardins da vitória" para cultivar alimentos caseiros para substituir as provisões enviadas aos soldados; até o final da guerra, um terço dos vegetais consumidos nos EUA eram cultivados em jardins privados. O trabalho das mulheres nas fábricas gerou um surpreendente aumento da produção de armas e equipamentos militares, mas depois da guerra, uma campanha de marketing semelhante instou que elas voltassem a desempenhar o papel "normal" de seu gênero; os salários das mulheres diminuíram e a taxa de natalidade subiu em um *baby boom* (explosão demográfica) pós-guerra.

Descolonização e a guerra fria
A Segunda Guerra Mundial deixou fisicamente destruídos a Europa, o Japão e outras áreas onde ocorreram bombardeios e lutas no solo, e também deixou as forças aliadas em profundo desacordo sobre a forma pós-guerra do mundo. Os EUA exigiram eleições livres na Europa Oriental e se recusaram a negociar com Stalin. Em resposta, forças de ocupação soviéticas instalaram líderes comunistas na Europa Oriental, que incluía a zona oriental de uma Alemanha dividida. Os Estados Unidos e seus aliados reagiram com uma política de "contenção" que tentou impedir qualquer expansão do comunismo. Durante quarenta anos após o fim da Segunda Guerra Mundial, a vida política, econômica e mesmo cultural de grande parte do mundo estava moldada pelo conflito militar e geopolítico conhecido como guerra fria, que opunha a União Soviética e os Estados Unidos.

Cada lado se via como defensor do bem e pressionava os outros países para que fossem seus aliados: a União Soviética apoiava os nacionalistas de inspiração marxista, que procuravam acabar com o colonialismo ou a dominação econômica ocidental e criar novas ordens sociais, com uma distribuição mais equitativa dos recursos, enquanto os Estados Unidos apoiavam líderes que prometiam lutar contra os comunistas, manter o livre comércio, a propriedade privada e realizar eleições democráticas. Os observadores utilizaram essa divisão para criar um esquema conceitual do mundo: um primeiro mundo formado por democracias industrializadas e ricas; um segundo mundo de nações comunistas; um terceiro mundo de nações pobres, não industrializadas, com economias moldadas pelo colonialismo ou neocolonialismo, que na década de 1950 significava quase toda a África, a Ásia, a América Latina e o Caribe; e às vezes incluíam um quarto mundo, formado pelas nações absolutamente mais pobres, com poucos recursos exploráveis (por exemplo, Haiti e Mali). O esquema ignora as diferenças internas de cada nação, pois em todos os países do terceiro e quarto mundos, algumas pessoas levavam vidas de primeiro mundo, mas os termos passaram a ser utilizados amplamente como uma forma simplificada.

As duas superpotências construíram enormes arsenais de armas convencionais e nucleares e, também, formaram alianças militares, enviando ajuda militar e financeira aos seus aliados, não importando quão repressivas ou corruptas fossem. Essas ações acentuaram os conflitos regionais, transformando-os em "guerras por procuração" maiores, as quais substituíam o conflito direto entre as duas superpotências, pois o conflito direto entre elas poderia escalar a uma guerra nuclear. As despesas militares compunham uma grande parte dos orçamentos de muitas nações, sobrando muito pouco para outros usos, assim percebeu o presidente dos EUA Dwight Eisenhower (1890-1969) – o general que liderou a derrota dos nazistas – em 1953: "Toda arma fabricada, todo navio de guerra inaugurado, todo foguete lançado significa, em última instância, roubar daqueles que têm fome e não são alimentados, daqueles que têm frio e não são agasalhados. O mundo armado não gasta seu dinheiro sozinho, ele gasta o suor de seus trabalhadores, o gênio de seus cientistas, as esperanças de seus filhos... Isso não é de forma alguma um modo de vida em seu sentido verdadeiro". Eisenhower descreveu o crescimento do que ele chamou de "complexo militar-industrial", e advertiu sobre seu poder.

CAPÍTULO 5 – INDUSTRIALIZAÇÃO, IMPERIALISMO E DESIGUALDADE, 1800 D.C.-2015 D.C. | 349

Os conflitos entre as superpotências se desenrolaram no palco global da descolonização; nele, as pessoas ao redor do mundo buscavam a autodeterminação política; entre 1945 e 1965, quase todos os territórios coloniais obtiveram independência formal. O processo recebeu o apoio das Nações Unidas, a organização intergovernamental formada em 1945 para mediar os conflitos internacionais. A Assembleia Geral das Nações Unidas tornou-se o Fórum onde os líderes nacionalistas condenavam as potências colonialistas e o domínio econômico do neocolonialismo. A ONU também criou agências e burocracias administrativas para a promoção do desenvolvimento econômico, a melhoria da saúde e da nutrição e para a erradicação das doenças; além do mais, enviava forças militares para servirem como mantenedoras da paz a várias zonas de conflito ao redor do mundo. Conforme os impérios e os protetorados de toda a Ásia, a África e o Oriente Médio eram transformados em nações independentes, os conflitos étnicos e religiosos complicavam a luta. Assim, as questões culturais e sociais tiveram um profundo impacto na descolonização.

No sul da Ásia, Gandhi esperava ver uma Índia independente e unida, mas os líderes muçulmanos, preocupados com o domínio da maioria hindu, pressionaram por um Estado separado, argumentando que hindus e muçulmanos eram "duas civilizações diferentes" e que cada uma merecia ter sua própria nação. Os britânicos propuseram a partição e, em 1947, a Índia e o Paquistão obtiveram independência política; o Paquistão foi dividido em duas províncias. Na verdade, as "duas civilizações" viviam entremeadas em muitas áreas, especialmente na Caxemira, no Punjab e em Bengala e, por isso, à independência seguiu-se o derramamento de sangue e as expulsões em massa, pois cada lado tentava criar um Estado mais homogêneo. Milhões de pessoas tornaram-se refugiados ou foram realocadas à força. Os conflitos políticos, econômicos e étnicos entre o Paquistão Oriental e Ocidental resultaram em mais violência e mais refugiados; o Paquistão Oriental ganhou sua independência em 1971 e passou a se chamar Bangladesh. Bangladesh era (e é) um país densamente povoado, centrado no Delta de baixa altitude do Ganges, muitas vezes sujeito a catástrofes naturais, tais como inundações e tufões. O país também era muito pobre, e os programas para ajudar a diminuir a pobreza – tais como a educação elementar estendida, os microempréstimos para ajudar as pessoas a iniciarem um comércio em seus vilarejos e as cooperativas rurais – levaram lentamente melhorias para algumas pessoas.

Nehru tornou-se primeiro-ministro da Índia, estabelecendo uma dinastia política na qual sua filha Indira Gandhi (nenhuma relação com Mohandas Gandhi) e seu neto Rajiv Gandhi também assumiram o cargo de primeiro-ministro. Ele foi um dos líderes do Movimento das Nações Não Alinhadas, por meio do qual algumas nações recém-independentes da Ásia e da África tinham a esperança de encontrar uma "terceira potência" que não fosse nem soviética, nem americana, e que promovesse o desenvolvimento industrial e a inovação agrícola por meio de um sistema que fundisse o capitalismo e o socialismo. O Estado indiano era oficialmente secular e democrático, mas as atitudes tradicionais em relação às mulheres e aos intocáveis mudavam apenas muito lentamente. A maioria das pessoas na Índia vivia em aldeias, e os projetos de irrigação junto com as culturas de trigo e arroz de alto rendimento – introduzidas como parte do que era conhecido como a Revolução Verde da década de 1960 – causaram aumentos significativos na produção agrícola. Em paralelo, também houve crescimento populacional decorrente da propagação das vacinas, que fizeram cair a taxa de mortalidade entre as crianças, o uso de antibióticos, a pulverização de DDT para reduzir as doenças transmitidas por insetos e outras medidas de saúde pública.

Os conflitos religiosos do Oriente Médio foram ainda mais explosivos. Na década de 1940, França e Grã-Bretanha concederam independência para a maioria dos países que administravam por mandato; os britânicos largaram no colo das Nações Unidas o problema sobre o que fazer com a Palestina. A solução da ONU era a criação de dois Estados – uma Israel judia e uma Palestina muçulmana –, que foi aceita pelos judeus, mas rejeitada pelos árabes. Em seguida, os judeus proclamaram o Estado de Israel, que foi imposto por meio de vitórias militares sobre as coligações de países árabes em 1948, 1967 e 1973. Muitos palestinos fugiram de Israel ou foram expulsos, tornando-se refugiados em países árabes vizinhos e, ao mesmo tempo, buscando retornar à sua terra natal. A derrota árabe levou a uma revolução nacionalista no Egito; país que emergiu como o líder do mundo árabe. O Egito recebeu uma importante ajuda financeira da União Soviética e dos Estados Unidos, mas uma série de líderes autoritários, governando por meio de leis emergenciais que suspendiam direitos, estendiam os poderes de polícia e limitavam a liberdade de expressão, afunilaram os valores para os militares ou para as mãos de servidores corruptos e, dessa forma, a economia estagnou. A corrupção, as ditaduras de partido único e as grandes disparidades entre ricos e pobres marcaram muitos

CAPÍTULO 5 – INDUSTRIALIZAÇÃO, IMPERIALISMO E DESIGUALDADE, 1800 D.C.-2015 D.C. | 351

outros países do Oriente Médio, incluindo o Irã, onde, na década de 1950, o governante hereditário, conhecido como Xá – restaurado ao poder com a ajuda de forças secretas dos EUA após ter sido retirado em uma eleição –, começou a modernizar o país por meio das gigantescas receitas iranianas originadas do petróleo; este último era controlado por empresas dos Estados Unidos. O Xá e seus servidores abriram escolas seculares, proclamaram direitos das mulheres e promoveram uma economia de mercado, mas também não toleravam nenhuma dissidência e desviaram muito da ajuda externa e das receitas do petróleo por si mesmos, passando a viver de forma extravagante enquanto a maioria dos camponeses continuava pobre e sem terras.

Na África, a resistência ao colonialismo uniu-se ao nacionalismo para criar novas nações após a Segunda Guerra Mundial, em processos que variaram entre ações muito pacíficas e movimentos extremamente violentos. Na primeira metade do século XX, muitos africanos estudados e pessoas de ascendência africana que viviam em outros lugares eram pan-africanistas e, assim, buscavam solidariedade cultural entre os negros de todos os cantos, bem como uma "África para os africanos", em que todos os africanos formariam uma espécie de governo unido para todo o continente. Alguns articularam a ideia de *negritude*, um sentimento de identidade racial e orgulho pela criatividade negra e pelas tradições culturais africanas para contestar a ideia predominante do darwinismo social, a saber, que os africanos se encontravam na parte inferior de uma hierarquia das raças. Muitos líderes do pós-guerra foram educados na Europa ou nos Estados Unidos, e tendiam a aceitar as fronteiras políticas existentes por uma questão prática que lhes permitiria obter independência logo que possível. Isso ocorreu primeiro na Costa do Ouro, onde Kwame Nkrumah (1909-1972) organizou um partido político popular que encenava greves e ações políticas para que os britânicos concordassem em realizar eleições. O partido de Nkrumah obteve a grande maioria e pode chefiar tanto o governo de transição quanto a nova nação de Gana. A independência da maioria das outras colônias britânicas e francesas na África e o estabelecimento de Constituições democráticas seguiram-se de forma razoavelmente rápida; o grande derramamento de sangue ocorreu apenas onde havia um grande número de colonos brancos, como no Quênia, na Argélia, na Rodésia e no Congo. No entanto, as fronteiras políticas estabelecidas pelas potências europeias imperiais não seguiram as linhas das divisões étnicas ou dos reinos africanos anteriores e, então, partidos políticos e facções rivais, muitas vezes se uniam ao longo de linhas étnicas ou regionais, levando à violência. Muitos líderes decidiram que um governo autoritário e um Estado de partido único eram a única maneira de garantir a ordem, e em alguns países, o Exército – durante o imperialismo, a instituição mais bem desenvolvida – tomou o poder.

Uma vez que o cultivo de culturas comerciais utilizava as melhores terras da África, as importações de alimentos trazidos como auxílio ou comprados eram muitas vezes necessárias para a sobrevivência. A mortalidade infantil continuava muito maior do que a dos países industrializados, embora algumas melhorias na área da saúde tenham levado a uma diminuição da taxa de mortalidade, a qual, por sua vez, levou ao aumento da taxa de crescimento da população que ultrapassava em muito o crescimento econômico. A maioria dos Estados pós-coloniais passaram a promover mais acesso à educação do que haviam promovido os governos coloniais e, dessa forma, as taxas de alfabetização começaram a aumentar lentamente durante a década de 1960, sendo que as meninas estavam atrasadas em relação aos meninos, pois era comum que as meninas frequentassem menos as escolas e por um período mais curto do que os meninos. As mulheres também costumavam ser excluídas dos planos de desenvolvimento, pois as agências de desenvolvimento internacional assumiam – com base em práticas ocidentais – que os homens eram os principais produtores agrícolas. Assim, procuravam "modernizar" a agricultura, ensinando novos métodos e processamentos agrícolas aos homens de culturas nas quais essas tarefas haviam sido tradicionalmente realizadas pelas mulheres.

Embora a maioria dos países da América Latina e do Caribe tenham se tornado politicamente independentes no século XIX, suas economias eram semelhantes àquelas da África: muitas vezes dependiam da exportação de uma ou duas culturas ou produtos naturais, que regularmente sofriam colapsos de preço, causando desemprego, agitação social e às vezes a fome. Os nacionalistas econômicos buscaram libertar seus países do domínio Europeu e americano e expandir a economia por meio da industrialização pela mesma estratégia de substituição dos produtos importados que havia provocado a Revolução Industrial na Grã-Bretanha. O movimento teve início no México da década de 1930, quando o então Presidente Lázaro Cárdenas (1895-1970), vindo de uma família pobre e indígena, nacionalizou a indústria petrolífera e promoveu a industrialização. Brasil e Argentina seguiram um padrão similar, com líderes populistas, tal como o presidente argentino Juan Perón, que prometeu uma industria-

IMAGEM 35. Encenando para o fotógrafo, os jovens leem as *Citações do Presidente Mao Tsé-Tung* enquanto aguardam por transporte durante a Revolução Cultural, 1968. O livro, conhecido no Ocidente como o "pequeno livro vermelho", por causa de seu pequeno tamanho e capa vermelha, tornou-se leitura obrigatória em escolas, locais de trabalho e unidades militares; foram impressos mais de 1 bilhão de exemplares.

lização e com salários mais elevados. Em 1959, a Revolução comunista de Cuba levou os políticos e líderes empresariais conservadores, bem como os militares em grande parte da América Latina a terem medo de uma maior propagação do comunismo e de sua consequente redistribuição da riqueza. Assim como na África, os golpes e as intervenções armadas prejudicaram ou derrubaram governos eleitos, e ditadores militares de direita subiram ao poder, muitas vezes acompanhados secreta ou abertamente pelo governo dos EUA, que viam tudo pela lente da guerra fria.

A China também experimentou o estabelecimento de um Estado autoritário de partido único, no qual os líderes do partido procuraram revolucionar as estruturas sociais e formas culturais. Os nacionalistas que se opunham ao imperialismo japonês e a outros imperialismos estrangeiros estabeleceram uma república antes da guerra, mas os comunistas chineses, liderados por Mao Tsé-Tung (1893-1976), derrotaram os nacionalistas em uma guerra civil que terminou em 1949. A liderança nacionalista e cerca de 2 milhões de refugiados foram para Taiwan. Os comunistas distribuíram terras confiscadas de latifundiários e camponeses mais ricos para centenas de milhões de camponeses pobres e tomaram a União Soviética como inspiração, começando a coletivizar a agricultura e o desenvolvimento de um plano quinquenal de crescimento que permitiria à China competir com o Ocidente. A China, que havia se tornado a segunda maior potência comunista, enviou tropas para lutar contra os EUA e seus aliados na guerra da Coreia (1950-1953), uma das guerras por procuração da guerra fria que terminou por meio de uma trégua e dividiu a Coreia em duas. Em 1958, Mao rompeu com os padrões soviéticos e proclamou seu Grande Salto Adiante, no qual o crescimento industrial não estava centralizado nas grandes fábricas, mas sim nas pequenas oficinas de quintal e nos moinhos dirigidos por camponeses que viviam coletivamente. O programa foi um desastre, pois pessoas sem qualificação passaram a tentar trabalhar com a produção industrial em vez da agricultura; houve uma falta generalizada de alimentos, e cerca de 30 milhões de pessoas morreram. A Grande Revolução Cultural Proletária de 1960 acabou em um caos ainda maior; um expurgo do partido comunista em que jovens se organizaram em quadros revolucionários conhecidos como Guardas Vermelhas para denunciar aqueles que para eles eram insuficientemente leais às ideias de Mao. Tudo o que representava a cultura "feudal" ou "burguesa" era suspeito; arte e livros foram destruídos. As universidades foram fechadas e milhões de pessoas foram enviadas para campos rurais de trabalhos forçados.

Enquanto o comunismo triunfou na China, o capitalismo triunfou no Japão. Entre 1945 e 1952, o Japão foi ocupado por forças dos EUA, que ditaram uma nova Constituição, abolindo as Forças Armadas, mas deixando o imperador como um símbolo do Estado. Os americanos não mexeram nem na burocracia, nem nas grandes corporações japonesas; e mantiveram a política de estreita cooperação que havia caracterizado o início do desenvolvimento industrial japonês. O Japão serviu como uma base militar para os EUA durante a guerra da Coreia, e era cada vez mais visto como um aliado importante na luta contra o comunismo. A economia japonesa cresceu a um ritmo de tirar o fôlego desde a década de 1950 até a década de 1980, o mais rápido crescimento econômico na história do mundo. "Homens assalariados" eram contratados por toda a vida, e suas vidas sociais passavam a girar em torno da empresa, com longas horas de trabalho, seguidas por longas horas de bebedeiras enquanto suas esposas ficavam em casa.

Conforme o Japão se reconstruía, o mesmo fazia a Europa Ocidental. Ajuda econômica dada fornecida pelos Estados Unidos, o trabalho duro da população local e os migrantes da bacia do Mediterrâneo que preenchiam os pontos de escassez de mão de obra levaram a uma surpreendente

CAPÍTULO 5 – INDUSTRIALIZAÇÃO, IMPERIALISMO E DESIGUALDADE, 1800 D.C.-2015 D.C. | 355

recuperação da devastação causada pela guerra. As casas foram reconstruídas, a produtividade e os salários aumentaram e houve a abertura de novas fábricas, que agora, em vez de carvão, usavam o petróleo importado do Oriente Médio por corporações europeias ou americanas, como a British Petroleum ou a Standard Oil. Cada vez mais, muitos dos postos de trabalho das indústrias mais novas, tais como a de produtos químicos, produtos farmacêuticos e eletrônicos, eram cargos gerenciais que requeriam níveis educacionais mais elevados que os níveis dos postos de trabalho da mineração e da indústria pesada. A expansão do financiamento estatal ao ensino superior permitiu que alguns jovens de famílias da classe trabalhadora conseguissem movimentar-se para esses novos cargos, mas os trabalhadores mais velhos e menos educados estavam vulneráveis. Os governos da Europa Ocidental, buscando evitar o desgoverno que levou ao fascismo e à guerra, muitas vezes liderada por partidos políticos socialistas moderados que respondiam pelos interesses trabalhistas, criaram uma rede de segurança social para os trabalhadores e para as famílias com seguro desemprego, ajudas de custo para as famílias, aposentadoria por idade, saúde pública e habitação de baixo custo, construindo algo que passou a ser chamado de "Estado de bem-estar social".

Conforme a potência dominante do primeiro mundo, os EUA, passavam por um rápido crescimento econômico durante o pós-guerra, semelhante ao ocorrido no Japão e na Europa Ocidental, ela também se tornava a maior economia do mundo. Apesar de sua população crescente, os salários reais e a produtividade por trabalhador aumentaram de forma constante entre 1945 e 1975; as pessoas construíram casas (muitas vezes nos subúrbios ao redor das cidades), compraram carros para ir trabalhar e para viajar durante as férias no novo sistema de autoestradas interestaduais da nação, e encheram suas casas com bens de consumo. O gasto dos consumidores tornou-se o condutor da economia dos EUA e em grande parte de sua cultura, e assim permaneceu, causando implicações globais. Empregos industriais bem remunerados atraíram os afro-americanos do Sul para as cidades do Norte, um movimento hoje chamado de a "grande migração". No Norte, assim como no Sul, eles confrontaram a segregação e a discriminação e, no início da década de 1950, líderes negros começaram um movimento pelos direitos civis que desafiava as normas discriminatórias. Eles buscavam inspiração e táticas em Gandhi e em outros líderes anticolonialistas, e trabalhavam por uma maior equidade na educação, direitos de voto, habitação, emprego e todos os outros aspectos da vida. Em meados da década de 1960, foram aprovadas leis que proibiam a discriminação e foram criados programas para diminuir a pobreza e oferecer uma rede de segurança social, embora essas nunca tenham sido tão amplas quanto as empregadas na Europa Ocidental, pois a saúde continuou sendo uma questão sensível para os empregadores ou para os indivíduos e, além disso, grande parte do ensino superior era privado.

Na União Soviética e no restante do segundo mundo, o comunismo prescrevia a igualdade social e, nesse sentido, a educação e a saúde estavam amplamente disponíveis para todos os grupos sociais. No entanto, os membros do partido e servidores tinham acesso mais fácil a moradia e aos bens de consumo que estavam em falta, pois os planejadores estavam preocupados com a indústria pesada e não com os produtos de consumo. O comunismo também prescrevia a igualdade de gênero e, por isso, as mulheres passaram a trabalhar em ocupações que anteriormente eram realizadas principalmente pelos homens, incluindo a engenharia e a medicina. No entanto, as mulheres continuaram a realizar quase todas as tarefas domésticas, e a escassez de alimentos e bens para casa significava que elas precisavam passar horas em filas todos os dias depois de sua jornada de trabalho remunerada. Por causa dessa "dupla jornada", as mulheres não eram livres para frequentar as reuniões do partido comunista ou fazer hora extra em seus trabalhos para que pudessem ser promovidas. Na década de 1970, na União Soviética, por exemplo, embora as mulheres compusessem 50 % dos trabalhadores pagos, apenas 0,5 % o dos gerentes e diretores eram mulheres, o mesmo valor existente nas democracias ocidentais daquela época.

Imediatamente após a Segunda Guerra Mundial, os Estados da Europa Oriental que eram dominados pela União Soviética adotaram o sistema stalinista, nacionalizando suas indústrias, coletivizando a agricultura, limitando o culto religioso e controlando a mídia e a educação. O regime comunista, estabelecido em Cuba na década de 1950 como consequência da Revolução Cubana, aboliu, da mesma forma, a propriedade privada e reprimiu a oposição ao governo. O controle do partido sobre a vida cultural e intelectual nos Estados comunistas foi diminuindo. Períodos de liberalização eram seguidos por repressão sempre que os reformistas, estudantes, trabalhadores ou líderes de oposição gritavam muito alto em seus protestos, ou quando os países da Europa Oriental tentavam deixar a esfera Soviética, como aconteceu na Hungria em 1956.

CAPÍTULO 5 – INDUSTRIALIZAÇÃO, IMPERIALISMO E DESIGUALDADE, 1800 D.C.-2015 D.C. | **357**

Conflitos ligados à guerra fria e lutas anticoloniais surgiram em muitas partes do mundo nas décadas após a Segunda Guerra Mundial, ocorrendo, por exemplo, na Guatemala, no Congo e especialmente no Vietnã. Em 1945, Ho Chi Minh declarou a independência do Vietnã após o final da ocupação japonesa. Mas, por outro lado, os franceses tentaram dar continuidade a seu governo colonial: foram derrotados em 1954. Uma eleição nacional deveria ser realizada, mas os EUA, preocupados com a vitória de Ho, ofereceram apoio aos oponentes não comunistas do Vietnã do Sul, enquanto Rússia e China apoiavam o Vietnã do Norte. Os EUA enviaram uma ajuda militar maciça e depois centenas de milhares de soldados, que bombardearam o Vietnã do Norte e se engajaram em uma guerra terrestre. Inicialmente, o apoio à guerra foi forte nos EUA, mas um movimento contra a guerra foi crescendo na década de 1960, particularmente nos *campi* universitários. Os protestos nas universidades e nas cidades (alguns dos quais foram violentamente reprimidos) denunciavam a guerra como um ato criminoso e, apesar de uma grande perda de vidas de ambos os lados, as vitórias militares dos EUA foram inconclusivas. Os Estados Unidos retiraram-se da guerra e, em 1975, o Vietnã tornou-se uma nação comunista unificada.

Os protestos contra a guerra do Vietnã, que também ocorreram em muitas outras partes do mundo além dos EUA, foram parte de um movimento global de jovens entre o grupo invulgarmente grande e próspero de jovens nascidos no *baby boom* do pós-guerra. Os jovens do final da década de 1960, muito semelhantes aos da década de 1920, renunciaram ao que eles viam como valores militaristas e conformistas da geração de seus pais, usavam roupas e estilos de cabelo que demonstravam seus valores contraculturais e, por fim, ouviam novos tipos de música – agora *rock 'n' roll* e música *folk* em vez de *jazz*. Os protestos contra a guerra juntaram-se a outras manifestações: pelos direitos das mulheres e pelos direitos das minorias raciais nos EUA; contra os governos de direita na Argentina, no Brasil e no México; pelos direitos de estudantes e trabalhadores na França; contra a proliferação nuclear na Austrália e na Europa Ocidental. Até mesmo a Igreja Católica viu apelos por mudanças dramáticas emergirem dentro de suas fileiras; os teólogos e clero latino-americanos criaram a teologia da libertação, um movimento que convocava os líderes políticos e religiosos para resolver o sofrimento e a opressão dos pobres e o seguir em uma direção de maior justiça social. As comunicações em massa e as viagens baratas dos jovens facilitaram os contatos entre os estudantes politicamente ativos, que muitas vezes idealizavam os líderes marxistas como Mao ou Ho por sua ênfase na igualdade social e nas mudanças revolucionárias. Mas os apelos por uma mudança drástica também ocorreram no mundo comunista, especialmente na Checoslováquia, em 1968, onde os reformistas do partido comunista checoslovaco que pediam por um "socialismo com uma face humana" aliviaram as restrições aos direitos civis e à imprensa.

Liberação e liberalização

Os protestos do final da década de 1960 sugeriam a possibilidade de uma transformação social revolucionária, mas isso não aconteceria. Os tanques soviéticos atravessaram as ruas de Praga, esmagando o movimento de reforma e reintroduzindo o rígido governo de um único partido. O governo mexicano atirou nos estudantes que manifestavam e o mesmo fez a polícia em várias universidades dos Estados Unidos. Os defensores da teologia da libertação, incluindo padres e freiras, foram mortos por regimes repressivos, e o próprio movimento foi condenado na década de 1980 pela Congregação Sagrada da Doutrina da Fé da Igreja Católica (liderada pelo Cardeal Joseph Ratzinger, que mais tarde seria o Papa Bento XVI) por utilizar ideias marxistas. No Brasil, o governo militar impôs a lei marcial e, na Argentina, o governo militar realizou uma ação que ficou conhecida como "guerra suja", aprisionando, torturando e matando seus oponentes. Em muitas nações africanas recém-independentes, as tensões étnicas, a corrupção e a guerra civil impunham limites à estabilidade.

Mesmo assim, os movimentos por maior isonomia social continuaram a existir. Os movimentos estudantis e dos direitos civis da década de 1960 levaram a um movimento renovado pelos direitos das mulheres da década de 1970, momento em que as mulheres de todo o globo se organizaram, marcharam e se mobilizaram para alcançar aquilo que ficou conhecido como "liberação feminina" e a total igualdade política, jurídica e econômica. Abriram centrais de apoio emergencial contra o estupro e abrigos para mulheres maltratadas, fizeram pressão para acabar com a discriminação sexual nas práticas contratuais e salariais, exigiram leis contra o assédio sexual e reivindicaram melhores escolas para as meninas e cursos universitários que tivessem as mulheres como tema. O revigoramento do movimento feminista provocou reações conservadoras em muitos países; os argumentos eram frequentemente expressos em termos de "tradição" e o "movimento feminista" era acusado de causar o aumento dos divórcios,

CAPÍTULO 5 – INDUSTRIALIZAÇÃO, IMPERIALISMO E DESIGUALDADE, 1800 D.C.-2015 D.C. | 359

do número de crianças nascidas fora do casamento, da violência familiar e da delinquência juvenil. Esses argumentos conseguiram estagnar algumas alterações legais, mas, na maior parte do mundo, a tendência em direção a uma maior igualdade de gênero na participação política, educação e emprego não pararam. Em muitos países, os ativistas dos direitos dos gays e lésbicas também se organizaram no início da década de 1970 e se esforçaram para acabar com a discriminação com base na orientação sexual, lutando também pelo direito de casar.

No sul da África, o governo de minoria branca foi se desintegrando lentamente. Portugal tinha resistido à descolonização, mas os movimentos de guerrilha armada derrotaram as forças coloniais e novas nações foram criadas. Seus líderes eram geralmente marxistas e fizeram experiências com o planejamento central ou tentaram combinar o socialismo e as tradições africanas de compartilhamento de recursos. Na África do Sul, o governo dominado por africâneres havia limitado a propriedade de terras dos negros às reservas nativas, que formavam uma pequena parte das terras mais pobres do país e não possuíam nenhuma de suas riquezas minerais e, após a Segunda Guerra Mundial, criaram um sistema cada vez mais rigoroso de supremacia branca e segregação racial, oficialmente conhecido como *apartheid*. Os protestos contra esse sistema foram reprimidos por ações policiais brutais e muitos líderes foram presos, incluindo Nelson Mandela (1918-2013), juntamente com milhares de outras pessoas. As negociações se tornaram possíveis pela união de sanções globais e ações locais; Mandela foi libertado da prisão e, em 1994, tornou-se o primeiro presidente negro da África do Sul.

As mulheres tiveram papéis bastante ativos na oposição ao governo imperial, mas a participação delas nas novas nações africanas era frequentemente limitada. Em geral, os jovens nacionalistas do sexo masculino conseguiram modificar as tradições por meio das quais os homens mais velhos detinham poder sobre eles, tais como rituais dolorosos de iniciação e práticas hereditárias desfavoráveis, mas viam de forma positiva as tradições em que os homens detinham poder sobre as mulheres ou que restringiam as ações das mulheres. Carmen Pereira, uma líder da independência que lutou contra os portugueses na Guiné-Bissau durante a década de 1970, reconheceu essa tendência e notou que as mulheres estavam "lutando contra dois colonialismos" – um de natureza nacionalista e outro relacionado à discriminação de gênero. Na década de 1990, as mulheres se tornaram mais proeminentes nos processos políticos formais, parte de uma tendência em direção à reforma e a uma democracia mais abrangente em grande parte da África. Os profissionais (homens e mulheres) da classe média urbana, educados nas novas universidades de seus próprios países, costumavam liderar esses movimentos contra os privilégios e a corrupção das elites. Da mesma forma, na América Latina, as mulheres lideraram protestos públicos contra as ações das ditaduras militares. No protesto mais famoso, o das "Mães da *Plaza de Mayo*", na Argentina, as mulheres reuniam-se semanalmente, usando seus lenços brancos de cabeça, bordados com os nomes dos "desaparecidos" e pintavam suas silhuetas nas paredes. A pressão da opinião pública combinada com as decisões ineptas dos líderes militares conduziu ao retorno das eleições democráticas e dos governos civis em grande parte da América Latina durante a década de 1980.

IMAGEM 36. Mães da *Plaza de Mayo* protestam contra a "lei do ponto final" de 1986. (*Punto Final*), que interrompeu as investigações e procedimentos penais das pessoas acusadas de violência política e violações dos direitos humanos durante a ditadura militar na Argentina. A lei foi revogada em 2003 e o governo reabriu algumas ações penais de casos contra a humanidade.

Essas mudanças em direção a uma maior liberação política e social e maior isonomia ocorreram, no entanto, dentro de um clima de liberalização econômica que, em geral, em vez de diminuir as disparidades relativas à riqueza e ao poder, as aumentou. A liberalização econômica, normalmente

CAPÍTULO 5 – INDUSTRIALIZAÇÃO, IMPERIALISMO E DESIGUALDADE, 1800 D.C.-2015 D.C. | **361**

chamada de "neoliberalismo", favorece a livre circulação de mercadorias e capitais, a desregulamentação, a privatização das empresas estatais e as reduções de gastos do governo, geralmente por meio do corte de programas sociais. Dentre seus defensores havia líderes considerados politicamente conservadores, bem como politicamente liberais. Essas medidas foram, em parte, motivadas pela crise do petróleo da década de 1970. Buscando obter o controle de seus recursos que estavam nas mãos de empresas ocidentais, muitos países exportadores de petróleo nacionalizaram suas indústrias e formaram um cartel – a Organização dos Países Exportadores de Petróleo (OPEP) – que, em 1973, criou um embargo às exportações de petróleo durante a guerra árabe-israelense, quadriplicando o preço desse produto. A produtividade diminuiu em todo o mundo, pois as indústrias precisaram fazer cortes para lidar com os preços mais elevados da energia, enquanto o desemprego e a inflação aumentavam. Na Europa Ocidental, o sistema de bem-estar evitou o sofrimento em massa, mas os impostos não aumentaram de forma suficiente a coincidir com o aumento dos gastos do governo, e os líderes cada vez mais introduziam medidas de austeridade para lidar com a recessão. Os países da OPEP depositavam seu dinheiro em bancos internacionais que, muitas vezes, possuíam suas sedes nos Estados Unidos, o qual, por sua vez, emprestava esse dinheiro, chamado de "petrodólares", aos governos para que construíssem sua infraestrutura, lidassem com as oscilações dos preços das matérias-primas e *commodities* agrícolas (que ainda eram os principais produtos de exportação de muitos países), adquirissem equipamentos militares, pagassem propinas às autoridades e líderes corruptos e outros usos. As nações que tentavam se industrializar enfrentavam, dessa forma, os custos mais elevados da energia e uma crescente dívida pública. As obrigações da dívida tornaram-se devastadoras para muitos países pobres, mas como uma condição para receber mais empréstimos ou para que algumas de suas obrigações existentes fossem canceladas, o Fundo Monetário Internacional (FMI), o Banco Mundial e outras instituições financeiras impuseram políticas neoliberais a todo o mundo em um processo de ajustamento estrutural, exigindo que os países abrissem suas economias para o investimento privado e estrangeiro, diminuíssem suas obrigações da dívida externa e reduzissem os gastos de seus governos com programas sociais.

Em todo o Ocidente, os empregadores responderam à crise econômica por meio da diminuição do ritmo dos aumentos salariais e, a partir desse ponto, os salários efetivos dos trabalhadores de colarinho branco e azul ficaram achatados. A produtividade continuou aumentando, mas os lucros dessa produtividade ficaram nas mãos de acionistas e executivos corporativos, pois a desigualdade de renda aumentou mais uma vez aos mesmos níveis do século XIX. As famílias responderam a essa situação por meio de empréstimos – pois o crédito tornava-se mais fácil de obter – e por meio de mais horas de trabalho. Além disso, enviavam mais membros da família para a força de trabalho, uma vez que o trabalho remunerado de duas pessoas passava a ser cada vez mais essencial para alcançar e manter um estilo de vida de classe média ou simplesmente para manter a casa comprada a crédito. Em muitos países, as mães casadas com filhos tornaram-se o grupo com crescimento mais rápido dentro da força de trabalho pago; sua participação na força de trabalho nos EUA, por exemplo, mais do que triplicou entre 1950 e 1995, passando de menos de 20 % a mais de 60 %. O aumento do trabalho remunerado das mulheres estava, em grande parte, concentrado nos serviços de baixa remuneração, tais como funções em escritórios, em vendas no varejo, cuidados infantis, serviços de cabeleireira e limpeza (chamados de "gueto do colarinho rosa"); dessa forma, a média dos ganhos das mulheres em trabalhos de tempo integral eram inferiores à dos homens. A entrada das mulheres para a força de trabalho foi, então, o resultado tanto da liberação das mulheres quanto das políticas de liberalização econômica.

A liberalização econômica, particularmente o desenvolvimento de livres mercados, propagou-se nos países comunistas e também nos capitalistas. Após o desastre da Revolução Cultural, os líderes chineses, durante as décadas de 1970 e 1980, permitiram que os camponeses novamente trabalhassem a terra em pequenas unidades familiares, causando um aumento significativo à produção de alimentos. No sul da China, embora uma boa parte da indústria de larga escala continuasse a ser estatal, foram autorizadas fábricas pertencentes a investidores capitalistas estrangeiros. Houve um fluxo de jovens trabalhadores vindos do campo, assim como havia ocorrido no início do século XIX na Inglaterra ou no início do século XX no Japão, mas em uma escala muito maior. Muitas dessas fábricas usavam carvão, então a degradação ambiental foi tão terrível quanto havia sido nas cidades industriais da Grã-Bretanha, ou talvez pior. No entanto, a maior liberdade econômica não foi acompanhada por maior liberdade em outras esferas da vida. Os líderes chineses estavam preocupados, pois acreditavam que o crescimento da população poderia ultrapassar a expansão econômica e, então, resolveram adotar a política do "filho único", na qual as famílias que tivessem mais de uma criança seriam penalizadas com multas e com

CAPÍTULO 5 – INDUSTRIALIZAÇÃO, IMPERIALISMO E DESIGUALDADE, 1800 D.C.-2015 D.C. | 363

a perda do acesso a oportunidades. A política foi rigorosamente cumprida nas áreas urbanas; o governo tentou minimizar as diferenças de gênero em seus efeitos, mas uma vez que o valor colocado sobre um filho homem era maior, a proporção sexual – o número de homens para cada mulher de uma dada população – foi lentamente se tornando maior, porém, se isso ocorreu como resultado do aborto seletivo por gênero ou porque os pais não informavam sobre as filhas tidas ainda é um assunto em debate. Em 1989, os líderes da China reprimiram uma onda de dissidências políticas e manifestações lideradas por estudantes, prendendo, aprisionando e, às vezes, executando os críticos do regime. No entanto, eles continuaram a abrir a economia e a estimular o consumismo e a iniciativa privada. Abriram-se gigantescas fábricas de eletrônicos, vestuários, produtos químicos, brinquedos e outros produtos para um mercado global, o padrão de vida aumentou e, em 2011, a China substituiu o Japão como a segunda maior economia do mundo. Como na China, durante a década de 1980, os líderes do Vietnã começaram a se afastar da economia planificada em direção à abertura de seus mercados e à propriedade privada, transformando o Vietnã em uma economia capitalista na qual o poder político pertence aos líderes comunistas.

Na Coreia do Sul e também em Taiwan e Cingapura, os líderes políticos nacionalistas, anticomunistas e autoritários trabalhavam com corporações capitalistas multinacionais, bancos e conglomerados para transformar suas economias de agrícolas para industriais, especializadas em produtos eletrônicos e de alta tecnologia; o ritmo de crescimento dessa transformação foi tão rápido que esses países receberam o nome de "tigres asiáticos". Singapura criou uma mistura distinta formada por práticas de livre mercado, planejamento econômico, ordem pública e engenharia social. Por exemplo, uma das preocupações do governo era que os homens com terceiro grau completo estavam se casando com mulheres sem a mesma graduação, deixando as mulheres que haviam frequentado a faculdade solteiras e sem filhos, acarretando efeitos negativos sobre o patrimônio genético nacional. Em 1984, o governo estabeleceu uma rede especial de encontros para graduados e ofereceu às mães com terceiro grau completo descontos fiscais e outros benefícios, mas a taxa de natalidade de todas as mulheres continua entre as mais baixas do mundo.

Durante a década de 1980, a crise econômica espalhou-se para a Europa Oriental, com dramáticas consequências políticas, sociais e econômicas. Começou na Polônia, que tinha sido mais resistente aos esforços soviéticos de coletivização e onde a Igreja Católica se manteve forte. A crise econômica levou os trabalhadores a criarem um sindicato independente e democrático chamado Solidariedade. No início, seus líderes foram presos, mas o declínio econômico contínuo, os protestos não violentos e o forte apoio popular de trabalhadores, estudantes, intelectuais e dos líderes da Igreja levaram o partido comunista da Polônia a permitir eleições livres para o Parlamento polaco, e, em 1989, os comunistas foram retirados do poder pelo voto. Uma série de revoluções que, em sua maioria, foram pacíficas derrubaram outros regimes comunistas na Europa Oriental, trazendo eleições democráticas. No início da década de 1990, o movimento anticomunista varria a própria União Soviética, que estava no meio de graves problemas econômicos, causados, em parte, pelos elevados e contínuos gastos militares. Em contraste com a China, o governo não foi capaz de deter a mudança, e a União Soviética se fragmentou em vários Estados, cada um com seus próprios líderes, metas e políticas.

O fim do comunismo na União Soviética e na Europa Oriental trouxe maior liberdade pessoal, mas também mais disparidades econômicas e desgoverno social. Conforme os monopólios estatais se tornavam empresas privadas, alguns de seus proprietários ficavam fabulosamente ricos, especialmente por meio do petróleo, às vezes intimidando seus rivais pela força física e pela pressão econômica, em um movimento que tem sido chamado de "plutocracia" ou governo dos ricos. Para a maioria das pessoas, o fim do comunismo significou o aumento dos preços, a escassez de alimentos, o declínio da saúde e dos serviços públicos, como creches estatais, a queda do rendimento, o aumento do alcoolismo e a violência nas ruas e, para as mulheres, um enorme aumento da prostituição. A esperança média de vida de um homem russo caiu de 69 anos em 1991 para 59 anos em 2007; alguns observadores descreveram esses fatos como a Rússia se tornando uma nação do terceiro mundo.

Em muitos lugares do que havia sido o segundo mundo, os conflitos étnicos e religiosos reacenderam, mais devastadoramente na Iugoslávia, uma federação de regiões sob domínio comunista que se dividiu em Estados hostis uns aos outros na década de 1990. A resultante guerra trouxe assassinatos, estupros, crueldades brutais e campos de concentração, gerando migrações forçadas e um genocídio – especialmente de meninos e homens – descrito por seus praticantes como "limpeza étnica", que iria acabar com certos grupos indesejados da região. A intervenção militar das nações ocidentais conseguiu terminar com a guerra civil, alguns de seus líderes foram julgados por crimes contra a humanidade, na Holanda, por um tribunal de crimes de guerra, mas as tensões permaneceram.

FUNDAMENTALISMO RELIGIOSO E DIVERSIDADE

Os conflitos na ex-Iugoslávia já apontavam para outra força global que – juntamente com o liberalismo econômico – tornou-se mais poderosa no final do século XX: o fundamentalismo religioso. A palavra "fundamentalismo" vem de um movimento ocorrido dentro do cristianismo protestante no início do século XX, deixando de lado as doutrinas mais complexas em favor de algo que chamavam de ensinamentos fundamentais, opondo-se às mudanças culturais da modernidade e advogando uma agenda social conservadora. O termo é utilizado atualmente para os movimentos semelhantes de todas as outras religiões. Na maioria das religiões – incluindo o judaísmo, o cristianismo, o islamismo e o hinduísmo –, a última metade do século XX testemunhou desentendimentos e conflitos entre duas alas: uma fundamentalista, que defendia a volta aos textos que eram vistos como centrais, às normas patriarcais de gênero e à rejeição dos valores seculares; e outra, mais liberal, que defendia maior igualdade de gênero, tolerância religiosa e uma ênfase na justiça social e econômica. O fundamentalismo uniu-se ao nacionalismo, à identidade étnica, ao anticolonialismo e às queixas econômicas como motivação para a ação, a qual às vezes incluía violência e extremismos.

No Irã, a crise econômica de 1979 levou a greves e protestos; o Xá fugiu e, no Irã, a liderança passou a ser cada vez mais assumida pelos clérigos fundamentalistas islâmicos da ala xiita, liderados pelo aiatolá Ruhollah Khomeini (1902-1989). Eles desfizeram as modernizações do Xá e substituíram a lei secular pela xaria islâmica, proibindo o álcool, obrigando as mulheres a vestirem véus e proibindo-as de se socializarem publicamente com os homens, censurando a mídia e prendendo ou executando os seus oponentes. A Revolução Iraniana causou alarme aos poderes ocidentais e também aos vizinhos do Irã, cuja maioria era liderada por muçulmanos sunitas. O Iraque iniciou uma guerra contra o Irã na década de 1980 que atraiu estrangeiros, mas terminou de forma inconclusiva e, depois disso, o próprio Iraque tornou-se alvo de duas guerras lideradas pelos Estados Unidos, a primeira, em 1991, breve mas muito sangrenta, e a outra muito mais longa, iniciada em 2003. Na Arábia Saudita, a modernização e o fundamentalismo religioso e a modernização religiosa coexistem em vez de entrarem em conflito, pois a família real Saudita usa o dinheiro do petróleo para construir escolas, hospitais e shoppings, mas também continua apoiando o wahabismo. Embora a família real tenha uma estreita relação com os líderes dos EUA, os wahabitas costumam se opor à existência de bases militares americanas em território Saudita, e em alguns casos sua oposição tem levado à violência. A maioria dos jovens que realizaram o ataque de 11 de setembro de 2001 contra os EUA era saudita de classe média, com uma boa educação; eles descreveram suas motivações principalmente em termos religiosos; a carta que escreveram explicando sua ação na noite antes do ataque menciona Deus mais de uma centena de vezes.

O movimento do ativismo fundamentalista dentro do islã – frequentemente chamado de islamismo – fez dos padrões conservadores de gênero um símbolo primário da pureza islâmica contra o mercantilismo e o imperialismo cultural ocidental. Em parte por causa disso, a entrada das mulheres na força de trabalho remunerado tem sido muito mais lenta nos países muçulmanos do Oriente Médio, onde, em 2000, estava apenas entre 2 % e 10 %, sendo que a maioria dessas profissionais altamente qualificadas, tais como professoras e profissionais de saúde, haviam estudado para poder oferecer assistência a outras mulheres em ambientes segregados por gênero. As jovens que viviam em países muçulmanos fora do Oriente Médio, como a Malásia, ficaram encurraladas entre dois conjuntos de expectativas e valores. Elas trabalhavam nas fábricas, e isso era essencial para a sobrevivência de suas famílias, pois enviavam a maior parte de seus salários para casa, mas também eram criticadas porque desrespeitavam as normas muçulmanas. A vestimenta das mulheres foi sempre um foco de conflito. Em muitas partes do mundo, as mulheres muçulmanas adotaram o véu ou outros tipos de vestimentas para se cobrirem como uma forma de afirmar sua devoção religiosa, expressar seus valores sociais e morais e sair de casa sem estarem sujeitas ao assédio masculino. Elas consideram as vestimentas muçulmanas como uma forma de empoderamento, enquanto os outros – muçulmanos e não muçulmanos – veem essas normas como um exemplo de opressão feminina e, em alguns casos, proíbem o uso da cobertura de cabeça ou de corpo. Tal como acontece com outros tipos de símbolos religiosos, o véu, claramente, tem múltiplos significados, os quais variam de acordo com o indivíduo e com o cenário político.

O fundamentalismo com maior impacto político e social foi o islâmico, mas o fundamentalismo de outras religiões também se tornou mais poderoso e às vezes também tem levado à violência. Na década de 1990, o poder dos partidos hindus nacionalistas e conservadores na Índia começou a crescer.

CAPÍTULO 5 – INDUSTRIALIZAÇÃO, IMPERIALISMO E DESIGUALDADE, 1800 D.C.-2015 D.C. | 367

IMAGEM 37. Um pequeno grupo de ugandeses participa da 3ª Parada Anual do Orgulho LGBT (Lésbicas, Gays, Bissexuais e Transgêneros) em Entebe, Uganda, em agosto de 2014. Esse foi o primeiro evento público depois que um Tribunal de Uganda invalidou uma pesada lei contra o homossexualismo.

Eles afirmavam que as escolas, o sistema jurídico, a cultura e outros aspectos da vida na Índia deveriam ser mais claramente hindus e que ambas as influências, ocidental e muçulmana, deveriam ser rejeitadas. Em Israel, um judeu extremista de direita assassinou o primeiro-ministro Yitzhak Rabin em 1995, pois este último havia assinado um acordo de paz com os palestinos muçulmanos. Os judeus ultraortodoxos, conhecidos como Haredim, que representam talvez um décimo da população de Israel, conseguiram pressionar as empresas de ônibus para que as mulheres não sejam incluídas nas propagandas que aparecem nos ônibus e, até recentemente, muitos ônibus públicos eram segregados por sexo: os homens iam na frente e as mulheres, atrás. Após a ocorrência de incidentes de assédio envolvendo passageiras que se recusavam a ficar na parte de trás dos ônibus, a segregação sexual obrigatória foi considerada ilegal pelo tribunal em 2011, embora ela continue a existir no Muro das Lamentações, o local mais sagrado do judaísmo, e nos espaços públicos das comunidades de judeus Haredi nos Estados Unidos. Nos EUA, extremistas cristãos balearam médicos e bombardearam clínicas que realizam aborto e, em Nagaland, no noroeste da Índia, eles têm feito conversões forçadas por meio da violência. Um projeto de lei para aumentar a punição à homossexualidade de forma drástica foi introduzido em Uganda, pouco depois de fundamentalistas cristãos dos Estados Unidos realizarem uma conferência anti-*gay*; em 2014 o projeto foi transformado em lei, mas sua versão final já não continha mais a pena de morte. Monges budistas lideraram ataques contra mesquitas no Sri Lanka e queimaram casas de muçulmanos em Myanmar, matando seus moradores; os muçulmanos Rohingyas fugiram para os países vizinhos ou foram para campos de refugiados. A violência religiosa não é praticada somente contra as pessoas de uma religião completamente diferente, mas também contra os praticantes de uma variedade diferente da própria religião, que são vistos com mais hostilidade ainda. A violência sectária entre protestantes e católicos dilacerou a Irlanda do Norte por muitas décadas, e a hostilidade entre muçulmanos xiitas e sunitas ainda irrompe em muitos países.

O fundamentalismo religioso e a hostilidade com as pessoas de outras religiões foram acompanhados (e em parte causaram) o aumento da diversidade religiosa conforme a migração juntava pessoas de tradições religiosas diversas, missionários ganhavam convertidos e os indivíduos mesclavam os elementos de diferentes tradições em novas formas. Na África, as religiões locais ainda eram amplamente praticadas, incluindo o vodu na maior parte do litoral da África Ocidental e a religião Yoruba na Nigéria, ambas fundamentam-se em espíritos que governam o mundo natural e a sociedade humana, inclusive os espíritos dos mortos, que podem ser interpelados para prestar auxílio às pessoas. O cristianismo e o islamismo também se expandiram na África. Logo depois do período pós-colonial, o cristianismo costumava ser rejeitado como um resquício do passado colonial, mas isso começou a mudar no final do século XX; assim, atualmente o número de igrejas cristãs cresce com maior velocidade na África, muitas delas não denominacionais e fundamentalistas, em vez de serem de forma mais tradicional católicas ou protestantes. O cristianismo expandiu-se em outros lugares também; em 2000, quase dois terços dos cristãos do mundo viviam fora da Europa e da América do Norte, sendo que as igrejas incorporavam valores culturais locais em questões ligadas ao casamento e ao clero feminino.

A vida religiosa na América Latina também se tornou mais diversificada no final do século XX. Até então, a maioria das pessoas eram batizadas como católicas, e, como vimos no CAPÍTULO 4, praticavam um catolicismo crioulizado centrado nas festas religiosas, na veneração dos santos e dos altares familiares em que as tradições locais e africanas misturavam-se às europeias. O catolicismo manteve-se forte, mas o protestantismo evangélico, especialmente o pentecostalismo, no qual a adoração envolve o falar em línguas e a

CAPÍTULO 5 – INDUSTRIALIZAÇÃO, IMPERIALISMO E DESIGUALDADE, 1800 D.C.-2015 D.C. | **369**

cura pela fé, tem crescido rapidamente, como resultado dos extensos esforços de proselitismo, inicialmente realizado pelos missionários dos Estados Unidos e agora em grande parte por missionários locais. As novas religiões, especialmente aquelas criadas no Caribe, também ganharam adeptos. Dentre elas, o vodu haitiano, uma religião criada pelos escravos que viviam no Haiti e que funde elementos do vodu da África Ocidental com o cristianismo e envolve rituais comuns a ambos, incluindo as oferendas, os altares pessoais e as elaboradas cerimônias com músicas e danças. Há também a religião Rastafari, criada na década de 1930 por pessoas pobres na Jamaica, cujos adeptos consideram o Imperador da Etiópia Haile Selassie (1892-1975) – naquele momento, o líder do único Estado neocolonial e não conquistado da África – como uma figura messiânica. Os rastas desejavam a redistribuição da riqueza e a volta dos negros à África, quando não fisicamente, pelo menos em espírito. A migração, além de transportar outras religiões, tem levado tanto a religião rastafari quanto o vodu da África Ocidental para todo o mundo. Atualmente, os xamãs da tribo hmong promovem rituais de cura em hospitais de Minneapolis, templos siques (conhecidos como gurdwaras) podem ser encontrados em Montevidéu, Montreal e Mannheim e novas religiões centradas nas ideias de líderes carismáticos mais recentes, como o mormonismo ou a cientologia, ganham seguidores e constroem locais de culto em todo o mundo. Em contraste aos grupos formados por terem a mesma língua nativa, cor de pele ou origem étnica, a adesão religiosa costuma ser mutável e, até certo grau, uma escolha; os novos convertidos costumam ser os maiores defensores de sua nova fé. O quadro religioso contemporâneo, portanto, é muito complexo, existindo muitas variedades e conflitos dentro dos grupos e entre eles.

PÓS-INDUSTRIALIZAÇÃO E POBREZA

Muitos antigos centros industriais entraram em declínio no final do século XX, transformando-se em "Rust Belts" [Cinturões da Ferrugem] de máquinas e força de trabalho envelhecidas, conforme as novas e gigantes fábricas eram construídas na China, no Vietnã, em Bangladesh, em Porto Rico, no México e onde quer que os salários fossem baixos. Assim como no início da Revolução Industrial, as mulheres e meninas compõem uma grande parte dos trabalhadores dessas fábricas. A economia de serviços pós-industrial expandiu-se, frequentemente de forma descentralizada, pois os computadores e a tecnologia de comunicações permitem que, em vez de grandes fábricas, muitos funcionários trabalhem a partir de suas casas ou em pequenas fábricas. Semelhante à produção doméstica dos séculos anteriores, tal trabalho é muitas vezes pago por peça, e não por hora, permitindo maior flexibilidade, mas também maior exploração, pois a limitação da jornada de trabalho deixa de existir e os benefícios, tais como saúde, costumam não estar incluídos. Algumas poucas pessoas que trabalham em casa (*home office*) são "teletrabalhadores" altamente educados e bem pagos pela florescente indústria da informação, mas grande parte do trabalho feito em casa ou em pequenas fábricas envolve o processamento rotineiro de dados e outras formas de trabalho computadorizado ou, ainda, trabalhos mais tradicionais, tais como a manufatura de roupas ou sapatos. Junto com o computador e o telefone celular, a máquina de costura continua a ser uma ferramenta eficaz de descentralização; as roupas de algodão continuam sendo um importante produto. O trabalho em casa que utiliza a máquina de costura ou o computador é às vezes incluído nas estatísticas oficiais, mas muitas vezes, não é, criando os contornos de algo que os economistas chamam de economia informal ou paralela. Esse trabalho sem registro é uma parte importante das economias de muitos países, inclusive dos países altamente industrializados; na Itália, as estimativas indicam que a troca não registrada de bens e serviços é provavelmente igual à da economia oficial, e que é essencial para a sobrevivência. A natureza cada vez mais global dos negócios e dramáticos ciclos econômicos de expansão e contração fizeram que os trabalhos considerados masculinos se tornassem feminizados, isto é, com salários baixos, sem contratos de longo prazo e com pouca segurança empregatícia. O número de filiados aos sindicatos caiu substancialmente desde seu pico em meados do século XX; e as ameaças para levar os postos de trabalho para outros lugares foram bem-sucedidas em impedir a formação de sindicatos ou para limitar a sua eficácia.

A segmentação racial e de gênero, bem como as ideias sobre o valor de certos tipos de trabalho continuam a manter baixos os salários no ensino, na enfermagem, em creches institucionais e em outros trabalhos em que grande parte da força de trabalho é formada por mulheres; também são baixos os salários dos postos de trabalho em que homens não brancos são predominantes, por exemplo, manutenção de gramados e serviços de limpeza e manutenção de edifícios. As disparidades salariais entre gêneros diminuíram ao longo das últimas várias décadas, mas nos países industrializados, a partir de 2010, os salários médios do trabalho integral masculino eram 17,6 % mais altos que os das mulheres. As maiores disparidades salariais entre gêneros estavam no Japão e na Coreia – mais de 30 % em 2010 –, uma situação que tem feito as jovens japonesas extremamente qualificadas saírem do Japão. Gênero e raça juntam-se para manter os salários baixos, especialmente em postos de trabalho dominados por mulheres não brancas e imigrantes, tais como o serviço doméstico, serviços de babás, limpeza de escritórios e hotéis, manicures e trabalhos sexuais. O oposto aconteceu quando as tarefas foram redefinidas como masculinas. A datilografia era vista como um trabalho feminino, mas trabalhar com computadores tem sido visto como um trabalho masculino, e vem acompanhado por salário e *status* mais elevados. A redefinição do gênero relacionado ao trabalho realizado em um teclado ocorreu pela associação dos computadores à matemática, às máquinas e à guerra, normalmente vistos como temas masculinos. Assim, foi chamado de "processamento de dados" em vez de "digitação (ou datilografia)" e, conforme o campo se desenvolvia, os anúncios das revistas de computadores somente mostravam mulheres sentadas à frente de um teclado quando queriam mostram o quão fácil era utilizar um sistema computadorizado. O computador e os jogos de batalhas online têm desempenhado um papel importante no processo de masculinização dos computadores, pois até mesmo a própria guerra tornou-se mais técnica, mas esse *"militainment"* [entretenimento com temas militares] também provocou críticas das pessoas que estavam preocupadas com a crescente militarização da cultura popular. Porque o leste e o sul da Ásia estão associados com a alta tecnologia, a racialização do trabalho computadorizado é mais complexa nas sociedades ocidentais que a dicotomia branco/ não branco, mas, na Ásia, também ocorreu uma masculinização semelhante do trabalho em frente a um teclado. Atualmente, as empresas de alta tecnologia são muito menos diversificadas do que as outras empresas, especialmente nos cargos de gerência, apesar da retórica sobre a meritocracia.

No final do século XX, a maior parte do mundo industrializado e uma parte ainda maior de sua economia pós-industrial fazia parte da rede conectada do capitalismo global. As políticas neoliberais triunfaram. Mercados abertos, livre comércio, privatização e redução das despesas estatais tornaram-se condições para fazer parte da União Europeia (UE), isto é, a aliança econômica e união monetária que alguns esperavam ser um passo em direção à união política e que, depois do fim dos sistemas comunistas na Europa Oriental, muitos ex-membros do bloco soviético também tentaram fazer parte. A desregulamentação e a privatização levaram à expansão econômica em alguns lugares. Por exemplo, na Índia, várias cidades tornaram-se centros de alta tecnologia de redes globais de comunicação; dessa forma, alguns indianos de classe média e com educação superior que viviam na América do Norte e na Europa voltaram para a Índia, mudando-se para os novos subúrbios, semelhantes aos construídos em torno das cidades americanas. Esse crescimento, no entanto, não ocorre nas cidades em que três quartos da população indiana vivem. Globalmente, as medidas de redução dos benefícios sociais, realizadas com o objetivo de encolher os orçamentos públicos, tiveram um impacto desproporcional sobre crianças, mulheres e idosos, muitas vezes resultando em um fato que os economistas chamam de "feminização da pobreza".

O aumento da pobreza também resulta de uma explosão da população na Ásia, na África e na América Latina depois da década de 1950, em grande parte por causa de avanços médicos, tais como as vacinas, que causaram a diminuição dramática da taxa de mortalidade entre as crianças. (A população mundial era de 2,5 bilhões em 1950 e passou à marca dos 7 bilhões em 2012; os maiores aumentos ocorreram nos países mais pobres do mundo.) Esse crescimento ameaçou superar os ganhos econômicos, pressionando todas as instituições, desde as famílias até a nação, e também resultou em uma curva populacional inclinada para os jovens. As crianças eram desejadas por seu trabalho e por poderem se tornar cuidadores de seus pais mais tarde na vida; os contraceptivos não estavam disponíveis, eram demasiadamente caros ou vistos como socialmente inaceitáveis. O crescimento da população diminuiu em alguns países muito pobres por meio de políticas públicas ou pela contracepção subsidiada, mas os programas de ajuda internacional também tiveram dificuldades pelas limitações rigorosas sobre os tipos de controle de natalidade permitidos por preocupações morais e religiosas de grupos de pressão políticos dos países mais ricos. As agências de ajuda humanitária também descobriram que o meio mais eficaz de diminuir a taxa de natalidade é aumentar o nível de educação básica e técnica para meninas e mulheres e, ao mesmo tempo, proporcionar pequenos empréstimos para máquinas de costura, animais de fazenda ou até mesmo telefones celulares para que as mulheres pudessem obter certa independência econômica. Na década de 1980, os programas de desenvolvimento passaram a, de certa forma, serem projetos menores e dirigidos às mulheres, tais como pequenos sistemas de irrigação, melhoria das técnicas de criação de animais, associações de crédito e programas de microcrédito, mas essas medidas sofrem limites pela guerra, pelas crises ambientais, pela diminuição dos financiamentos e pelas atitudes culturais sobre o papel apropriado das mulheres.

Apesar do surgimento e da disseminação de novas doenças, algumas das quais tiveram grandes consequências sociais, culturais e para a saúde, a população cresceu de forma dramática. Na década de 1980, o surgimento de uma nova doença sexualmente transmissível – a síndrome da imunodeficiência adquirida (AIDS), causada pelo vírus da imunodeficiência humana (HIV) – reformulou em todo o mundo o comportamento sexual e opiniões sobre ele.

CAPÍTULO 5 – INDUSTRIALIZAÇÃO, IMPERIALISMO E DESIGUALDADE, 1800 D.C.-2015 D.C. | 373

A AIDS é transmitida pela troca de fluidos corporais, e é extremamente contagiosa. No Ocidente, suas primeiras vítimas incluíam muitos homossexuais e usuários de drogas intravenosas, que eram vistos por alguns como merecedores de seu destino. A extensa investigação médica resultou em drogas antirretrovirais na década de 1990 e, para aqueles que podiam pagar por elas, o HIV/AIDS tornou-se uma doença crônica, não mais uma sentença de morte. Nas regiões mais pobres do mundo, a AIDS se espalhou inicialmente entre as prostitutas e seus clientes; sua transmissão rápida ao redor do mundo foi relacionada a um aumento explosivo do turismo sexual internacional. As drogas eram muito caras e muitos homens eram contra o uso de preservativos, os quais teriam diminuído a velocidade de sua propagação. Eventualmente, muitas pessoas foram infectadas, particularmente no sul da África, onde era comum ter múltiplos parceiros sexuais simultaneamente, especialmente para os homens. Além disso, o deslocamento da população por causa de conflitos e secas acelerou a propagação. A AIDS reduziu a expectativa de vida na África do Sul e nos países vizinhos por mais de uma década nos anos de 1990 e, de acordo com a Organização Mundial de Saúde, atualmente* é a principal causa de morte entre as mulheres com idades entre 15 e 44 anos em todo o mundo.

As aldeias do mundo tinham poucas perspectivas para o seu crescente número de jovens e, então, eles foram para onde sempre foram: para as cidades que cresciam a uma taxa surpreendente, às vezes dobrando ou triplicando em uma única década. A partir de 2000, a América Latina passou a ser a região mais urbanizada do mundo, com 75 % de sua população vivendo nas cidades. Lagos, a antiga capital da Nigéria, foi de menos de 1 milhão de habitantes em 1965 para um número estimado em 20 milhões atualmente, tornando-se a maior cidade da África. Nessas e em outras megacidades como Nairóbi, Dakar, cidade do México e Rio de Janeiro, os sistemas de água e esgoto, energia elétrica, polícia e bombeiros, habitação e nem mesmo as ruas conseguiam (e não conseguem) manter o mesmo ritmo do crescimento explosivo. Cidades como essas possuem um pequeno grupo de pessoas ricas e de classe média, que vivem em apartamentos agradáveis ou mansões suburbanas e trabalham em escritórios situados em arranha-céus, mas a maioria das pessoas vive em apartamentos com muitas pessoas ou constroem sozinhos suas casas em terrenos de terceiros, com caixas de papelão, madeira compensada, embalagens, engradados, tecidos e outros materiais que consigam encontrar. A maioria das pessoas sobrevive pela economia de serviços temporários, que sempre foi a situação dos morado-

---

*   O original desta obra foi publicado em 2015. (N.E.)

res urbanos pobres, vendendo produtos e trabalho – incluindo o sexo – em uma escala muito pequena. As cidades reúnem pessoas de diferentes origens e tradições, criando novas misturas culturais, mas também fomentam as hostilidades; ambas são reforçadas por meio das tecnologias da mídia moderna, incluindo o alto-falante, o telefone celular e a internet.

O movimento de mudança leva os jovens para longe de sua família extensa ou ampliada, enfraquecendo os laços da linhagem e permitindo que eles se tornem mais independentes. A maioria das famílias urbanas é muito menor do que as que vivem em aldeias; o casamento é decidido pelos indivíduos e não mais arranjado pela família. A mudança também deixa as pessoas vulneráveis porque elas não têm uma linhagem para apoiá-las econômica ou emocionalmente. Associações da sociedade civil, grupos de jovens, igrejas e os clubes de mulheres fundados em bairros urbanos tentam ajudar os migrantes a se ajustar, mas suas perspectivas de emprego permanecem limitadas, e eles têm apenas uma pequena chance de escapar da pobreza.

EM DIREÇÃO AO TERCEIRO MILÊNIO

No início do terceiro milênio, o jargão mais comum que descreve a situação atual do mundo é o termo "globalizado", por meio do qual as regiões do mundo se integram em um único sistema. Alguns observadores, incluindo muitos historiadores, veem a globalização como um processo muito longo, que teve início durante o intercâmbio colombiano, ou então com as viagens ao longo das rotas da seda por toda a Ásia ou até mesmo com a migração inicial dos *Homo sapiens* em torno do mundo. Mais frequentemente, a globalização é vista como um produto dos avanços nos transportes e nas telecomunicações ao longo das últimas décadas, permitindo que as empresas internacionais e as instituições financeiras, juntamente com as agências internacionais e organizações (governamentais e não governamentais) se tornassem cada vez mais importantes. Atualmente, as grandes corporações multinacionais sabem e definem mais sobre a vida de mais pessoas do que seria possível imaginar anteriormente, incluindo as pessoas que vivem nos pouquíssimos países onde essas corporações não estão ativas, tais como a Coreia do Norte, onde as empresas privadas são proibidas, ou no Burundi, que em 2014 era a nação mais pobre e mais faminta do mundo e, portanto, sem muito interesse para as empresas internacionais. De acordo com o Índice de Conectividade Global desenvolvido pela DHL, a maior empresa de logística do mundo, o Burundi, em 2012, era o país menos globalizado do mundo. A Holanda era a mais globalizada, dezenas de vezes mais conectada que o Burundi em termos de profundidade e amplitude dos fluxos de comércio, de capital, de informação e pessoas que a DHL escolheu medir. Era também um dos países mais ricos (com PIB *per capita* em décimo sétimo lugar, segundo a ONU); seu nível de fome era tão baixo que não era nem medido pelo índice Global de Fome preparado pelo Instituto Internacional de Pesquisas sobre Políticas Alimentares (*International Food Policy Research Institute*).

TABELA 1. Índice DHL de Conectividade Global de 2012, 20 melhores países e 20 piores.

	País	Total do Índice de Conectividade		País	Total do Índice de Conectividade
1	Holanda	89	121	Bósnia e Herzegovina	28
2	Singapura	83	122	Nigéria	26
3	Luxemburgo	82	123	Uzbequistão	25
4	Irlanda	81	124	Quirguistão	25
5	Suíça	80	125	Bolívia	24
6	Reino Unido	78	126	Irã	24
7	Bélgica	76	127	Síria	23
8	Suécia	75	128	Venezuela	23
9	Dinamarca	74	129	El Salvador	23
10	Alemanha	73	130	Benim	22
11	Noruega	71	131	Laos	22
12	Hong Kong	71	132	Tadjiquistão	22
13	Malta	69	133	Nepal	21
14	Coreia do Sul	69	134	Botswana	21
15	Tailândia	67	135	Paraguai	20
16	Malásia	66	136	Burkina Faso	18
17	França	65	137	Myanmar	15
18	Israel	65	138	Ruanda	14
19	Áustria	65	139	República Centro-Africana	12
20	Islândia	64	140	Burundi	10

Fonte: Pankaj Ghemawat e Steven A. Altman, "DHL Global Connectedness Index 2012", *Deutsche Post DHL*, Novembro de 2012.

376 | HISTÓRIA CONCISA DO MUNDO

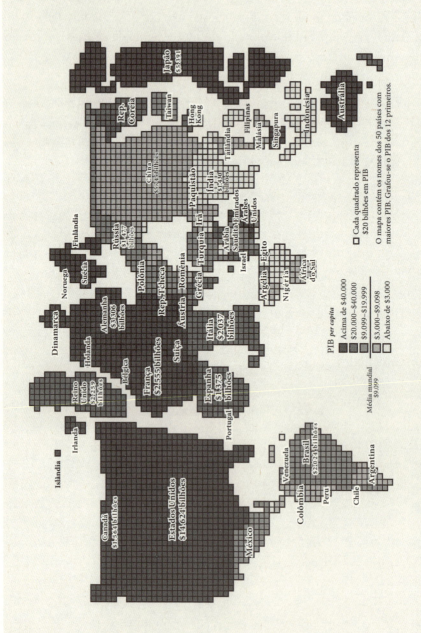

MAPA 14. Distribuição mundial da riqueza, 2010.

Os analistas de todas as linhas políticas veem essas três medidas estatísticas – conexões globais, riqueza e fome – como causalmente relacionadas, sendo que suas linhas de causalidade fluem para todas as direções. O Burundi é pobre e esfomeado porque carece de conexões globais, e não possui conexões globais, em parte, porque é pobre. Que a pobreza é, em si, em parte um resultado dos dois processos traçados neste capítulo, industrialização e imperialismo, como também o é a riqueza da Holanda. A entrada de parte do mundo em uma economia pós-industrial e o declínio do imperialismo político causaram o aumento dessas desigualdades, não a diminuição. Em geral, em termos de padrão de vida, acesso à saúde, mortalidade infantil, expectativa de vida, níveis de alfabetização, estabilidade política, falta de violência e outras medidas de qualidade de vida, as regiões do mundo cujas medidas eram altas em 1950, ainda são as mesmas que possuem altos índices atualmente. As desigualdades dentro das Nações também continuaram a existir. Na América Latina, por exemplo, embora o México comemore seu patrimônio *mestiço* e Cuba, Brasil e outras nações proclamem-se isonômicos em relação às raças, as pessoas de pele clara dominam os níveis superiores de renda e as pessoas de pele escura, os inferiores. A renda dos indivíduos classificados como brancos no censo nacional brasileiro de 2007 possuíam renda duas vezes maior que os indivíduos classificados como negros ou pardos.

As tendências demográficas também são tanto uma causa quanto um resultado da desigualdade. Novos métodos de controle de natalidade introduzidos na década de 1960, particularmente "a pílula", mas também novos tipos de dispositivos intrauterinos (DIUs), mostraram-se muito eficazes e, em 2000, cerca de dois terços da população do mundo já praticavam algum tipo de controle de natalidade. No entanto, as taxas de fecundidade permanecem elevadas nos países mais pobres do mundo; a taxa de fecundidade total para as mulheres do Burundi em 2009 (de acordo com estimativas da ONU) era de 6,8 crianças, a quarta taxa mais alta do mundo, enquanto na Holanda a mesma era de 1,7, pondo o país em 155º lugar. Em muitos lugares, na verdade, as taxas de natalidade têm ficado abaixo dos níveis de reposição desde 2005. Na China, a política do filho único foi tão eficaz que o governo está agora preocupado com a taxa muito baixa de natalidade – muitas vezes chamada de "acinzentamento" (envelhecimento) da população – e está concedendo mais isenções. No entanto, ocorre que as despesas com uma segunda criança e a falta de habitação levam alguns casais urbanos a não quererem um segundo filho. A população chinesa continua aumentando, pois uma grande parte da população ainda está em idade fértil, mas no Japão as taxas de natalidade são tão baixas que a população está em declínio. O Japão é culturalmente homogêneo e as políticas públicas nunca favoreceram a imigração – que, em outros lugares, costuma ser a solução para a diminuição da população –, então diversos métodos de alta tecnologia, incluindo robôs e sistemas eletrônicos de monitoração estão atualmente sendo propostos para abordar questões delicadas como a assistência aos idosos. Na Índia, as famílias urbanas de classe média têm acesso à contracepção e, dessa forma, têm famílias menores, enquanto as famílias das aldeias permanecem grandes; os demógrafos preveem que a partir de 2050 a Índia ultrapassará a China como o país mais populoso do mundo, com 1,5 bilhões de pessoas. Atualmente, as menores taxas de fertilidade do mundo pertencem aos Estados ricos, fortemente urbanizados e apinhados de gente do leste da Ásia, incluindo Cingapura, Hong Kong e Macau, bem como ao Japão e à Europa Oriental e aos antigos Estados soviéticos, em que as mulheres decidiram não ter filhos por causa de uma situação chamada pelos sociólogos de "instabilidade do parceiro" e outras incertezas. A França, a Itália, a Alemanha, a Polônia, a Rússia, Taiwan, Cingapura e alguns outros países adotaram políticas para encorajar os casais a ter mais filhos, e, assim, houve um ligeiro aumento em alguns lugares, mas o aumento do custo de vida, especialmente nas cidades onde vive a maioria das pessoas atualmente, a participação das mulheres na força de trabalho pago e a aceitabilidade social das famílias pequenas significa que baixas taxas de natalidade irão, sem dúvida, continuar a existir nas sociedades industrializadas. Todas essas tendências tornam muito difícil prever o que acontecerá aos níveis da população global durante o próximo século, e as estimativas variam entre a estabilização aos níveis atuais e o crescimento a um ritmo ainda mais rápido.

A migração e as viagens foram responsáveis pela propagação global da AIDS – juntamente com outras doenças menos devastadoras – e também estão entre os fatores das mudanças na estrutura familiar. Apesar das contínuas tensões étnicas e religiosas e da violência em muitas áreas, em outras, o casamento ou a coabitação entre indivíduos de diferentes raças, etnias e religiões torna-se cada vez mais comum, desafiando fronteiras e definições centenárias sobre quem é família e quem é parente. A migração de longa distância e a urbanização são responsáveis por grande parte desses relacionamentos entre os grupos, mas muitos também resultam dos serviços de sexo, namoro e casamento oferecidos pela internet, envolvendo milhares de agências. No entanto, em algumas situações, a internet também é capaz de aumentar a endogamia; os hindus de castas altas e os judeus ortodoxos agora buscam cônjuges apropriados por meio de anúncios feitos na internet, bem como por casamenteiros tradicionais; além disso, as pessoas de vários tipos de novos grupos – fãs de *Star Trek*, observadores de aves, policiais homossexuais – também podem encontrar parceiros semelhantes por meio da internet.

As famílias hoje estão menos propensas do que estavam 50 anos atrás a serem formadas por apenas o casal e seus filhos. Por causa dos contraceptivos eficazes a atividade sexual separou-se de suas consequências reprodutivas em muitas partes do mundo, e o sexo antes do casamento com uma variedade de parceiros tornou-se muito mais aceito, mesmo para as mulheres. Desde 1970, a taxas de nupcialidade têm caído de forma constante na maior parte do mundo, pois a crescente aceitação social da coabitação e da gravidez fora do casamento têm levado muitas pessoas a não se casar ou a se casar bem mais tarde. Simultaneamente, as taxas de divórcio aumentaram: na década de 2000, nos Estados Unidos, um de cada dois casamentos terminaram em divórcio e no mundo árabe, um a cada quatro. Muitas famílias incluem os filhos de vários relacionamentos diferentes, retornando assim a um padrão antigo, em que a morte de um dos parceiros e o novo matrimônio tinham criado famílias "misturadas". A essa variedade adicionam-se agregados e famílias em que as crianças estão sendo criadas por seus avós, por indivíduos e casais gays, lésbicas e transexuais, por pais adotivos, por pais solteiros (geralmente a mãe) e por casais que não têm intenção de se casar. As estatísticas dos EUA fornecem evidência de todas essas tendências: em 2013, 15 % dos novos casamentos foram inter-raciais, 19 % dos lares consistiam de um casal e seus filhos, 51 % dos adultos eram casados (abaixo dos 72 % em 1960) e 41 % das crianças nasceram de mulheres solteiras.

Os sistemas de transporte e comunicações que permitiram a globalização dos bancos e do namoro também permitiram a propagação e a mistura das formas culturais em um nível sem precedentes; músicas, filmes, programas de televisão, sites, estações de rádio, redes sociais eletrônicas, salas de aula e tudo o mais podem agora alcançar uma audiência global. Os profetas das novas tecnologias da informação também preveem que as formas culturais mais antigas – a universidade, a galeria, o livro, a gravação musical – irão desaparecer em um futuro próximo, e serão substituídas por formas de estudo, exibição e distribuição feitos pelo telefone celular ou pelo computador. Os defensores desses desenvolvimentos louvam as possibilidades, afirmando que, dessa forma, a cultura será democratizada, abrindo-se para quaisquer pessoas com ideias criativas e acesso à tecnologia digital. Há críticos que destacam a "exclusão digital", eles observam que grande parte da população do mundo não tem acesso a computadores e, embora cada vez mais pessoas possuam telefones celulares, isso está levando a uma globalização comercial e homogeneização cultural, em vez do surgimento de culturas locais individuais.

A última carta da coleção de Nehru foi escrita em agosto de 1933, em meio a uma depressão econômica mundial, quando o Exército japonês avançava na China e os nazistas tinham acabado de chegar ao poder na Alemanha. Não é de estranhar que Nehru comente: "nossa era... é a era da desilusão, da dúvida e da incerteza e do questionamento". Ele poderia estar falando do início do terceiro milênio, e agora o acesso à televisão, ao computador ou ao telefone celular permite que as pessoas de todo o mundo vejam regularmente a afluência ou a miséria dos outros, diferente de presenciar tais situações somente durante uma procissão real ou durante a visita a uma capital, como ocorria nos séculos anteriores. A desigualdade é uma característica central da sociedade humana desde o Neolítico (ou talvez ainda mais cedo), mas nos últimos diversos séculos, as ideologias isonômicas disseram que isso estava errado e que as pessoas vinham se esforçando para diminuí-la, em alguns casos com êxito. Ainda veremos se isso será verdade no futuro – se Burundi e a Holanda irão caminhar juntas ou se ficarão ainda mais afastadas quanto à conectividade, à riqueza e à fome.

Ensaio bibliográfico

Introdução

Conforme eu escrevia este livro, eu também estava trabalhando como editor-chefe do *Cambridge World History* (2015). Seus sete volumes oferecem uma excelente visão geral do campo dinâmico da história do mundo hoje, com ensaios de historiadores, historiadores de arte, antropólogos, classicistas, arqueólogos, economistas, sociólogos e especialistas (das universidades ao redor do mundo) de áreas específicas; suas ideias estão refletidas nas páginas deste livro. Para uma introdução em apenas um livro sobre história global e do mundo como um campo de pesquisa, veja: Bruce Mazlish e R. Buultjens, eds., *Conceptualizing Global History* (Boulder, CO: Westview Press, 1993); Ross Dunn, ed., *The New World History: A Teacher's Companion* (Nova York: Bedford/St. Martin's, 2000); Patrick Manning, *Navigating World History: Historians Create a Global Past* (Nova York: Palgrave Macmillan, 2003); Marnie Hughes-Warrington, ed., *Palgrave Advances in World Histories* (Nova York: Palgrave Macmillan, 2005); Douglas Northrop, ed., *A Companion to World History* (Oxford: Wiley-Blackwell, 2012); Kenneth R. Curtis e Jerry H. Bentley, eds., *Architects of World History: Researching the Global Past* (Oxford: Wiley-Blackwell, 2014). Para estudos sobre como a história tem sido escrita em todo o mundo, consulte: Eckhardt Fuchs e Benedikt Stuchtey, eds., *Across Cultural Borders: Historiography in Global Perspective* (Lanham, MD: Rowman & Littlefield, 2002); Dominic Sachsenmaier, *Global Perspectives on Global History: Theories and Approaches in a Global World* (Cambridge: Cambridge University Press, 2011); Prasenjit Duara, Viren Murthy e Andrew Sartori, eds., *A Companion to Global Historical Thought* (Oxford: Wiley-Blackwell, 2014).

Pesquisas úteis sobre práticas históricas atuais que incluem a consideração sobre a história do mundo e a história global: David Cannadine, ed., *What Is History Today?* (Londres: Palgrave Macmillan, 2003); Ludmilla Jordanova, *History in Practice*, 2. ed. (Londres: Hodder Arnold, 2006); Ulinka Rublack, *A Concise Companion to History* (Oxford: Oxford University Press, 2012). O site "Making history: the changing face of the profession in Britain", desenvolvido pelo Instituto de Pesquisas Históricas em Londres, tem alguns excelentes ensaios curtos sobre as abordagens atuais: <www.history.ac.uk/makinghis tory/themes/>.

Recentemente, não há publicações que tragam um resumo sobre a história social, mas em relação à história cultural, veja: Peter Burke, *What is Cultural History?* (Cambridge: Polity Press, 2004) e Alessandro Arcangeli, *Cultural History: A Concise Introduction* (Londres: Routledge, 2011). Susan Kingsley Kent, *Gender and History* (Londres: Palgrave Macmillan, 2011) oferece uma introdução à história do gênero que tem sido um componente importante da história social e cultural. Para a história mundial sobre gênero, consulte Teresa A. Meade e Merry E. Wiesner-Hanks, eds., *A Companion to Gender History* (Oxford: Wiley-Blackwell, 2004).

1. FAMÍLIAS COLETORAS E AGRICULTORAS, ATÉ 3000 A.C.

Ian Tattersall, *Masters of the Planet: The Search for Our Human Origins* (Londres: Palgrave Macmillan, 2013) oferece uma excelente e breve pesquisa sobre a evolução humana e sobre o campo da paleoantropologia. Ele enfatiza uma mudança muito repentina à modernidade comportamental, o mesmo fazem Richard Klein e B. Edgar, *The Dawn of Human Culture* (Nova York: Wiley, 2002) e Chris Stringer, *Lone Survivors: How We Came to Be the Only Humans on Earth* (Nova York: Times Books, 2012), publicado na Inglaterra com um título menos dramático *The Origin of Our Species*. Para uma visão mais gradualista, consulte Sally McBrearty e Alison S. Brooks, "The Revolution That Wasn't: A New Interpretation of the Origin of Modern Human Behavior", *Journal of Human Evolution* 39, n. 5 (2000): 453-563. Para uma visão ainda *mais* gradualista, que vê o pensamento simbólico emergir muito mais cedo, veja: Clive Gamble, *Origins and Revolutions: Human Identity in Earliest Prehistory* (Cambridge: Cambridge University Press, 2007). Sobre *Kanzi, o bonobo*, ver Kathy Schick et al., "Continuing Investigations into the Stone Tool-making and Tool-using Capacities of a Bonobo (*Pan paniscus*)," *Journal of Archaeological Science* 26 (1999): 821-832. Para algumas ideias novas sobre os Neandertais, consulte

Francesco d'Errico, "The Invisible Frontier: A Multiple Species Model for the Origins of Behavioural Modernity", *Evolutionary Anthropology* 12 (2003): 188-202 e J. Zilhão, *Anatomically Archaic, Behaviorally Modern: The Last Neanderthals and Their Destiny* (Amsterdã: Stichting Nederlands Museum voor Anthopologie en Praehistorie, 2001).

Sobre a importância da culinária para a evolução humana, veja: Richard Wrangham, *Catching Fire: How Cooking Made Us Human* (Nova York: Basic Books, 2009). Felipe Fernández-Armesto, *Near a Thousand Tables: A History of Food* (Nova York: Free Press, 2002), Martin Jones, *Feast: Why Humans Share Food* (Oxford: Oxford University Press, 2007) e Rachel Landau, *Cuisine and Empire: Cooking in World History* (Berkeley: University of California Press, 2013) fornecem visões gerais fascinantes sobre a importância da preparação de alimentos e consumo ao longo do tempo.

Nicolas J. Allen et al., eds., *Early Human Kinship: From Sex to Social Reproduction* (Oxford: Wiley-Blackwell, 2008) é uma série de ensaios que examina a transformação do parentesco biológico em sistemas sociais de parentesco. Outros trabalhos recentes sobre parentesco e o curso da vida incluem: Kristen Hawkes e Richard R. Paine, *The Evolution of Human Life History* (Santa Fé: School of American Research Press, 2006) e Sarah Blaffer Hrdy, *Mothers and Others: The Evolutionary Origins of Mutual Understanding* (Cambridge, MA: Harvard University Press, 2009). Allen Johnson e Timothy Earle, *The Evolution of Human Societies: From Foraging Group to Agrarian State*, 2 ed. (Stanford: Stanford University Press, 2000) argumentam que a evolução cultural e a evolução social estão enraizadas na troca de bens e serviços entre as famílias. Para mais informações sobre o papel da cultura, consulte: Peter J. Richerson e Robert Boyd, *Not By Genes Alone: How Culture Transformed Human Evolution* (Chicago: University of Chicago Press, 2006). Sobre a migração como elemento chave para a formação e a transmissão da língua, da cultura material e de outros aspectos da sociedade humana, veja: Peter Bellwood, *First Migrants: Ancient Migrations in Global Perspective* (Oxford: Wiley-Blackwell, 2013).

Ian Kuijt, ed., *Life in Neolithic Farming Communities: Social Organization, Identity, and Differentiation* (Nova York: Kluwer Academic, 2000) oferece uma série de ensaios que examinam o desenvolvimento do sedentarismo, incluindo o artigo de Michael Rosenberg e Richard W. Redding sobre Hallan Çemi discutido neste capítulo. Para mais informações sobre a sociedade neolítica, consulte: Jane Peterson, *Sexual Revolutions: Gender and Labor at the Dawn of Agriculture* (Walnut Creek, CA: AltaMira

384 | HISTÓRIA CONCISA DO MUNDO

Press, 2002) e Alasdair Whittle, *The Archaeology of People: Dimensions of Neolithic Life* (Londres: Routledge, 2003). W. K. Barnett e J. W. Hoopes, eds., *The Emergence of Pottery: Technology and Innovation in Ancient Societies* (Washington, DC: Smithsonian Institution Press, 1995) e Marcia-Anne Dobres, *Technology and Social Agency* (Oxford: Blackwell, 2000) oferecem excelentes análises sobre a invenção e a transmissão de tecnologias. Sobre rituais, símbolos e espiritualidade, veja: Jacques Cauvin, *The Birth of Gods and the Origins of Agriculture* (Cambridge: Cambridge University Press, 2000); Richard Bradley, *Ritual and Domestic Life in Prehistoric Europe* (Londres: Routledge, 2005); e David Lewis-Williams e David Pearce, *Inside the Neolithic Mind: Consciousness, Cosmos, and the Realm of the Gods* (Londres: Thames & Hudson, 2005). Ian Hodder, *Entangled: An Archaeology of the Relationships between Humans and Things* (Londres: Wiley-Blackwell, 2012) apresenta uma teoria fascinante sobre as conexões entre seres humanos e objetos materiais da comunidade neolítica de Çatalhöyük até hoje.

Sobre o desenvolvimento de hierarquias dentro e entre as sociedades, veja: Timothy Earle, *How Chiefs Came to Power: The Political Economy in Prehistory* (Stanford: Stanford University Press, 1997); Jared Diamond, *Guns, Germs, and Steel: The Fates of Human Societies* (Londres: Vintage, 1998); e especialmente o magistral Kent Flannery e Joyce Marcus, *The Creation of Inequality: How Our Prehistoric Ancestors Set the Stage for Monarchy, Slavery, and Empire* (Cambridge, MA: Harvard University Press, 2012).

Ensaios sobre muitos tópicos deste capítulo podem ser encontrados em David Christian, ed., *Introducing World History to 10,000 bce.* e Graeme Barker e Candice Goucher, eds., *A World with Agriculture,* 12,000 *bce*-500 *ce*, Vol. 1 e 2 da coleção *Cambridge World History.*

2. Cidades e sociedades clássicas, 3000 a.c.-500 d.c.

O melhor local para encontrar a mais recente pesquisa sobre cidades está em: Norman Yoffee, ed., *Early Cities in Comparative Perspective, 4000 bce-1200 ce*, Vol. 3 de *Cambridge World History* (2015); da mesma forma, sobre o desenvolvimento dos Estados, consulte o Vol. 4 de *Cambridge World History*, Craig Benjamin, ed., *A World with States, Empires and Networks, 1200 bce-900 ce*. Michael Adas, ed., *Agricultural and Pastoral Societies in Ancient and Classical History* (Philadelphia: Temple University Press, 2001); Bruce D. Trigger, *Understanding Early Civilizations: A Comparative Study* (Cambridge: Cambridge University Press, 2007); e Shelley Hales e

Tamar Hodos, eds., *Material Culture and Social Identities in the Ancient World* (Cambridge: Cambridge University Press, 2010) são estudos transculturais sobre padrões sociais, econômicos e culturais recorrentes. Para mais informações sobre cidades, consulte: Joyce Marcus e Jeremy Sabloff, eds., *The Ancient City: New Perspectives on Ancient Urbanism* (Santa Fe: SAR Press, 2008); Monica Smith, ed., *The Social Construction of Ancient Cities* (Washington, DC: Smithsonian, 2010); e Charles Gates, *Ancient Cities: The Archaeology of Urban Life in the Ancient Near East and Egypt*, 2. ed. (Londres: Routledge, 2011). Para Djenné-djeno, consulte: Roderick J. McIntosh, *Ancient Middle Niger: Urbanism and the Self-Organizing Landscape* (Cambridge: Cambridge University Press, 2005). Sobre Estados, ver: Norman Yoffee, *Myths of the Archaic State* (Cambridge: Cambridge University Press, 2005) e Richard E. Blanton e Lane Fargher, *Collective Action in the Formation of Pre-Modern States* (Nova York: Springer, 2008). Susan E. Alcock, ed., *Empires: Perspectives from Archaeology and History* (Cambridge: Cambridge University Press, 2009) é uma coleção de ensaios sobre os impérios pré-modernos de todo o mundo; e Jane Burbank e Frederick Cooper, *Empires in World History: Power and Politics of Difference* (Princeton: Princeton University Press, 2010) é uma ampla análise que começa com a China da dinastia Han e se estende até o século XX.

Sobre o desenvolvimento da escrita, veja Stephen Houston, ed., *The First Writing: Script Invention as History and Process* (Cambridge: Cambridge University Press, 2004). Sobre as implicações da escrita, veja: Jack Goody, *The Logic of Writing and the Organization of Society* (Cambridge: Cambridge University Press, 1986); Marshall McLuhan, *The Medium is the Massage: An Inventory of Effects* (Nova York: Random House, 1967); e Walter Ong, *Orality and Literacy: The Technologizing of the World* (Londres: Methuen, 1982). John Miles Foley, *Oral Tradition and the Internet: Pathways of the Mind* (Urbana-Champaign: University of Illinois Press, 2012) estende essa análise para a mídia contemporânea.

Sobre a família, ver a enorme coleção editada por André Burguière et al., *A History of the Family*, Vol. I: *Distant Worlds, Ancient Worlds* (Cambridge, MA: Belknap Press, 1996) e o muito mais compacto livro de Mary Jo Maynes e Ann Waltner, *The Family: A World History* (Oxford: Oxford University Press, 2012). Philip D. Curtin, *Cross-Cultural Trade in World History* (Cambridge: Cambridge University Press, 1984) é uma obra clássica com muita informação sobre o período antigo. Sobre escravidão, veja: Keith Bradley e Paul Cartledge, eds., *The Cambridge World History of Slavery*, Vol. 1: *The Ancient Mediterranean World* (Cambridge: Cambridge University Press, 2011).

Shmuel N. Eisenstadt, *The Origins and Diversity of Axial Age Civilizations* (Albany: State University of New York Press, 1986) apresenta uma boa introdução à ideia da Idade Axial; e Karen Armstrong, *The Great Transformation: The Beginning of Our Religious Traditions* (Nova York: Anchor, 2007) usa essa ideia para analisar e comparar as tradições religiosas e filosóficas em quatro regiões do mundo. Richard Foltz, *Religions of the Silk Roads: Premodern Patterns of Globalization*, 2. ed. (Londres: Palgrave Macmillan, 2010), examina a transmissão da cultura religiosa ao longo das rotas da seda da Ásia Central.

3. Expansão das redes de interação, 500 d.C.-1500 d.C.

As obras de Rashid al-Din, Murasaki Shikibu, Marco Polo e Ibn Battuta estão disponíveis em traduções para o inglês: Rashid al-Din, *Rashiduddin Fazlullah's Jami'u't-tawarikh: Compendium of Chronicles. A History of the Mongols*, trad. Wheeler M. Thackston (Cambridge, MA: Harvard University Press, 1998); Murasaki Shikibu, *The Tale of Genji*, trad. Edward G. Seidensticker (New York: Alfred A. Knopf, 1976); Marco Polo, *The Travels*, trad. Ronald Latham (Londres: Penguim, 1958); *The Travels of Ibn Battuta*, ed. Tim Macintosh-Smith (Londres: Macmillan, 2003). Obras recentes sobre os dois viajantes incluem Ross E. Dunn, *The Adventures of Ibn Battuta: A Muslim Traveler of the Fourteenth Century*, rev. ed. (Berkeley: University of California Press, 2004); Hans Ulrich Vogel, *Marco Polo Was in China: New Evidence from Currencies, Salts and Revenues* (Leiden: Brill, 2013).

Estudos regionais com foco social e cultural incluem: K. N. Chaudhuri, *Asia before Europe: Economy and Civilisation of the Indian Ocean from the Rise of Islam to 1750* (Cambridge: Cambridge University Press, 1991); Victor Lieberman, *Beyond Binary Histories: Re-imagining Eurasia to c. 1830* (Michigan: University of Michigan Press, 1997); Catherine B. Asher e Cynthia Talbot, *India before Europe* (Cambridge: Cambridge University Press, 2006); Charles Holcombe, *The Genesis of East Asia, 221 bc-ad 907* (Honolulu: University of Hawai'i Press, 2001); S. Frederick Starr, *Lost Enlightenment: Central Asia's Golden Age from the Arab Conquest to Tamerlane* (Princeton: Princeton University Press, 2013); John Haldon, ed., *A Social History of*

Byzantium (Oxford: Wiley-Blackwell, 2009); Peregrine Horden e Nicholas Purcell, *The Corrupting Sea: A Study of Mediterranean History* (Oxford: Blackwell, 2000); Chris Wickham, *Framing the Early Middle Ages: Europe and the Mediterranean, 400-800* (Oxford: Oxford University Press, 2007); Steven A. Epstein, *An Economic and Social History of Later Medieval Europe* (Cambridge: Cambridge University Press, 2007); Michael E. Smith e Frances F. Berdan, eds., *The Postclassic Mesoamerican World* (Salt Lake City: University of Utah Press, 2003). Sobre gênero, veja: Gavin R. G. Hambly, ed., *Women in the Medieval Islamic World* (New York: St. Martin's Press, 1998); Rosemary A. Joyce, *Gender and Power in Prehistoric Mesoamerica* (Austin: University of Texas, 2001); Dorothy Ko, JaHyun Kim Haboush e Joan R. Piggott, eds., *Women and Confucian Cultures in Premodern China, Korea, and Japan* (Berkeley: University of California Press, 2003); Leslie Brubaker e Julia M. H. Smith, eds., *Gender in the Early Medieval World: East and West, 300-900* (Cambridge: Cambridge University Press, 2004).

A expansão do islã foi examinada em: Ira M. Lapidus, *A History of Islamic Societies*, 2. ed. (Cambridge: Cambridge University Press, 2002); Jonathan P. Berkey, *The Formation of Islam: Religion and Society in the Near East, 600-1800* (Cambridge: Cambridge University Press, 2003); David Robinson, *Muslim Societies in African History* (Cambridge: Cambridge University Press, 2004). Sobre os mamelucos, ver Thomas Philipp e Ulrich Harmann, eds., *The Mamluks in Egyptian Politics and Society* (Cambridge: Cambridge University Press, 2007).

Estudos sobre as cortes e a cultura das cortes incluem: Jeroen Frans Jozef Duindam, *Royal Courts in Dynastic States and Empires: A Global Perspective* (Leiden: Brill, 2011); Hugh Kennedy, *The Court of the Caliphs: When Baghdad Ruled the Muslim World* (Cambridge, MA: DaCapo, 2005); Joachim Bumke, *Courtly Culture: Literature and Society in the High Middle Ages* (Woodstock, NY: Overlook Press, 2000); Daud Ali, *Courtly Culture and Political Life in Early Medieval India* (Cambridge: Cambridge University Press, 2004); Mikael S. Adolphson, *The Gates of Power: Monks, Courtiers, and Warriors in Premodern Japan* (Honolulu: University of Hawai'i Press, 2000); Mikael Adolphson, Stacie Matsumoto e Edward Kamens, *Heian Japan: Centers and Peripheries* (Honolulu: University of Hawai'i Press, 2007); Anne Walthall, ed., *Servants of the Dynasty: Palace Women in World History* (Berkeley: University of California Press, 2008). Dorothy Ko, *Cinderella's Sisters: A Revisionist History of Footbinding*

388 | HISTÓRIA CONCISA DO MUNDO

(Berkeley: University of California Press, 2007) é a análise mais perspicaz desta questão complexa.

Sobre a expansão da agricultura e suas mudanças, ver Robert Bartlett, *The Making of Europe: Conquest, Colonization, and Cultural Change, 950-1350* (Princeton: Princeton University Press, 1994); Dieter Kuhn, *The Age of Confucian Rule: The Song Transformation of China* (Cambridge, MA: Belknap Press, 2011); George R. Milner, *The Moundbuilders: Ancient Peoples of Eastern North America* (London: Thames & Hudson, 2005); Patrick Vinton Kirch, *A Shark Going Inland Is My Chief: The Island Civilization of Ancient Hawai'i* (Berkeley: University of California Press, 2012). Sobre se os aldeões exploraram ou cuidaram de seu meio ambiente, veja: Jared Diamond, *Collapse: How Societies Chose to Fail or Succeed* (Nova York: Viking, 2005) e Patricia McAnany e Norman Yoffee, eds., *Questioning Collapse: Human Resilience, Ecological Vulnerability, and the Aftermath of Empire* (Cambridge: Cambridge University Press, 2010). James C. Scott, *The Art of Not Being Governed: An Anarchist History of Upland Southeast Asia* (New Haven: Yale University Press, 2010) examina os grupos que resistiram à expansão da agricultura e do Estado.

Sobre os Mongóis, veja: Thomas T. Allsen, *Culture and Conquest in Mongol Eurasia* (Cambridge: Cambridge University Press, 2001); Peter Jackson, *The Mongols and the West, 1221-1410* (London: Routledge, 2005); George Lane, *Daily Life in the Mongol Empire* (Westport, CT: Greenwood, 2006). O estudo sobre a linhagem masculina dos descendentes de Gengis Khan: Tatiana Zerjal et al., "The Genetic Legacy of the Mongols", *American Journal of Human Genetics* 72 (2003): 717-21.

Vários trabalhos recentes examinaram a interação entre mito e realidade nas cidades dessa era: Elisabeth Crouzet-Pavan, *Venice Triumphant: The Horizons of a Myth*, trad. Lydia G. Cochrane (Baltimore: Johns Hopkins University Press, 2002); Jonathan Harris, *Constantinople: Capital of Byzantium* (London: Bloomsbury Academic, 2009); José Luis de Rojas, *Tenochtitlán: Capital of the Aztec Empire* (Gainesville: University Press of Florida, 2012). Chiara Frugoni, *A Day in a Medieval City*, trad. William McCuaig (Chicago: University of Chicago Press, 2006) apresenta um fascinante passeio pelas cidades italianas dessa época, com ilustrações maravilhosas.

Richard Foltz, *Religions of the Silk Road: Premodern Patterns of Globalization*, 2. ed. (Londres: Palgrave Macmillan, 2010), oferece uma introdução concisa sobre a transmissão e o entrelaçamento entre muitas religiões diferentes. Sobre o budismo, veja: Ronald M. Davidson, *Indian Esoteric Buddhism: A Social History of the Tantric Movement* (Nova York: Columbia University Press, 2002); Tansen Sen, *Buddhism, Diplomacy, and Trade: The Realignment of Sino-Indian Relations, 600-1400* (Honolulu: University of Hawai'i Press, 2003); Jason Neelis, *Early Buddhist Transmission and Trade Networks: Mobility and Exchange within and beyond the Northwestern Borderlands of South Asia* (Leiden e Boston: Brill, 2011). Sobre o cristianimo, veja: James Brundage, *Law, Sex, and Christian Society in Medieval Europe* (Chicago: University of Chicago Press, 1987); Richard Fletcher, *The Barbarian Conversion: From Paganism to Christianity* (Berkeley: University of California Press, 1998); Michael Angold, *Eastern Christianity* (Cambridge: Cambridge University Press, 2006); Thomas F. X. Noble e Julia M. H. Smith, *Early Medieval Christianities, c. 600-c. 1100* (Cambridge: Cambridge University Press, 2008).

Análises mais amplas sobre as redes de comércio incluem Richard L. Smith, *Premodern Trade in World History* (Londres: Routledge, 2008); Jerry H. Bentley, *Old World Encounters: Cross Cultural Contacts and Exchanges in Pre-Modern Times* (Oxford: Oxford University Press, 1993); Janet L. Abu-Lughod, *Before European Hegemony: The World System ad 1250-1350* (Nova York: Oxford University Press, 1989); Kenneth G. Hirth e Joanne Pillsbury, eds., *Merchants, Markets, and Exchange in the Pre-Columbian World* (Washington, DC: Dumbarton Oaks, 2013); Kenneth Pomeranz e Steven Topik, *The World that Trade Created: Society, Culture, and the World Economy*, 3. ed. (Armonk, NY: M.E. Sharpe, 2013). Estudos mais específicos sobre intercâmbio cultural e comercial incluem: Rosamond E. Mack, *Bazaar to Piazza: Islamic Trade and Italian Art, 1300-1600* (Berkeley: University of California Press, 2001); Pamela O. Long, *Technology and Society in the Medieval Centuries: Byzantium, Islam, and the West, 500-1300* (Washington, DC: American Historical Association, 2003); Ralph Austen, *Trans-Saharan Africa in World History* (Oxford: Oxford University Press, 2010); Valerie Hansen, *The Silk Road: A New History* (Oxford: Oxford University Press, 2012).

Ensaios sobre muitos dos tópicos deste capítulo podem ser encontrados em Benjamin Z. Kedar e Merry E. Wiesner-Hanks, eds., *Expanding Webs of Exchange and Conflict, 500 ce-1500 ce*, Vol. 5 do *Cambridge World History*. Nesse volume, Richard Smith introduziu a frase "milênio médio" em um ensaio sobre comércio.

4. Um novo mundo de conexões, 1500 d.C.-1800 d.C.

Alfred W. Crosby, *The Columbian Exchange: Biological and Cultural Consequences of 1492*, 30th Anniversary edition (Westport, CT: Praeger, 2003) é um bom livro para começar, também o é o último livro de Crosby, *Ecological Imperialism: The Biological Expansion of Europe, 900-1900* (Cambridge: Cambridge University Press, 1986). Charles C. Mann, *1493: Uncovering the New World Columbus Created* (Nova York: Alfred A. Knopf, 2011) é uma excelente pesquisa recente sobre as implicações de longo prazo da transferência de sementes e outros produtos, escrito para o público em geral por um hábil jornalista das ciências. Sobre doenças, veja: Noble David Cook, *Born to Die: Disease and New World Conquest, 1492-1650* (Cambridge: Cambridge University Press, 1998) e John R. McNeill, *Mosquito Empires: Ecology and War in the Greater Caribbean, 1620-1914* (Cambridge: Cambridge University Press, 2010). Um estudo mais amplo sobre o meio ambiente deste período pode ser encontrado em: John F. Richards, *The Unending Frontier: An Environmental History of the Early Modern World* (Berkeley: University of California Press, 2003). O vol. 6 da *Cambridge World History*, Jerry H. Bentley, Sanjay Subrahmanyam e Merry E. Wiesner-Hanks, eds., *The Construction of a Global World, 1400-1800 ce*, discute muitas das questões abordadas neste capítulo.

David R. Ringrose, *Expansion and Global Interaction, 1200-1700* (Nova York: Longman, 2001) e Kenneth Pomeranz e Steven Topik, eds., *The World that Trade Created: Society, Culture, and the World Economy, 1400 to the Present*, 3. ed. (Armonk, NY: M. E. Sharpe, 2012), são excelentes apresentações, preparadas para estudantes. John H. Elliott, *Empires of the Atlantic World: Britain and Spain in America 1492-1830* (New Haven: Yale University Press, 2006) e John R. Chávez, *Beyond Nations: Evolving Homelands in the North Atlantic World* (Cambridge: Cambridge University Press, 2009) oferecem estudos comparativos sobre o colonialismo atlântico. Sobre os aspectos legais, veja: Lauren Benton, *Law and Colonial Cultures: Legal Regimes in World History, 1400-1900* (Cambridge: Cambridge University Press, 2002).

Sobre protestos sociais e guerra, Geoffrey Parker, *Global Crisis: War, Climate Change and Catastrophe in the Seventeenth Century* (New Haven: Yale University Press, 2013) é abrangente e Jane Landers, *Atlantic Creoles in the Age of Revolutions* (Cambridge, MA: Harvard University Press, 2010) apresenta um estudo comparativo da revolução. A ideia de "impérios da pólvora" de Marshall Hodgson foi publicada pela primeira vez em seu *The*

Venture of Islam, Vol. 3: *The Gunpowder Empires and Modern Times* (Chicago: University of Chicago Press, 1975); para uma discussão mais recente sobre esses impérios, veja: Douglas E. Streusand, *Islamic Gunpowder Empires: Ottomans, Safavids, and Mughals* (Nova York: Westview Press, 2010). Sobre a expansão chinesa, veja: Peter C. Perdue, *China Marches West: The Qing Conquest of Central Eurasia* (Cambridge, MA: Belknap Press, 2005).

Existem muitos bons estudos sobre a Reforma, entre eles: Peter Matheson, ed., *Reformation Christianity*, Vol. V de *A People's History of Christianity* (Minneapolis: Fortress Press, 2006), que inclui ensaios sobre a vida religiosa de homens e mulheres comuns. R. Pochia Hsia, *The World of Catholic Renewal, 1540-1770* (Cambridge: Cambridge University Press, 2. ed. 2005) e Merry E. Wiesner-Hanks, *Christianity and Sexuality in the Early Modern World: Regulating Desire, Reforming Practice* (Londres: Routledge, 2. ed. 2010) cobrem o catolicismo europeu e colonial. Sobre miscigenação e crioulização de forma mais geral, veja: Serge Gruzinski, *The Mestizo Mind: The Intellectual Dynamics of Colonization and Globalization* (Londres: Routledge, 2002); James Sweet, *Recreating Africa: Culture, Kinship and Religion in the African-Portuguese World, 1441-1770* (Chapel Hill: University of North Carolina Press, 2003); e John Thornton, *A Cultural History of the Atlantic World, 1250-1820* (Cambridge: Cambridge University Press, 2012).

Sobre o comércio de peles na América do Norte e seu impacto social, dois estudos clássicos são: William Cronon, *Changes in the Land: Indians, Colonists, and the Ecology of New England* (Nova York: Hill and Wang, 1983) e Richard White, *The Middle Ground: Indians, Empires, and Republics in the Great Lakes Region, 1650-1815* (Cambridge: Cambridge University Press, 1991). Estudos mais recentes sobre o desenvolvimento colonial: Susan Sleeper-Smith, *Indian Women and French Men: Rethinking Cultural Encounter in the Western Great Lakes* (Amherst: University of Massachusetts Press, 2001) e Sophie White, *Wild Frenchmen and Frenchified Indians: Material Culture and Race in Colonial Louisiana* (Philadelphia: University of Pennsylvania Press, 2012). Mark Kulansky, *Cod: A Biography of the Fish that Changed the World* (Londres: Penguin, 1998) é um livro bastante vibrante para os leitores em geral.

Sobre alimentos que funcionam como drogas, veja: Wolfgang Schivelbusch, *Tastes of Paradise: A Social History of Spices, Stimulants, and Intoxication* (Nova York: Vintage, 1993) e William G. Clarence-Smith e Steven Topik, eds., *The Global Coffee Economy in Africa, Asia, and Latin*

America (Cambridge: Cambridge University Press, 2003). Sidney W. Mintz, *Sweetness and Power: the Place of Sugar in Modern History* (Nova York: Penguin Books, 1986) é um estudo clássico.

Um bom e pequeno estudo sobre o comércio de escravos é o livro de Herbert S. Klein, *The Atlantic Slave Trade* (Cambridge: Cambridge University Press, 1999), enquanto Jennifer Morgan, *Laboring Women: Reproduction and Gender in New World Slavery* (Philadelphia: University of Pennsylvania Press, 2004) examina as questões de gênero. Para um estudo mais amplo sobre os africanos, consulte John Thornton, *Africa and Africans in the Making of the Atlantic World, 1400-1800* (Cambridge: Cambridge University Press, 1998).

Para o desenvolvimento das ideias sobre raça, o livro de Ivan Hannaford, *Race: The History of an Idea in the West* (Baltimore: Johns Hopkins University Press, 1996) é um bom lugar para começar. Sobre famílias e raça, veja: Ann Laura Stoler, *Carnal Knowledge and Imperial Power: Race and the Intimate in Colonial Rule* (Berkeley: University of California Press, 2002) e Tony Ballantyne e Antoinette Burton, eds., *Bodies in Contact: Rethinking Colonial Encounters in World History* (Durham, NC: Duke University Press, 2005).

5. Industrialização, imperialismo e desigualdade, 1800 d.C.-2015 d.C.

Há muitas introduções gerais sobre a era moderna. Entre as melhores, com considerações de história social e cultural, bem como política e econômica: Christopher Bayly, *The Birth of The Modern World, 1780-1914* (Malden, MA: Wiley-Blackwell, 2004) e Eric Hobsbawm, *The Age of Extremes: A History of the World, 1914-1991* (Nova York: Pantheon, 1994). O vol. 7 do *Cambridge World History: Production, Destruction, and Connection, 1750-Present*, editado por J. R. McNeill e Kenneth Pomeranz, possui vários capítulos relevantes. Livros que examinam as transformações ocorridas nas principais estruturas sociais em todo o período moderno incluem o livro de Joan Smith e Immanuel Wallerstein, *Creating and Transforming Households in the World Economy* (Cambridge: Cambridge University Press, 1992); Susan Bayly, *Caste, Society, and Politics in India from the Eighteenth Century* (Cambridge: Cambridge University Press, 1999); "Forum: Transnational Sexualities", *American Historical Review* 114/15 (2009): 1250-1353.

Histórias regionais que dão atenção a sociedade e cultura incluem: Sugata Bose e Ayesha Jalal, *Modern South Asia: History, Culture, Political*

Economy, 3. ed. (Londres: Routledge, 2011); Norman Owen, ed., The *Emergence of Southeast Asia: A New History* (Honolulu: University of Hawai 'i Press, 2004); James L. Gelvin, *The Modern Middle East: A History*, 3. ed. (New York: Oxford University Press, 2011); Teresa A. Meade, *A History of Modern Latin America: 1800 to the Present* (Malden, MA: Wiley-Blackwell, 2009); Richard Reid, *A History of Modern Africa: 1800 to the Present*, 2. ed. (Malden, MA: Wiley-Blackwell, 2012).

Sobre o papel do algodão em dar início e sustentar a Revolução Industrial, consulte: Giorgio Riello, *Cotton: The Fabric that Made the Modern World* (Cambridge: Cambridge University Press, 2013), o livro possuía belíssimas ilustrações em cores; e Prasannan Parthasarathi, *Why Europe Grew Rich and Asia Did Not: Global Economic Divergence 1600-1850* (Cambridge: Cambridge University Press, 2011). Sobre o desenvolvimento do industrialismo de forma mais ampla, consulte: Jan de Vries, *The Industrious Revolution: Consumer Behavior and the Household Economy, 1650 to the Present* (Cambridge: Cambridge University Press, 2008); Robert C. Allen, *The British Industrial Revolution in Global Perspective* (Cambridge: Cambridge University Press, 2009); Joel Mokyr, *The Enlightened Economy: An Economic History of Britain* (New Haven: Yale University Press, 2010); e Jack A. Goldstone, "Efflorescences and Economic Growth in World History: Rethinking the 'Rise of the West' and the Industrial Revolution", *Journal of World History* 13:2 (2002): 323-90, que possui uma gigantesca bibliografia. Jordan Goodman e Katrina Honeyman, *Gainful Pursuits: The Making of Industrial Europe, 1600-1914* (Londres: Edward Arnold, 1988) e Joyce Burnette, *Gender, Work and Wages in Industrial Revolution Britain* (Cambridge: Cambridge University Press, 2008) examinam as mudanças sociais que acompanharam a industrialização europeia. Sobre a industrialização fora da Europa, veja: Tessa Morris-Suzuki, *The Technological Transformation of Japan: From the Seventeenth to the Twenty-first Century* (Cambridge: Cambridge University Press, 1994); Atul Kohli, *State-Directed Development: Political Power and Industrialization in the Global Periphery* (Cambridge: Cambridge University Press, 2004); e Marcel van der Linden, ed., *Workers of the World, Essays toward a Global Labor History* (Boston, MA: Brill Academic Publishers, 2008). Sobre o papel das grandes corporações, veja: Geoffrey Jones, *Multinationals and Global Capitalism: From the Nineteenth to the Twenty-first Century* (Oxford: Oxford University Press, 2005). A obra clássica de Immanuel Wallerstein é *The Modern World System* (Nova York:

Academic Press, 1974, 1980, 1989); e há uma discussão mais recente com Wallerstein: "Globalization or the Age of Transition? A Long Term View of the Trajectory of the World System", *International Sociology* 15:2 (2000): 251-67. O grande estudo de Kenneth Pomeranz é *The Great Divergence: China, Europe, and the Making of the Modern World Economy* (Princeton: Princeton University Press, 2000).

O livro de Benedict Anderson, *Imagined Communities: Reflections on the Origin and Spread of Nationalism* (Londres: Verso, 1983), tem sido extremamente influente ao assinalar novos desenvolvimentos do século XVIII que levaram ao nacionalismo moderno, mas o livro de Azar Gat, *Nations: The Long History and Deep Roots of Political Ethnicity and Nationalism* (Cambridge: Cambridge University Press, 2013), rebate a ideia de que as nações políticas sejam muito antigas. Sobre inclusões e exclusões nas ideias sobre nação, consulte: Ida Blom, Karen Hagemann e Catherine Hall, eds., *Gendered Nations: Nationalisms and Gender Order in the Long Nineteenth Century* (Oxford: Oxford International Publishers, 2000); Andreas Wimmer, *Nationalist Exclusion and Ethnic Conflict* (Cambridge: Cambridge University Press, 2002); Martin Manalansan e Arnaldo Cruz-Malave, eds., *Queer Globalizations: Citizenship and the Afterlife of Colonialism* (Nova York: Nova York University Press, 2002); Rogers M. Smith, *Stories of Peoplehood: The Politics and Morals of Political Membership* (Cambridge: Cambridge University Press, 2003); Don H. Doyle e Marco Antonio Pampalona, eds., *Nationalism in the New World* (Athens, GA: University of Georgia Press, 2006). Sobre o nacionalismo atual, consulte: Craig Calhoun, *Nations Matter: Culture, History, and the Cosmopolitan Dream* (Londres: Routledge, 2007).

Cada movimento de mudança social possui uma bibliografia profunda. Os livros da série "A Very Short Introduction", da Oxford University Press, são bons lugares para começar, incluindo: Michael Newman, *Socialism* (2005); Leslie Holmes, *Comunism* (2009); e Manfred B. Steger, *Neoliberalism* (2010). Sobre os movimentos feministas, veja: Estelle Friedman, *No Turning Back: The History of Feminism and the Future of Women* (Nova York: Ballantyne Books, 2003). Sobre restrições imigratórias, veja: Marilyn Lake e Henry Reynolds, *Drawing the Global Colour Line: White Men's Countries and the International Challenge of Racial Equality* (Cambridge: Cambridge University Press, 2008). Sobre eugenia, veja: Alison Bashford e Philippa Levine, eds., *The Oxford Handbook of the History of Eugenics* (Oxford: Oxford University Press, 2010).

Dirk Hoerder, *Cultures in Contact: World Migrations in the Second Millennium* (Durham, NC: Duke University Press, 2003) oferece um excelente panorama sobre a migração. Estudos mais detalhados incluem: Pamela Sharpe, ed., *Women, Gender, and Labour Migration: Historical and Global Perspectives* (Nova York: Routledge, 2001); Philip A. Kuhn, *Chinese among Others: Emigration in Modern Times* (Londres: Rowman & Littlefield, 2008); Tony Ballantyne e Antoinette Burton, eds., *Moving Subjects: Gender, Mobility, and Intimacy in an Age of Global Empire* (Urbana: University of Illinois Press, 2009); Marjory Harper e Stephen Constantine, *Migration and Empire* (Oxford: Oxford University Press, 2010).

Sobre o imperialismo europeu, o melhor ponto para começar é o clássico de Eric R. Wolf, *Europe and the People without History* (Berkeley: University of California Press, 1982, relançamento 2010). H. L. Wesseling, *The European Colonial Empires, 1815-1919* (Londres: Routledge, 2004) é uma boa introdução à colonização europeia do século XIX. Philip D. Curtin, *The World and the West: The European Challenge and the Overseas Response in the Age of Empires* (Cambridge: Cambridge University Press, 2000) oferece uma análise comparativa das reações ao colonialismo europeu; e Tony Ballantyne e Antoinette Burton, *Empires and the Reach of Global, 1870-1945* (Cambridge, MA: a Imprensa de Belknap, 2014) fornece uma comparação entre os sistemas imperiais britânico, japonês e otomano e suas formas raciais, de gênero e econômicas. Alguns dos muitos livros sobre os impérios que tratam das questões discutidas neste capítulo são: Daniel Headrick, *The Tools of Empire: Technology and European Imperialism in the Nineteenth Century* (Oxford: Oxford University Press, 1981); Ann Laura Stoler, *Carnal Knowledge and Imperial Power: Race and the Intimate in Colonial Rule* (Berkeley: University of California Press, 2002); Catherine Hall e Sonya Rose, eds., *At Home with the Empire: Metropolitan Culture and the Imperial World* (Cambridge: Cambridge University Press, 2006); Mrinalini Sinha, *Specters of Mother India: The Global Restructuring of an Empire* (Durham, NC: Duke University Press, 2006); Rachel Laudan, *Cuisine and Empire: Cooking in World History* (Berkeley: University of California Press, 2013). As guerraa totais do século XX foram examinadas de todas as perspectivas possíveis. Os estudos que examinam seu impacto cultural incluem o clássico de Paul Fussell, *The Great War and Modern Memory* (Oxford: Oxford University Press, 1970, relançado em 2013) e Modris Ecksteins, *Rites of Spring: The Great War and the Birth of the Modern Age* (Boston, MA: Houghton Mifflin, 1989).

Raymond F. Betts, *Decolonization*, 2. ed. (Londres: Routledge, 2004), oferece uma rápida visão geral sobre o processo de descolonização. Prasenjit

396 | HISTÓRIA CONCISA DO MUNDO

Duara, ed., *Decolonization: Perspectives from Now and Then* (Londres: Routledge, 2013) é uma excelente coleção de artigos sobre descolonização, escritos por historiadores proeminentes e por alguns de seus arquitetos, incluindo Nehru, Ho Chi Minh e Kwame Nkrumah. Sobre a guerra fria, veja: Odd Arne Westad, *The Global Cold War: Third World Interventions and the Making of Modern Times* (Cambridge: Cambridge University Press, 2005).

Gabriel A. Almond, R. Scott Appleby e Emmanuel Sivan, *Strong Religion: the Rise of Fundamentalisms around the World* (Chicago: University Press of Chicago, 2003) investiga o fundamentalismo de sete religiões; e Mark Juergensmeyer, *Terror in the Mind of God: The Global Rise of Religious Violence*, 3. ed. (Berkeley: University of California Press, 2003) analisa o extremismo religioso.

Sobre o neoliberalismo e a evolução econômica, veja: Vito Tanzi e Ludger Schuknecht, *Public Spending in the Twentieth Century: A Global Perspective* (Cambridge: Cambridge University Press, 2000); Alfred D. Chandler e Bruce Mazlish, eds., *Leviathans: Multinational Corporations and the New Global History* (Cambridge: Cambridge University Press, 2005); Maxine Molyneux e Shahra Razavi, eds., *Liberalism and its Discontents: Gender Justice, Development, and Rights* (Nova York: Oxford University Press, 2002); Kevin Bales, *Disposable People: New Slavery in the Global South*, 2. ed. (Berkeley: University of California Press, 2012). Sobre as cidades, veja: David Clark, *Urban World/Global City* (Londres: Routledge, 2003).

Os efeitos culturais e sociais da globalização foram examinados em Ulf Hannerz, *Transnational Connections: Culture, People, Places* (Nova York: Routledge, 1996); Saskia Sassen, ed., *Globalization and its Discontents* (Nova York: The New Press, 1998); Pierre Hamel et al., eds., *Globalization and Social Movements* (Londres: Palgrave Macmillan, 2000); Frank J. Kechner e John Boli, *World Culture: Origins and Consequences* (Malden, MA: Blackwell, 2005); Jennifer Cole e Deborah Lynn Durham, eds., *Generations and Globalization: Youth, Age and Family in the New World Economy* (Bloomington: Indiana University Press, 2007); Will Kymlicka, *Multicultural Odysseys: Navigating the New International Politics* (Oxford: Oxford University Press, 2007). As últimas observações, pesquisas e reflexões sobre essas questões (e sobre todas as outras deste livro) estão disponíveis em vários formatos modernos de mídia que tornaram possível a globalização, em um dispositivo que provavelmente está facilmente ao seu alcance, com o qual você pode até mesmo estar lendo este livro.

ÍNDICE REMISSIVO*

Abássida, dinastia, 154, 158, 163, 190 e 214.
Abbas I, 228.
abolicionista, movimento, 317 e 321.
aborígines australianos, 318 e 329.
aborto, 328, 363 e 367.
Abraão, 130 e 150.
açúcar, 259 e 262.
Adi Granth, 268.
adoção, 52, 101, 109 e 250.
adultério, 105, 128 e 131.
Afonso I, rei do Congo, 275.
África,
    agricultura na, 179.
    casamento na, 114.
    comércio de escravos na, 260.
    descolonização da, 351 e 359.
    escravidão na, 214 e 230.
    evolução humana na, 28, 32 e 38.
    imperialismo na, 334.
    seca na, 224.
África do Sul, 39, 314, 330, 341 e 359.
Agência de detetives particulares
    Pinkerton, 305.
agricultura,
    arado, 67-8, 73 e 76.
    comercial, 308, 333 e 337.
    na África, 352.
    na Ásia, 183.
    na China, 123 e 244.
    na Europa, 182.
    na Índia, 349.
    na União Soviética, 345.
    nas Américas, 176.
    no Império Romano, 126.
    propagação da, 60, 64, 74, 172, 183 e 189.
    subsistência, 308.
Ahuramazda, 133.
AIDS, 372 e 378.
Akbar, 271.
Aksum, 139.
al-Tabari, Abu Ja'far, 13.
álcool, 69, 152, 248, 316 e 334.
    no início da era moderna, 257-8.
    no islã, 365.
aldeias,
    autonomia nas, 175.
    na Europa, 182.
    neolíticas, 58, 66 e 73.
    no mundo antigo, 84.
Alemanha,
    ideias sobre raça na, 325.
    industrialização na, 305.
    nazista, 345.
    Reforma na, 263.
Alexandre, o Grande, 112.
alfabeto. *Ver* escrita.
Alfonso VI, rei da Espanha, 208.
algodão, produção de, 292, 295-300, 306 e 370.
alimentos que funcionam como drogas,
    252 e 259.
Altan Khan, 269.
ama de leite, 278.
amamentação, 35, 49-50 e 63.
Amar Das, 268.
Amaterasu, 166.
Amazônia, 176 e 179.

---

* Os itens presentes neste índice cuja paginação menciona a letra *i* referem-se às indicações de imagens. (N.E.)

398 | HISTÓRIA CONCISA DO MUNDO

América do Norte,
agricultura na, 176.
comércio de peles na, 248.
América Latina,
cultivos comerciais na, 308.
diversidade religiosa na, 369.
migração para a, 330.
no século XX, 352.
protesto das mulheres, 359.
americanos nativos,
e cavalos, 290.
no século XIX, 304.
vida familiar entre os, 282.
Amitaba, 135.
amor cortês, 170.
Amsterdã, 271.
Anasazi, 176.
Angkor Thom, 190.
Angkor Wat, 163.
animismo, 53 e 278.
Anyang, 87.
apartheid, 359.
Arábia Saudita, 341 e 365.
Argélia, 351.
Argentina, 23, 248, 352, 358 e 360.
arianos, 118.
aristocratas. *Ver* nobres.
Aristóteles, 125.
Arjan Dev, 268.
armários de curiosidades, 246.
armas de pólvora, 237.
Armênia e armênios, 207, 234 e 296.
arte,
ateniense, 111 (i. 10).
chinesa, 165.
cortês, 162.
da Renascença, 234.
dos primeiros humanos, 34.
em rocha, 23, 53, 55-6 e 91.
japonesa, 245 (i. 24).
maia, 96 (i. 8).
moderna, 342 e 347.
nas cidades medievais, 190.
neandertal, 35.
neolítica, 78.
Ashante, Império, 337.
Ashoka, 132.
Atenas, 91 e 97.
escravidão em, 123 e 125.
famílias em, 110.

atividades de lazer, 313.
Augusto, 127.
Austrália, 246, 292, 318 e 329.
colônia britânica na, 231.
povos aborígenes, 184.
restrições da imigração na, 324.
Australopithecus, 28.
ayllus, 178.

Baden-Powell, Robert, 344.
Bagdá, 154, 163 e 190.
Bai Juyi, 200.
Ban Gu, 81 e 104.
Ban Zhao, 81.
Bangladesh, 349.
barcos,
paleolíticos, 52 e 56.
polinésios, 181.
Basílica de Santa Sofia, 196.
batata-doce, 244 e 246.
na China, 290.
batatas, 173 (i. 16), 178, 242 e 245.
na China, 290.
beduínos, 185.
Belloc, Hilaire, 335.
Benim, 163 e 228.
bens de luxo. *Ver* bens de prestígio.
bens de prestígio, 56, 72, 87, 118, 194, 217
e 231.
entre os americanos nativos, 248.
peles como, 249.
Bento XVI, Papa, 358.
Bíblia, 130, 138, 140 e 264.
casamento na, 113.
viúvas na, 113.
bicicletas, 342.
Bligh, William, 247.
bodhisattvas, 133, 157 e 206.
Bolívar, Simón, 289.
bordéis. *Ver* prostitutas, prostituição.
Bornéu, 334.
Brasil, 330, 352, 358 e 377.
açúcar no, 260.
escravidão no, 261.
restrições da imigração no, 324.
Brooks, Allison, 39.
Brunei, 217.

ÍNDICE REMISSIVO | 399

Brunilda, rainha dos francos, 162.
bruxaria, 266.
budismo, 20, 131, 136, 141, 164 e 174.
   Chan (Zen), 205.
   fundamentalismo no, 368.
   Mahayana, 135 e 206.
   mosteiros do, 113.
   na China, 201.
   no Sião, 273.
   no Tibete, 269.
   propagação do, 203, 206 e 217.
   tantra, 204.
   Teravada, 136.
   Terra Pura, 205.
   textos escritos do, 98.
Buenos Aires, 329.
Buganda, 228.
Burundi, 374, 377 e 380.

cabelo, 31 e 51.
cabras e ovelhas, 60 e 67.
caça, 43, 49 e 66.
   por inuit, 184.
   por mulheres, 45.
Cadija, 149 e 152.
cães, 60, 62 e 179.
café, 252 e 255.
Cahokia, 178 e 190.
Cairo, 190 e 211-2.
Calcutá, 300.
calendários, 78.
   maia, 95.
calicô, 231.
Calvino, João, 265.
Cambalique, 188, 202 e 215.
Cambridge, 208.
Canadá, 304, 318 e 324.
Canato de Zunghar, 33.
Canção dos Nibelungos, 162.
capitalismo,
   global, 370.
   no início do período moderno, 233 e 237.
Caral, 100.
carbono-14, datação por, 26.
Cárdenas, Lázaro, 352.
Caribe, 220.
   algodão no, 298.
   café, 254.

   colônias no, 230.
   cultivos comerciais no, 307.
   escravidão no, 260.
   migração para o, 331.
   raça no, 280.
   religião no, 369.
Carlos I, rei da Inglaterra, 266.
Carlos II, rei da Inglaterra, 254.
Cartwright, Edmund, 292.
casamento,
   como uma ferramenta de política, 105.
   de professores de escola, 315.
   endógamo, 51.
   entre governantes, 102, 162 e 228.
   entre os mongóis, 188.
   entre os nômades da Ásia Central, 113.
   entre os pastores, 114.
   levirato, 113.
   na América Latina, 281.
   no cristianismo, 138, 208 e 274.
   no islã, 152.
   no mundo antigo, 107 e 109.
   no Neolítico, 75.
   no noroeste da Europa, 297.
   temporário, 281.
casamento misto, 281.
   com comerciantes muçulmanos, 157.
   entre grupos étnicos na Europa, 182.
   na África Ocidental, 281.
   na América do Norte, 282.
   na América Latina, 278, 324 e 330.
   na China, 278.
   nas cidades portuárias, 273.
   nas colônias francesas, 281.
   nas colônias holandesas, 281.
   no Império Mongol, 187.
   no mundo colonial, 291.
   no mundo contemporâneo, 379.
   no sudeste asiático, 330.
   por comerciantes, 211.
   por comerciantes de peles, 249 e 251.
   proibições de, 324.
casas de café e de chá, 252, 256 e 296.
castas, 278 e 280 (i. 28).
Castela, 208.
Catalunha, 286.
Cauvin, Jacques, 79.

cavalos,
 domesticação dos, 67.
 entre os mongóis, 185.
 nas Américas, 247.
Ceilão, 333.
celibato do clero, 209 e 264.
cerâmica, 46 e 69.
cerco de terra, 236 e 286.
cérebro, tamanho do, 30 e 35.
cerveja. *Ver* álcool.
cestos, 69.
chá, 257-8 e 333.
Chang-an, 207.
Chaplin, Charlie, 342.
Chapman, Jonathan, 242.
Chavín, 100.
Checoslováquia, 358.
chimpanzés e bonobos, 27 e 73.
China,
 agricultura na, 184.
 batata-doce na, 242.
 batatas na, 242.
 budismo na, 135 e 203.
 capitalismo na, 362.
 chá na, 255.
 comércio de peles na, 248.
 comportamento cortês na, 167.
 comunismo na, 310.
 crescimento populacional na, 326.
 cristianismo na, 274.
 desenvolvimento da escrita na, 94.
 dinastia da, 100.
 dinastia Han, 81, 102, 104 e 142.
 dinastia Ming, 225 e 286.
 dinastia Qing, 225, 228 e 271.
 dinastia Shang, 87 e 93.
 dinastia Song, 167, 201 e 213.
 dinastia Tang, 164, 167 e 200.
 dinastia Yuan, 215.
 dinastia Zhou, 101.
 escravidão na, 123.
 grãos na, 58.
 guerras do ópio, 333.
 no século XX, 352.
 política do filho único, 362 e 377.
 primeiros *Homo* na, 32.
 revoltas sociais na, 286.
 seda e algodão, 295.
 tabaco na, 259.

chocolate, 252.
cidadania,
 das mulheres, 91.
 na antiga Atenas, 110 e 125.
 na Roma antiga, 128.
 nas cidades antigas, 90.
Cidade do México, 317.
cidades,
 industriais, 302 e 316.
 na era 500-1500, 189 e 202.
 na Índia, 372.
 no mundo antigo, 81 e 91.
 no mundo contemporâneo, 373.
ciência, 155 (i. 14) e 201.
cientologia, 369.
classe, divisões por, 310 e 312.
Coatlicue, 276.
cobre, 58-9.
coca, 257.
códigos de conduta, 167-72.
Códigos de leis, 71, 77, 82 e 94.
 escravos, 129.
 hebraico, 130.
 leis canônicas, 141.
 mosaicos, 152.
 muçulmano, 254.
 na Índia, 120.
 na Suméria, 86.
 no Egito antigo, 112.
 no mundo antigo, 118.
 romano, 127.
 sobre escravidão, 123.
 sobre famílias e sexo, 109.
 xaria, 150, 155 e 365.
colarinho branco, 315.
Colombo, Cristóvão, 17, 218-9, 260, 262 e 270.
colonização holandesa. *Ver* Holanda, colonização pela.
colonização no início do período moderno, 227 e 231.
comerciantes. *Ver* comércio.
comércio,
 de algodão indiano, 295.
 de prata, 291.
 marítimo, 215.
 no mundo antigo, 89.

no mundo muçulmano, 212.
no Neolítico, 57, 59 e 78.
no Paleolítico, 40-1.
por mulheres, 211.
promovido pelos mongóis, 189.
triangular, 233.
Companhia da Baía do Hudson, 251 e 304.
Companhia das Índias Orientais, 230, 258 e 333.
complexo militar industrial, 348.
comunismo, 311, 339, 345 e 347.
após a Segunda Guerra Mundial, 356.
na China, 354.
na Europa Oriental, 364.
concursos *better baby*, 325.
confessionalização, 266.
Confúcio, 81.
confucionismo, 20, 70, 103 (i. 9), 145, 164, 168, 172 e 214.
hierarquias sociais no, 124 e 136.
Congo, 228 e 351.
cristianismo no, 275.
conserva em lata, 311.
Constantino, 140 e 196.
Constantinopla, 189, 196-7, 207, 210, 212 e 228.
consumo de carne, 29, 31 e 44.
contas, 41, 46, 50, 59, 217 e 249.
Conto de Genji, 168 e 201.
contracepção, 50, 63, 328, 347, 372 e 377-8.
contratos de casamento, 108.
controvérsia iconoclasta, 209.
Cook, James, 246.
cor da pele,
na América do Norte, 283.
na América Latina, 280.
na Índia antiga, 119.
Corão, 149 e 157.
Córdoba, 154 e 190.
Coreia, 230, 338 e 374.
budismo na, 201 e 203.
chá na, 256.
crescimento econômico na, 363.
Guerra da, 355.
Silla, 164.
corporações,
de comerciantes, 201.
de ofício, 190.
cortes e a cultura cortesã, 160, 172 e 217.

cosméticos, 168.
Costa Suaíli,
comércio na, 213.
islã na, 156.
cozimento, 31-2, 34-5, 45 e 69.
crescente fértil, 58.
crescimento populacional, 21.
depois de 1950, 372.
na África, 351.
na Índia, 350.
no Neolítico, 80.
nos séculos XIX e XX, 325 e 329.
crianças,
cuidados com as, 30, 40, 51, 227, 312 e 315.
na antiga Ásia Meridional, 108.
no Paleolítico, 49.
crime, 194.
cristianismo, 20, 136, 141, 156, 174 e 176.
católico romano, 206 e 209.
crescimento na África, 368.
fundamentalismo no, 368.
na antiguidade tardia, 146.
na China, 271.
nestorianos, 186 (i. 17), 200 e 207.
ortodoxo, 207.
propagação do, 203, 210, 217 e 273.
texto do, 98.
Cromwell, Oliver, 266.
crônicas da corte, 161.
Crosby, Alfred, 220.
Cruzadas, 159 e 210.
Ctesifonte, 189.
Cuba, 308, 324, 338, 353, 356 e 377.
Cueva de las Manos (Caverna das Mãos), 23 e 52.
cultivo do arroz, 183.
cultura dos montes, 178.
culturas agrícolas, 59-60, 66, 68, 175 e 184.
Cusco, 164.
Cuxãs, 265.
Cuxe, 139.

Dalai Lama, 269.
dharma, 119.
Darwin, Charles, 322.
darwinismo social, 322.
de Mena, Luis, 281 (i. 28).
de Vries, Jan, 295.

402 | HISTÓRIA CONCISA DO MUNDO

Delhi, 190.

denisovanos, 37.

d'Errico, Francesco, 35 e 39.

descolonização, 348 e 353.

deserto do Saara, rotas de comércio no, 157 e 213.

desigualdade de renda, 362.

deuses e deusas, 80 e 85.

dez mandamentos, 131.

Diamond, Jared, 68 e 175.

dinastia Safávida, 228 e 238.

dinastia Sassânida, 164.

dinastias hereditárias, 82, 85, 144 e 160.

    na Suméria, 85.

    no mundo antigo, 101 e 107.

discurso, 41.

disparidades salariais entre os gêneros, 371.

dispersão das, no início do período moderno, 241.

divórcio, 264.

    na antiga Babilônia, 109.

    na Revolução Francesa, 288.

    na sociedade contemporânea, 379.

    no cristianismo, 209 e 275.

    no islã, 153.

    no mundo antigo, 112.

    nos grupos baseados em parentes, 116.

Djenné-Djeno, 87.

DNA, 26, 35, 37, 69 e 225.

Dobres, Marcia-Anne, 41.

doenças, 62, 80, 144, 175, 326 e 373.

    levadas pelos exércitos, 225, 238 e 241.

    na Índia, 350.

    nas cidades antigas, 83.

    nas cidades industriais, 300 e 317.

    no mundo antigo, 145.

    propagação das, no início do período moderno, 221.

    sexualmente transmissíveis, 314.

domesticação, 19, 78 e 80.

    de animais, 60, 63 e 67-8.

    de plantas, 56 e 60.

dotes, 107 e 113-4.

Drake, Francis, 230.

Dubois, W. E. B., 323.

Dürer, Albrecht, 240 (i. 23).

economia informal, 370.

economia pós-industrial, 315 e 369.

Eduardo I, rei da Inglaterra, 210.

Egito,

    antigo, 83.

    casamento no, 109.

    dinastias no, 100 e 106.

    escravidão no, 124.

    mameluco no, 159.

    no século XX, 350.

    normas de gênero no, 112.

Ehret, Christopher, 39.

Eisenhower, Dwight, 348.

Eisenstadt, Shmuel, 129.

empresas familiares, 237.

endogamia, 51, 77, 80, 121, 130 e 379.

Equador, 54.

Equiano, Olaudah, 321.

Era Axial, 129.

Escócia, 227.

escolas,

    durante o imperialismo, 204.

    islâmicas, 157.

    maias, 95.

    na África, 351.

    na antiga Suméria, 93.

    na China, 167.

    na Índia Britânica, 333.

    nas sociedades industriais, 312.

    no Irã, 350.

    no Japão, 306.

    nos países industrializados, 304.

    públicas, 319.

escoteiros, 344.

escravos e escravidão, 20, 72, 77, 260, 262 e 321.

    comércio de, 260, 262, 321 e 334.

    domésticos, 193.

    em Chesapeake, 258.

    em Esparta, 110.

    entre os mexicas, 199.

    famílias de, 283.

    medieval, 212-3.

    na África, 231 e 334.

    na América do Norte, 282.

    na América do Sul, 298.

    na América Latina, 280.

    na antiga Atenas, 124-5.

na produção de algodão, 298.
na Roma antiga, 125 e 128.
nas Américas, 222 e 290.
na Suméria, 86.
no Haiti, 289.
no islã, 158 e 175.
no Mediterrâneo, 197.
no mundo antigo, 81, 122 e 128.
revoltas de, 127 e 289.
escrita, 17, 20, 71, 82, 91 e 99.
como uma revolução, 97 e 99.
diferenças de gênero na, 97.
no Japão, 168.
no mundo antigo, 130.
esferas distintas, doutrina das, 312.
Eslavos, 214.
Espanha,
colonização pela, 227.
primeiros *Homo* na, 33.
reconquista na, 218.
Esparta, 91.
famílias em, 110.
Espártaco, 127.
especiarias, 213.
estado de bem-estar, 355 e 361.
Estados, o surgimento dos, 99 e 107.
Estados Unidos,
após a Segunda Guerra Mundial, 354.
construção de um império pelos, 338.
e as guerras no Oriente Médio, 365.
escravos e escravidão nos, 298.
expansão dos, 305.
industrialização nos, 305.
movimentos feministas nos, 319.
na guerra fria, 348.
políticas de imigração, 323.
trabalho feminino nos, 312.
esterilização, 324.
estilo do tártaro, 148.
estupro, 86, 109 e 358.
na guerra, 75, 188, 241 e 265.
Etiópia, 38, 207 e 345.
etnia, 51, 182 e 277.
eunucos, 104.
Europa,
agricultura na, 182.
após a Segunda Guerra Mundial, 354.
crescimento populacional na, 326.

eventos esportivos, 316.
evolução, Darwin e a, 322.
evolução humana, 38, 41, 63 e 70.
exclusão digital, 380.
exércitos,
e escolaridade, 303.
na África imperial, 337.
na Primeira Guerra Mundial, 338.
ver também guerra.
exogamia, 51 e 188.
explosão de Toba, 41.
extinção da megafauna, 44.
Ezana de Aksum, 139.

família,
Fugger, 234.
Konoike Shinroku, 234.
Krupp, 305.
Médici, 219 e 234.
Mendes (Nasi), 236.
Rockefeller, 305.
Tokugawa, 228.
famílias,
aparentados entre os nobres, 162.
de escravos, 299.
e participação na força de trabalho, 362.
entre os escravos, 126.
na América Latina, 308.
na China, 104, 171 e 183.
na Europa medieval, 182.
nas antigas cidades-Estados, 107-13.
nas antigas sociedades baseadas em
parentesco, 113-8.
nas cidades contemporâneas, 374.
nas sociedades contemporâneas, 378.
nas sociedades industriais, 312 e 378.
neandertais, 35.
neolíticas, 73.
no confucionismo, 102.
no imperialismo, 332.
no islã, 152.
paleolíticas, 50.
siques, 268.
ver também grupos de parentesco.
fenícios, 95.
fermentação, 69.
Fernando de Aragão, 270.

HISTÓRIA CONCISA DO MUNDO

ferramentas,
 de madeira, 34.
 de pedra, 24, 28, 30, 34-5 e 38.
ferro, 89 e 179.
 na indústria, 300.
ferrovias, 309, 327 e 337.
 na África, 300.
 na Europa continental, 304.
 na Grã-Bretanha, 334.
 no Japão, 306.
 nos EUA, 305.
fertilidade, imagens de, 54 e 79.
festas, 56, 58, 69 e 167.
fiação mecanizada, 297.
Fiji, 332.
Filipe IV, rei da França, 210.
Filipinas, 216, 227, 244 e 338.
 cristianismo nas, 274.
filosofia grega, 154.
Flores, primeiros hominídeos em, 37.
fogo, como um perigo para as cidades, 194.
 ver também cozimento.
fome, 224, 226 e 240 (i. 23).
 no início do período moderno, 284 e 291.
forrageiros, modos de vida entre os, 44, 47,
 66, 75 e 184.
Foucault, Michel, 324.
França,
 colonização pela, 231.
 escravidão na, 123.
 industrialização na, 303.
 motins da fome na, 284.
 Reforma na, 265.
 Revolução na, 287.
Freud, Sigmund, 343.
Freyre, Gilberto, 330.
frísios, 212.
Fugger, Jacob, 284.
fundamentalismo religioso, 365 e 368.
funeral,
 mississipiano, 178.
 moche, 117 (i. 11).
 neandertal, 34.
 neolítico, 71 e 79.
 paleolítico, 34, 39, 46-7, 50 e 52.

gado, 67, 73 e 114.
 nas Américas, 248.
Gamble, Clive, 28 e 39.
Gana, 337-8 e 351.

Gana, Mali e Songai, 157.
Gandhara, 133.
Gandhi, Indira, 350.
Gandhi, Mohandas, 341.
Garrido, Juan, 242.
gaúchos, 248.
Gênesis, livro do, 13 e 62.
Gengis Khan, 147, 185 e 187-8.
Gênova, 213.
Geórgia, primeiros Homo na, 213.
gladiadores, 126.
Glasgow, 258.
globalização, 14, 370 e 374.
Goa, 227.
Göbekli Tepe, 64.
Godos, 135 e 142.
Goody, Jack, 97.
governantes, mulheres, 101, 104 e 106.
grande depressão, 344.
grande divergência, 309.
Grécia, 66, 101 e 110.
griots, 98.
grupos aparentados,
 andinos, 178.
 entre os comerciantes do início do período
  moderno, 234.
 entre os mongóis, 187.
 no mundo antigo, 82, 114 e 118.
 no Neolítico, 71 e 77.
 no Paleolítico, 41, 47 e 52.
 ver também famílias.
grupos etários, 179.
Guaman Poma de Ayala, Felipe, 173 (i. 16).
Guangzhou, 231.
Guanyin, 135.
gueixa, 256.
guerra(s),
 Americanas de Independência. Ver Revolução
  Americana.
 Civil Americana, 299 e 321.
 da Farinha, 285.
 de 1812, 300.
 de Sucessão da Baviera, 244.
 do início do período moderno, 237 e 241.
 dos Iroqueses, 250.
 dos Sete Anos, 238.
 dos Trinta Anos, 238.
 e industrialização, 305.

e o comércio de escravos, 261.
em Esparta, 110.
entre os americanos nativos, 248.
fria, 347.
Hispano-Americana, 338.
mexica, 197.
mongol, 185.
na China Ming, 215.
na Itália renascentista, 225.
na Roma antiga, 126.
na Suméria, 85.
neolítica, 72 e 75.
no Japão, 230.
Guiana, 331.
Guiné-Bissau, 359.
Guzerate, 231 e 234-5.

Habermas, Jürgen, 254.
hábitos alimentares, 69.
cortesã, 163, 167 e 217.
da classe operária, 316.
nas cidades industriais, 310.
romanos, 126.
Haiti, 289, 321 e 369.
Hallan Çemi, 57.
Hamiko, 106.
Hamurabi, Código de, 77, 94 e 109.
Hangzhou, 194 e 200-1.
Harappa, 89.
Hatshepsut, 106.
Havaí, 43, 181, 330 e 338.
hebreus, 129.
hégira, 150.
Henrique VIII, rei da Inglaterra, 265.
herança,
bilateral, 116.
entre os nobres, 161.
matrilinear, 114.
na China, 101.
na Suméria, 86.
no islã, 153.
nos Andes, 178.
por mulheres, 175.
sistemas de, 75 e 77.
Heródoto, 13.
hierarquias de gênero,
americanos nativos, 176.
após a Segunda Guerra Mundial, 358.

entre os nativos americanos, 248-9.
na China, 183.
na Suméria, 86.
nas dinastias hereditárias, 105.
no confucionismo, 104.
no início do período moderno, 291.
no mundo antigo, 82 e 114.
no Neolítico, 71 e 76.
no Paleolítico, 49.
hierarquias sociais, 97 e 102.
contemporâneas, 379.
cortês, 167.
e industrialização, 305.
entre os americanos nativos, 199 e 242.
entre os povos da estepe asiática central, 186.
na África imperial, 337.
na América Latina, 278, 289, 307, 330 e 377.
na China, 188.
na China Song, 201.
na Europa Oriental, 364.
na Índia, 350.
na Polinésia, 181.
nas cidades, 192.
nas cidades contemporâneas, 374.
nas sociedades agrícolas, 76.
nas sociedades industriais, 310.
nas vilas, 175.
neolíticas, 58 e 71.
no início do período moderno, 291.
no Japão Tokugawa, 239.
no mundo antigo, 118 e 122.
no mundo muçulmano, 160.
hinduísmo, 20, 120, 122, 150, 156-7, 206 e 217.
cortes no, 167.
fundamentalismo no, 366.
Hispaniola, 221.
história,
do mundo, campo da, 15 e 18.
global, 18.
pós-colonial e teoria, 18.
social e cultural, 14-6.
transnacional, 18.
Hitler, Adolf, 345.
Ho Chi Minh, 340 e 357.
Hodgson, Marshall, 238.
Holanda, 380.
batatas na, 242.
colonização pela, 230 e 254.

406 | HISTÓRIA CONCISA DO MUNDO

globalização na, 374.
Reforma na, 265.
tolerância na, 265.
hominídeos, não e pré-humanos, 26-37.
Homo, evolução do gênero, 29-37.
homossexualidade. *Ver* relações com o
mesmo sexo.
Hong Liangji, 327.
Huayna Capac, 222.
humanismo, 142.
Hungria, 356.
hunos, 142, 144 e 184.

Ibn Battuta, 202 e 215.
Ibn Saud, Abdul Aziz, 341.
Idades da Pedra/ do Bronze/ do Ferro, 24.
idioma, 39-40 e 51.
Iêmen, 252.
Igreja Copta, 209.
Igreja Cristã Etíope, 140.
Ike no Taiga, 245 (i. 24).
Ilcanato, 147 e 158.
Ilhas Cook, 246.
Ilhas Maurício, 331.
Iluminismo, 255, 283 e 286.
imigração, restrições, 323-4 e 329-30.
imperador Qianlong, 226.
imperialismo, 332 e 338.
Império,
Asteca, 160 e 222.
Austro-Húngaro, 340.
Bizantino, 141, 144, 156, 160, 166 e 209-10.
Gupta, 142.
Inca, 98, 164, 173 (i. 16), 178 e 222.
Khmer, 163.
Maurya, 132.
Mugal, 228, 238, 271 e 332.
Otomano, 238, 270, 290 e 338-9.
o fumo no, 258.
Romano, 145.
cristianismo no, 139 e 141.
Safávida, 267 e 270.
Sassânida, 144.
Songai, 217 e 228.
império da pólvora, 238.
impressão, 13.
Índia, 293.
cidades na, 85 e 87.
comportamento cortês na, 168.

crescimento populacional na, 326.
escravidão na, 214.
migração da, 331.
movimento de independência na, 341.
nacionalismo hindu, 365.
no século XX, 349.
normas de gênero na, 112.
produção de algodão na, 295 e 299.
tendências demográficas na, 377.
Índias Orientais Holandesas, 281.
indivíduos transgêneros, 53 e 106.
Indonésia, 76 e 342.
indústria doméstica, 295.
industrialização, 293 e 309.
e imperialismo, 334.
e Primeira Guerra Mundial, 338.
na União Soviética, 345.
Nehru, 293.
no Japão, 306-8.
nos EUA, 340.
infanticídio, 50 e 319.
Inglaterra,
açúcar na, 260.
chá na, 255.
colonização pela, 230-1 e 251.
guerra civil na, 266.
industrialização na, 295-303.
Reforma na, 265.
início do período moderno como um termo,
220.
intercâmbio,
colombiano, 20, 220, 242, 252, 256, 287 e 290.
polinésio, 246.
inversão de gênero, 53.
Irã, 350 e 365.
Iraque, 340 e 365.
Irlanda, 182 e 329.
batatas na, 243.
fome da batata na, 298.
revoltas na, 286.
Irlanda do Norte, 368.
irrigação, 85-6.
Isabela de Castela, 270.
Isfahan, 228.
islã (islamismo), 174.
código de conduta no, 169.
desenvolvimento e disseminação do, 148 e 158.

escravidão no, 214.
fundamentalismo no, 365-6.
na África Ocidental, 334.
na China, 200.
no Império Mongol, 188.
propagação do, 216.
Sunita, 154 e 270.
textos do, 98.
violência sectária no, 367.
xiita, 153, 158 e 267.
Islândia, 208.
Ismail, o Xá, 267.
isótopos estáveis, análise de, 26 e 35.
Israel, 31-2, 39, 350 e 367.
Istambul, 227 e 236.
Itália, 142, 207, 225 e 345.
Iugoslávia, 364.

Jamaica, 369.
Japão, 46.
alimento no, 311.
após a Segunda Guerra Mundial, 354.
autoritarismo no, 344.
bens de prestígio no, 233.
budismo no, 201 e 203.
chá no, 256.
comportamento cortês, 160.
construções de Império pelo, 337.
crescimento da população no, 326.
cristianismo no, 271.
disparidades salariais, 370.
escolas no, 304.
governantes no, 106.
industrialização no, 306.
migração do, 331.
motins de fome no, 284.
na Segunda Guerra Mundial, 346.
Nara, 164.
normas de gênero no, 311.
revoltas no, 286.
seda e algodão, 295.
sufrágio feminino, 319.
tendências demográficas, 377.
Tokugawa, 228 e 239.
trabalho feminino, 312.
jardins da vitória, 347.
Jaspers, Karl, 129.

Java, 230, 254 e 333.
primeiro *Homo* em, 32.
Jefferson, Thomas, 259 e 289.
Jerusalém, 210
jesuítas, 265 e 273.
Jesus Cristo, 137 e 150.
Jingu, 106.
jogos de azar, 194.
Jordânia, 340.
jornada de oito horas, 318.
Juan Diego Cuauhtlatoatzin, 275.
judaísmo, 20, 130, 137 e 150.
fundamentalismo no, 366.
na China, 201.
judeus,
ataques aos, 195.
casamento entre, 107.
em Israel, 350.
extermínio nazista dos, 346.
na Espanha, 218.
na Europa medieval, 210.
perseguição dos, 236 e 271.
Julio César, 127.
Justiniano, 196.

Kanishka, o Grande, 135.
Kant, Immanuel, 283.
Kanzi (bonobo), 27-8.
Katib Chelebi, 258.
Kemal, Mustafa, 341.
khipo (quipo), 98.
Khoisan, 114.
Khomeini, Aiatolá Ruhollah, 365.
Kimpa Vita, Beatriz, 275.
Klein, Richard, 38.
Ko, Dorothy, 171.
Kublai Khan, 186, 202, 215 e 269.

labor. *Ver* trabalho.
lactação. *Ver* amamentação.
Lagos, 373.
latifúndios de,
cana-de-açúcar, 259.
tabaco, 259.
leis de Jim Crow, 321.
Lenin, Vladimir, 339.
Leopoldo II, rei da Bélgica, 335.
lhamas, 67.

408 | HISTÓRIA CONCISA DO MUNDO

Li Zicheng, 286.
Líbano, 340.
liberalismo, 304.
Libéria, 334.
Lidar, 84.
Liga das Nações, 340.
Liga de Restrição à Imigração, 323.
limpeza étnica, 364.
Lineu, Carlos, 283.
linguagem simbólica, 41.
linha de montagem, 305.
Liverpool, 302.
Livingstone, David, 337.
Lodge, Henry Cabot, 323.
lojas de departamento, 315.
Lokaksema, 135.
Londres, 194 e 254.
    comerciantes de tabaco em, 257.
    gim em, 257.
    motins de fome em, 285.
Lopez, Alma, 276.
Loyola, Ignácio de, 265.
Lü, imperatriz viúva, 104.
Luba, 98.
Luditas, 297.
Luís VII, rei da França, 159.
Luís XVI, rei da França, 287.
lukasa (tabuleiro mnemônico), 98.
lusotropicalismo, 330.
Lutero, Martinho, 264.

Macau, 227.
maçons, 254.
Madagascar, 115.
Madeira, 218 e 260.
Mães da *Plaza de Mayo*, 360.
Magistério, 315.
maia(s),
    cidades-Estados, 83 e 142.
    escrita, 95.
    governantes entre os, 106.
Malaca, 156, 227 e 230.
malária, 287, 326 e 334-5.
Malásia, 334.
Mali, 87.
Malthus, Thomas, 327.
mamelucos, 158-60 e 209-10.
Manchester, 298.

manchus, 225.
mandato do céu, 102.
Mandela, Nelson, 359.
Mâneton, 101.
Manusmrti (Leis de Manu), 112.
Mao Tsé-Tung, 353.
Maomé, 148-50.
Marco Polo, 202, 215 e 218.
Maria Antonieta, rainha da França, 244.
Marrocos, 39.
Marx, Karl, 310.
masculinidade. *Ver* normas de gênero.
McBrearty, Sally, 39.
McIntosh, Rod e Susan, 89.
McLuhan, Marshall, 97.
Meca, 149 e 228.
megálitos, 78.
Meiji, Restauração, 305.
mendicância, 195.
mercados,
    em Constantinopla, 197.
    em Hangzhou, 201.
    em Tenochtitlán, 197.
    urbanos, 193.
Mercator, Gerardus, 220.
Mesoamérica, 54 e 59.
    cidades, 83.
    desenvolvimento da escrita na, 91.
    rotas de comércio na, 216.
Mesopotâmia, 73, 83 e 90.
metodismo, 317.
México, 222, 242, 358 e 377.
    industrialização no, 352.
    revoltas no, 286.
microdesgaste, análise de, 26.
mídia digital, 99.
migração,
    Austronésia, 115 e 179.
    dentro dos Estados Unidos, 355.
    entre os primeiros *Homo*, 32-3.
    incentivada pelos governantes, 174.
    na América Latina, 307.
    na Europa meridional, 182.
    neolítica, 66 e 79.
    no Império Mongol, 187.
    no início do período moderno, 291.
    no milênio médio, 217.
    no mundo clássico, 144.

nos séculos XIX e XX, 329 e 332.
paleolítica, 42 e 60.
para as cidades, 84 e 373.
por chineses Han, 243.
por escravos, 299.
por povos de língua bantu, 179.
Mil e uma Noites, As, 169.
mineração, 123, 126, 227 e 313 (i. 30).
na África, 338.
na América Latina, 307.
nas Américas, 227.
no início do período moderno, 284.
missionários, 273, 290 e 332-3.
metodistas, 316.
na América Latina, 368.
moagem, 45 e 57.
mobilidade social, 159 e 190.
Moche, 100 e 117 (i. 11).
modernidade comportamental, 35.
modernismo, 342.
modificação do corpo, 56.
Mohenjo-Daro, 89 e 317.
Moisés, 130.
Mokyr, Joel, 303.
molucas, 213.
Mombaça, 156.
monasticismo,
no budismo, 131, 135, 203 e 269.
no cristianismo, 141 e 207-8.
mongóis, 17, 148, 185-9, 201, 214-6 e 309.
monoteísmo, 131.
Montague, Mary Wortley, 226.
Montezuma I, 164.
Morávia, 207.
mormonismo, 369.
mortalidade infantil, 47, 63, 326-7, 352 e 377.
Mosteiro de Nalanda, 204 e 206.
motins da fome, 196, 284 e 288.
papel das mulheres nos, 314.
motores a vapor, 300.
movimento,
das Nações Não Alinhadas, 350.
de eugenia, 324.
de jovens, 357.
de temperança, 317, 319 e 321.
dos direitos civis, 355.
dos direitos de gays e lésbicas, 358.
nazista, 325.

movimentos sociais, 317 e 325.
muçulmanos. *Ver* islã (islamismo).
mudanças climáticas, 41, 44, 50, 56, 145, 175, 201, 223 e 326.
mulheres,
de conforto, 346.
história do gênero e das, 18.
movimentos pelos direitos das, 319, 321 e 357-8.
ver também trabalho, divisão, por sexo.
Murad IV, sultão otomano, 254.
Murasaki Shikibu, 168.
música,
cortesã, 163, 167 e 217.
na América Latina, 329.
na década de 1920, 342.
na década de 1960, 357.
na Europa renascentista, 234.
na União Soviética, 345.
nas cidades medievais, 195.
no Caribe, 369.
no islã, 155.
no Japão, 255.
nos cafés, 253.
Myanmar (Birmânia), 228 e 368.

Nabta Playa, 78.
nacionalismo, 303-4.
e imperialismo, 334.
e Primeira Guerra Mundial, 338.
na Índia, 365.
Nações Unidas (ONU), 349.
Nan Singh, 272.
Nanak, 268.
Napoleão, 192, 288 e 303.
Narai, rei do Sião, 273.
narrativas de cativeiro, 250.
Nasi, Gracia, 236.
natureza, ideias sobre a, 176.
neandertais, 35-7 e 43.
Nehru, Jawaharlal, 293, 341, 350 e 378.
neoliberalismo, 360-2 e 371.
Neolítico, Período, 19 e 24.
Nepal, 121.
Nestório, 207.
Newcastle, 302.
Ngawang Lobsang Gyatso, 269.
Nicot, Jean, 258.

410 | HISTÓRIA CONCISA DO MUNDO

Nigéria, 368 e 373.
Nilotas, 114.
Nkrumah, Kwame, 351.
nobres, 161, 166-7 e 175.
   entre os mexicas, 199.
   na Rússia, 228.
   nas sociedades industriais, 310.
   russos, 241.
normas de gênero, 170-2 e 175.
   durante o imperialismo, 333.
   e educação, 303.
   em protestos sociais, 285.
   em Singapura, 363.
   entre os comerciantes, 211.
   entre os mexicas, 199.
   na África pós-colonial, 359.
   na América Latina, 278.
   na década de 1950, 348.
   na Índia, 350.
   na industrialização da Europa, 298.
   na Reforma Protestante, 265.
   na Revolução Americana, 287.
   na Revolução Francesa, 288.
   nas sociedades industriais, 312-4.
   no ambiente de trabalho moderno, 371.
   no comunismo, 356.
   no fundamentalismo religioso, 266.
   no Império Mongol, 187.
   no islã, 152, 158 e 366.
   no Japão, 354.
   no judaísmo ortodoxo, 368.
   no Neolítico, 75.
   no século XIX, 319.
   no trabalho, 315.
Noruega, 208.
Nova França, 231.
Nova Julfa, 234.
Nova Zelândia, 43, 181, 324 e 329.
   batata-doce na, 244.
Novgorod, 249.
Novo Mundo, como um termo, 220.
Nuremberg, 194.

Odoacro, 142.
Olavo II, rei da Noruega, 208.
Öljaitü, 147, 149 e 158.
Olmecas, 87 e 94.
Ong, Walter, 97

ópio, 258 e 333-4
Organização dos Países Exportadores de
   Petróleo (OPEP), 361.
orientação sexual, 344.
ossos oraculares, 94.
Owen, Wilfred, 339.
Oxford, 208.

Pacífico, ilhas do, 43 e 179.
Paleolítico, Período, 16, 19 e 24.
Palestina, 340 e 350.
pan-africanismo, 351.
papado, 161, 207 e 210.
Papua-Nova Guiné, 51, 59, 66 e 245.
Paquistão, 349.
parceria, 322.
Paris, 190, 195, 208 e 254.
   lojas de departamento em, 315.
   renovação urbana em, 318.
   Revolução Francesa, 288.
Parmentier, Antoine-Auguste, 244.
participação das mulheres na força
   de trabalho, 362 e 366.
parto, morte no, 47.
pastoralismo, 67.
   nômades da Ásia, 184.
patriarcado. *Ver* hierarquias de gênero.
Patterson, Orlando, 125.
Paulo de Tarso, 138.
Pedro, o Grande, 239.
peles e comércio de peles, 248, 252 e 290.
pelve, tamanho da, 30.
pensamento simbólico, 23, 27, 32-3 e 38-40.
pentecostalismo, 368.
pequena Idade do Gelo, 224.
Pequim, 209 e 271.
peregrinações,
   no budismo, 136 e 203.
   no cristianismo, 140, 202 e 209.
   no islamismo, 152, 155-6 e 203.
Pereira, Carmen, 359.
periodização, 17, 26, 142, 216, 219 e 290.
Perón, Juan, 352.
Peru, 222, 289 e 330.
pés, amarração dos, 171.
pesca baleeira, 252.
pesca e comércio pesqueiro do início do
   período moderno, 252.

ÍNDICE REMISSIVO | 411

peste bubônica, 62, 144 e 222.
Peste Negra. *Ver* peste bubônica.
Picasso, Pablo, 342.
piedade filial, 103 (i. 9).
pigmentocracia, 280.
pintura. *Ver* arte.
pinturas rupestres. *Ver* arte, em rocha.
Pio IX, Papa, 328.
pirataria, 230-1.
Platão, 124.
pobreza,
    feminização da, 372.
    nas cidades contemporâneas, 374.
    no mundo antigo, 123.
    no mundo contemporâneo, 377.
    no Oriente, 350.
    nos Estados Unidos, 357.
    votos de, 208.
poesia,
    chinesa, 201.
    cortesã, 170.
    de amor, 109 e 169.
    dos governantes, 163.
    épica, 169.
    na Europa medieval, 169.
    na Primeira Guerra Mundial, 339.
    no Renascimento, 147.
    sufi, 155.
Polônia, 363.
Pomeranz, Kenneth, 309.
Pôncio Pilatos, 137.
Popol Vuh, 13.
população,
    clássica, 145.
    declínio nas Américas, 222.
    no início do período moderno, 241.
    no Neolítico, 63.
    no Paleolítico, 49.
Porto Rico, 318.
Portugal, 227, 273, 330 e 359.
Potosí, 227 e 257.
povo(s),
    algonquino, 250.
    basco, 251.
    cham, 121.
    cheiene, 248.
    comanche, 248.
    germânicos, 114.

    guditjmara, 184.
    hakka, 244.
    hurão, 250.
    inuit, 184.
    lakota, 248.
    mandinga, 337.
    maori, 246.
    mexica, 197.
    ndebele, 337.
    primeiros, 317.
    sami, 184.
    shona, 337.
    turcos, 156.
    taíno, 221.
    tlaxcalteca, 222.
Primeira Guerra Mundial, 338.
prostitutas, prostituição.
    e AIDS, 373.
    na América Latina, 307.
    na antiga Atenas, 124.
    na Rússia, 364.
    nas cidades industriais, 315.
    nas cidades medievais, 195.
    nas primeiras cidades modernas, 257.
    no imperialismo, 332.
    no mundo contemporâneo, 371.
protestos sociais,
    na América Latina, 307.
    na China, 363.
    na década de 1960, 357.
    nas cidades, 195.
    no início do período moderno, 284-6.
Provença, 170.
Prússia, 239.
    batatas na, 243.
    escolas na, 304.
    industrialização na, 303.
publicidade, 316.
puritanos, 266.

Quatro Nobres Verdades, 132.
Quebec, 250.
queimadas (agricultura), 66.
Quênia, 34, 332, 338 e 351.

Rabban, 160.
Rabban Bar Sauma, 209.
Rabin, Yitzhak, 367.

412 | HISTÓRIA CONCISA DO MUNDO

raça,
    computadores e, 371.
    e segmentação do trabalho, 312.
    ideias sobre, 262 e 291.
    na Coreia, 338.
    na ideologia nazista, 346.
    na Índia britânica, 333.
    no Brasil, 377.
    no mundo colonial, 278 e 284.
    no século XIX, 323-4.
    ver também etnia; trabalho, divisão, por raça.
radanitas, 212.
Rapa Nui (Ilha de Páscoa), 43, 176 e 181.
Rashid al-Din, 147, 149, 157, 186 e 218.
Rastafari, 369.
Raziya, 159.
rebelião de Shimabara, 270 e 286.
reclusão das mulheres, 175 e 312.
    em Constantinopla, 197.
    nas sociedades cortesãs, 171.
    no hinduísmo, 157.
    no islamismo, 153 e 158.
Reconquista, 208.
redes de comércio,
    árabe, 334.
    Armênia, 234.
    do Saara, 216.
    dos americanos nativos, 176.
    em Aksum, 139.
    na China, 295.
    na Eurásia, 212 e 216.
    na Mesoamérica, 216.
    no início do período moderno, 233 e 262.
Reforma,
    Católica, 265.
    Protestante, 264-7 e 290.
reforma prisional, 321.
região dos Andes, 178.
    padrões hereditários, 114.
    religião na, 274.
    revoltas na, 289.
regimes totalitários, 344.
reino siamês de Ayutthaya, 273.
relações com o mesmo sexo, 77 e 108.
    em Atenas, 111 e 129.
    em Esparta, 110.
    na África, 368.
    na cultuta cortesã, 168.

    na Oceania, 182.
    nas sociedades muçulmanas, 152.
    no Império britânico, 344.
    no início do período moderno, 252.
    no Japão, 256.
religião,
    asteca, 276.
    entre os mexicas, 200.
    fundamentada em textos, 129 e 142.
    na Índia antiga, 119.
    nativo-americana, 176.
    neolítica, 79.
    no início do período moderno, 262.
    no século XIX, 316.
    Yoruba, 368.
Renascimento, 142, 147 e 234.
reprodução seletiva. *Ver* domesticação.
República Checa, 46.
República Dominicana, 260.
reunião, 44-5 e 49.
Revolução(ões),
    Americana, 287.
    atlânticas, 286 e 289.
    Cultural Proletária, Grande, 354.
    cognitiva, 38.
    comercial, 211.
    do consumidor, 231.
    Francesa, 17 e 288.
    Gloriosa, 267.
    Haitiana, 289 e 292.
    industriosa, 295.
    Mexicana, 308.
    Russa, 339.
    Verde, 350.
Rig Veda, 13.
Rio de Janeiro, 329.
rituais, 32, 52 e 71.
    budistas, 203.
    confucionistas, 103.
    cristãos, 140, 208 e 241.
    da corte, 163, 167 e 216.
    do chá, 256.
    em cidades antigas, 83.
    incas, 257.
    maias, 93.
    na Austrália, 184.
    na China, 101.
    nas vilas, 174.

neolíticos, 58, 67 e 73.

no Havaí, 181.

no islã, 157.

paleolíticos, 52 e 56.

urbanos, 192.

Rodésia, 351.

Roma, 87, 189 e 195.

casamento em, 107.

clássica, 81.

escravidão em, 125 e 129.

hierarquias sociais em, 118.

motins da fome em, 285.

política em, 101.

religião em, 136.

viúvas em, 113.

Roosevelt, Theodore, 323.

Rosenberg, Michael, 58.

rotas,

da seda, 133, 135, 144, 207 e 214.

de comércio, 210 e 216.

Rússia, 207 e 339.

comunismo na, 310.

expansão da, 230.

expansão para a Sibéria, 249.

expectativa de vida na, 364.

no início do período moderno, 227.

sacerdotes, 70.

na Índia, 118.

na Índia antiga, 118.

na Suméria, 85.

no cristianismo, 140 e 209.

Sacro Império Romano, 238.

Sahagún, Bernardino de, 223 (i. 21).

salões (*salons*), 254 e 290.

Samarcanda, 156.

Samoa, 181 e 246.

samurai, 166, 205, 239 e 306.

San Lorenzo, 87.

San Martín, José de, 289.

sangue, ideias sobre o, 52, 76, 107, 183, 277, 279, 283 e 322.

Santiago de Compostela, 209.

santos,

do cristianismo, 140.

do sufismo, 155-6.

Sargão da Acádia, 83 e 100.

sati, 319.

saúde pública, 317 e 325.

Scott, James C., 285.

seda, produção de, 183, 295 e 306-7 (i. 29).

sedentarismo, 56 e 59.

Segunda Guerra Mundial, 346-7.

Selassie, Haile, 369.

Senegambia, 231.

Serra Leoa, 334.

serviço de noivado, 115.

servidão, 228.

por dívida, 308.

Seul, 202.

sexualidade moderna, 343.

Shajar al-Durr, 159.

Shakespeare, William, 169.

Shen Kuo, 201.

Sião, 334.

Sibéria, 37.

comércio de peles na, 249.

sífilis, 225 e 238.

Sigeberto I, rei dos francos, 162.

Sima de los Huesos (poço dos ossos), 34.

Sima Qian, 13.

sindicatos,

femininos, 319.

na Polônia, 363.

trabalhistas, 317 e 369.

Singapura, 332 e 363.

siquismo, 20, 268 e 369.

Síria, 340.

sistema,

de castas, 20, 118, 122, 146, 278 e 340.

de mandato, 340.

de provas na China, 167 e 201.

slings para crianças, 30 e 45-6.

socialismo, 304, 310, 317, 350 e 355-7.

na África, 359.

sociedades científicas, 290.

Sociedades do Grande Homem, 50 e 70-1.

sociedades mandê, 98.

Sonam Gyatso, 269.

Sorghaghtani Beki, 186.

Spencer, Herbert, 322.

Sri Lanka, 121, 136, 227 e 368.

Stalin, Joseph, 344 e 347.

Stonehenge, 78.

Stringer, Chris, 38.

414 | HISTÓRIA CONCISA DO MUNDO

sudeste asiático,
  hinduísmo no, 121.
  imperialismo no, 334.
  migração para o, 330.
Suécia,
  colonização pela, 230.
  escolas na, 303.
sufismo, 155.
sufrágio,
  feminino, 319.
  masculino, 318.
Suíça, 243 e 265.
Süleyman, o Magnífico, 236.
Sultanato de Delhi, 159.
Suméria, 99.
  cidades na, 85 e 87.
  escravidão na, 122 e 124.
  escrita na, 91-2 (i. 7) e 146.
Sunda, 121.
Suriname, 331.

tabaco, 257-8 e 314.
Tabriz, 152 e 157.
tabus de incesto, 49.
Taiti, 246.
Taiwan, 353 e 363.
Tanzânia, 39.
taoísmo, 135.
tatuagem, 56.
taxa de natalidade, 328, 347, 363, 372 e 377.
teatro kabuki, 256.
Tebas, 83.
tecelagem, 46, 69, 73, 76 e 314.
  entre os mexicas, 199.
  na China, 124.
tecido. *Ver* algodão, produção de; seda,
  produção de; tecelagem.
tecnologia da informação, 379.
tempo, ideias sobre o, 79.
Tenochtitlán, 164, 190, 197, 199, 202, 222 e
  243.
Tenzin Gyatso, 269.
Teodósio, 141.
teologia da libertação, 357-8.
teoria,
  da mente, 27.
  do sistema-mundo, 309.
Teotihuacan, 87, 90, 142, 190 e 197.
terceiro mundo, conceito de, 348.

Terra Amata, 34.
textos de viagens, 203.
Thomsen, C. J., 24.
Tibete, 228 e 269.
  budismo no, 204.
Timur (Tamerlão), 185.
Tiwanaku, 100.
Tlatelolco, 197.
Toba, explosão de, 41.
Tolui Khan, 186 (i. 17).
Tombuctu, 156.
Tóquio (Edo), 202, 239 e 326.
Toussaint l'Ouverture,
  François-Dominique, 289.
trabalhadores forçados, 331.
trabalho, divisão,
  dentro das comunidades, 59.
  entre escravos e livres, 123.
  entre os deuses, 79.
  nas cidades antigas, 93.
  por raça, 313 e 370.
  por sexo, 45, 64, 179, 252, 261, 313-4, 338, 347,
    351 e 369.
trabalho, ideias sobre, 120 e 369.
trabalho em casa ou em pequenas fábricas,
  313 e 370.
trabalho forçado, 337.
trabalho infantil, 297, 304, 312, 313 (i. 30)
  e 372.
tradições orais, 98, 146, 172 e 291.
transporte público, 317.
Tratado de Versalhes, 340.
Tri Songdetsen, rei do Tibete, 204.
Trinidad, 332.
trovadores, 170.
Tupac Amaru II, 289.
turcos, 262.
  otomanos, 158 e 227.
  seljúcidas, 158 e 210.
Turquia, 57 e 340.

Ucrânia, 345.
Uganda, 367-8.
ukiyo (mundo flutuante), 256.
Ulfilas, 140.
União Europeia, 371.
União Soviética, 340 e 344.
  após a Segunda Guerra Mundial, 356.
  fim do comunismo na, 364.
  na guerra fria, 348.